H. Göppinger

Der Täter in seinen sozialen Bezügen

Ergebnisse aus der Tübinger
Jungtäter-Vergleichsuntersuchung

Unter Mitarbeit von

Michael Bock
Jörg-Martin Jehle
Werner Maschke

Springer-Verlag
Berlin Heidelberg New York Tokyo 1983

Professor Dr. med. Dr. jur. Hans Göppinger
Direktor des Instituts für Kriminologie
der Universität Tübingen
Corrensstraße 34
7400 Tübingen

ISBN-13:978-3-642-69169-0   e-ISBN-13:978-3-642-69168-3
DOI: 10.1007/978-3-642-69168-3

CIP-Kurztitelaufnahme der Deutschen Bibliothek
Göppinger, Hans: Der Täter in seinen sozialen Bezügen. Ergebnisse aus d. Tübinger Jungtäter-Vergleichsunters./
H. Göppinger. Unter Mitarb. von Michael Bock ... Berlin; Heidelberg; New York; Tokyo: Springer, 1983.
ISBN-13:978-3-642-69169-0

Gesamtherstellung: Brühlsche Universitätsdruckerei Gießen
2119/3140-543210

Vorwort

Der hier vorgelegte Band hat die wesentlichen Ergebnisse aus dem ersten (retrospektiven) Abschnitt der Tübinger Jungtäter-Vergleichsuntersuchung und die daraus gewonnenen Erkenntnisse zum Gegenstand; die Resultate der (prospektiven) Fortuntersuchung bleiben einer späteren Veröffentlichung vorbehalten. Eine weitere Publikation schließt sich unmittelbar an den vorliegenden Forschungsbericht an und bringt die Umsetzung dieser Erkenntnisse in Form einer Angewandten Kriminologie für die Praxis.

Als die *Tübinger Jungtäter-Vergleichsuntersuchung* Mitte der 60er Jahre in Angriff genommen wurde, stießen langfristig angelegte Forschungen, die als Grundlagenforschungen konzipiert und nicht an unmittelbar kriminalpolitischen Fragestellungen oder solchen des aktuellen Bedarfs orientiert waren, auf großes wissenschaftliches Interesse und fanden auch die notwendige Unterstützung. Anliegen der Untersuchung war es gerade, zunächst ein breites Grundlagenwissen über den wiederholt Straffälligen im Vergleich zur Durchschnittspopulation zu schaffen und dann erst – in weiteren Schritten – daraus Folgerungen für die Wissenschaftskonzeption der Kriminologie überhaupt sowie für eine Angewandte Kriminologie zu ziehen.

Eine solche Grundlagenforschung konnte in der deutschen Kriminologie allerdings nicht an eine Tradition anknüpfen, wie sie im angloamerikanischen Raum für multifaktorielle Forschungen bestand, beispielhaft verkörpert durch die Arbeiten des Ehepaares GLUECK. So mußten neue Wege für die umfassende Untersuchung einer Vergleichsgruppe aus der Durchschnittspopulation und für eine interdisziplinäre Zusammenarbeit der beteiligten Wissenschaftler beschritten werden.

Dabei trafen die äußeren Forschungsbedingungen auf günstige Zeitumstände. Es konnten zum Beispiel – mit Einwilligung des Probanden – von Arbeitsämtern, Krankenversicherungen, Bürgermeisterämtern, Schulen usw. zahlreiche Daten erlangt werden, was heute bei dem derzeit hohen Stellenwert des Datenschutzes in diesem Umfang erhebliche Probleme mit sich bringen dürfte. Insbesondere ließ sich jedoch bei den (nicht inhaftierten) Probanden der Vergleichsgruppe die Bereitschaft wecken, Zeitaufwand und Unbequemlichkeiten auf sich zu nehmen, welche die umfangreichen Untersuchungen mit sich brachten. So erfolgte ein großer Teil dieser Untersuchungen auf Wunsch der Probanden samstags und auch sonntags. Diese grundsätzlich bestehende Bereitschaft, einen Beitrag für die Wissenschaft zu leisten, nahm im Laufe des Forschungsprojektes eher zu, was auch darin begründet sein dürfte, daß die Untersucher sich sehr eingehend mit den einzelnen Probanden befaßten und nicht nur bestrebt waren, ausschließlich die forschungsrelevanten Bereiche anzusprechen, sondern auch für persönliche oder fürsorgerische Fragen zur Verfügung standen.

Die dargestellten Ergebnisse basieren auf der Zusammenarbeit einer Vielzahl von Mitarbeitern aus den Disziplinen Rechtswissenschaft, Medizin, Psychologie und Soziologie sowie von Sozialarbeitern, Studenten und technischem Personal, die auf allen Ebenen des Forschungsprozesses, von der Konzeption der Untersuchung angefangen über die Erhebungen und Auswertungsarbeiten bis hin zur Vorbereitung dieser Publikation, maßgeblich beteiligt waren. Unvermeidlich brachten es die Gegebenheiten an der Universität mit sich, daß über den langen Zeitraum der Erhebungs- und Auswertungsphase hinweg in der personellen Zusammensetzung des Forschungsteams – vom Teamleiter und wenigen Mitarbeitern abgesehen – immer wieder ein Wechsel stattfand, der sich aber im allgemeinen bruchlos vollzog, zumal in der Erhebungsphase der feste Kern von Untersuchern unverändert blieb. Nach einer von Kontinuität, Geschlossenheit und Gemeinsamkeit gekennzeichneten Periode der Erhebungen geriet das Projekt jedoch zu Beginn der Auswertungen in eine gewisse Krise. Die Anfang der 70er Jahre vorherrschenden Zeitströmungen, die einerseits von methodologischem (statistischem) Purismus, andererseits von programmatischem (kriminalpolitischem) Rigorismus geprägt waren, blieben auch für die Diskussionen des Teams über die gewählte Forschungskonzeption nicht folgenlos. Dies hemmte zwar zeitweilig das sachbezogene Voranschreiten der Auswertungsarbeiten, stellte jedoch letztlich die Einheitlichkeit und Kontinuität der Forschung nicht in Frage.

Die offene und breite Anlage der Untersuchung brachte eine solche Fülle von Ergebnissen und Befunden, daß sie nicht alle in einer bündigen Darstellung Platz finden können. So wurde bei der vorliegenden Publikation auf weniger Wichtiges und manche Einzelheit verzichtet zugunsten einer Konzentration auf das Wesentliche.

Untersucht wurde eine Gruppe von 20- bis 30jährigen männlichen Häftlingen, die eine Freiheitsstrafe von mindestens 6 Monaten zu verbüßen hatten, und eine Vergleichsgruppe aus der Durchschnittspopulation. Im Zentrum der Forschung standen Einzelfalluntersuchungen, bei denen zu Person und Sozialbereich jedes Probanden breitgefächerte, möglichst umfassende Erhebungen mit Hilfe von Befragungen des Probanden, Drittbefragungen, Aktenanalysen, psychiatrischen Explorationen, psychologischen Tests und medizinischen Untersuchungen durchgeführt wurden. Im Gegensatz zu den Untersuchungen zur Person, die kaum relevante Differenzierungen zwischen den beiden Gruppen erbrachten, fanden sich im Sozialbereich fundamentale Unterschiede zwischen der Häftlings- und der Vergleichsgruppe. Dabei waren es weniger die vorgegebenen äußeren Umstände als vielmehr das eigene Verhalten der Probanden im alltäglichen Leben, die selbstgewählten Bezüge und der gesamte Lebensstil, durch die sich die Gruppe der Häftlinge von der Vergleichsgruppe aus der Durchschnittspopulation abhob.

Auf der statistischen Ebene der Auswertung (Kap. II.) konnten in den einzelnen Lebensbereichen die bedeutsamsten Befunde des Sozialverhaltens zu Syndromen zusammengefaßt werden, die von erheblicher kriminologischer Relevanz – auch bezüglich der frühzeitigen Erkennung eines letztlich zur Straffälligkeit tendierenden Lebensstils – sind, da sie (fast) ausschließlich die Häftlingsgruppe betrafen.

Auf einer anderen Ebene standen die Bemühungen um ein komplexes Gesamtbild (Kap. III.). Dabei wurde die statistische Ebene verlassen und statt dessen vor allem über die Bildung von Idealtypen versucht, durch bereichsübergreifende Kriterien zu einer umfassenden Betrachtung des Täters in seinen sozialen Bezügen vorzudringen. Resultat dieser Bemühungen waren spezifisch kriminologische Kriterien: Die kriminorelevanten Konstellationen im Lebensquerschnitt, die Formen der Stellung der Tat im Lebenslängsschnitt sowie die Relevanzbezüge und die Wertorientierung, die in der *Kriminologischen Trias* zusammengeführt werden. Damit wird der Weg zu einem eigenen, einheitlichen Gegenstand einer selbständigen, von ihren Bezugswissenschaften unabhängig gewordenen integrierten Kriminologie mit dem „Täter in seinen sozialen Bezügen" als Kristallisationspunkt gewiesen. Gleichzeitig bilden diese Kriterien auch die Grundlagen für eine praxisorientierte Angewandte Kriminologie und für eine spezifisch kriminologische (idealtypisch-vergleichende) Analyse des Einzelfalles.

Die Untersuchung ist zwar in einigen Punkten von Zeitumständen mitgeprägt; so war zum Beispiel keiner der Probanden wegen Drogendelinquenz vorbestraft, und es gab auch kaum konjunkturell bedingte Arbeitslosigkeit, freilich häufig genug von den Probanden selbst herbeigeführte berufliche Untätigkeit. Jedoch konnten einerseits bestimmte, von der konkreten zeitbedingten Ausformung der Verhaltensweisen abstrahierende formale Kriterien, etwa im Freizeitbereich, gefunden werden. Zum anderen zeigt sich die über den konkreten historischen Zeitpunkt hinausgehende Gültigkeit der Erkenntnisse schon bei einem Vergleich mit anderen internationalen Studien, die – trotz unterschiedlicher Untersuchungszeiträume und kulturell bedingter Verschiedenheiten der Lebensumstände – bezüglich der Verhaltensweisen von Straffälligen zu ähnlichen Ergebnissen kamen.

Der vorliegende Band bietet erstmalig eine umfassende Zusammenstellung und Bewertung der Ergebnisse der Tübinger Jungtäter-Vergleichsuntersuchung sowie der daraus gezogenen weiterführenden Erkenntnisse. Zwar wurden einzelne Ergebnisse aus der Untersuchung schon früher veröffentlicht, so z. B. in meiner „Kriminologie" (4. Aufl. 1980) und vor allem in verschiedenen Publikationen von ehemaligen Mitarbeitern, die an der Forschung beteiligt waren (vgl. Literaturverzeichnis); letztere sind jedoch auf bestimmte eingeschränkte Fragestellungen zugeschnitten. Daher ist es auch unvermeidlich, daß für die Zwecke einer übergreifenden Gesamtdarstellung teilweise andere Gruppierungen und Kategorisierungen gewählt worden sind. Soweit sich Abweichungen der Darstellung von früheren Veröffentlichungen nicht aus dem Zusammenhang heraus von selbst verstehen, werden sie jeweils angegeben. Wegen der detaillierten Gliederung wurde auf ein Sachverzeichnis verzichtet; ausdrücklich sei jedoch auf die zahlreichen Querverweisungen im Text aufmerksam gemacht.

Neben den Verfassern der erwähnten Publikationen aus der Tübinger Jungtäter-Vergleichsuntersuchung bin ich einer Vielzahl von Personen und Institutionen zu Dank verpflichtet: Allen voran den an der Untersuchung mitwirkenden Probanden, die zum Teil manche Mühsal, oft zusammen mit ihren Familienangehörigen, auf sich genommen haben. Weiter gilt mein Dank dem Justizministerium von Baden-Württemberg, insbesondere Herrn Ministerialdirigenten W. Roth, und dem Anstaltspersonal der Justizvollzugsanstalt Rottenburg unter ihrem damaligen Leiter, Herrn Ltd. Regierungsdirektor P. von Krause; ohne die Aufgeschlossenheit und Hilfe dieser beiden Institutionen wäre das Forschungsprojekt zum Scheitern verurteilt gewesen. Dank schulde ich außerdem der Deutschen Forschungsgemeinschaft, die einen Teil dieser Untersuchung finanziell unterstützt hat, den zahlreichen (insgesamt über tausend) Institutionen sowie den zahllosen Personen, die durch ihre Auskünfte und Hilfeleistungen zur Objektivierung der Erhebungen beigetragen haben, und nicht zuletzt den im Laufe der Jahre an den Untersuchungen und den Auswertungen beteiligten Mitarbeitern des Instituts für Kriminologie, von denen stellvertretend Frau J. Mohr als Institutssekretärin und Frau A. Hörauf als Sozialarbeiterin genannt seien, die vom ersten Tag der Untersuchungen an bis heute mitgewirkt haben. Schließlich bleibt mir noch, allen derzeitigen Mitarbeitern zu danken, die diese Veröffentlichung vorzubereiten halfen, wobei an der Konzeption und Abfassung die Herren Dr. Dr. M. Bock, Assessor J.-M. Jehle und Assessor W. Maschke einen wesentlichen Anteil hatten.

Mai 1983   HANS GÖPPINGER

Inhaltsübersicht

Inhaltsverzeichnis

I. Gegenstand und Methoden

1. Ausgangspunkt und Anliegen

Erfahrungswissenschaftliche Untersuchungen, die das Ziel haben, die Lebenswirklichkeit der untersuchten Personen möglichst umgreifend zu erfassen und nicht nur in Teilbereichen mit standardisierten Erhebungen rasch zu Ergebnissen zu gelangen, sind ein mühseliges, langwieriges Unterfangen. Dies hat sich – wie bei anderen vergleichbaren Untersuchungen – auch bei der vorliegenden „Tübinger Jungtäter-Vergleichsuntersuchung" gezeigt. Der eigentlichen Untersuchung, die im Jahre 1965 begann, ging eine längere Zeit konkreter Planung und Konzeption sowie eine Voruntersuchung voraus. Dem Abschluß der (retrospektiven) Erhebungen folgte eine intensive, längerfristige Auswertungsphase, deren Ergebnisse Gegenstand des vorliegenden Berichts sind. Inzwischen wird im Rahmen einer Fortuntersuchung die weitere Entwicklung der Probanden (prospektiv) verfolgt.

Der Plan und die Konzeption der **Tübinger Jungtäter-Vergleichsuntersuchung** fielen in eine Forschungssituation in der Bundesrepublik Deutschland, die, im Unterschied zu den USA, geprägt war von einem völligen Mangel an umfassenden kriminologischen Untersuchungen; es gab keine einzige Vergleichsuntersuchung, die über bloße Aktenerhebungen hinaus an einer größeren Anzahl von erwachsenen Straftätern *unmittelbar* durchgeführt worden wäre. Daher war es ein zentrales Anliegen dieser Forschung, zunächst ein kriminologisches Grundlagenwissen über die Lebenswirklichkeit von Straftätern zu erarbeiten. Dies erschien um so mehr geboten, als gerade auf dem Feld der Kriminologie eine Vielzahl von Theorien die unterschiedlichsten Ursachen und Begleitumstände der Kriminalität behauptet: Waren es früher vornehmlich persönlichkeitsbezogene Theorien, so herrschen heute (noch) Theorien vor, die für Kriminalität gesellschaftliche Umstände verantwortlich machen, sei es, daß Kriminalität als Auswirkung von bestimmten Gesellschaftsstrukturen oder daß sie als Folge von sozialer Reaktion angesehen wird.

In der Ablehnung solcher einseitiger Sichtweisen weiß sich diese Untersuchung mit den traditionellen multifaktoriellen Ansätzen einig. Sie ist getragen von der selbstverständlichen, jedoch häufig vernachlässigten Einsicht, „daß jedes Verbrechen durch einen (oder auch mehrere) Täter begangen wird, der aber nicht als völlig unabhängiges Individuum von jeglichen Bindungen losgelöst gleichsam frei im Raume steht, sondern stets auch Teil bestimmter gesellschaftlicher Felder ist, deren prägenden Kräften ihrerseits jedoch nur eine durch die jeweilige Individualität der Persönlichkeit relativierte Wirkung zukommt" (GÖPPINGER 1980, S. 76 f.). Mit dieser Auffassung ist das Konzept des „Täters in seinen sozialen Bezügen" verbunden, das im Laufe der Untersuchungen konkretere Formen gewann (s. u. Kap. III.). Dabei handelt es sich freilich nicht um ein theoretisches Modell in dem Sinne, daß von vornherein festgelegte Annahmen über die Relevanz einzelner Faktoren und über bestimmte Wirkungszusammenhänge bestehen; vielmehr ist es eher heuristisch zu begreifen, wobei die *tatsächlichen* Bedingungszusammenhänge und die wirkliche Bedeutung einzelner Fakten der *je individuellen* erfahrungswissenschaftlichen Feststellung gerade offengehalten werden.

Entsprechend diesem Standpunkt kam eine von einseitigen Theorien geleitete Anlage der Forschung nicht in Frage. Eine ausschließliche Festlegung der Untersuchung durch vorangestellte Hypothesen sollte vermieden werden, um offenzubleiben für nicht vorausbedachte, unerwartete Umstände und Zusammenhänge. So stand am Anfang die gleichsam naive, einfach lautende, aber nur äußerst komplex zu beantwortende Fragestellung: Wie sehen die von uns zu untersuchenden Straftäter im Vergleich zur sonstigen Population aus? Heben sie sich überhaupt hinsichtlich ihrer lebensgeschichtlichen Entwicklung, bestimmter Eigenheiten im somatischen, psychischen und sozialen Bereich sowie ihrer Verhaltensweisen von der „Normal"-Bevölkerung ab?

Die sehr weit und offen formulierte Ausgangsfrage implizierte methodisch die Anlage als **Vergleichsuntersuchung**; denn nur vor dem Hintergrund des in der „Normal"-Bevölkerung Üblichen können die Bedeutung und das Gewicht einzelner Merkmale, Verhaltensweisen und Umstände für (wiederholte) Straffälligkeit erfaßt werden.

Die Gruppe der *Straffälligen* (H-Probanden) wurde aus 20- bis 30 jährigen Häftlingen ausgewählt (zum Verfahren s. u. 2.2.), die mindestens 6 Monate Freiheitsstrafe im Gefängnis zu verbüßen hatten. Mit diesem *Auswahlkriterium* war die begründete Annahme verbunden, daß es sich dabei um Straftäter handeln würde, die in der Regel schon eine gewisse „kriminelle Karriere" durchlaufen hatten. Dies war deshalb wichtig, weil nicht zufällige oder periphere Erscheinungsbilder von Delinquenz, sondern Straffällige mit Kriminalität in ausgeprägter Form untersucht werden sollten. Zugleich erschienen die 20- bis 30 jährigen aus mehreren Gründen als geeignete Altersgruppe: Einmal handelt es sich dabei um ein besonders „kriminalitätsträchtiges" Alter; daneben wäre bei einer Auswahl jüngerer Probanden die beträchtliche Zahl derer nicht erfaßt worden, die erst im Erwachsenenalter (wiederholt) straffällig werden (s. u. Kap. II, 1.3.) und deshalb bisherigen kriminologischen Untersuchungen, die sich überwiegend auf jugendliche und heranwachsende Straftäter konzentriert hatten, völlig entgangen waren.

Die Auswahl der Häftlinge stand also unter der Erwartung, nicht „Kriminalität" als solche, sondern einen *bestimmten,* freilich praktisch wie theoretisch bedeutsamen *Ausschnitt von Straffälligen* zu erfassen, und zwar solche mit schwerwiegender bzw. wiederholter Kriminalität (s. u. Kap. II, 4.3.1.). Die Festlegung einer Mindeststrafe von 6 Monaten erfolgte deshalb, weil zum einen davon ausgegangen werden konnte, daß damit wegen nur geringfügiger Delikte Verurteilte von vornherein ausschieden, zum andern aus der nicht zu unterschätzenden forschungspragmatischen Erwägung, daß die Haftzeit, während der ein Proband zur Verfügung stand, ausreichen mußte, um intensive Untersuchungen durchzuführen.

Demgegenüber sollte die *Vergleichsgruppe* (V-Probanden) einen Querschnitt der entsprechenden männlichen Altersgruppe in der allgemeinen Bevölkerung darstellen. Es war beabsichtigt, eine in jeder Hinsicht „normale" Gruppe auszuwählen mit der Konsequenz, daß sich bei dieser Gruppe nicht nur Delinquenz im Dunkelfeld, sondern auch ein bestimmter Prozentsatz an Vorbestraften finden läßt (s. u. 2.1.2. und 2.3. sowie Kap. II, 4.7.).

Die *Größe* der beiden Untersuchungsgruppen wurde auf jeweils 200 Probanden begrenzt. Damit waren die Gruppen gerade so klein, daß sie im Rahmen der Kapazität des Instituts während eines vertretbaren Zeitraums umfassende und intensive Einzeluntersuchungen erlaubten, aber gerade noch groß genug, um eine statistische Absicherung von Ergebnissen im Regelfall zu ermöglichen (s. u. 4.2.).

Mit der *Anlage* des Forschungsvorhabens als zunächst retrospektive Vergleichsuntersuchung (s. u. 2.1.) waren gewisse unumgängliche methodische Vorentscheidungen getroffen; doch sollten die Erhebungen selbst weitgehend frei bleiben von vorweggenommenen theoretischen Festlegungen.

Dies heißt jedoch nicht, daß diese Forschung schlechthin voraussetzungslos ist. Eine Auswahl unter einer praktisch unbegrenzten Anzahl beobachtbarer Phänomene ist nicht nur aus pragmatischen Gründen aufgrund begrenzter personeller und sachlicher Mittel, sondern auch in prinzipieller Hinsicht stets unvermeidbar. So war die Auswahl *mitbestimmt* durch Hypothesen und Ergebnisse zu Einzelbereichen aus bisherigen Forschungen. Diese damaligen Annahmen und Erkenntnisse konnten *die Untersuchung jedoch nicht in dem Maße prägen* wie hypothetisch-deduktive Forschungen, da man sich bewußt war, daß sie zumeist aus der eingeschränkten Perspektive einer spezifischen Bezugswissenschaft der Kriminologie gewonnen waren, welche dem komplexen Geflecht von Bedingungszusammenhängen der Straffälligkeit nicht gerecht wird.

Noch entscheidender für die Begründung dieser offenen Vorgehensweise war jedoch die – wie sich im Laufe der Untersuchung mehrfach zeigte – berechtigte Annahme, daß überraschende, nicht vorausbedachte Fakten und Umstände eine wichtige Rolle spielen könnten. Im Zentrum standen deshalb **intensive Einzelfallerhebungen** zu Sozialbereich und Person der ausgewählten Probanden (zur systematischen, nicht nur explorativen Bedeutung der Einzelfallerhebungen s. u. Kap. III, 1.), wobei man freilich nicht gleichsam „ahnungslos" auf einem völlig unbekannten Terrain vorging, sondern auf Erfahrungen und ersten Eindrücken aus umfangreichen Voruntersuchungen aufbauen konnte. Die Probanden sollten indessen nicht danach „abgefragt" werden, ob sie bestimmte, zuvor festgelegte Faktoren aufwiesen, vielmehr sollten *die Lebensentwicklung und der Lebenszuschnitt jedes Einzelnen* in ihrer Gesamtheit jeweils differenziert und doch möglichst vollständig erfaßt werden. Es galt also zunächst, über die „Persönlichkeit in ihren sozialen Bezügen" von allen Probanden möglichst breitgestreute Informationen aus möglichst vielen Bereichen zu erheben. Damit war aber auch notwendigerweise eine *vielschichtige, mehrdimensionale Betrachtungsweise* verbunden.

Ein auf einen derart komplexen Gegenstand gerichtetes Forschungsvorhaben ließ sich angemessen nur mit einem **interdisziplinären Ansatz** bewältigen. So wurde die Tübinger Jungtäter-Vergleichsuntersuchung von einem Forscherteam aus Juristen, Medizinern, Psychologen, Soziologen und Sozialarbeitern durchgeführt. Mit dieser Art interdisziplinärer Forschung sollte erreicht werden, daß das Forschungsteam eine nicht nur formelle Zusammenfassung einzelner Wissenschaftler darstellt, die jeweils allein und ausschließlich für ihr Spezialgebiet verantwortlich sind, sondern daß die Konzeption und Durchführung des Forschungsvorhabens vollständig bei der Gruppe liegt (vgl. dazu grundsätzlich: GÖPPINGER 1980, S. 78 ff; auch KAISER 1967). Ziel war dabei, die aus verschiedenen Bereichen mit verschiedenen Methoden erhobenen Einzeltatsachen in einer Gesamtbetrachtung zu gewichten unter dem Aspekt der *Besonderheit des gemeinsamen, keiner Einzeldisziplin speziell angehörenden Forschungsgegenstands* (s. u. Kap. III. und IV.).

2. Anlage der Untersuchung

2.1. Methodische Implikationen
einer (retrospektiven) Vergleichsuntersuchung

Mit jeder Art der Anlage einer Untersuchung sind unvermeidlich methodische Vorentscheidungen verbunden, die weitreichende Konsequenzen für die Gültigkeit und Reichweite der Ergebnisse haben. Dies gilt auch für die von uns gewählte retrospektive Vergleichsuntersuchung, die die Lebensentwicklung der Probanden vom Untersuchungszeitpunkt an zurückverfolgt (und die – als Langzeituntersuchung – erst im zweiten Forschungsabschnitt durch eine prospektive Fortuntersuchung ergänzt wird). Dabei können die Einschränkungen für die Aussagekraft von Ergebnissen in einem engen Rahmen gehalten werden, wenn man sich dieser Probleme bewußt ist und jeweils die Grenzen einhält, die den einzelnen Forschungstechniken zu eigen sind.

2.1.1. Allgemeine Probleme

*Vergleichs*untersuchungen in der kriminologischen Forschung ziehen gewöhnlich vor allem einen bestimmten Einwand auf sich: Es wird vorgebracht, solche Untersuchungen verglichen zwei extreme Populationen miteinander und Zwischenformen blieben dabei außer Betracht – ein Einwand, der besonders auf den Vergleich von delinquenten mit nicht delinquenten Probanden zielt. Die Vergleichsgruppe der vorliegenden Untersuchung ist indessen in jeder Hinsicht keine Kontrastgruppe, sondern Abbild der „Normal"-Bevölkerung. Daher ist bei ihr durchaus Delinquenz zu beobachten (s. u. Kap. II, 4.7.; zur Dunkelfeldproblematik s. u. 2.1.2.).

Gegenüber einer *retrospektiven* Untersuchung an Häftlingen wird eingewendet, die Auswirkungen der aktuellen Haftsituation, aber auch schon der davorliegenden sozialen Reaktionen und Sanktionen auf das Verhalten der Probanden seien nicht exakt einzuschätzen. Daneben könne sich durch die Verurteilung und soziale Abstempelung der Probanden die Einstellung von Eltern und anderen Bezugspersonen verändern, was sich in ihren Aussagen über den Probanden niederschlage. Schließlich könne die Erhebung weit zurückliegender Ereignisse durch Erinnerungslücken oder andere Verfälschungstendenzen beeinträchtigt sein.

Diese Einschränkungen können auch für die vorliegende Untersuchung nicht völlig ausgeschlossen werden, jedoch sind sie durch eine systematisch betriebene Form der Retrospektion weitgehend eingegrenzt. Dadurch, daß über den gleichen Erhebungsbereich jeweils verschiedene Informationsquellen zur Verfügung standen und zudem viele schriftliche Unterlagen aus der jeweils relevanten Zeit stammten, konnten die Erhebungen einer weitgehenden Kontrolle und gegebenenfalls einer Korrektur unterzogen werden (s. u. 3.2.).

Demgegenüber versucht die Forschungskonzeption der *prospektiven Kohortenuntersuchung* (vgl. z. B. WEST 1969; WOLFGANG et al. 1972) die genannten Einwände von vornherein zu vermeiden. Sie vermag indessen nicht völlig den prinzipiellen Problemen der Retrospektion zu entgehen; denn diese Untersuchungsanlage ist nur insofern prospektiv, als eine hinsichtlich des Merkmals Straffälligkeit unausgelesene Untersuchungspopulation zumeist im kindlichen Alter ausgewählt und deren künftige Entwicklung – auch im Hinblick auf spätere Straffälligkeit – weiterverfolgt wird. Im übrigen sind die dabei durchgeführten Erhebungen notwendigerweise retrospektiv. Das gilt nicht nur für die vor dem Untersuchungsbeginn liegende Lebensphase, sondern auch für die künftige Lebensentwicklung. Diese kann, allgemein wie hinsichtlich des Auftretens von Delinquenz, immer nur nach bestimmten Zeitabständen für den zurückliegenden Untersuchungsabschnitt retrospektiv erhoben werden.

Daneben sind prospektive Kohortenuntersuchungen mit einer Reihe schwerwiegender praktischer Probleme verbunden. Will man über einen für das Auftreten und die Entwicklung von Delinquenz relevanten Zeitraum Aussagen treffen, müssen unter einem enormen Forschungsaufwand über wenigstens ein bis zwei Jahrzehnte hinweg laufend Untersuchungen durchgeführt werden. Zugleich kann diese lange Untersuchungszeit zu einer beachtlichen Ausfallquote führen, die sich durch mangelnde Bereitschaft zu weiterer Teilnahme an der Untersuchung, durch Umzug oder andere Hinderungsgründe bei den Probanden ergibt. Weitere Gefahren der Verfälschung liegen auch darin, daß die Probanden durch wiederholte Untersuchungen mit den Forschungsfragen vertraut werden und das dahinterstehende Anliegen „durchschauen" oder, was noch gravierender ist, daß die laufende Untersuchung auf die Einstellungen und Verhaltensweisen der Probanden selbst einen – unkontrollierbaren – Einfluß haben kann. Schließlich ist das entscheidende praktische Problem, daß in unausgelesenen Populationen Straffälligkeit, insbesondere in schwerwiegender und verfestigter Form, nur gering vertreten ist. Wollte man also differenziert und nicht nur an einzelnen Fällen, sondern an größeren Gruppen die Delinquenzentwicklung beobachten, benötigte man eine sehr große Anzahl von Probanden, die entsprechend der Prävalenzrate mehrfacher Straffälligkeit im Sinne der Auswahlkriterien der H-Probanden (s. u. 2.2.) hochgerechnet werden müßte. Man erhielte dann zwar zahlreiche Informationen über Tausende von Probanden, könnte aber über leicht erhebbare Fakten nicht hinausgelangen und somit letztlich keinerlei umfassendere Aussagen über die konkrete Lebenswirklichkeit der untersuchten Probanden treffen.

2.1.2. Zum Problem des Dunkelfeldes

Ein grundsätzlicher Einwand gegen alle „täterorientierten" Untersuchungen an „Straffälligen" wurde insbesondere im Zusammenhang mit der Diskussion um den „labeling approach" erhoben (vgl. etwa SACK 1969). Es wird geltend gemacht, Verurteilte und vor allem Strafgefangene stellten eine von den Strafverfolgungsorganen ausgelesene Gruppe dar und diese Auslese finde nicht nach Delinquenzkriterien, sondern nach anderen sozialen und persönlichen Merkmalen statt. Es sei nämlich nicht Kriminalität, welche Bestrafte von der nicht bestraften Bevölkerung unterscheide, da Kriminalität in Wahrheit ubiquitär, d. h. in der gesamten Bevölkerung gleichermaßen verbreitet sei.

Bei strenger Anwendung seiner eigenen Prämissen, wonach abweichendes bzw. kriminelles Verhalten als solches gar nicht (sozial) existent sei, sofern es nicht bemerkt bzw. solange darauf nicht offiziell reagiert werde, wäre das Dunkelfeld, d. h. die nicht erkannte bzw. nicht verfolgte Kriminalität, eigentlich für den „labeling approach" selbst irrelevant. Aber abgesehen davon könnte der Verweis auf das Dunkelfeld eine Vergleichsuntersuchung wie die vorliegende nur dann in Frage stellen, wenn die *tatsächliche* Delinquenz *nicht* die starken Unterschiede zwischen Strafgefangenen und Durchschnittspopulation aufwiese, wie sie bei der *amtlich dokumentierten* Delinquenz bestehen, sondern ähnlich oder gar gleich zwischen Bestraften und Nichtbestraften verteilt wäre. *Nur dann* könnten die aufgefundenen persönlichen und sozialen Unterschiede zwischen Strafgefangenen und der Durchschnittspopulation als bloße Kriterien der

Auslese bzw. der „Kriminalisierung" durch die Strafverfolgungsbehörden interpretiert werden, *nur dann* hätten sie nichts zu tun mit der Art und Häufigkeit der verfolgten und der tatsächlichen Delinquenz, und *nur dann* wäre ein Vergleich von Straffälligen mit der Durchschnittspopulation kriminologisch sinnlos.

Eben diese *Prämisse der Gleichverteilung* der Kriminalität ist aber offensichtlich *unrichtig;* vielmehr sind Häftlinge auch hinsichtlich Schwere und Häufigkeit der erfragten Delinquenz durchweg stärker belastet als die Durchschnittspopulation. Dies zeigte sich in einer unsere Untersuchung ergänzenden Studie (SCHÖCH 1976) zur tatsächlich begangenen Delinquenz (s.u. Kap. II, 4.2.2.) und wurde inzwischen auch durch zahlreiche differenzierende Forschungen durchgängig erwiesen (vgl. dazu insbesondere die kritische Zusammenstellung von HINDELANG et al. 1981).

Schließlich sei noch einmal daran erinnert, daß die genannten Einwände unsere Untersuchung um so weniger treffen können, als es sich bei der V-Gruppe (Vergleichsgruppe aus der Normalbevölkerung; s.u. 2.2.) *nicht* um „Nicht-Delinquente" handelte (s.o. 1. und u. 2.3.) und schon von dieser Auswahl her nicht die Absicht bestand, aufgefundene Unterschiede zwischen H- und V-Probanden mit Delinquenz als solcher in Verbindung zu bringen. Anliegen dieser Untersuchung war es eben nicht, über *die* Kriminalität in allen ihren, auch zufälligen, einmaligen, bagatellhaften Formen eine Aussage zu treffen, sondern die sozialen und persönlichen Begleitumstände herauszufinden, die schließlich zu (wiederholter) Kriminalität führen. Daher braucht es den Vergleich zwischen H- und V-Probanden nicht zu stören, wenn in der V-Gruppe die Probanden teilweise vorbestraft waren und fast alle bei der genannten Untersuchung Delikte – in geringer Zahl und Schwere – angaben (s.u. Kap. II, 4.2.2.).

2.2. Auswahl der Untersuchungsgruppen

Für die Jungtäter-Vergleichsuntersuchung wurden zwischen 1965 und 1970 nach dem Zufallsprinzip 2 Stichproben gezogen: 200 Häftlinge und eine gleich große Vergleichsgruppe aus der „Normal"-Bevölkerung. Dabei wurden ausschließlich deutsche Staatsangehörige berücksichtigt wegen der bei Ausländern möglichen Sprachschwierigkeiten, der kulturellen Verschiedenheiten und nicht zuletzt wegen der Unmöglichkeit, entsprechende Unterlagen aus dem bisherigen Leben und dem sozialen Umfeld der Probanden in gleicher Weise zu erhalten wie von deutschen Staatsangehörigen.

Die **Häftlingsgruppe** sollte für alle zum Zeitpunkt der Untersuchung in der Justizvollzugsanstalt Rottenburg Einsitzenden männlichen Geschlechts im Alter ab Vollendung des 20. Lebensjahres bis zur Vollendung des 30. Lebensjahres (Durchschnittsalter 24,89 Jahre) mit einer zu verbüßenden Strafdauer von mindestens 6 Monaten repräsentativ sein. Für die Untersuchungen wurden dabei nur solche Häftlinge berücksichtigt, die durch die Landgerichte Hechingen, Rottweil, Tübingen und Stuttgart verurteilt und von den entsprechenden Staatsanwaltschaften eingewiesen worden waren. Rottenburg liegt in unmittelbarer Nähe von Tübingen, und das „Landesgefängnis" bot zu jenem Zeitpunkt einen Querschnitt der Häftlingspopulation mit Ausnahme der zu Zuchthausstrafe oder Jugendstrafe Verurteilten.

Die Stichprobenziehung gestaltete sich im einzelnen wie folgt: Das Institut für Kriminologie in Tübingen erhielt kontinuierlich bis 1970 die Eingangsziffern aller Häftlinge der Strafanstalt mit den zuvor genannten Kriterien. Daraus wurden fortlaufend einige Probanden nach dem Zufallsprinzip mit Hilfe von statistischen Zufallstabellen ausgewählt und möglichst bald nach der Einlieferung untersucht. Durch diese sukzessiv vorgenommene Auswahl der Probanden dürften sich jedoch keine systematischen Verzerrungen ergeben haben, da der Zeitpunkt der Einlieferung nach Rottenburg von Gesichtspunkten, die für die Untersuchung relevant sein könnten, unabhängig war; so waren beispielsweise die einzelnen Deliktsgruppen über das ganze Jahr hinweg in etwa zufällig verteilt.

Die **Vergleichsgruppe** aus der „Normal"-Bevölkerung umfaßt ebenfalls 200 Probanden und wurde nach den Kriterien Alter (das Durchschnittsalter betrug 26,03 Jahre), Geschlecht und in geographischer Hinsicht nach den Landgerichtsbezirken mit der Häftlingsstichprobe parallelisiert. Weitere Auswahlkriterien wurden nicht aufgestellt.

Das Auswahlverfahren der Vergleichsgruppe war komplizierter als das der Häftlinge. Da es keine Gesamteinwohnermeldekartei der 4 Landgerichtsbezirke Stuttgart, Tübingen, Hechingen und Rottweil gab, wurde ein zweistufiges Auswahlverfahren in folgender Weise angewendet:

In den 4 Landgerichtsbezirken lagen 869 Gemeinden, von denen einige auszuwählen waren, die als Teilgesamtheiten für die Auswahl der Vergleichsprobanden dienen konnten. Um die verschiedenen Gemeindegrößen zu repräsentieren, wurden 8 Einwohnergrößenklassen gebildet. Nach der Volks- und Berufszählung des Statistischen Landesamtes Baden-Württemberg von 1960/61 lebten insgesamt 240 924 Männer im Alter von 20 bis 30 Jahren in den 4 Landgerichtsbezirken. Entsprechend der dort angegebenen prozentualen Verteilung auf die Gemeindegrößenklassen wurde die Zahl der pro Klasse auszuwählenden Probanden bestimmt.

Lebten z. B. 6% der Population in Gemeinden der Größenklasse 500 bis 1 000 Einwohner, so mußten bei einer Stichprobe von 200 Probanden 12 aus diesen Gemeinden gezogen werden. Da 3 Orte in dieser Größenklasse ausgewählt wurden, waren aus jedem Ort 4 Probanden zu ziehen. (Lediglich in Stuttgart als einziger Großstadt wurden alle Probanden nur aus einer Gemeinde gezogen.)

Dieser Schritt erfolgte nach dem Prinzip der systematischen Zufallsauswahl: Aus den Einwohnermeldekarteien, in größeren Orten aus der Wehrerfassungskartei (bezüglich der männlichen Bevölkerung von den Einwohnermeldekarteien übernommen), wurden systematisch in regelmäßigen Abständen die benötigten Quoten an Probanden gezogen.

In einem vorbereiteten Bogen wurden dann die Adressen und die wichtigsten aus der Kartei ersichtlichen Daten der Vergleichsprobanden eingetragen. Anschließend konnte mit den ausgewählten Probanden Kontakt aufgenommen werden.

Die *Ausfallquote* war sehr gering: In der Häftlingsgruppe wurden nur 4 Ausfälle wegen Verweigerung sowie 8 Ausfälle wegen vorzeitiger Entlassung oder Verlegung in eine andere Anstalt verzeichnet. In der Vergleichsgruppe ergaben sich 16 Ausfälle vor allem durch überholte Karteiunterlagen der Einwohnermeldeämter bzw. durch Wegzug aus dem Untersuchungsgebiet; in 4 Fällen war eine Untersuchung wegen geistiger bzw. körperlicher Gebrechen nicht möglich, und 4 Probanden entzogen sich der Untersuchung (s. u. 2.3.). In beiden Gruppen wurden die Ausfälle durch systematisch nachgezogene Probanden ersetzt.

Auch solche Probanden, die anfänglich die Teilnahme verweigern wollten, konnten durch intensive Gespräche mit den an der Untersuchung beteiligten Sozialarbeitern schließlich zur Mitwirkung an den Untersuchungen bewegt werden.

2.3. Zur Repräsentativität

Die *Häftlingsstichprobe* stellte einen Querschnitt aller im Untersuchungszeitraum jungerwachsenen Einsitzenden der Haftanstalt Rottenburg dar, die nicht nur eine kurzzeitige Freiheitsstrafe unter 6 Monaten verbüßten. Mit diesen Kriterien wurde eine Gruppe ausgewählt, die – soweit sich darüber nach der Strafvollzugsstatistik Aussagen treffen lassen – zugleich auch die gewichtigste in der allgemeinen Strafvollzugspopulation ist.

Von der *Altersstruktur* her hatten die 20- bis 30jährigen nach der Stichtagszählung in der Strafvollzugsstatistik der Jahre 1965–1969 einen durchschnittlichen Anteil von 53,5% an allen männlichen Gefängnisinsassen. Strafgefangene, die eine *Freiheitsstrafe von mehr als 5 Monaten* verbüßten, nahmen unter der gesamten Gefängnispopulation einen Anteil von 64,2% ein (s. u. Tabelle 1).

Die Auslese der H-Probanden schloß *Zuchthausinsassen* aus, die jedoch nur einen relativ geringen Anteil an der gesamten Gefängnis- und Zuchthauspopulation hatten. Freilich blieben damit bestimmte Formen der Schwerkriminalität von vornherein außer Betracht (s. dazu näher Kap. II, 4.3.3.).

Die Gruppe der eine *kurze Freiheitsstrafe* Verbüßenden war (und ist auch heute noch) zahlenmäßig ebenfalls sehr bedeutsam, insbesondere wenn man die Verzerrungen durch die Stichtagszählweise berücksichtigt (s. u.); jedoch ist dieser Ausschnitt aus der Gesamtgruppe der Strafgefangenen aufgrund seiner heterogenen Zusammensetzung (mit vielen Erst- und Verkehrstätern) für ein Forschungsanliegen, wie es dieser Untersuchung zugrunde liegt (s. o. 1.), wie überhaupt für jede auf „klassische Kriminalität" bezogene Forschung kaum geeignet.

Die Erhebungen über die Häftlingspopulation sind – rein methodisch gesehen – nur für die von den Staatsanwaltschaften beim Landgericht in Hechingen, Rottweil, Tübingen und Stuttgart in die Haftanstalt Rottenburg eingewiesenen und den Auswahlkriterien der Tübinger Untersuchung entsprechenden Straftäter repräsentativ. Da sich jedoch die Strafzumessungspraxis dieser Landgerichtsbezirke nicht wesentlich von der im Bundesgebiet üblichen unterscheidet (vgl. Keske 1983), liegt es nahe anzunehmen, daß die Aussagen über die Häftlinge der Tübinger Jungtäter-Vergleichsuntersuchung auch prinzipiell für sämtliche den Auswahlkriterien entsprechenden jungerwachsenen Strafgefangenen in der Bundesrepublik Deutschland gelten. Für diese Vermutung spricht ein Vergleich der in der Strafvollzugsstatistik ausgewiesenen Merkmale der Gefängnisinsassen mit denen der H-Probanden, obgleich es sich hierbei nur um einige äußere Variablen handelt.

Freilich muß berücksichtigt werden, daß Vergleiche mit Daten amtlicher Statistiken nur eingeschränkt möglich sind, da anhand der Strafverfolgungs- wie auch der Strafvollzugsstatistik keine dem Alter und zugleich der Strafhöhe der H-Probanden entsprechende Gruppen herangezogen werden können. Bei der Strafvollzugsstatistik – die im folgenden zum Vergleich benutzt wurde, da sie die meisten Angaben über Strafgefangene enthält – ist außerdem bei der Interpretation zu berücksichtigen, daß deren Daten auf Stichtagserhebungen beruhen und sich demzufolge immer nur auf diejenigen Insassen beziehen, die sich an dem betreffenden Tag (31. März eines jeden Jahres) im Vollzug befinden. Dies hat zur Folge, daß solche Häftlinge, die nur zwischen den beiden Stichtagen (aber nicht während eines solchen) im Vollzug waren, völlig unberücksichtigt bleiben.

Tabelle 1. *Männliche Strafgefangene in der Bundesrepublik Deutschland und H-Probanden im Vergleich*

	Männliche Gefängnisinsassen 1965–1969[a] (n = 30 489)	H-Pbn (n = 200)
Lebensalter		
20 bis unter 30 Jahre	53,5% (16 313)	100%
Davon 20 bis unter 24 Jahre	28,0%	32,0%
24 Jahre	13,2%	12,5%
25 bis unter 30 Jahre	58,8%	55,5%
Dauer der Strafe		
Über 5 Monate	64,2% (19 569)	100%
Davon über 5 bis 6 Monate	8,8%	11,5%[b]
über 6 bis 9 Monate	14,7%	20,0%
über 9 bis 12 Monate	18,2%	15,0%
über 1 bis 2 Jahre	32,4%	31,5%
über 2 bis 5 Jahre	24,4%	19,0%
über 5 Jahre	1,0%	0,5%
Unbestimmte Dauer	0,3%	2,5%
Anzahl der Vorstrafen		
1	17,4%	12,0%
2	15,7%	21,5%
3	12,4%	16,5%
4	9,2%	11,0%
5–10	23,4%	25,0%
11–20	7,1%	2,5%
21 und mehr	0,9%	–
Vorbestrafte insgesamt	86,1% (26 225)	89,0%

[a] Quelle für die Grundzahlen: Rechtspflegestatistik Fachserie A, Bevölkerung und Kultur, Reihe 9, III. Strafvollzug, jeweiliger Jahrgang; es wurde jeweils der Durchschnittswert aus den 5 Jahren berechnet
[b] Genau 6 Monate

Dadurch kommt es zu Verzerrungen, insbesondere zu einer Unterrepräsentation der Kurzstrafigen und einer Überrepräsentation der Langstrafigen, die sich auch in bezug auf andere Merkmale, insbesondere die Vorstrafenbelastung, auswirken.

Unter diesen Vorbehalten muß man die Ähnlichkeiten sehen, die sich zwischen den H-Probanden und den männlichen Gefängnisinsassen der Bundesrepublik Deutschland bei der Verteilung der *Altersgruppen,* der *Strafhöhen* und der *Vorstrafenzahlen* ergeben (s. Tabelle 1).

Für die *V-Gruppe* war aufgrund des Auswahlverfahrens Repräsentativität für die entsprechende Altersgruppe der männlichen Gesamtpopulation im gleichen geographischen Raum zu erwarten. Zusätzlich wurde ebenfalls anhand einiger äußerer Kriterien überprüft, inwieweit dies auch für die gesamte Bundesrepublik Deutschland zutraf.

Tabelle 2. *Schichtzugehörigkeit der V-Probanden im Vergleich*

	KLEINING/MOORE[a] (n = 14375)	V-Gruppe (n = 200)	
		Herkunfts-schicht	Eigenschicht
Oberschicht, obere und mittlere Mittelschicht	17%	15,0%	18,0%
Untere Mittelschicht	38%	38,0%	35,5%
Obere Mittelschicht	30%	29,5%	39,0%
Untere Unterschicht und „sozial Verachtete"	15%	17,5%	7,5%

[a] Vgl. KLEINING/MOORE 1968, S. 547

Bezüglich der Verteilung der *Schichtzugehörigkeit* wurden die Probanden der V-Gruppe auf der von KLEINING/MOORE (1968) entwickelten Skala nach Herkunfts- und Eigenschicht eingestuft (s. dazu näher Kap. II, 2.1.2. und 2.3.4.) und mit deren Stichprobe aus dem Bundesgebiet und West-Berlin verglichen (s. Tabelle 2).

Während die V-Gruppe nach ihrer *Herkunftsschicht* der Stichprobe von KLEINING/ MOORE gleicht, ergibt sich bezüglich der *Eigenschicht* innerhalb der Unterschicht eine Verschiebung zugunsten der oberen Unterschicht, d.h. von den Gelegenheits- und Hilfsarbeitern zu den Facharbeitern (zu diesem deutlichen sozialen Aufstieg s.u. Kap. II, 2.1.2.3. und 2.3.4.2.).

Auch bei weiteren Kriterien schneidet die V-Gruppe etwas günstiger ab: So liegt der durchschnittliche Intelligenzquotient etwas höher (s. u. Kap. II, 3.4.3.2.) und die Vorbestraftenquote etwas niedriger (s. u. Kap. II, 4.7.) als bei dem entsprechenden Bevölkerungsdurchschnitt in der Bundesrepublik Deutschland.

Fragt man nach den *Gründen,* so kann neben der Überrepräsentation von Studenten infolge der regionalen Häufung von Hochschulen im Raum Tübingen, Reutlingen und Stuttgart auch das *Auswahlverfahren selbst* mitbedingt haben, daß die V-Gruppe bei den erwähnten Kriterien etwas nach oben abweicht. Ganz allgemein lassen sich mit der Ziehung von Stichproben aus Einwohnermeldekarteien die Nichtseßhaften und diejenigen, die ohne Ummeldung den Wohnsitz wechseln, nicht erfassen. Gerade diese Gruppe dürfte sich am unteren Ende der Schichtskala und möglicherweise auch unter den Vorbestraften gehäuft finden. Zudem gab es 4 zunächst ausgewählte V-Probanden, die erheblich vorbestraft waren, sich jedoch der Untersuchung – in einem Fall sogar durch Flucht – entzogen, vermutlich in der (freilich unrealistischen) Erwartung drohender Strafverfolgungsmaßnahmen. Nicht zuletzt könnten diese „Ausfälle" (s. o. 2.2.) dafür verantwortlich sein, daß sich in der V-Gruppe z. B. keine Probanden befanden, die bezüglich ihrer Straftaten und Bestrafungen den Kriterien der H-Gruppe entsprachen, obgleich eigentlich ein Anteil von schätzungsweise 1 bis 2% zu erwarten gewesen wäre.

3. Vorgehen bei den Erhebungen

3.1. Durchführung der Untersuchungen und Erhebungen

Um dem Forschungsanliegen der möglichst vollständigen Erfassung der Person in ihren sozialen Bezügen gerecht zu werden, erfolgten die Untersuchungen einerseits durch Befragungen, psychologische Tests, Explorationen und Laboruntersuchungen *unmittelbar am Probanden* sowie andererseits durch *Drittbefragungen* in Form von Erhebungen in der Umgebung des Probanden und insbesondere durch *Aktenerhebungen*.

3.1.1. Kontaktaufnahme mit den Probanden

Die H-Probanden wurden von den Sozialarbeitern direkt in der Vollzugsanstalt aufgesucht, während den V-Probanden zunächst ein vervielfältigtes Schreiben zugesandt wurde, das sie über das Anliegen der Untersuchung und den Auswahlmodus informierte und gleichzeitig den Besuch einer Sozialarbeiterin ankündigte.

Es ging darum, grundsätzlich mit jedem der ausgewählten Probanden in ein *persönliches Erstgespräch* zu kommen, ihn eingehend über Anliegen und Ziel der Untersuchung, Auswahlverfahren usw. zu informieren und ihn zur Mitarbeit zu bewegen. Die Einwilligung zur Teilnahme an der Untersuchung wurde bei allen Probanden in einer schriftlichen Erklärung festgehalten, die sich auch auf die Erlaubnis erstreckte, Akten und Auskünfte von Behörden und Kontaktpersonen des Probanden anzufordern bzw. einzuholen. Das Team war zu völliger Verschwiegenheit und bei Veröffentlichungen zur Wahrung der Anonymität verpflichtet, was auch sämtlichen Probanden mitgeteilt wurde.

In den Erstgesprächen mit den *H-Probanden* von 2 bis 3 Stunden Dauer wurde zunächst über deren augenblickliche Situation, ihre Angehörigen, ihre akuten Sorgen und Probleme gesprochen und versucht, eine Grundlage für ein gewisses Vertrauensverhältnis aufzubauen. Diese Gespräche waren für die Untersuchung selbst nicht von unmittelbarem Nutzen und wurden auch nicht protokolliert.

Bei den *V-Probanden* war es wesentlich schwieriger, ein intensives Erstgespräch zu führen. Die Aufgeschlossenheit für das Anliegen war sehr unterschiedlich, und die häuslichen Umstände verhinderten oft ein Gespräch unter vier Augen. Falls es bei diesem ersten Gespräch überhaupt zu Erhebungen kam, beschränkten sich diese meist auf mehr oder weniger oberflächliche Fakten und Formaldaten. Auf diese Weise wurden wenigstens Anhaltspunkte für die Aktenanforderung bei den jeweils in Frage kommenden Behörden und Institutionen erlangt.

3.1.2. Erhebungen und Untersuchungen am Probanden

Nach den Erstgesprächen wurden die Probanden möglichst bald in das Institut für Kriminologie eingeladen, so daß bei der eigentlichen Untersuchung die äußere Situation für beide Gruppen weitgehend gleich war. Die unmittelbaren Untersuchungen erstreckten sich je nach Lebensgeschichte des Probanden über 2 bis 4 Tage; die durchschnittliche Untersuchungsdauer im Institut betrug pro Proband 20 bis 25 Stunden. Die H-Probanden wurden in Begleitung eines Anstaltsbediensteten, der bei den Untersuchungen jedoch nicht anwesend war, in das Institut gefahren. Dabei ergaben sich unter Berücksichtigung des Tagesablaufes in der Vollzugsanstalt in der Regel kaum Terminschwierigkeiten. Weitaus problematischer gestalteten sich dagegen die Terminabsprachen mit den V-Probanden, die nicht nur durch ihre berufliche Arbeitszeit, sondern auch durch feste Verpflichtungen in der Freizeit häufig nur am Wochenende zur Verfügung standen.

Die Untersuchung im Institut begann in der Regel mit einer breit angelegten *Befragung* durch Sozialarbeiter. Dabei wurde jeder einzelne Lebensabschnitt des Probanden mit allen Details in Form eines freien Gesprächs erhoben, wobei ein Leitfaden Gewähr dafür bot, daß nichts Wichtiges vergessen wurde. Die Angaben wurden protokolliert und anschließend in Berichtform festgehalten. Um die Probanden nicht zu überfordern, beschränkten sich die einzelnen Gesprächsphasen auf höchstens zwei bis drei Stunden.

Im Anschluß an die Außenerhebungen und nach Eingang der schriftlichen Auskünfte und Unterlagen erfolgten in der Regel erneut Gespräche, bei denen vor allem Unklarheiten und Erhebungslücken beseitigt und der Proband mit evtl. abweichenden Angaben Dritter in den schriftlichen Unterlagen oder bei den Außenerhebungen konfrontiert wurde. Die Gesamtdauer der Befragungen schwankte je nach Lebensgeschichte des Probanden und betrug im allgemeinen 10 bis 15 Stunden.

Nach der Befragung durch die Sozialarbeiter führten die Psychologen *psychologische Tests* und zur Ergänzung eine *psychologische Kurzexploration* durch. Dabei wurde mit einer sogenannten Testbatterie, d. h. mit einer Kombination verschiedener Testverfahren, gearbeitet, um auf diese Weise möglichst eine gegenseitige Ergänzung der einzelnen Testergebnisse zu erreichen. Die Testbatterie umfaßte den Baumtest, den Rorschach-Test, den Wartegg-Zeichentest und – als nichtprojektiven Test – den Hamburg-Wechsler-Intelligenztest. Bei einem Teil der Probanden wurde darüber hinaus noch der Rosenzweig P-F-Test und/oder der Persönlichkeits- und Interessentest durchgeführt (zu den einzelnen Tests und den Ergebnissen s. u. Kap. II, 3.4.3.).

Im Rahmen der *medizinischen Untersuchungen* erfolgten eine Exploration durch die Psychiater (s. u. Kap. II, 3.1.2. und 3.4.2.), die Ableitung eines Elektroenzephalogramms sowie – jeweils bei einem Teil der Probanden – die Erstellung eines Echoenzephalogramms und Chromosomenuntersuchungen (s. u. Kap. II, 3.3.).

Den Abschluß der unmittelbaren Untersuchungen und Erhebungen am Probanden bildete jeweils ein Gespräch des Institutsdirektors und Teamleiters mit dem Probanden.

Da sich die Untersuchungen und Erhebungen an den Probanden weit intensiver gestalteten, als es sich diese vorgestellt hatten, bedurfte es bisweilen erheblicher Mühe, um sie zu wiederholten Besuchen im Institut zu veranlassen. Zudem forderte die eingehende Beschäftigung mit dem einzelnen und dessen Leben eine nicht unerhebliche Mitarbeit des Probanden, die nur auf der Basis eines gewissen Vertrauensverhältnisses zwischen Untersucher und Untersuchtem erbracht wurde.

Insgesamt waren die H-Probanden in der Regel eher bereit, Auskünfte, auch solche sie belastender oder „negativer" Art, zu geben als die V-Probanden, die sich bisweilen zunächst sehr zurückhielten und eher beschönigten und verharmlosten. Manche wurden erst im Laufe wiederholter Gespräche zugänglicher und kamen dann schließlich auch mit persönlichen Sorgen und Problemen auf die Untersucher zu, was im Einzelfall oftmals einen erheblichen zusätzlichen Zeitaufwand mit sich brachte, der aber um der Richtigkeit der Erhebungen willen in Kauf genommen wurde.

3.1.3. Erhebungen im sozialen Umfeld

Durch die Befragung Dritter am Wohnort (bzw. dem allgemeinen Umfeld) der Probanden wurde versucht, weitere Informationen über sie zu gewinnen. Zu diesem Zweck suchten die Sozialarbeiter die Eltern und sonstigen Angehörigen, gegebenenfalls die Ehefrauen und Schwiegereltern, aber auch, soweit möglich, Arbeitskollegen, Arbeitgeber, Freunde und Bekannte des Probanden auf. Die hierfür erforderliche Erlaubnis wurde nur in wenigen Fällen, insbesondere von H-Probanden, trotz entsprechender Bemühungen verweigert. Allerdings waren die Angehörigen einiger Probanden entweder verstorben oder nicht erreichbar, weil sie in der DDR oder im Ausland wohnten. Dennoch konnte eine Untersuchung der häuslich-familiären Umgebung bei 136 H- und 164 V-Probanden durchgeführt werden. Angehörige, die weit entfernt wohnten oder bei denen aus sonstigen Gründen trotz Vorliegens einer Erlaubnis ein Hausbesuch nicht möglich war, wurden angeschrieben, so daß häufig auf diesem Wege zusätzliche Informationen erlangt werden konnten.

Bei den Besuchen konnten in zahlreichen Fällen die Angehörigen zunächst nicht angetroffen werden – sei es, weil sie tatsächlich abwesend waren, sei es, weil sie einfach nicht öffneten –, so daß bisweilen mehrere Besuche notwendig wurden, bis ein Gespräch zustande kam. Die Befragung der Angehörigen erfolgte in einem anhand eines Leitfadens geführten Gespräch, das die gleichen Themenkreise wie die bei den Probanden durchgeführten Befragungen umfaßte und ebenfalls protokolliert und anschließend in einem Bericht zusammengefaßt wurde. Sie erstreckte sich über mehrere Stunden; bei Bedarf erfolgten weitere Hausbesuche, bis schließlich die notwendigen Erhebungen durchgeführt waren. Dies traf vor allen Dingen bei Angehörigen der V-Probanden zu, die, ähnlich wie die Probanden selbst, mit Auskünften zunächst teilweise sehr zurückhaltend waren und sich erst nach mehreren Besuchen aufgeschlossen zeigten. Sie fanden sich dann oftmals keineswegs mit der Rolle des Befragten ab, sondern trugen selbst mit entsprechenden Gegenfragen und auch eigenen Überlegungen zum Anliegen der Untersuchung und den angesprochenen Problemen bei.

Die Angehörigen der H-Gruppe waren dagegen meist aufgrund früherer eigener Erfahrung mit verschiedenen Behörden und der Polizei mit der Befragungssituation als solcher vertraut. Bevor jedoch bei ihnen die Untersuchung Gegenstand des Gesprächs werden konnte, mußte vielfach in unmittelbaren Notlagen konkret Hilfe geleistet werden. So ergab es sich nicht ganz selten, daß die Sozialarbeiter zunächst fürsorgerisch handeln mußten, ehe sie als wissenschaftliche Mitarbeiter tätig werden konnten.

Im Rahmen der Hausbesuche ergab sich gleichzeitig die Möglichkeit, *Ortsbesichtigungen* hinsichtlich der Wohnung, bisweilen auch der Arbeitsstätte und der Örtlichkeiten des Freizeitaufenthalts, vorzunehmen, deren Eindrücke sowohl in Form von beschreibenden Berichten als auch gelegentlich durch Fotoaufnahmen festgehalten wurden. Dabei ging es vor allem um Wohngegend, Lage, Ausstattung, Ausgestaltung, Zustand und Atmosphäre der Wohnung bzw. der anderen Örtlichkeiten.

Schließlich bot sich bei den Außenerhebungen, insbesondere in kleineren Gemeinden, auch die Gelegenheit, durch mündliche Auskünfte bei Gemeindebehörden, Polizeidienststellen, Pfarrämtern und Schulen zusätzlich zu den meist nicht sehr ergiebigen schriftlichen Auskünften (s. u. 3.1.4.) im persönlichen Gespräch weitere, in der Regel wesentlich klarere und umfangreichere Angaben zu erhalten.

3.1.4. Aktenerhebungen und schriftliche Auskünfte

Zur Kontrolle und Ergänzung der Angaben des Probanden und seiner Familienangehörigen sowie aus dem Umfeld des Probanden wurde versucht, von allen in Frage kommenden Behörden und Institutionen, mit denen der Proband im Laufe seines Lebens in Berührung gekommen war, möglichst alle verfügbaren Unterlagen zur Einsichtnahme zu beschaffen und darüber hinaus schriftliche Auskünfte sowohl allgemeiner Art als auch Antworten auf gezielte Fragen zu erhalten. In den Anforderungsschreiben an die jeweiligen Behörden und Institutionen wurde auf die Einwilligung des Probanden sowie auf einen Erlaß des Justizministeriums Baden-Württemberg verwiesen, in dem alle Justizbehörden des Landes auf das Tübinger Forschungsvorhaben aufmerksam gemacht und zur Unterstützung angehalten worden waren.

Im allgemeinen mußten je Proband 12 bis 20 verschiedene Stellen angeschrieben werden, wobei sich diese Zahl vor allem bei häufigen Verurteilungen und Heimunterbringungen oft noch erheblich vergrößerte. Gewisse Schwierigkeiten ergaben sich vor allen Dingen bei jenen Probanden, die im Laufe ihres Lebens mehrfach den Wohnsitz – nicht selten ohne ordnungsgemäße An- und Abmeldung – gewechselt hatten und bei denen wegen des nur kurzfristigen Aufenthalts an einem Ort nicht immer Unterlagen zu erhalten waren. Ein weiteres Problem stellten Heimatvertriebene und Flüchtlinge dar, bei denen mit vergleichbaren Auskünften von den Institutionen und Behörden des Heimatlandes nicht gerechnet werden konnte. Sofern vorhanden, wurden jedoch die Unterlagen über jene Probanden beim „Leiter des Bundesnotaufnahmeverfahrens" in Gießen angefordert.

Im Regelfall wurde zunächst bei den (damals) registerführenden Staatsanwaltschaften über jeden (H- und V-)Probanden ein *Strafregisterauszug* eingeholt, dem auch – soweit die Voraussetzungen dazu vorlagen – eine Auskunft aus der *gerichtlichen Erziehungskartei* beigefügt war. Mit Hilfe dieser Angaben konnten bei den erkennenden Gerichten die entsprechenden *Strafakten* sowie im Falle der früheren Verbüßung von Freiheitsstrafen bei den dafür zuständigen Stellen *Vollstreckungshefte* und *Vollzugsakten* angefordert werden. Bei früheren Straf(rest)aussetzungen zur Bewährung und der Anordnung von Bewährungsaufsicht wurden auch die *Bewährungshilfeakten* und darüber hinaus schriftliche Berichte der Bewährungshelfer herangezogen. Außerdem standen bei allen H-Probanden die Vollzugsakten der damaligen Strafverbüßung in der Vollzugsanstalt Rottenburg zur Verfügung.

Zusätzlich wurde bei allen *Jugend- und Sozialämtern*, in deren Zuständigkeitsbereich ein (H- oder V-)Proband mindestens einen Teil seiner Kindheit verbracht hatte, nach Erkenntnissen und Unterlagen gefragt. Konnte aufgrund irgendwelcher Informationen angenommen werden, daß bei weiteren Jugend- oder Sozialbehörden, bei *Heimträgern* und *Erziehungsheimen* Unterlagen vorhanden waren, wurden auch diese Stellen um deren kurzfristige Überlassung oder aber um einen schriftlichen Bericht gebeten.

Daneben wurden Auskünfte und Zeugnisabschriften von den zuständigen *Schulbehörden* sowie Unterlagen von den *Ortsbehörden* bzw. *Bürgermeisterämtern* eingeholt, ebenso von den *Pfarrämtern* der Gemeinden, in denen ein Proband aufgewachsen war oder längere Zeit gelebt hatte. Über die Beschäftigungszeiten und Arbeitsverhältnisse konnten Unterlagen von den verschiedenen *Krankenkassenträgern* und *Arbeitsämtern* eingeholt werden. Darüber hinaus wurden Unterlagen und schriftliche Auskünfte von den örtlichen *Polizeivollzugsdienststellen* angefordert.

Die Aktenerhebungen waren ausgesprochen ergiebig, zumal sich in den angeforderten Unterlagen in aller Regel über den der Anlage der jeweiligen Akten zugrundeliegenden Themenkreis hinaus zahlreiche weitere Hinweise und Ausführungen zu den verschiedenen Lebensbereichen der Probanden fanden, die – auch als Anhaltspunkte für weitere Nachforschungen und Rückfragen beim Probanden oder Dritten – wesentlich zur Vervollständigung der Gesamterhebungen beitrugen (s. u. 3.2.). Die zusätzlich erbetenen schriftlichen Auskünfte, vor allem der örtlichen Behörden und Institutionen, waren dagegen – soweit sie über Formaldaten hinausgingen – häufig sehr vorsichtig und nichtssagend formuliert, teilweise auch inhaltlich „zugunsten" der Probanden unrichtig. Bei persönlicher Rücksprache der Sozialarbeiter mit den betreffenden Behörden und Institutionen ergab sich dann meist, daß jene aus den verschiedensten Erwägungen heraus grundsätzlich nichts Negatives über eine Person ihres Ortes fixierten, sehr wohl aber zu entsprechenden mündlichen Auskünften in der Lage und – nach Zusicherung absoluter Diskretion – auch bereit waren.

3.2. Zum Problem der Vollständigkeit und Richtigkeit der Erhebungen

Da bei dem offenen Vorgehen dieser Untersuchung der Umfang der relevanten Fakten nicht von vornherein festgelegt werden konnte, setzten nicht zuletzt ökonomische Gesichtspunkte dem Bemühen gewisse Grenzen, auch noch solche Fakten, deren Bedeutung erst im Laufe der Untersuchung voll erkannt wurde, nachträglich bei allen anderen Probanden zu erheben. Trotz der Fülle von Informationen konnte daher keine umfassende *Vollständigkeit* in der Klärung aller Einzelpunkte erreicht werden, zumal bei manchen Fragen trotz allen Bemühens um Klarstellung unauflösbare Widersprüche zwischen den einzelnen Informationen bestehen blieben. Deshalb liegen bei der Darstellung der Untersuchungsergebnisse bei einzelnen Probanden immer wieder auch „ungeklärte" Positionen vor (s. auch u. Kap. II, 1.3.).

Der *Wahrheitsgehalt* und die *Richtigkeit* der über die Persönlichkeit der Probanden und ihre Sozialbereiche erhobenen Fakten dürfte allerdings sehr hoch sein. Schon allein die umfassenden und eingehenden Erhebungen unmittelbar am Probanden durch mehrere Untersucher verschiedener Fachrichtungen verminderten die Möglichkeiten der Probanden erheblich, konsistent unrichtige Aussagen durchzuhalten. Als wirksames Korrektiv erwiesen sich darüber hinaus neben den Umgebungsuntersuchungen vor allem die Aktenuntersuchungen (und zum Teil auch die schriftlichen Auskünfte). Freilich konnte trotz der teilweise sehr genauen Informationen dem Akteninhalt keineswegs die grundsätzliche Vermutung der Richtigkeit eingeräumt werden, da es sich immer wieder zeigte, daß zwar die mit dem unmittelbaren Aktenzweck zusammenhängenden Angaben tatsächlich sehr zuverlässig waren, während mehr am Rande und vom ursprünglichen Aktenbearbeiter gewissermaßen beiläufig erhobene Informationen nicht selten unrichtig waren (zum Wahrheitsgehalt von Akteninformationen vgl. GÖPPINGER 1980, S. 114 ff.).

4. Auswertung der Erhebungen

4.1. Vorbemerkung

Bei Untersuchungen, die dem üblichen Ablauf von Projekten empirischer Sozialforschung folgen, ist durch die Erhebung in der Regel auch die Auswertung vorgegeben. Art der Erhebung, Forschungsinstrument und Auswertungsmethoden sind eine bis in technische Einzelheiten der Datenverarbeitung reichende Einheit.

Abgesehen von den psychologischen und medizinischen Untersuchungen, bei denen zum Teil auf standardisierte Prüfverfahren zurückgegriffen wurde, sollten die Erhebungen bei dieser Untersuchung jedoch in der Weise offen sein, daß die unausweichlichen und nicht korrigierbaren Ausblendungen, wie sie bei streng hypothesentestenden Untersuchungen schon durch deren jeweilige Anlage unumgänglich sind, möglichst vermieden wurden. Dies bedeutete, daß an die vielfältigen und komplexen Einzelerhebungen, insbesondere zum Sozialbereich, nachträglich Auswertungsmethoden herangetragen werden mußten. Damit ist jedoch keineswegs ein Objektivitätsverlust verbunden. Die Vielzahl verschiedener Informationen aus verschiedenen Erhebungen brachten selbst bei Fakten, die üblicherweise als „hart" bezeichnet werden (z. B. Zahl der Geschwister), noch erhebliche Korrekturen. Standardisierte Erhebungsmethoden täuschen dagegen ohnehin nur eine größere Genauigkeit vor, indem die Wirklichkeit dem angepaßt wird, was durch das Instrument erhebbar ist. Dies gilt insbesondere bei „weichen" Einschätzungs- und Zuordnungsvorgängen. Zudem ist bei standardisierten Erhebungen mit der Erhebung jede über die vorgenommene Kategorisierung hinausgehende Information *endgültig verloren*. Bei nachträglicher Kategorisierung, wie sie hier vorgenommen wurde, bleibt dagegen der jeweils nicht in die Kategorie eingehende „*Überschuß*" erhalten, so daß auch später immer wieder, gerade bei problematischen Zuordnungen und Einschätzungen, der gesamte Inhalt der komplexen Einzelfallerhebungen jeweils mit herangezogen werden kann. Insofern führt das Vorgehen bei dieser Untersuchung sicher nicht zu einer geringeren Objektivität, allenfalls ist es wesentlich aufwendiger als bei standardisierten Erhebungen.

4.2. Stufen und Richtungen der Einzelauswertungen

4.2.1. Aufbereitung der Erhebungen

Zunächst wurde, unter Berücksichtigung der Erfahrungen in den vorbereitenden Untersuchungen und der bisherigen Erkenntnisse aus der einschlägigen Literatur, ein Erhebungsbogen konzipiert. Er diente als Leitfaden bei den Erhebungen der Sozialarbeiter, die sich bezüglich der zu behandelnden Themenbereiche an ihm orientierten. Neue Erfahrungen wurden im Anfangsstadium laufend eingearbeitet.

Genau eingewiesene wissenschaftliche Hilfskräfte übertrugen die in den Akten und den ausführlichen Gesprächsprotokollen der Sozialarbeiter enthaltenen Fakten in diesen Erhebungsbogen und überprüften dabei gleichzeitig die Erhebungen auf ihre Vollständigkeit. Soweit sich dabei Lücken oder Unklarheiten ergaben, wurden diese in einem gezielten Fragenkatalog zusammengestellt, mit dem dann die Sozialarbeiter erneute Erhebungen durchführten. Nach dem vorläufigen Abschluß der Untersuchung eines Probanden wurde diese in zwei verschieden zusammengesetzten kleinen Kommissionen der beteiligten Untersucher besprochen. Blieben danach noch Unklarheiten übrig, erfolgte eine erneute Nacherhebung. Weitere offene Fragen grundsätzlicher Art wurden in der sogenannten großen Kommission geklärt, in der das gesamte Team über die anstehenden Probleme diskutierte.

In der folgenden Auswertungsphase wurden für jeden großen Erhebungsbereich spezielle Bogen entwickelt, in welche die Untersuchungsergebnisse zu den Teilbereichen eingeordnet wurden. Auch hierbei wurde jeweils ein detaillierter Kommentar benutzt. Anschließend wurde jeder einzelne Erhebungsbogen und damit auch jeder einzelne Fall erneut auf Genauigkeit der Übertragung und Vollständigkeit der Informationen überprüft, ehe eine Übertragung auf die Datenträger erfolgte, an die sich ein übliches Fehlerprüfprogramm anschloß.

4.2.2. Statistische Auswertung

Die statistische Auswertung erfolgte in der Regel in folgenden Schritten: Zunächst wurden die erhobenen Merkmale hinsichtlich der Häufigkeit in beiden Stichproben verglichen und die Unterschiede auf Überzufälligkeit durch Signifikanztests (Chi^2-Test) geprüft. Zusammenhänge von Variablen wurden in mehrdimensionalen Tabellenanalysen dargestellt. Für die Berechnung wurden der Vierfelderkoeffizient (phi) und der Kontingenzkoeffizient (CC) in seiner korrigierten Form nach LIENERT (1967, S. 560 ff.) verwendet. Allerdings ist die Zahl der Variablen, deren Kovariation in einer Tabelle dargestellt werden kann, beschränkt. Vier- und mehrdimensionale Tabellen verlieren an Übersichtlichkeit. Außerdem ist die Zahl der gleichzeitig in einer Tabelle zu analysierenden Variablen durch den Umfang von jeweils 200 Personen eng begrenzt, da die Untergruppen für inferenzstatistisch abgesicherte Ergebnisse häufig zu klein werden.

Klassische multivariate Verfahren wie die Varianzanalyse oder die Faktorenanalyse wurden nicht durchgeführt. Die äußeren Voraussetzungen dieser Verfahren wie Intervallskalenniveau (ausnahmsweise auch Ordinalskalenniveau), Normalverteilung sowie Linearität der untersuchten Zusammenhänge treffen nur für einen geringen Teil unserer Daten zu, und nicht einmal für den wichtigsten. Abgesehen von diesen eher technischen Voraussetzungen wurde jedoch auch aus prinzipiellen Gründen darauf verzichtet, mit Hilfe statistischer Modelle übergreifende Zusammenhänge sichtbar zu machen (s. dazu näher u. Kap. III, 1.1.).

4.3. Auswertung im Hinblick auf eine komplexe Gesamtschau

Außer der im wesentlichen quantitativ-statistischen Auswertung der Einzelbefunde zu Teilbereichen wurde auf einem anderen Weg versucht, der Fülle der Informationen der

Einzelfallerhebungen ein komplexes Gesamtbild abzugewinnen (zur methodologischen Begründung dieses Vorgehens s. u. Kap. III, 1.). Stärker als bei den oben geschilderten Auswertungsschritten war es hierbei möglich, die konkreten Wirkungszusammenhänge bei dem einzelnen Fall zu berücksichtigen, ohne auf der Stufe rein illustrierender Beschreibung einzelner Fälle stehenzubleiben.

Zunächst wurden, parallel zu den Arbeiten am ersten Erhebungsbogen, für die Einzelfallerhebungen sogenannte *Übersichtsbogen* erstellt (s. u. Kap. III, 4.2.). Die einzelnen Informationen wurden hierbei stichwortartig aufbereitet und in tabellarischen Übersichten zusammengestellt. Ergänzt wurden diese Bogen durch detaillierte *Tageslaufbeschreibungen* (s. u. Kap. III, 3.2.). In diesen Beschreibungen wurde das unterschiedliche Gewicht und die Verzahnung der einzelnen Erhebungsbereiche besonders deutlich sichtbar.

Einen weiteren Schwerpunkt bildete die volle Nutzung der Vorteile, die sich aus der Anlage der Untersuchung als einer *Vergleichs*untersuchung ergaben. In den statistischen Vergleich werden naturgemäß nur solche Variablen einbezogen, über die bei einer größeren Anzahl der Probanden vergleichbare Fakten vorliegen und die in Einzeldaten erfaßt werden können. Es gab jedoch Anhaltspunkte dafür, daß sehr wesentliche und charakteristische Unterschiede zwischen H- und V-Probanden auch bei solchen Umständen vorlagen, die insgesamt nur bei ganz wenigen (im Extremfall nur bei 2) Probanden vorhanden waren. So gewonnenen Unterschieden kommt zwar keine generelle Aussagekraft zu; in einem komplexen Gesamtbild können sie jedoch durchaus ihre Bedeutung erhalten. Diese Einschränkung wurde aber durch die Möglichkeit ausgeglichen, auch solche Lebensumstände zu erkennen, von denen man vorher zum Teil gar nicht angenommen hatte, daß sie überhaupt relevant werden könnten. Ziel dieser Vergleiche war eine kontrastierende Beschreibung des (ideal-)typischen Verhaltens der beiden Probandengruppen in den einzelnen Untersuchungsbereichen, namentlich dem Sozialbereich (s. u. Kap. III, 2.).

In eine ähnliche Richtung zielte auch der Versuch, jeweils einen H- und einen V-Probanden, die in allen äußeren, vor allem den für sie schicksalhaften Lebensumständen möglichst gleich waren, zu „*Zwillingspaaren*" zu gruppieren und diese dann zu vergleichen (s. u. Kap. III, 4.3.). Auch für diese Zuordnung der Probanden zu Paaren fehlte ein technisches Verfahren, so daß wieder auf die unmittelbaren Erfahrungen, die bei den Erhebungen gemacht worden waren, zurückgegriffen werden mußte. Hätte man dies durch ein vorausgehendes „matching" zu umgehen versucht, wäre man wiederum auf (theoretisch) Bekanntes oder (hypothetisch) Vermutetes beschränkt geblieben, während so die unmittelbare Kenntnis einer Fülle von in ihrer Relevanz teilweise geradezu überraschenden Lebensumständen in die „Paarbildung" eingehen konnte.

Auch die weiteren Arbeiten auf dieser Ebene der Auswertung waren am Ziel eines komplexen Gesamtbildes (des Täters in seinen sozialen Bezügen) ausgerichtet. Dabei kam es darauf an, Einzelbefunde sowohl der statistischen Auswertung als auch der zuvor genannten Auswertungsschritte aus den verschiedenen Bereichen zu *Querschnittskonstellationen* (s. u. Kap. III, 3.3.) und *Verläufen im Längsschnitt* (s. u. Kap. III, 4.4.) zu integrieren. Der Eindruck, den die Einzelfallbeschreibungen vermittelten, daß nämlich die wichtigsten Unterschiede zwischen den H- und V-Probanden erst in einer Gesamtschau des Lebenszuschnittes sichtbar wurden, mußte objektiviert, d. h. der Überprüfung und Darstellung zugänglich gemacht werden. Hierzu mußten übergreifende

Kriterien gebildet werden, die die Probanden überhaupt erst in umfassender Sicht vergleichbar machten. In einem langwierigen Prozeß wurden diese Kriterien immer weiter verfeinert bzw. in ihrem Bedeutungsgehalt verändert, indem ständig überprüft wurde, ob und in welcher Weise sie bei den Probanden tatsächlich vorlagen. Teilweise konnte hierzu auf die Ergebnisse der statistischen Auswertung zurückgegriffen werden. In der Regel erforderte aber der bereichsübergreifende Charakter dieser Kriterien zur Überprüfung eine Kenntnis der gesamten Lebensumstände, was zur Folge hatte, daß ständig sämtliche Einzelfallbeschreibungen herangezogen wurden.

4.4. Zusammenfassung

Die Auswertung der Erhebungen erfolgte auf zwei Ebenen, der statistischen Auswertung in den Teilbereichen einerseits und einer stärker qualitativ ausgerichteten Erarbeitung eines komplexen Gesamtbildes andererseits. Daß es sich hier tatsächlich um verschiedene Ebenen der Auswertung handelt, auf denen man sich auch unterschiedlicher Erkenntnismittel und -weisen bediente, darf jedoch nicht über die gegenseitige Abhängigkeit und Befruchtung beider Ebenen hinwegtäuschen. Der Grund dafür liegt zunächst darin, daß die Einzelfallerhebungen, auf deren sachliche Richtigkeit größter Wert gelegt worden war, Ausgangspunkt *und* ständiges Korrektiv sowohl bei der Aufbereitung für die statistische Auswertung als auch bei den Bemühungen um übergreifende Zusammenhänge waren (s.u. Kap. III, 1.3.). Die gegenseitige Befruchtung ist darin zu sehen, daß durch die auf der anderen Ebene gewonnenen typischen Erscheinungsbilder angeregt wurde, auch solche „Variablen" quantitativ zu erfassen, die über die Ebene formaler und äußerer Daten hinausreichten; allein dadurch wurde schon ein erheblicher Erkenntnisgewinn erzielt. Andererseits war ein Rückfragen in die Häufigkeitsverhältnisse für die andere Auswertungsebene ein ständiges Korrektiv der unmittelbaren, direkt durch den Umgang mit dem Probanden und seiner Umgebung gewonnenen Erfahrung.

Daß dies alles zur Wirkung kommen konnte, war durch die äußere Gestalt der Zusammenarbeit gewährleistet, durch die kleinen und großen Kommissionen, die unzähligen Sitzungen und den ständigen informellen Austausch unter den Teammitgliedern. Nicht zuletzt war es auch die Überzeugung, gemeinsam an etwas Wichtigem zu arbeiten, dessen Ergebnisse sich dann auch in Umrissen abzuzeichnen begannen.

II. Ergebnisse aus den Einzelbereichen

1. Vorbemerkung

1.1. Zur Aufteilung in Einzelbereiche

Die folgende Darstellung von Einzelbefunden zu den verschiedenen Teilbereichen bietet zunächst kein geschlossenes Bild. Dies resultiert schon aus der zum Zweck der Analyse vorgenommenen Aufteilung in Einzelbereiche, der notwendigerweise eine gewisse Willkürlichkeit anhaften muß.

Zwar bot sich eine grobe Einteilung in soziale, somatische und psychische Bereiche sowohl von der traditionellen Aufteilung der Gegenstände auf die Bezugswissenschaften der Kriminologie als auch von der interdisziplinären Besetzung des Forschungsteams her an. Allein die Grenzen sind – je nach Wissenschaftsauffassung – durchaus fließend, und außerdem war gerade beabsichtigt, das Modell einer aus *fertigen* Einzelteilen zusammenzusetzenden (interdisziplinären) Kriminologie durch eine (integrierende) Kriminologie zu ersetzen, bei der bereits jeder Einzelbeitrag einen *spezifisch kriminologischen* Blickwinkel aufweist (s. o. Kap. I, 1. – vgl. hierzu sowie zu den dabei vorausgesetzten Abgrenzungen zwischen den Bezugswissenschaften GÖPPINGER 1980, S. 7 ff., 76 ff.). Insofern besteht eine ständige Spannung zwischen dem Bemühen, Einzelergebnisse als solche zu würdigen und doch stets die Verflochtenheit mit dem Ganzen zu berücksichtigen.

Teilweise konnte dieser Verflochtenheit Rechnung getragen werden durch entsprechende Verweise auf andere Bereiche bzw. auf die übergreifende Gesamtschau (s. u. Kap. III) oder durch Zusammenfassungen aus diesem spezifisch kriminologischen Blickwinkel. Dennoch bleibt der Hinweis angebracht, daß die Einzelergebnisse keineswegs als Teile der jeweiligen kriminologischen Bezugswissenschaften anzusehen sind, sondern daß sie ihre eigentliche Bedeutung nur als Teil in einem (kriminologischen) Ganzen bekommen.

Die jetzige Einteilung der Bereiche und auch ihr jeweiliger Anteil an den folgenden Ausführungen sind bis zu einem gewissen Grad bereits Ergebnis der Untersuchung. Das Kernstück dieses Kapitels ist die Darstellung des *Sozialbereichs* (s. u. 2.). Dies ergibt sich vor allem aus dem Gewicht der in diesen Teilen erzielten Ergebnisse. Hier darf die vordergründige Schlüssigkeit der Aufteilung ebenfalls nicht darüber hinwegtäuschen, daß es sich um künstliche Abgrenzungen handelt. Zwar ist es sicher richtig, daß zunächst die Herkunftsfamilie in gewissem Sinne einen total umgreifenden Lebensraum für einen Menschen darstellt, der dann Schritt um Schritt durch eigene sachliche (Leistungsbereich, Freizeitbereich) und persönliche (Kontakte, Bindungen, Prokreationsfamilie) Bezüge des Probanden teils erweitert, teils abgelöst wird. Auch die Trennung von Leistungs- und Freizeitbereich leuchtet zunächst unmittelbar ein. Es zeigte sich jedoch im Laufe der Untersuchung, daß nicht nur oft schwierige Abgrenzungen nötig bzw. Überschneidungen vorhanden sind (etwa beim Aufenthaltsbereich Übergangsphasen, in denen der Proband sich schon ganz nach außen orientiert, aber noch zu Hause schläft), sondern daß die kriminologisch wichtigsten Erkenntnisse oftmals erst gewonnen werden, wenn man die Bereiche in ihrer gegenseitigen Bezogenheit betrachtet. So bilden etwa Freizeit- und Kontaktbereich für viele Fragen einen unmittelbaren Zusammenhang. Doch auch wenn z. B. Leistungs- und Freizeitbereich als in vielerlei Hinsicht *komplementär* anzusehen sind, wird etwa durch das Kriterium „Ausweitung der Freizeit zu Lasten des Leistungsbereichs" die unmittelbare Bezogenheit sichtbar. Oft ist es also gerade die *wechselseitige* Abhängigkeit der Bereiche, an der die spezifischen Unterschiede zwischen H- und V-Probanden deutlich werden.

Wie bei jeder statistischen Aufbereitung tritt insofern eine weitere Vereinfachung der komplexen Wirklichkeit ein, als auch innerhalb der einzelnen Bereiche der Lebenssachverhalt für die Darstellung in Fragestellungen und Variablen aufgespalten werden muß und bei der Zuordnung unter abstrakte Kriterien folglich die Feinheiten des Einzelfalls untergehen. Dieser Verlust an Lebensnähe wird dadurch zu kompensieren versucht, daß immer wieder auf die *Einzelfalluntersuchungen* zurückgegriffen wird und die dort gewonnenen Eindrücke und Erkenntnisse zur Erläuterung herangezogen und im Einzelfall festzustellende Zusammenhänge aufgezeigt werden (zur weiterführenden Bedeutung der Einzelfalluntersuchungen s. u. Kap. III, 1.2. und 1.3.).

1.2. Zum Vergleich mit anderen Untersuchungen

In den Zusammenfassungen der Teilbereiche dieses Kapitels wird jeweils ein kurzer Überblick über die einschlägigen Ergebnisse der relevanten Studien gegeben. Dabei werden im allgemeinen nur Untersuchungen berücksichtigt, die auf dem Boden des klassischen multifaktoriellen Ansatzes in der Kriminologie stehen. Nur ausnahmsweise werden auch solche Studien herangezogen, die ausschließlich einen ausgewählten Teilaspekt zum Gegenstand hatten.

Beispielhaft und sowohl von der Breite der Erhebungen als auch von der Forschungsanlage als retrospektive Vergleichsuntersuchung her am ehesten mit der vorliegenden Untersuchung vergleichbar dürften die Arbeiten des Ehepaares GLUECK sein, wenngleich diese an einem Punkt stehengeblieben sind, über den hinauszugelangen gerade ein besonderes Anliegen der Tübinger Untersuchung war (s. dazu näher u. Kap. III, 1.). Aus neuerer Zeit verdient vor allem die Untersuchung von WEST große Beachtung, die als prospektiv angelegte Kohortenstudie in gewissem Sinn einen Prüfstein für die sachliche Stichhaltigkeit der gegen retrospektive Vergleichsuntersuchungen vorgebrachten methodischen Einwände darstellt (zum Methodischen s. o. Kap. I, 2.1.).

Ein Vergleich der Ergebnisse der großen multifaktoriellen Untersuchungen mit den eigenen Ergebnissen ist freilich nicht unproblematisch. Einmal sind die Untersuchungsgruppen, die stets nach besonderen Gesichtspunkten gebildet wurden, unterschiedlich. Zum anderen wirken sich die Anlage der Studien, mehr aber noch die Ausbildung der Forscher in verschiedenen Wissenschaften ungünstig auf die Vergleichbarkeit aus. Daher wird man etwa bei Begriffen wie „auffälliges" oder „antisoziales Verhalten", „psychische Störungen", „neurotisch" und dergleichen mehr kaum damit rechnen können, daß sie für gleichartige Phänomene gebraucht werden. Weiterhin sind bei einem Vergleich auf internationaler Ebene die unterschiedlichen Rechts- und Rechtsfolgensysteme in Rechnung zu stellen, durch die „Kriminalität" in verschiedenen Ländern sehr unterschiedlich definiert sein und damit auch einen recht unterschiedlichen Umfang annehmen kann. So umfaßt beispielsweise der Begriff „delinquency" in den USA Handlungen oder Verhaltensweisen, die in der Bundesrepublik Deutschland überwiegend noch als „soziale Auffälligkeiten" bezeichnet werden. Schließlich haben sich seit jener Zeit, in der die frühen Untersuchungen von HEALY/BRONNER oder später dann die des Ehepaares GLUECK durchgeführt wurden, – wiederum in nationalen Färbungen – sowohl Veränderungen in der sozialen als auch der geistig-kulturellen Situation ergeben. Dies alles nötigt zu äußerster Vorsicht bei Generalisierungen von gemeinsamen Ergebnissen großer multifaktorieller Vergleichsuntersuchungen.

Um so erstaunlicher ist es jedoch, daß die verschiedenen Untersuchungen vor allem in den Bereichen, die hier als Sozialbereich zusammengefaßt sind, zu ähnlichen Ergebnissen kamen, sofern sie vergleichbare Kriterien benutzten. Die Interpretation bzw. die kriminologische Bedeutung, die den einzelnen Feststellungen zugeschrieben wird, variiert zwar wieder erheblich, doch sind die Befunde selbst, insbesondere bei leicht feststellbaren Fakten, nicht so heterogen, als daß ein Vergleich nicht sinnvoll erschiene. Im Blick auf diese Befunde läßt sich die vorliegende Untersuchung durchaus in die Tradition der multifaktoriellen Forschungen einreihen, wobei freilich der Versuch unternommen wurde, über diese Erkenntnisstufe hinaus zu einer die Einzelergebnisse integrierenden, übergreifenden Gesamtbetrachtung zu gelangen (s. u. Kap. III).

1.3. Allgemeine Angaben zur Darstellung

Entsprechend dem Auswahlkriterium der Häftlingsgruppe bestand die Erwartung (s. o. Kap. I, 1.), daß es sich bei den Häftlingen um Personen handeln würde, die eine gewisse „kriminelle Karriere" durchlaufen haben und in der Regel schon im jugendlichen Alter straffällig geworden sind. Um so erstaunlicher war dann die Tatsache, daß ein erheblicher Teil, nämlich 43% (86 Probanden), im Jugendalter *nicht* strafrechtlich aufgefallen war. Im Laufe der Auswertung stellte sich dann immer deutlicher heraus, daß diese Probanden, die nachfolgend als „Spätdelinquente" (H_2) bezeichnet werden, sich in einigen Bereichen deutlich von den übrigen Probanden, den „Frühdelinquenten" (H_1), unterschieden. Daher wird im folgenden diese – nachträglich getroffene – Differenzierung der Häftlingsgruppe für wichtige Merkmale durchgeführt. Als frühdelinquenter *H_1-Proband* gilt dabei, wer seine erste registrierte Straftat vor Vollendung des 18. Lebensjahres beging, während diejenigen, die erstmals nach diesem Zeitpunkt straffällig wurden, zur spätdelinquenten *H_2-Gruppe* zählen. Die Vollendung des 18. Lebensjahres ist auch insofern ein relevanter Zeitpunkt, als auf davorliegende Taten nur mit jugendrechtlicher Sanktion reagiert wird (JGG), wogegen später begangene Taten nach Erwachsenenstrafrecht (StGB) geahndet werden (können).

Bezüglich des Alters der Probanden zum Untersuchungszeitpunkt wird die durch das Auswahlkriterium sich ergebende Altersstreuung noch dadurch überlagert, daß die einzelnen Probanden sukzessive nacheinander untersucht wurden (s. o. Kap. I, 2.2.). Die Angaben „zum Untersuchungszeitpunkt" sowie „Untersuchungszeit" sind also kein einheitliches Datum, sondern beziehen sich auf den jeweiligen Probanden. Soweit die Erhebungen die äußeren Umstände und das Verhalten der Probanden betreffen, gilt als *„Untersuchungszeitpunkt"* bei den H-Probanden der Zeitpunkt der letzten Inhaftierung, bei den V-Probanden der Zeitpunkt des Beginns der Untersuchungen des betreffenden Probanden im Institut. Nur ausnahmsweise werden im folgenden über diesen Zeitpunkt hinaus Feststellungen getroffen; sie sind dann jeweils kenntlich gemacht. Entsprechend gilt als *„Untersuchungszeit"* der Zeitabschnitt vor der letzten Inhaftierung (bei den H-Probanden) bzw. vor dem Beginn der individuellen Untersuchungen (bei den V-Probanden).

Die medizinischen und testpsychologischen Befunde beziehen sich dagegen im allgemeinen auf den Zeitpunkt ihrer tatsächlichen Erhebung, bei den H-Probanden also auf einen Zeitpunkt während ihres letzten Haftaufenthaltes.

Der Darstellung der *Zahlenverhältnisse* ist vorauszuschicken, daß bei einer Reihe von Kriterien einige Probanden ausgeschieden werden mußten. Abgesehen von jenen Erhebungen, die von vornherein nur bei einem Teil der Probanden durchgeführt wurden (s.o. Kap.I, 3.1.2. und u. 3.), bleiben verschiedentlich aus inhaltlichen oder systematischen Gründen Probanden unberücksichtigt, so etwa für den Bereich der Herkunftsfamilie 4 H-Probanden, die fast ausschließlich in Heimen aufgewachsen waren. Dies wird jeweils bei den einzelnen Bereichen an entsprechender Stelle erwähnt. Insgesamt konnte jedoch schon aufgrund der vielfältigen Informationsquellen im allgemeinen die Zahl der ungeklärten Fälle gering gehalten werden (s.o. Kap.I, 3.2.). Kleinere Abweichungen in den Grundgesamtheiten, die auf solche ungeklärten Fälle zurückzuführen sind, ließen sich nicht immer vermeiden, werden allerdings im folgenden nicht jeweils eigens erläutert.

2. Die verschiedenen Lebensbereiche

2.1. Zur Herkunftsfamilie

2.1.1. Vorbemerkung

Der Herkunftsfamilie wird insofern besondere Bedeutung beigemessen, als sie im Regelfall für eine relativ lange Zeit die „Umwelt" des Menschen schlechthin ist. Hier ist allerdings zu bedenken, daß es sich dabei um ein hochkomplexes Bedingungsgeflecht handelt, in dem nicht nur die Familie und ihre Umwelt auf das Kind prägend wirken, sondern es selbst auch umgekehrt seine Umgebung beeinflußt. Insofern wird sich der Prozeß des Heranwachsens eines Kindes, insbesondere das wechselseitige Verhältnis zwischen Kind und Eltern, wohl nie auch nur einigermaßen vollständig empirisch erfassen lassen, weder in Form nachträglicher Erhebungen noch in Form von teilnehmender Beobachtung.

Für die vorliegende Untersuchung kommt hinzu, daß bei der weit zurückliegenden Kindheit der Probanden die Probleme der Retrospektion, vor allem des selektiven Erinnerungsvermögens, in Rechnung gestellt werden müssen. Gerade hier erwies sich die Kombination verschiedener Erhebungstechniken (s. o. Kap. I, 3.) als bedeutsam. Dabei wurde nicht grundsätzlich den Akteninformationen oder Drittbefragungen größere Objektivität zugeschrieben, sondern jeweils unter Nutzung sämtlicher Informationsquellen ein zutreffendes Bild des Einzelfalls zu gewinnen versucht. Um den Spielraum für bewußte und unbewußte Verfälschungen gering zu halten, wurde ein Grundbestand „harter" Daten, etwa über Lageraufenthalte, Unterstützung durch öffentliche Institutionen und ähnliches, mit leicht objektivierbaren Kriterien erhoben. Bei der Auswertung der Erhebungen wurde nach Außen- und Innenverhältnissen differenziert, wobei die familiären Innenverhältnisse noch in strukturelle und funktionale Aspekte unterteilt wurden.

Wie bereits angesprochen (s. o. 1.3.), können nicht bei allen Kriterien Aussagen über sämtliche Probanden getroffen werden. Gerade für den Bereich der Herkunftsfamilie, wo die zu erhebenden Fakten zum Teil weit zurücklagen, ergaben sich bei manchen Kriterien nicht ganz unerhebliche Quoten unsicherer oder ganz ungeklärter Angaben. Diese „Ausfälle" finden in den einzelnen Tabellen keine besondere Erwähnung; vielmehr beziehen sich die tabellarischen Darstellungen der Zahlenverhältnisse und deren Interpretation immer nur auf die eindeutig getroffenen Feststellungen. Daneben blieben grundsätzlich 4 Probanden unberücksichtigt, die fast ausschließlich in Heimen aufgewachsen waren.

Über die dargestellten Ergebnisse hinaus finden sich weitere Ausführungen, jedoch teilweise mit anderer Kategorisierung, in der Arbeit von DOLDE (1978).

2.1.2. Außenverhältnisse der Herkunftsfamilie

2.1.2.1. Sozioökonomischer Status

Zur Erfassung der sozioökonomischen Verhältnisse wurde der Index zur sozialen Selbsteinstufung von KLEINING/MOORE (1968), im folgenden gebräuchlich abgekürzt als

Tabelle 3. *Schichtzugehörigkeit der Herkunftsfamilie*

	H-Pbn	V-Pbn	H_1-Pbn	H_2-Pbn	Zum Vergleich Stichprobe von KLEINING/MOORE[a]
	(n = 196)	(n = 200)	(n = 113)	(n = 83)	(n = 14 375)
Mittlere und obere Mittelschicht (MM + OM)	4,6%	15,0%	5,3%	3,6%	17%
Untere Mittelschicht (UM)	14,8%	38,0%	14,2%	15,7%	38%
Obere Unterschicht (OU)	35,7%	29,5%	37,2%	33,7%	30%
Untere Unterschicht (UU)	44,9%	17,5%	43,4%	47,0%	15%

Signifikanz: H–V: p = 0,001; H_1–H_2: n. s. (nicht signifikant)

[a] KLEINING/MOORE 1968, S. 547. Die Stichprobe bezieht sich auf die 16–65 Jahre alte Wohnbevölkerung in der Bundesrepublik Deutschland und West-Berlin 1967 und 1968. Die Kategorien „industriell" und „nichtindustriell" sowie „untere Unterschicht" und „sozial Verachtete" wurden zusammengefaßt

SSE, gewählt, bei dem die Einstufung nach der beruflichen Tätigkeit des Haupternährers vorgenommen wird (vgl. DOLDE 1978, S. 166 f.).

Für dieses Kriterium waren die Erhebungen vollständig und detailliert genug. Allerdings wurde der Index modifiziert, indem Fremdeinstufungen anstelle von Selbsteinstufungen vorgenommen wurden. Tabelle 3 zeigt die Schichtverteilung der Probanden.

Die H-Probanden in der Unterschicht, insbesondere in der unteren Unterschicht, sind deutlich überrepräsentiert. Doch wird man bei der Interpretation dieses Befundes Zurückhaltung üben müssen. Immerhin gehörten auch insgesamt 47% der V-Familien der Unterschicht an (eine differenzierte Betrachtung der Schichtproblematik erfolgt u. 2.1.3.4. sowie im Zusammenhang mit der Intergenerationenmobilität, s. u. 2.1.2.3. und 2.3.4.2.).

2.1.2.2. Sonstige äußere Verhältnisse

Die Einzelfallerhebungen erlaubten darüber hinaus eine detaillierte Darstellung der „Außenverhältnisse" der Familien von H- und V-Probanden, die sich weit stärker als die bloße Schichtzugehörigkeit als *unmittelbare „Umwelt" des Probanden* auswirken konnten. So zeigte sich in einigen Fällen, daß „schlechtes Ansehen in der Gemeinde", das keinesfalls nur sozioökonomische Gründe zu haben braucht, gerade in kleinen Gemeinden häufig zu Schwierigkeiten bei der Suche nach einer Lehrstelle führte und damit indirekt den nachschulischen Leistungsbereich beeinflussen konnte. Ebenso verbergen sich hinter „körperlichen Gebrechen einer Erziehungsperson" oft erhebliche Schwierigkeiten und Belastungen für die ganze Familie, die über den sozioökonomischen Bereich weit hinausgehen.

Tabelle 4. *Sonstige Belastungen der Herkunftsfamilie*

	H-Pbn (n=196)	V-Pbn (n=200)	Sig. H–V	H_1-Pbn (n=113)	H_2-Pbn (n=83)	Sig. H_1–H_2
Über 6 Jahre Aufenthalt in unzureichenden Wohnverhältnissen[a]	29,1%	3,5%	+ +	31,7%	25,3%	n.s.
Mindestens 1 Jahr von Unterstützung gelebt, ausgenommen krankheitsbedingt	9,2%	2,5%	+	11,5%	6,0%	n.s.
Schlechtes Ansehen in der Gemeinde (Vater und/oder Mutter)	31,1%	4,0%	+ +	39,8%	19,3%	+
Körperliche Gebrechen einer Erziehungsperson	18,9%	8,0%	+	25,7%	9,6%	+
Soziale bzw. strafrechtliche Auffälligkeit einer Erziehungsperson[b]	49,0%	12,5%	+ +	54,9%	41,0%	n.s.
	(n=165)	(n=176)		(n=94)	(n=71)	
Soziale bzw. strafrechtliche Auffälligkeit von Geschwistern[c]	40,4%	7,9%	+ +	52,1%	25,4%	+ +

Signifikanz: + p=0,05; + + p=0,001

[a] Einfachstwohnungen, Obdachlosenbehausungen, Bunker, Baracken, überbesetzte Wohnungen ohne eigenen Wohnbereich für den Probanden

[b] Promiskuität und andere sexuelle Auffälligkeiten, auffallend hoher Alkoholkonsum, besonders aggressives Verhalten, Einschätzung als Sonderling bzw. registrierte Straffälligkeit ohne Verkehrsdelinquenz

[c] Geschwister, mit denen der Proband mindestens ein halbes Jahr zusammenlebte; auch Stiefgeschwister und Pflegegeschwister

Eine Aufstellung solcher zusätzlicher Fakten, aus denen sich „Anpassungsprobleme" ergaben, zeigt Tabelle 4.

Die aufgeführten Belastungen waren wesentlich häufiger bei der H- als bei der V-Gruppe anzutreffen, so vor allem „schlechtes Ansehen in der Gemeinde" und „soziale bzw. strafrechtliche Auffälligkeit" einer Erziehungsperson bzw. von Geschwistern. Vorläufig läßt sich nach diesen Ergebnissen festhalten, daß wesentlich mehr H-Probanden als V-Probanden sehr viel länger in familiären Verhältnissen aufwuchsen, die von den verschiedensten „Anpassungsschwierigkeiten" gekennzeichnet sind (zum Zusammenhang mit der Schichtzugehörigkeit s. u. Tabelle 10). Aber erst bei den unmittelbaren Umgebungsuntersuchungen durch die Sozialarbeiter zeigte sich das wirkliche Ausmaß der Verwahrlosung in den familiären Verhältnissen mancher H-Probanden.

Als äußere Anpassungsprobleme können auch die besonderen Schwierigkeiten gelten, die sich durch die in beiden Untersuchungsgruppen doch recht zahlreichen *Umsie-*

delungen nach dem zweiten Weltkrieg ergaben. 43,5% der H-Familien und 29,5% der V-Familien (d. h. mindestens ein Elternteil davon) waren Heimatvertriebene, Flüchtlinge oder Einwanderer. In beiden Untersuchungsgruppen hatten diese Familien einen niedrigeren sozioökonomischen Status als die einheimischen Familien. Doch auch hier ist die bloße Feststellung der Schichtzugehörigkeit irreführend, was die konkrete Bedeutung der Familie als „Umwelt" des Probanden betrifft. Jene V-Einwanderer, die der unteren Unterschicht angehörten, waren zum großen Teil erst dorthin abgestiegen (V = 13 von 19; H = 9 von 42; p = 0,001). Vor ihrer Übersiedlung waren sie vielfach selbständige Bauern oder Handwerker gewesen.

Trotz des häufigen beruflichen Abstiegs, gemessen am Schichtindex, waren die Haupternährer der V-Einwanderer jedoch in der Lage, für ihre Familien schneller geordnete Wohnverhältnisse zu schaffen. Nur 6,8% von ihnen lebten im Vergleich zu 38,4% (p = 0,001) der H-Einwandererfamilien länger als 6 Jahre in unzureichenden Wohnverhältnissen (zu den davon betroffenen Probanden s. u. 2.2.2.2.). Außerdem sorgten sie, den *Einzelfalluntersuchungen* zufolge, in der Regel für eine bessere Ausbildung der Probanden. Auch hier liegen also Unterschiede zwischen der H- und der V-Gruppe erst in den spezifischen *Reaktionen* der Betroffenen auf *dieselben* „objektiven" Anpassungsprobleme.

2.1.2.3. Vertikale Mobilität der Herkunftsfamilie und Intergenerationenmobilität

Unterschiede in der *vertikalen sozialen Mobilität* der Herkunftsfamilien gab es kaum. Auffällig ist lediglich, wie bereits oben bei den Einwanderern und Umsiedlern erwähnt, daß von den 35 V-Familien der unteren Unterschicht 19 erst dorthin abgestiegen sind, während es bei den H-Familien nur 20 von 88 sind (H$_1$: 13 von 49; H$_2$: 7 von 39; p = 0,001).

Deutliche Unterschiede ergaben sich dagegen bei einem Vergleich des sozioökonomischen Status der Herkunftsfamilie mit dem der Probanden selbst, d. h. bei der sogenannten *Intergenerationenmobilität*. Betrachtet man unter dem Aspekt des gleichermaßen möglichen Auf- und Abstiegs die Probanden der oberen Unterschicht gesondert, so zeigt sich, daß aus dieser Schicht von den H-Probanden nicht weniger als 69,1% abgestiegen sind, von den entsprechenden Probanden der V-Gruppe dagegen nur 11,3%. Auch hier bringt die Einstufung der Probanden nach einem Schichtindex die tatsächliche soziale Stellung nur sehr unzureichend zum Ausdruck, aber das Faktum einer deutlichen sozioökonomischen Auseinanderentwicklung zwischen H- und V-Probanden bleibt erhalten (ausführlich hierzu s. u. 2.3.4.2.).

2.1.3. Innenverhältnisse der Herkunftsfamilie

Die Gliederung nach strukturellen und funktionalen Aspekten ist insofern künstlich, als sich bestimmte Verhältnisse strukturell betrachten lassen, wenn man von den vorgegebenen Umständen ausgeht; werden dagegen die besonderen Reaktionen der Betroffenen mitberücksichtigt, liegt immer ein Übergang zur funktionalen Betrachtungsweise vor.

2.1.3.1. Strukturelle Aspekte

Die nachfolgende Aufstellung (s. Tabelle 5) zeigt die Verteilung der wichtigsten strukturellen Variablen.

Aufschlußreich ist hierbei, daß *Verwaisung,* die als rein schicksalhaftes Ereignis anzusehen ist, in beiden Gruppen ähnlich häufig auftrat. Nach dem Tod des Vaters kam es nur in relativ seltenen Fällen (H = 8; V = 3) zu einer Wiederverheiratung. Sowohl in diesen Fällen als auch gerade dort, wo die Mütter nicht wieder heirateten, zeigten die *Einzelfalluntersuchungen,* daß sich bei den betroffenen V-Familien der bisherige „Stil" der Familie kaum veränderte bzw. entsprechende Kompensationen stattfanden. Die V-Probanden bauten andere tragende Kontakte auf und nahmen diesbezügliche Angebote auch wahr, und die Mütter sorgten stets auch bei wirtschaftlichen Belastungen und eigener Berufstätigkeit (näheres hierzu s. u.) für eine ausreichende Beaufsichtigung und

Tabelle 5. *Strukturelle Familienverhältnisse*

		H-Pbn (n = 200)	V-Pbn (n = 200)	Sig. H–V	H_1-Pbn (n = 114)	H_2-Pbn (n = 86)	Sig. H_1–H_2
Verwaisung	Vaterwaise	15,0%	14,5%	n. s.	14,0%	16,3%	n. s.
	Mutterwaise	5,5%	2,5%	n. s.	4,4%	7,0%	n. s.
	Vollwaise	1,5%	–	n. s.	0,9%	2,3%	n. s.
Nur im Heim aufgewachsen (davon 3 Vollwaisen)		(4)	(0)	–	(1)	(3)	–
		(n = 196)	(n = 200)		(n = 113)	(n = 83)	
Proband ist in strukturell unvollständiger Familie aufgewachsen[a]							
durchgehend		15,8%	15,5%	n. s.	12,4%	20,5%	n. s.
über 1 Jahr		33,2%	15,0%	+ +	31,0%	36,1%	n. s.
unter 1 Jahr oder gar nicht		50,0%	69,5%	+ +	56,6%	43,4%	n. s.
Proband ist nichtehelich		18,4%	3,5%	+ +	22,1%	13,3%	n. s.
Proband hatte 5 und mehr Geschwister		15,8%	8,5%	+	20,4%	3,6%	+
Proband ist Einzelkind		15,8%	12,0%	n. s.	16,8%	14,5%	n. s.
Proband war von der Mutter getrennt[b]							
bis 3. Lebensjahr		9,2%	5,5%	n. s.	10,6%		n. s.
4.– 6. Lebensjahr		5,6%	2,5%	n. s.	4,4%	7,2%	n. s.
7.–14. Lebensjahr		21,9%	6,5%	+ +	23,9%	19,3%	n. s.

Signifikanz: + p = 0,05; + + p = 0,001
[a] Trennung und Scheidung der Eltern, Verwaisung, nicht ehelich geboren
[b] Für mindestens 3 Monate

Betreuung der Probanden. Umgekehrt scheiterten bei den H-Probanden Versuche ersatzweiser Unterbringung oft am Verhalten der Probanden, und die Mütter fühlten sich in geringerem Maße verantwortlich, so daß sich hier ein möglicherweise schon vorhandener Mangel an Bindung und Kontrolle noch verstärkte (vgl. GÖPPINGER 1980, S. 262).

Auch bei der strukturellen Unvollständigkeit der Familie ergaben sich dann keine Unterschiede zwischen H- und V-Probanden, wenn sie durchgehend vorlag, d. h. wenn nicht ein oder mehrere *Wechsel der Erziehungspersonen* stattfanden.

Ein solcher Wechsel erfolgte insbesondere dann, wenn eine zeitlich begrenzte Unvollständigkeit der Familie aufgrund von Trennung oder Scheidung bestand. Hier zeigte sich auch, daß insgesamt 19,4% der H-, aber nur 7% der V-Probanden einen oder mehrere Stiefväter erhielten bzw. ihre Mütter Hausfreunde hatten. Mindestens ein Wechsel der Erziehungspersonen überhaupt fand bei 15% der V- gegenüber 38,3% der H-Gruppe statt (p = 0,001; vgl. hierzu auch DOLDE 1978, S. 238).

Unterschiedlich waren die Reaktionen der Probanden und ihrer Familien auch, wenn *„Trennung von der Mutter"* vorlag. Den Ersatz für die Mutter bildete zwar vor dem 6. Lebensjahr bei den meisten Probanden in beiden Gruppen die Unterbringung beim Vater, bei Verwandten oder sonstigen Pflegepersonen. Im Schulalter dagegen wurden die H-Probanden wesentlich häufiger in ein Heim eingewiesen (V = 3 von 13; H = 22 von 43; p = 0,001; H_1 = 18 von 27; H_2 = 4 von 16; p = 0,05), während bei den V-Probanden die früheren „Ersatz"-Aufenthalte beibehalten wurden. (Zum Heimaufenthalt, insbesondere zu den diesbezüglich besonders aufschlußreichen Gründen für die Heimunterbringung s. u. 2.2.2.3.).

Die Unterschiede bei der *Geschwisterzahl* erwiesen sich als abhängig von der Schichtzugehörigkeit und damit als Scheinkorrelation (s. u. sowie zur Schichtverteilung der übrigen Variablen Tabelle 10; vgl. auch DOLDE 1978, S. 230 f.). Einzelkinder gab es in beiden Gruppen ungefähr gleich viele. Deutliche Unterschiede fanden sich dagegen bei der Quote der nichtehelich geborenen H- und V-Probanden (vgl. hierzu GÖPPINGER 1980, S. 260 f.).

Tabelle 6. *Berufstätigkeit der Mutter*

	Lebens-jahr	H-Pbn (n = 196)	V-Pbn (n = 200)	Sig. H–V	H_1-Pbn (n = 113)	H_2-Pbn (n = 83)	Sig. H_1–H_2
a) Berufstätigkeit	bis 3.	38,3%	38,0%	n.s.	37,2%	39,8%	n.s.
überhaupt	4.– 6.	47,5%	43,5%	n.s.	46,0%	49,4%	n.s.
	7.–14.	59,7%	57,5%	n.s.	53,1%	68,7%	+
b) Davon: zu Hause und	bis 3.	14,7%	32,9%	+	14,3%	15,2%	n.s.
nur stundenweise	4.– 6.	14,0%	27,6%	+	13,5%	14,6%	n.s.
(% von a)	7.–14.	11,1%	22,6%	+	11,7%	10,5%	n.s.
c) Davon: Kind war	bis 3.	61,3%	85,5%	+ +	64,3%	57,6%	n.s.
durchgehend	4.– 6.	52,7%	81,6%	+ +	51,9%	53,7%	n.s.
beaufsichtigt	7.–14.	29,9%	63,5%	+ +	25,0%	35,1%	n.s.
(% von a)							

Signifikanz: + p = 0,05; + + p = 0,001

Die Notwendigkeit des Ineinandergreifens von struktureller und funktionaler Betrachtungsweise zeigte sich auch sehr deutlich bei der *Berufstätigkeit der Mutter* (s. Tabelle 6). Zwar waren etwa gleich viele Mütter in beiden Gruppen berufstätig; auch nahm die Berufstätigkeit ganz allgemein mit steigendem Alter der Probanden zu. Jedoch arbeiteten zu allen Zeitpunkten die V-Mütter häufiger stundenweise zu Hause, und die V-Probanden waren während der Abwesenheit ihrer Mütter eher beaufsichtigt. Beides deutet auf eine größere Sorgfalt und Achtsamkeit der V-Mütter hin, was durch die *Einzelfalluntersuchungen* bestätigt wurde. Man steht hier vor einem besonders anschaulichen Beispiel dafür, daß ein – oft durch eine schicksalhafte Notlage entstandenes – äußeres Faktum allein wenig aussagekräftig ist, solange die konkrete Gestaltung der Verhältnisse durch die Betroffenen unberücksichtigt bleibt.

2.1.3.2. Funktionale Aspekte

Die charakteristischen Unterschiede zwischen H- und V-Probanden im Lebenszuschnitt zeigten sich vor allem in der besonderen Art der Anpassung oder Einstellung auf dieselben „objektiven" Umstände, sei es Einwanderung, Tod des Vaters oder Berufstätigkeit der Mutter. Dies deutet schon auf die zentrale Bedeutung der funktionalen Innenverhältnisse der Familie hin, und es erwies sich hier meist schon, ob und wie „Kompensationen" von äußeren Schwierigkeiten stattfinden.

Die Aufstellung in Tabelle 7 zeigt, daß bezüglich all dieser Innenverhältnisse bei den H-Probanden wesentlich häufiger ungünstige Situationen vorlagen. Diese Unterschiede erwiesen sich als weitgehend unabhängig von der Schichtzugehörigkeit der Probanden (s. u. Tabelle 10). Sie reichten im einzelnen von gestörten elterlichen Beziehungen über mangelhafte Kontrolle, Auffälligkeiten des Probanden einschließlich Stehlen und Betrügen (s. hierzu auch u. 4.2.1.), fehlende emotionale Bindungen bis zu inkonsistentem Erziehungsstil und übermäßiger Züchtigung im Affekt. Besonders deutlich unterschieden sich die Gruppen im Ausmaß der „Übereinstimmung der Erziehung" bei den Eltern.

Wesentliche Zusammenhänge zeigten sich zwischen verschiedenen Variablen. So kamen die Probanden, die nicht unter ausreichender Kontrolle der Eltern standen, vorwiegend aus Familien mit gestörter elterlicher Beziehung (s. Tabelle 8).

Auch waren unter den H-Probanden, die sehr streng von ihren Vätern erzogen wurden, wenige, die einem regelmäßigen väterlichen Erziehungseinfluß unterlagen (s. Tabelle 9). Zudem fand sich häufig eine Unberechenbarkeit des Verhaltens der Erziehungspersonen für die betroffenen H-Probanden, die dies freilich – so die *Einzelfalluntersuchungen* – oft genug durch geschicktes Taktieren zum eigenen Vorteil ausnutzten.

Als problematisch erwiesen sich insgesamt die Beziehungen der H-Probanden zu ihren Vätern, was im Ausmaß der körperlichen Züchtigungen wie auch in den besonderen Zuneigungen und den konfliktbelasteten Kontakten der Probanden zum Ausdruck kommt. Die H-Väter nahmen bei einer die Eltern, Großeltern, Geschwister und sonstige Erziehungspersonen umfassenden Liste (vgl. DOLDE 1978, S. 278 f.) nur Rang 4, die H_1-Väter sogar nur Rang 5 in der Zuneigung der Probanden ein (dagegen V-Väter: Rang 2). Bei der Rangfolge der konfliktbelasteten Beziehungen nahmen dagegen in allen Gruppen die Väter Rang 1 ein.

Tabelle 7. *Funktionale Familienverhältnisse*

	H-Pbn	V-Pbn	Sig. H–V	H_1-Pbn	H_2-Pbn	Sig. H_1–H_2
	(n = 165)	(n = 167)		(n = 99)	(n = 66)	
Störung der elterlichen Beziehung[a]	46,1%	14,4%	+ +	53,5%	34,9%	+
Kontrolle des Probanden[b]	(n = 178)	(n = 197)		(n = 107)	(n = 71)	
Proband wird kontrolliert	74,2%	95,9%	+ +	74,8%	73,2%	n.s.
Davon: Proband entzieht sich jedoch der Kontrolle	37,1%	5,3%	+ +	51,3%	15,4%	+ +
Keine Kontrolle	25,8%	4,1%	n.s.	25,2%	26,8%	n.s.
Auffälligkeiten des Probanden zu Hause[c]	(n = 196)	(n = 200)		(n = 113)	(n = 83)	
insgesamt	56,7%	9,0%	+ +	68,1%	41,0%	+ +
verbunden mit Stehlen und Betrugsdelikten	27,6%	2,5%	+ +	32,7%	20,5%	+ +
Bejahende Grundhaltung von	(n = 144)	(n = 164)		(n = 89)	(n = 55)	
Vater	55,6%	88,4%	+ +	49,4%	65,5%	n.s.
	(n = 178)	(n = 196)		(n = 105)	(n = 73)	
Mutter	82,9%	96,4%	+ +	83,3%	82,2%	n.s.
Strenge der Erziehung	(n = 130)	(n = 159)		(n = 80)	(n = 50)	
durch Vater sehr streng	33,9%	21,4%		37,5%	28,0%	
wie üblich	37,7%	63,5%	+ +	35,0%	42,0%	n.s.
nachgiebig	28,4%	15,1%		27,5%	30,0%	
	(n = 168)	(n = 199)		(n = 100)	(n = 68)	
durch Mutter sehr streng	7,7%	7,5%		3,0%	14,7%	
wie üblich	29,2%	71,4%	+ +	31,0%	26,5%	+
nachgiebig	63,1%	21,1%		66,0%	58,8%	
Regelmäßig kümmerten sich um Erziehung	(n = 152)	(n = 166)		(n = 94)	(n = 58)	
Vater	36,8%	71,7%	+ +	33,0%	43,1%	n.s.
	(n = 183)	(n = 199)		(n = 107)	(n = 76)	
Mutter	45,8%	73,9%	+ +	55,1%	68,4%	+ +
	(n = 126)	(n = 160)		(n = 77)	(n = 49)	
Übereinstimmung der elterlichen Erziehung	14,3%	73,6%	+ +	10,4%	20,4%	n.s.
	(n = 196)	(n = 200)		(n = 113)	(n = 83)	
Häufige brutale Züchtigung im Affekt	36,2%	9,5%	+ +	42,5%	27,7%	

Signifikanz: + p = 0,05; + + p = 0,001
[a] Häufige verbale und tätliche Auseinandersetzung; zeitweilige oder endgültige Trennung/Scheidung
[b] Kenntnis von Tätigkeit, Umgang und wenigstens teilweise Kontrolle der Schulaufgaben
[c] Unaufrichtigkeit, Ungehorsam, Unverträglichkeit, Weglaufen

Tabelle 8. *Störung der elterlichen Beziehung und Kontrolle*

	Kontrolle durch Eltern	Elterliche Beziehung		Signifikanz Korrelation
		gestört	intakt	
H-Probanden (n = 142)	Kontrolle findet statt	29,0% (20)	68,5% (50)	+ +
	Proband entzieht sich und keine Kontrolle	71,0% (49)	31,5% (23)	phi = 0,45
V-Probanden (n = 166)	Kontrolle findet statt	75,0% (18)	95,1% (135)	+
	Proband entzieht sich und keine Kontrolle	25,0% (6)	4,9% (7)	phi = 0,38
Signifikanz Korrelation		+ + phi = 0,54	+ + phi = 0,48	
H$_1$-Probanden (n = 89)	Kontrolle findet statt	21,3% (10)	61,9% (26)	+ +
	Proband entzieht sich und keine Kontrolle	78,7% (37)	38,1% (16)	phi = 0,55
H$_2$-Probanden (n = 53)	Kontrolle findet statt	45,5% (10)	77,4% (24)	+
	Proband entzieht sich und keine Kontrolle	54,5% (12)	22,6% (7)	phi = 0,50
Signifikanz Korrelation		+ phi = 0,45	n. s. phi = 0,26	

Signifikanz: +p = 0,05; + +p = 0,001

Tabelle 9. *Zusammenhang zwischen strenger Erziehung und regelmäßigem Kümmern um Erziehung durch den Vater*

	Sehr streng erzogene			
	H-Pbn (n = 44)	V-Pbn (n = 34)	H$_1$-Pbn (n = 30)	H$_2$-Pbn (n = 14)
Vater kümmerte sich um Erziehung				
regelmäßig	36,4% (16)	76,5% (26)	33,3% (10)	42,9% (6)
nicht regelmäßig	63,6% (28)	23,5% (8)	66,7% (20)	57,1% (8)

Signifikanz: H–V p = 0,001; H$_1$–H$_2$ n.s.

Wichtige Unterschiede zwischen H- und V-Probanden zeigten sich auch bei genauerer Betrachtung der Variablen *„elterliche Kontrolle"* und *„aktives Sich-Entziehen"* von dieser Kontrolle durch einen Teil der Probanden (s. o. Tabelle 7). In den *Einzelfalluntersuchungen* wurde deutlich, daß die H-Probanden häufig schon in sehr frühem Alter aus dem familiären Bereich hinaustendierten und „herumstreunten", ohne daß die Eltern hiervon bzw. auch von den entsprechenden Aufenthaltsorten, Kontakten oder

Freizeitaktivitäten Kenntnis haben konnten oder auch haben wollten. Später setzte sich dieses Sich-Entziehen von jedweder Kontrolle in den spezifischen Auffälligkeiten im Leistungsbereich fort (s. u. 2.3.).

2.1.3.3. Kritische Stellungnahme

Die vorliegenden Ergebnisse lassen sich nicht so interpretieren, als seien ungünstige Sozialisationsbedingungen gewissermaßen die Zwischenglieder, über die sich ein niedriger sozioökonomischer Status im Hinblick auf spätere Straffälligkeit auswirkt. Dagegen spricht eindeutig, daß sich bei der V-Gruppe die im H-V-Vergleich trennkräftigsten Variablen schichtunabhängig verteilen (s. u. Tabelle 10; vgl. auch DOLDE 1978, S. 300).

Die Unterschiede in den Sozialisationsbedingungen, vor allem in den funktionalen Innenverhältnissen, sind gegenüber der bloßen Tatsache der Schichtzugehörigkeit aussagekräftiger, da in ihnen sehr viel mehr von der konkreten Lebenswirklichkeit, in der die Probanden aufwuchsen, zum Ausdruck kommt. Dennoch sollte man sich auch hier mit generellen kausalen Interpretationen zurückhalten, insbesondere aufgrund von zwei Befunden: Zum einen gibt es doch eine beträchtliche Anzahl, vor allem unter den spätdelinquenten Häftlingen, die in geordneten familiären Verhältnissen aufwuchsen und gleichwohl erheblich straffällig wurden. Möglicherweise waren es hier die familiären Umstände, die verhinderten, daß es schon wesentlich früher zu Straffälligkeit kam, wie dies bei den H_1-Probanden der Fall war. Zum anderen finden sich auch genügend V-Probanden, die trotz ungünstiger Verhältnisse straffrei blieben oder bei denen die Straffälligkeit eine vorübergehende Episode darstellte. Offenbar hängt es also von zusätzlichen Bedingungen ab, ob sich „schlechte" oder „gute" Umstände überhaupt bezüglich Kriminalität auswirken können. Diese unterschiedlichen Möglichkeiten entgehen jedoch allgemeinen Wahrscheinlichkeitsaussagen über die Bedeutung der Herkunftsfamilie für Straffälligkeit.

In diesem Zusammenhang muß man auch die zum Teil erheblichen und massiven Beschönigungstendenzen sehen, die sich in den Darstellungen der Familienverhältnisse durch die V-Probanden aufgrund intensiver Nachforschungen herausstellten. Verständnis für die Schwierigkeiten und Rechtfertigung von Versagen herrschten in der Sicht der V-Probanden bei deren Aussagen über ihre Eltern vor. Schlechte äußere Umstände wie etwa fehlende Ausbildungsmöglichkeiten wurden zwar bedauert, aber gegebenenfalls durch eigene Anstrengungen auszugleichen versucht (s. dazu u. 2.3.). Umgekehrt waren die H-Probanden geneigt, die Verhältnisse ihrer Familien in ein ungünstiges Licht zu stellen, um desto leichter und plausibler vor sich selbst und vor anderen ihre eigene Straffälligkeit hiermit in Verbindung zu bringen.
Im übrigen zeigt sich hier, daß erst die Beharrlichkeit in den Bemühungen um die richtigen Tatsachenfeststellungen bei den Erhebungen die jeweiligen Differenzen zwischen der Darstellung der Probanden und den zusätzlichen Feststellungen durch Fremderhebungen sichtbar werden ließ (sowohl bei den H- als auch, in geringerem Maße und meist unter anderem Vorzeichen, bei den V-Probanden). Was sich ohne diese Überprüfungen in einer mangelhaften Vergleichbarkeit der Darstellungen zwischen H- und V-Probanden ausgewirkt hätte, wird so zu einem wesentlichen inhaltlichen Kriterium.

Auch über die Richtung der Kausalverhältnisse lassen sich keine allgemeinen Aussagen machen. Daß der Proband den Verhältnissen seines Elternhauses nicht nur passiv ausgesetzt ist, zeigen die Befunde über eigene Auffälligkeiten des Probanden, z. B. die Tatsache, daß er sich aktiv der elterlichen Kontrolle entzieht. In den *Einzelfalluntersuchungen* wurde deutlich, daß in manchen Fällen gravierende Störungen der Herkunftsfamilie erst durch das Verhalten der Probanden ihrerseits entstanden sind. So wird berichtet, mit diesem oder jenem Probanden sei man von Anfang an „nicht fertig geworden", er habe sich „nirgends einordnen" können usw. Im übrigen sind „besondere Zuneigung" oder „konfliktbelastete Kontakte" ebenso wie die ganzen Variablen des Erziehungsstils fraglos auch vom Verhalten des Kindes (Probanden) abhängig.

Damit ist keinesfalls das Gewicht der Verhältnisse der Herkunftsfamilie für die Entwicklung eines Menschen in Frage gestellt. Nur ist ihre Bedeutung zumindest im Hinblick auf mehrfache Straffälligkeit (zu anderen etwaigen Benachteiligungen vgl. GÖPPINGER 1980, S. 240 ff.) zu unspezifisch, als daß sie in *allgemeine* theoretische Aussagen zu fassen wäre. Ob diesbezüglichen „Defiziten", möglicherweise auch einem einzigen, *im Einzelfall* nicht unter Umständen doch eine erhebliche Bedeutung zukommen kann, ist damit keineswegs entschieden, sondern vielmehr gerade einer erfahrungswissenschaftlichen Feststellung offengehalten.

2.1.3.4. *Exkurs: Schicht als Faktor*

Die geläufige Tatsache, daß etwa die Hälfte der Bevölkerung (hier 47% der V-Gruppe; bei KLEINING/MOORE 45%) zur Unterschicht gehört, bedeutet zunächst, daß eine an den sozioökonomischen Verhältnissen ausgerichtete Schichteinteilung offenbar andere Kriterien von „Ungleichheit" beschreibt als diejenigen, die die H-Gruppe von der Vergleichsgruppe unterscheiden. Denn es sind nur ganz bestimmte (und verschwindend wenige) Angehörige der Unterschicht, die mehrfach straffällig im Sinne der Kriterien der H-Probanden werden. Der Anteil der H-Probanden am entsprechenden Teil der Gesamtbevölkerung liegt – schätzungsweise – zwischen 1 und 2% (s. o. Kap. I, 2.3.), während von der Stichprobe von KLEINING/MOORE (1968) immerhin 15% der unteren Unterschicht angehören. Sowohl ein spezifisches Schichtverhalten, von dem die ältere Kriminalsoziologie ausgeht, als auch eine schichtspezifische selektive Sanktionierung, die neuerdings bisweilen angenommen wird, hätten sich in der unteren Unterschicht der V-Gruppe niederschlagen müssen, die ja keine Kontrastgruppe, sondern eine echte Vergleichsgruppe darstellt (zur Kriminalität der V-Gruppe s. u. 4.7.).

Weiterhin läßt sich die Korrelation zwischen Schicht und Kriminalität nicht im Sinne einer einseitigen Wirkungsrichtung zwischen abhängiger (Kriminalität) und unabhängiger (Schicht) Variable interpretieren. Nach den vorliegenden Ergebnissen kann zwar kein Zweifel bestehen, daß ein großer Teil der H-Probanden in äußerst problematischen Verhältnissen, einschließlich sozialer bzw. strafrechtlicher Auffälligkeit einer Erziehungsperson, aufgewachsen ist. Die nachfolgende Tabelle 10 zeigt jedoch, daß dies *kein schicht*spezifischer Zusammenhang ist.

Einerseits bleiben in der Regel die Unterschiede zwischen H- und V-Probanden erhalten, wenn man nur die Probanden der Unterschicht miteinander vergleicht (Tabelle 10, viertletzte Spalte), andererseits besteht in der V-Gruppe mit unwesentlichen Ausnahmen kein Zusammenhang dieser Variablen mit der Schichtzugehörigkeit (Tabelle 10, letzte Spalte). Die Häufung von Belastungen – auch in den Innenverhältnissen der Familie – bei den H-Probanden der Unterschicht (Tabelle 10, erste Spalte) kann also mit der Schichtzugehörigkeit *nicht* erklärt werden. Zudem scheint es, insbesondere nach den gravierenden Unterschieden bei der Intergenerationenmobilität, in vielen Fällen mindestens ebenso plausibel zu sein, daß erst ein spezifisches Eigenverhalten der Probanden einen niedrigen sozioökonomischen Status zur Folge hat.

Tabelle 10. *Einfluß der Schichtzugehörigkeit*

	H-Probanden (n = 196)		V-Probanden (n = 200)		Vergleich H–V innerhalb derselben Schicht		Vergleich U–M innerhalb der Untersuchungsgruppe	
	Unterschicht (n = 158)	Mittelschicht (n = 38)	Unterschicht (n = 94)	Mittelschicht (n = 106)	Unterschicht	Mittelschicht	H-Pbn	V-Pbn
Über 6 Jahre Aufenthalt in unzureichenden Wohnverhältnissen[a]	34,8% (55)	5,3% (2)	5,3% (5)	1,9% (2)	+ +	n.s.	+ +	n.s.
Mindestens 1 Jahr von Unterstützung gelebt, ausgenommen krankheitsbedingt	10,8% (17)	2,6% (1)	5,3% (5)	0,0% (0)	n.s.	n.s.	n.s.	n.s.
Schlechtes Ansehen in der Gemeinde (Vater und/oder Mutter)	36,1% (57)	10,5% (4)	5,3% (5)	2,8% (3)	+ +	n.s.	+	n.s.
Soziale bzw. strafrechtliche Auffälligkeit einer Erziehungsperson[b]	53,8% (85)	29,0% (11)	16,0% (15)	9,4% (10)	+ +	+	+	n.s.
Delinquenz oder soziale Auffälligkeit der Geschwister[c]	45,1% (64)	13,0% (3)	11,7% (11)	3,3% (3)	+ +	n.s.	+	+
Körperliche Gebrechen einer Erziehungsperson	20,9% (33)	10,5% (4)	12,8% (12)	3,8% (4)	n.s.	n.s.	n.s.	+
Proband hatte 5 und mehr Geschwister	19,0% (30)	2,6% (1)	11,7% (11)	5,7% (6)	n.s.	n.s.	+	n.s.
Proband ist in strukturell unvollständiger Familie aufgewachsen[d] durchgehend	16,4% (26)	13,2% (5)	23,4% (22)	8,5% (9)				
über 1 Jahr	33,5% (53)	31,6% (12)	12,8% (12)	17,0% (18)	+	n.s.	n.s.	+
unter 1 Jahr, gar nicht	50,0% (79)	55,3% (21)	63,8% (60)	74,5% (79)				
Proband ist nichtehelich	19,0% (30)	15,8% (6)	6,4% (6)	0,9% (1)	+	+	n.s.	n.s.
Proband war vom 7.–14. Lebensjahr von der Mutter getrennt[e]	22,8% (36)	18,4% (7)	6,4% (6)	6,6% (7)	+ +	+	n.s.	n.s.
Störung der elterlichen Beziehung[f]	(n = 132) 48,9%	(n = 33) 36,4%	(n = 72) 15,3%	(n = 95) 13,7%	+ +	+	n.s.	n.s.

Kontrolle des Probanden[f]	(n=143)	(n=35)	(n=92)	(n=105)				
Proband wird kontrolliert	69,9%	91,4%	92,4%	99,0%	++	n.s.	+	+
Davon: Proband entzieht sich jedoch der Kontrolle	36,0%	40,6%	4,7%	5,8%	++	++	n.s.	n.s.
Keine Kontrolle	30,1%	8,6%	7,6%	1,0%				
Auffälligkeiten des Probanden zu Hause[f]	(n=158)	(n=38)	(n=94)	(n=106)				
insgesamt	57,0%	55,3%	10,6%	6,6%	++	++	n.s.	n.s.
verbunden mit Stehlen und Betrugsdelikten	25,9%	34,2%	4,3%	0,9%				
Bejahende Grundhaltung von								
Vater	(n=111)	(n=33)	(n=69)	(n=95)				
	50,5%	69,7%	91,3%	86,3%	++	n.s.	+	n.s.
Mutter	(n=140)	(n=38)	(n=92)	(n=104)				
	80,7%	84,2%	97,8%	95,1%	++	n.s.	n.s.	n.s.
Strenge der Erziehung des Vaters	(n=102)	(n=28)	(n=66)	(n=93)				
streng	32,4%	39,3%	21,2%	21,5%				
üblich	38,2%	35,7%	57,6%	67,7%	n.s.	n.s.	n.s.	n.s.
nachgiebig	29,4%	25,0%	21,2%	10,8%				
Strenge der Erziehung der Mutter	(n=134)	(n=34)	(n=93)	(n=106)				
streng	8,2%	5,9%	8,6%	6,6%				
üblich	25,4%	44,1%	73,1%	69,8%	n.s.	n.s.	n.s.	n.s.
nachgiebig	66,4%	50,0%	18,3%	23,6%				
Regelmäßig kümmerten sich um Erziehung								
Vater	(n=121)	(n=31)	(n=70)	(n=96)				
	47,9%	58,1%	68,6%	74,0%	++	n.s.	+	n.s.
Mutter	(n=148)	(n=35)	(n=93)	(n=106)				
	56,1%	80,0%	88,2%	91,5%	++	n.s.	+	n.s.
Übereinstimmung der elterlichen Erziehung[f]	(n=97)	(n=29)	(n=67)	(n=93)				
	13,4%	17,2%	76,1%	72,0%	++	++	n.s.	n.s.
Häufige/brutale Züchtigung im Affekt[f]	(n=158)	(n=38)	(n=94)	(n=106)				
	37,3%	31,6%	5,3%	13,2%	++	+	n.s.	n.s.

Signifikanz: + p=0,05; ++ p=0,001

[a] Einfachstwohnungen, Obdachlosenbehausungen, Bunker, Baracken, überbesetzte Wohnungen ohne eigenen Wohnbereich für den Probanden

[b] Sexuelle Auffälligkeiten, hoher Alkoholkonsum, aggressives Verhalten, Sonderling bzw. registrierte Straffälligkeit ohne Straßenverkehrsdelikte

[c] Mit denen Pb mindestens 1/2 Jahr zusammenlebte: H (U=142; M=23); V (U=86; M=90)

[d] Trennung und Scheidung der Eltern

[e] Für mindestens 3 Monate

[f] Grundgesamtheiten und Erläuterungen s. Tabelle 7

So bestätigten auch die *Einzelfalluntersuchungen* immer wieder, daß sich manche Probanden zu einer von der Herkunftsfamilie unterschiedlichen Umwelt „hingezogen fühlten" oder es „ihnen einfach dort gefallen hat" (vgl. GÖPPINGER 1980, S. 267), wobei dieses schwer zu beschreibende Wohlbefinden nur bei einer weitgehenden Übereinstimmung des ganzen Lebensstils bis hin zur Zeiteinteilung und zu den äußeren Umgangsformen mit dieser „anderen Umwelt" möglich ist. Dabei handelte es sich jedoch stets um spezifische Bezugsgruppen, die zwar im Falle der späteren H-Probanden in der Regel durchaus wiederum nach den Kriterien der geläufigen Indizes der Unterschicht angehörten, ihre jeweilige Anziehungskraft jedoch Besonderheiten verdanken, die gegenüber der Schichteinteilung völlig indifferent waren (s. u. 2.4.3.3. und 2.5.3.).

Eindrucksvoll zeigen dies auch die Ergebnisse der Untersuchung von WEST (1969; 1982; WEST/FARRINGTON 1973; 1977), der von vornherein eine Kohorte aus einem Londoner Arbeiterviertel auswählte und innerhalb dieser Gruppe zu ähnlichen Differenzierungen zwischen delinquenten und nichtdelinquenten Jugendlichen kam wie die vorliegende Untersuchung.

2.1.4. Zusammenfassung

In den Ergebnissen zur Herkunftsfamilie lassen sich vor allem zwei durchgehende Tendenzen erkennen: Die für (wiederholte) Straffälligkeit wesentlichen Unterschiede zwischen der H- und der V-Gruppe zeigen sich zum einen nicht schon in leicht erhebbaren äußeren Umständen, sondern erst bei der näheren Betrachtung des konkreten Verhaltens der Probanden und ihrer Familien. Anpassungsprobleme, die aus sozialen Auffälligkeiten der Eltern resultierten, waren aussagekräftiger als der sozioökonomische Status als solcher. Die V-Eltern unter den Einwanderern und Heimatvertriebenen reagierten anders auf die besondere „Flüchtlings"problematik als die H-Eltern. Strukturelle Unvollständigkeit der Familie und Berufstätigkeit der Mutter an sich waren bedeutungslos. Anders dagegen wirkte sich ein ständiger Wechsel der Erziehungspersonen oder mangelhafte Beaufsichtigung des Probanden während der Berufstätigkeit der Mutter aus. Wie die statistischen Häufigkeitsverhältnisse und auch die *Einzelfalluntersuchungen* zeigten, waren zwar die *funktionalen Innenverhältnisse* in ihrer Wirkung auf den Probanden wesentlich nachhaltiger als die strukturellen Voraussetzungen wie z. B. Verwaisung oder Geschwisterzahl. Aber auch Störungen der elterlichen Beziehung, eine inkonsistente und unberechenbare Erziehung oder gestörte emotionale Beziehungen zwischen Eltern und Probanden erwiesen sich als zu unspezifisch, als daß man sie in eine *generelle kausale* Beziehung zu späterer Delinquenz bringen könnte.

Diese Tendenz entspricht übrigens auch weitgehend den *Ergebnissen anderer multifaktorieller Untersuchungen.* Auch dort wird dem „broken home", sofern die bloß äußerliche Unvollständigkeit der Familie gemeint ist, kein wesentlicher Einfluß auf die Delinquenz beigemessen, so HEALY/BRONNER (1926, S. 123), OTTERSTRÖM (1946, S. 142, 145), FERGUSON (1952, S. 145), McCORD/McCORD (1959, S. 83 f.), PONGRATZ/HÜBNER (1959, S. 55), Statens offentliga utredningar (1973a, S. 210) und WEST/FARRINGTON (1973, S. 69 ff.). Wenn bei GLUECK/GLUECK (1974, S. 64) und McCORD/McCORD (1959, S. 83) „broken home" und Nichtehelichkeit als devianzbegünstigend angeführt werden, so wird in diesem Zusammenhang auch ein Hereinwirken „innerer" Faktoren wie mangelnder Zusammenhalt usw. beschrieben. Abweichend wird im Bericht des Centro Nazionale di Prevenzione e Difesa Sociale (1969, S. 77, 97, 352 f.) herausgestellt, daß bei Delinquenten, vor allem bei Rückfalltätern, besonders viele Vaterwaisen anzutreffen waren.

Uneinheitlich sind die übrigen Befunde zu den *sozioökonomischen Verhältnissen.* Eine Überrepräsentation der Familien der Delinquenten in den unteren Schichten fanden ähnlich wie die vorliegende Untersuchung WOLFGANG et al. (1972, S. 54 f.), WEST/FARRINGTON (1973, S. 27) und

GLUECK/GLUECK (1974, S. 60, 67). Hingegen sahen HEALY/BRONNER (1926, S. 121), POWERS/WITMER (1951, S. 230, 234) und Statens offentliga utredningar (1972, S. 108) keine Verbindung von Lebensstandard und Delinquenz.

Von erhöhter *sozialer und strafrechtlicher Auffälligkeit bei den Eltern* der jeweiligen Delinquenten berichten auch McCORD/McCORD (1960, S. 104 ff.), WEST/FARRINGTON (1973, S. 33), GLUECK/GLUECK (1974, S. 51 f.). Die (sozial)psychologischen Interpretationen dieser Befunde sind uneinheitlich. So halten etwa HEALY/BRONNER (1926, S. 129), OTTERSTRÖM (1946, S. 156, 179 ff.) und Statens offentliga utredningar (1972, S. 108) Auffälligkeiten und Delinquenz der Eltern für wenig ausschlaggebend. Ähnliches gilt für Auffälligkeiten bei Geschwistern der Delinquenten. Während die Angaben über den Einfluß von Geschwisterzahl und Stellung in der Geschwisterreihe auf unterschiedlichen psychologischen Interpretationen beruhen (müssen), scheinen die reinen Feststellungen über große Geschwisterzahlen (WEST/FARRINGTON 1973, S. 31 f.) sowie die stärkere soziale und strafrechtliche Auffälligkeit der Geschwister von Delinquenten (GLUECK/GLUECK 1974, S. 53; WEST/FARRINGTON 1973, S. 37; 1977, S. 109 ff.) durchgehend auf unmittelbaren Feststellungen zu beruhen.

Hinsichtlich der *funktionalen Innenverhältnisse* finden sich bei McCORD/McCORD (1959, S. 83), ROSENQUIST/MEGARGEE (1969, S. 305), FERRACUTI et al. (1975, S. 45 ff.) und GLUECK/GLUECK (1974, S. 67 f.) durchgängig vergleichbare Ausführungen über Zerrissenheit der Familie und schwächere Familienbande bei Delinquenten. Negativen Einflüssen auf die Kinder durch ein disharmonisches Eheklima wird eine größere Bedeutung zugesprochen als der bloßen Tatsache des Fehlens einer Bezugsperson, so etwa bei HEALY/BRONNER (1926, S. 123; 1936, S. 29 f.), PONGRATZ/HÜBNER (1959, S. 56), McCORD/McCORD (1960, S. 101), ROSENQUIST/MEGARGEE (1969, S. 169) und GLUECK/GLUECK (1974, S. 67).

Bei den Ergebnissen zum *Erziehungsverhalten* der Eltern zeigte sich eine fast vollständige Übereinstimmung mit bisher in der Literatur beschriebenen Fakten. So wurde auch von McCORD/McCORD (1959, S. 77), PONGRATZ/HÜBNER (1959, S. 39), Statens offentliga utredningar (1973 a, S. 212) und GLUECK/GLUECK (1974, S. 65, 68, 155) ein inkonsistentes, unbeständiges und widersprüchliches Erziehungsverhalten als besonders negativer Einfluß herausgearbeitet. Auch für die indifferente, zu nachgiebige oder zu strenge Einstellung der Eltern vieler H-Probanden liegen durchweg vergleichbare Feststellungen anderer Autoren vor wie POWERS/WITMER (1951, S. 254), McCORD/McCORD (1959, S. 83), WEST/FARRINGTON (1973, S. 49 ff.) und GLUECK/GLUECK (1974, S. 67, 155). Zusätzlich wird von McCORD/McCORD (1960, S. 109 ff.), ROSENQUIST/MEGARGEE (1969, S. 332), im Bericht des Centro Nazionale di Prevenzione e Difesa Sociale (1969, S. 37 ff.), von GLUECK/GLUECK (174, S. 155) und WEST/FARRINGTON (1973, S. 57 f.) ein Gefühl des Zurückgewiesenseins beschrieben. Über *Züchtigungen,* insbesondere durch den Vater, finden sich ähnliche Ausführungen bei McCORD/McCORD (1959, S. 77; 1960, S. 115 ff.), Statens offentliga utredningar (1971, S. 155; 1973 a, S. 211) sowie WEST/FARRINGTON (1973, S. 51) und GLUECK/GLUECK (1974, S. 155). Der *Berufstätigkeit* und *Abwesenheit* der Mutter als solcher wurde ebenfalls kein Einfluß beigemessen (vgl. PONGRATZ/HÜBNER 1959, S. 39; FERGUSON 1952, S. 145). Die Art der Beaufsichtigung während der Abwesenheit der Mutter wird in der sonstigen Literatur zwar kaum behandelt, jedoch stellten auch GLUECK/GLUECK (1974, S. 63) eine *unzulängliche Beaufsichtigung der Delinquenten* fest, die teilweise außer durch Berufstätigkeit der Mutter auch durch Alkoholismus oder Prostitution bedingt war.

Als eine zweite allgemeine Tendenz, die sich aus den Befunden der Tübinger Jungtäter-Vergleichsuntersuchung ergab, ist festzuhalten, daß allein das Vorliegen eines oder auch mehrerer Merkmale, auch der funktionalen Innenverhältnisse, nicht von Bedeutung für spätere Delinquenz zu sein braucht. So gab es die große Gruppe der Spätdelinquenten, die trotz durchgängig wesentlich besserer Verhältnisse, als sie bei den Frühdelinquenten vorlagen, erheblich straffällig wurden. Umgekehrt blieb ein Teil der Vergleichsprobanden trotz sehr ungünstiger Verhältnisse straffrei oder wurde nur vorübergehend und meist nicht gravierend straffällig. Es hängt somit immer von zusätzlichen Faktoren ab, die auch in der Person des Probanden begründet sein können, ob den Verhältnissen der Herkunftsfamilie überhaupt eine (gute oder schlechte) Bedeutung für die Weiterentwicklung des Probanden zukommt.

Diese Tatsache mahnt zur Vorsicht gegenüber *generellen* kausalen Aussagen, etwa über Zusammenhänge zwischen Schicht, Sozialisation und Kriminalität, in denen diese durchaus *gegensätzlichen Möglichkeiten* nivelliert werden. Es ist auch keinesfalls möglich, den sozioökonomischen Status oder die Innenverhältnisse der Familie ohne weiteres als vorgegebene Tatsachen zu behandeln und lediglich nach deren (einseitiger) Wirkung auf den Probanden zu fragen. Sowohl die Ergebnisse zur Intergenerationenmobilität als auch Angaben zu den frühen Auffälligkeiten im Verhalten der Probanden selbst zeigen, daß Störungen und Anpassungsprobleme in der Herkunftsfamilie auch das Resultat der Auffälligkeit des Probanden sein können.

Ein *Zusammentreffen von bestimmten Faktoren* kann jedoch für die betreffenden Fälle von besonderer Bedeutung sein. Dies zeigte sich beim *Syndrom familiärer Belastungen*, gebildet aus Kriterien, die sich sowohl als relativ leicht objektivierbar und trennkräftig im statistischen Sinne erwiesen haben als auch von besonderer sachlicher Bedeutung sind, weil sie *das eigene Verhalten des Probanden und seiner Eltern* mitberücksichtigen. Es handelte sich dabei um die Zugehörigkeit zur unteren Unterschicht, die durch zusätzliche Variablen der Außenverhältnisse ergänzt wurde, in denen eine gewisse Verfestigung einer Lebensweise am unteren Ende der sozialen Rangskala zum Ausdruck kommt und die *nicht schicksalhaft vorgegeben* sind. Hinzu kommen soziale bzw. strafrechtliche Auffälligkeit der Eltern sowie die fehlende Kontrolle des Probanden, die teilweise auf eigenes, aktives Sich-Entziehen zurückzuführen war. So erhält man ein Syndrom, das zwar nur für rund ein Fünftel der H-Probanden zutrifft (20,9%), in der V-Gruppe jedoch nur bei 2 Probanden (1%) vorlag (s. Tabelle 11).

Zwar verbieten es die Zahlenverhältnisse, hier von einem für die H-Gruppe insgesamt typischen Zusammentreffen zu sprechen. Doch läßt die geringe Zahl von 2 (1%)

Tabelle 11. *Syndrom familiärer Belastungen*

	H-Pbn (n = 196)	V-Pbn (n = 200)	H$_1$-Pbn (n = 113)	H$_2$-Pbn (n = 83)
1. Untere Unterschicht und/oder über 6 Jahre in unzureichenden Wohnverhältnissen und/oder über 1 Jahr selbstverschuldet von öffentlicher Unterstützung gelebt	54,6% (107)	20,0% (40)	53,1% (60)	56,6% (47)
2. Soziale und/oder strafrechtliche Auffälligkeit einer Erziehungsperson[a]	49,0% (96)	12,5% (25)	54,9% (62)	41,0% (34)
3. Proband steht nicht unter ausreichender Kontrolle und/oder entzieht sich ihr aktiv[b]	46,9% (92)	8,5% (17)	57,5% (65)	20,5% (17)
4. (1.+2.+3.) Syndrom familiärer Belastungen	20,9% (41)	1,0% (2)	28,3% (32)	10,8% (9)

[a] s. o. Tabelle 4
[b] s. o. Tabelle 8

betroffenen V-Probanden, von denen zudem einer erheblich straffällig wurde (s. u. 4.7.), immerhin den Schluß zu, daß bei Vorliegen des Syndroms das Ausbleiben von Straffälligkeit als Ausnahme angesehen werden muß. Hierdurch verstärkt sich der auch nach den *Einzelfalluntersuchungen* recht drastische Eindruck, daß es offenbar eine relativ fest umreißbare Gruppe von Familien gibt (bei den H_1-Probanden immerhin 28,3%), die als Randgruppe im Sinne der umgangssprachlichen Bezeichnung von „asozial" anzusehen ist.

So wird man insgesamt den Verhältnissen der Herkunftsfamilie mit aller Vorsicht eine bis zu einem gewissen Grad prädisponierende Wirkung zuschreiben dürfen (zur Chancengleichheit vgl. GÖPPINGER 1980, S. 240 ff.). Sie haben jedoch nur selten eine determinierende Bedeutung für die Entwicklung eines Menschen in dem Sinne, daß ihre „guten" oder „schlechten" Wirkungen nicht entweder durch das eigene Verhalten des Probanden überlagert werden oder durch gegenläufige Entwicklungen in anderen, zeitlich parallel oder später wirksamen Lebensbereichen, insbesondere im Bereich der selbstgewählten Kontakte und Bindungen sowie im Freizeit- und Leistungsbereich, kompensiert werden könnten.

2.2. Aufenthaltsbereich

2.2.1. Vorbemerkung

Der Aufenthaltsbereich bietet einem Menschen den äußeren Rahmen für sein jeweiliges Leben, beeinflußt ihn aber auch zugleich nicht nur räumlich im weitesten Sinne (Art des Wohnortes, der Wohngegend, der Wohnung), sondern auch durch seine spezifische Atmosphäre (Charakter der Wohngegend, Nachbarn, Natur usw.), so daß diesem Teilbereich innerhalb des gesamten Lebensbereichs eines Menschen mehr als nur formale Bedeutung zukommt. Da er zudem keineswegs eine stets unveränderlich vorgegebene Größe ist, sondern sowohl ein etwaiger Ortswechsel als auch die Ausgestaltung des Aufenthaltsbereichs in vielerlei Hinsicht bis zu einem gewissen Grad der Entscheidung der betreffenden Person unterliegen, läßt sich über ihn, zusammen mit anderen Kriterien, vor allem aus den übrigen Lebensbereichen, durchaus auch ein gewisser Zugang zu der jeweiligen Persönlichkeit in ihren sozialen Bezügen gewinnen (vgl. dazu GÖPPINGER 1980, S. 274 ff.).

Unter Aufenthaltsbereich wird im folgenden zunächst der tatsächliche Wohn- und Aufenthaltsort (nicht der formale Wohnsitz im melderechtlichen Sinn) mit seinem Umkreis verstanden, jener Raum also, in dem sich üblicherweise das alltägliche Leben des Probanden in der Familie, seine Berufstätigkeit und seine Freizeitgestaltung einschließlich der damit verbundenen Kontakte und Freundschaften abspielen. Von Bedeutung sind neben den verschiedenen Aufenthaltsorten im Laufe des Lebens (also dem Elternhaus, der Unterbringung in Heimen, Haftanstalten oder Kasernen, der eigenen Unterkunft und der ehelichen Wohnung, unter Umständen aber auch dem wohnsitzlosen Herumstreunen) die Zeitpunkte des Wechsels dieser Aufenthaltsorte und insbesondere die Häufigkeit des Wechsels.

Spezielle (jeweils nur kurzfristige) Aufenthaltsorte, die entweder bereits von dem eigentlichen Aufenthaltsort im weiteren Sinn umfaßt werden oder von denen der Proband immer wieder zu seinem ständigen Aufenthalts- und Wohnort zurückkehrt (z. B. die Arbeitsstätte oder die verschiedenen Orte, an denen der Proband seine Freizeit verbringt, also bestimmte Gaststätten, der Sportplatz, aber auch etwaige Urlaubsorte usw.), finden bei der Darstellung der entsprechenden Lebensbereiche Berücksichtigung (s. auch u. 2.4.4.).

2.2.2. Aufenthalts- und Unterbringungsorte

2.2.2.1. Überblick

Bereits ein Überblick über die Lebensgeschichte der Probanden unter dem Gesichtspunkt des *überwiegenden* Aufenthalts in verschiedenen Altersstufen läßt Unterschiede zwischen den beiden Untersuchungsgruppen erkennen (s. Tabelle 12):

Tabelle 12. *(Überwiegender) Aufenthalt in einzelnen Altersstufen*

	1.–4. Lebensjahr		5.–7. Lebensjahr		8.–12. Lebensjahr	
	H (n = 200)	V (n = 200)	H (n = 199)	V (n = 200)	H (n = 200)	V (n = 200)
Bei Eltern oder Elternteil	93,0%	98,0%	90,4%	95,5%	86,0%	96,5%
Bei anderer Erziehungsperson	5,5%	2,0%	9,0%	4,0%	7,5%	3,0%
Im Heim	1,5%	–	0,5%	0,5%	6,5%	0,5%
Bei Lehrherr/Arbeitgeber (mit Familienanschluß)	–	–	–	–	–	–
(Allein) in Untermiete/ Firmenunterkunft	–	–	–	–	–	–
In Kaserne/Fremdenlegion	–	–	–	–	–	–
In ehelicher/eigener Wohnung	–	–	–	–	–	–
In Heil- und Pflegeanstalt	–	–	–	–	–	–
In Strafanstalt	–	–	–	–	–	–
Ohne festen Wohnsitz/ Herumtreiben	–	–	–	–	–	–

[a] Probanden, die unmittelbar vor der letzten Inhaftierung aus der Haft entlassen worden waren

Die Mehrzahl der Probanden beider Untersuchungsgruppen ist im Elternhaus, sei es bei beiden Eltern oder nur einem Elternteil, aufgewachsen (s. u. 2.2.2.2.). Allerdings spielte bei den H-Probanden die Unterbringung bei anderen Erziehungspersonen als den Eltern eine größere Rolle als bei den V-Probanden. Deutliche Unterschiede zwischen den beiden Untersuchungsgruppen sind vor allem bei der Heimunterbringung festzustellen (s. u. 2.2.2.3.). Dabei fällt der sprunghafte Anstieg der Heimunterbringungen ab dem 8. und insbesondere ab dem 15. Lebensjahr auf, zu Zeitpunkten also, zu denen die Probanden nach dem Schuleintritt bzw. zu Beginn des Arbeitslebens nicht nur einer zusätzlichen und im Vergleich zu der vorangegangenen Zeitspanne umfassenderen Kontrolle (durch Schule bzw. Arbeitgeber) unterlagen, sondern auch jeweils mit höheren Anforderungen im Leistungsbereich konfrontiert wurden, wobei etwaige Auffälligkeiten oder Vernachlässigungen zu anderen Konsequenzen führten als in den vorangegangenen Zeiträumen (s. auch u. 2.3.2. und 2.3.3.).

13.–14. Lebensjahr		15.–18. Lebensjahr		19.–20. Lebensjahr		Nach 20. Lj. bis Unters.-Ztpkt.		Unmittelb. vor Unters.-Ztpkt.	
H (n = 200)	V (n = 199)	H (n = 200)	V (n = 200)	H (n = 199)	V (n = 199)	H (n = 200)	V (n = 199)	H (n = 200)	V (n = 199)
88,0%	97,4%	69,0%	90,5%	52,0%	81,4%	26,0%	38,2%	29,5%	31,1%
5,5%	2,0%	5,0%	2,0%	3,0%	0,5%	0,5%	0,5%	0,5%	1,0%
6,5%	0,5%	12,5%	1,0%	7,0%	–	1,0%	–	1,0%	–
–	–	8,0%	5,0%	5,0%	4,5%	–	0,5%	1,5%	–
–	–	4,0%	1,0%	13,6%	9,5%	21,0%	14,1%	20,5%	12,6%
–	–	–	–	3,0%	3,5%	3,0%	8,5%	2,0%	4,5%
–	–	–	–	–	–	12,5%	37,7%	13,5%	50,7%
–	–	–	–	–	–	–	–	0,5%	–
–	–	1,5%	–	14,6%	–	32,5%	–	3,5%[a]	–
–	–	–	0,5%	2,0%	0,5%	3,5%	0,5%	27,5%	–

Auch die weitere Entwicklung innerhalb des Aufenthaltsbereichs verlief unterschiedlich: Bei der H-Gruppe setzte die Loslösung vom Elternhaus (s. u. 2.2.2.6.) in größerem Umfang bereits zwischen dem 15. und 18. Lebensjahr ein, bei der V-Gruppe dagegen erst ab dem 20. Lebensjahr. An die Stelle der Herkunftsfamilie traten bei der H-Gruppe neben der eigenen Unterkunft (insbesondere beim Lehrherrn oder in Firmenunterkünften) zunächst vor allem Heimunterbringungen, in späteren Jahren jedoch in zunehmendem Maße auch Haftaufenthalte (s. u. 2.2.2.4.). So befand sich im Zeitraum nach dem 20. Lebensjahr bis zum Untersuchungszeitpunkt immerhin ein Drittel der H-Probanden überwiegend in Haft. Unmittelbar vor der letzten Inhaftierung hatte schließlich fast ein Drittel der H-Probanden keinen beständigen Wohnsitz, wobei eine ganze Anzahl dieser Probanden mehr oder weniger „herumstreunte" (s. u. 2.2.3.). Bei den V-Probanden schloß sich dagegen an den Aufenthalt im Elternhaus – abgesehen von eigenständigen Unterkünften (etwa im Zusammenhang mit der Ausbildung) bzw. der Unterbringung in der Kaserne im Rahmen des Wehrdienstes (s. u. 2.2.2.5.) – in der Regel nahtlos die eigene (eheliche) Wohnung an (s. u. 2.2.2.7.).

2.2.2.2. Elternhaus

Während der Kindheit der Probanden lebten, nicht zuletzt als Folge der Kriegs- und Nachkriegszeit, zahlreiche Familien beider Untersuchungsgruppen vorübergehend in *unzureichenden Wohnverhältnissen*. Ausschließlich kriegsbedingt – sei es infolge unmittelbarer Kriegseinwirkungen oder aber als Flüchtling oder Heimatvertriebener – waren fast gleich viele, nämlich 36 H- (25 H_1-, 11 H_2-) und 32 V-Probanden, bis zu ihrem 14. Lebensjahr für mindestens 3 Monate in solchen Wohnverhältnissen untergebracht gewesen. Unabhängig davon spielten überbesetzte Wohnungen, in denen die Probanden keinen eigenen Bereich hatten, bei beiden Gruppen eine gewisse Rolle: 35 H_1-, 27 H_2- und 20 V-Probanden wohnten zu irgendeinem Zeitpunkt bis zu ihrem 14. Lebensjahr zusammen mit ihren Eltern in derartigen Verhältnissen; in Einfachstwohnungen lebten in diesem Zeitraum irgendwann einmal 21 H_1-, 3 H_2- und 3 V-Probanden, in Obdachlosenbehausungen, Baracken und ehemaligen Bunkern 17 H_1-, 8 H_2- und 8 V-Probanden (Mehrfachnennungen).

Deutliche Unterschiede zwischen den beiden Untersuchungsgruppen ergaben sich aber vor allem hinsichtlich der *Dauer* der Unterbringung in diesen Wohnverhältnissen: Während vorübergehend für eine Zeitdauer von einem bis unter 6 Jahren 17% der H- und 11% der V-Probanden in solchen Verhältnissen aufwuchsen, wohnten dort länger als 6 Jahre nur 3,5% der V-Probanden, jedoch 29% der H-Probanden (s. auch o. 2.1.2.2.).

Besonders aufschlußreich sind auch die Unterschiede bei jener hinsichtlich des Aufenthaltsortes und der Unterbringung besonders durch die Kriegsfolgen betroffenen Teilgruppe von 65 H- und 44 V-Probanden, die vor ihrem 14. Lebensjahr und zusammen mit ihrer Herkunftsfamilie nach dem Krieg als *Flüchtlinge, Heimatvertriebene oder Umsiedler* in die Bundesrepublik Deutschland eingewandert waren (ausgenommen sind hiervon die erst in der Bundesrepublik Deutschland geborenen Probanden von Flüchtlingseltern). In dieser Untergruppe lebten die H-Probanden im Vergleich zu den V-Probanden nicht nur häufiger vorübergehend (über ein halbes Jahr) in Flüchtlingslagern und Notunterkünften (H: 48%; V: 30%), sie blieben vielmehr auch weit häufiger längerfristig (6 Jahre und mehr) in solchen Verhältnissen (H: 40%, V: 5%).

Die *Gründe* für länger als ein Jahr anhaltende unzureichende Wohnverhältnisse waren bei der Mehrzahl der Familien der H-Probanden zu geringes Familieneinkommen als Folge von Arbeitslosigkeit, unregelmäßiger Berufstätigkeit oder gering bezahlter Arbeitsleistung des Haupternährers sowie größere Kinderzahl. Soweit bekannt, verblieben die meisten dieser H-Familien auch später in solchen unzureichenden Wohnverhältnissen. Von den insgesamt 6 V-Familien, die überwiegend wegen vorangegangener Flucht bzw. Vertreibung oder als Spätaussiedler in diese schlechte Wohnsituation geraten waren, sparten 4 Familien in dieser Zeit auf ein Eigenheim und zogen dann unmittelbar in das eigene Haus, eine weitere Familie mietete sich nach etwa siebenjährigem Aufenthalt in unzureichenden Wohnverhältnissen ein Haus und sorgte so für eine angemessene Unterkunft. Auch der sechste V-Proband vermochte seine Lage insofern zu verbessern, als er nach dem Abitur zu der in guten Verhältnissen lebenden (Prokreations-)Familie seiner Schwester zog.

Auch bei den *Einzelfalluntersuchungen* zeigte sich immer wieder, daß diese Unterschiede insgesamt weniger auf äußere Schwierigkeiten, beispielsweise überhaupt eine adäquate Wohnung zu finden, zurückzuführen waren, als vielmehr auf die unterschiedliche Bereitschaft bzw. Fähigkeit der betroffenen Eltern, aus eigenem Antrieb aus jener Wohnsituation herauszukommen. Die Eltern der V-Probanden waren darüber hinaus auch bei sehr beengten Wohnverhältnissen eher bemüht, ihren Kindern einen kleinen Winkel der Wohnung als eigenen Bereich zu überlassen, und sorgten auch unter ungünstigen Umständen für geordnete häusliche Verhältnisse. Die H-Probanden hatten dagegen in der oft unzureichend ausgestatteten, bisweilen verwahrlosten und stark verschmutzten Elternwohnung häufig keinen eigenen Platz, teilweise nicht einmal ein eigenes Bett. Andererseits fand freilich eine ganze Anzahl von H-Probanden zu Hause außerordentlich günstige Verhältnisse vor, die sie aber nicht nutzten, während umgekehrt einige V-Probanden ungünstige häusliche Verhältnisse in der Herkunftsfamilie überwinden konnten, indem sie sich eng an die Familie eines Mitschülers oder Freundes anschlossen.

2.2.2.3. Heimaufenthalt

Fast die Hälfte (43%) der H-Probanden, jedoch nur 6% der V-Probanden waren vor ihrem 21. Lebensjahr einmal (zumindest kurzfristig) in einem Heim untergebracht gewesen. Bei der Mehrzahl handelte es sich allerdings nur um Unterbringungen von wenigen Wochen oder Monaten. Längerfristig sind – vor allem im Kindesalter – nur wenige Probanden in Heimen aufgewachsen (s. o. Tabelle 12). Allerdings gewann die Heimunterbringung im späteren Alter der Probanden etwas größere Bedeutung: So waren im Schulalter (bis einschließlich des 14. Lebensjahres) 7%, zwischen dem 15. und 18. Lebensjahr 13% der H-Probanden *überwiegend* in Heimen untergebracht. Insgesamt 4 H-Probanden wuchsen im Schul- und Ausbildungsalter nahezu ausschließlich in Heimen auf, von den V-Probanden verbrachte dagegen nur 1 Proband den überwiegenden Teil seiner Jugend in einem Heim.

Für die Frage nach den *Gründen* eines Heimaufenthalts wurden in Tabelle 13 auch kürzere, mindestens jedoch 3 Monate dauernde Heimunterbringungen berücksichtigt. Die grundsätzlichen Unterschiede zwischen der H- und V-Gruppe im Hinblick auf den Stellenwert von Heimaufenthalten änderten sich dadurch nicht.

Obgleich häufig nicht nur ein einziger Grund für die Heimunterbringung ausschlaggebend war, ergaben sich bei den die Entscheidung vorrangig tragenden Gründen eindeutige Tendenzen: Bei den H-Probanden, besonders deutlich bei den H_1-Probanden, bedingten in allen drei Untersuchungsintervallen insbesondere soziale Auffälligkeiten des Probanden selbst und häufig auch seiner Erziehungspersonen eine Heimunterbringung, während bei den V-Probanden fast ausschließlich äußere Umstände, wie Fehlen einer Erziehungsperson durch Verwaisung oder aber die auswärtige Ausbildung, zu ei-

Tabelle 13. *Heimaufenthalte von mindestens 3 Monaten sowie Gründe*

	Vor 15. Lebensjahr				15.–18. Lebensjahr				19.–21. Lebensjahr			
	H-Pbn (n=200)	V-Pbn (n=200)	H_1-Pbn (n=114)	H_2-Pbn (n=86)	H-Pbn (n=200)	V-Pbn (n=200)	H_1-Pbn (n=114)	H_2-Pbn (n=86)	H-Pbn (n=200)	V-Pbn (n=200)	H_1-Pbn (n=114)	H_2-Pbn (n=86)
Heimaufenthalte	18,0%	3,0%	19,3%	16,3%	32,5%[a]	1,5%	43,0%	18,6%	17,0%[b]	0,5%	21,0%	11,6%
Hauptgründe (Mehrfachnennungen)												
Soziale (und „deliktische" bzw. straf-rechtliche) Auffälligkeit des Probanden	20	1	16	4	49	–	41	8	33	–	24	10
Vernachlässigung durch Erziehungs-person/soziale Auffälligkeit der Erziehungsperson	19	–	12	7	16	–	11	5	–	–	–	–
Sonstige Umstände/Zwangslagen (z.B. Krankheit, Tod der Er-ziehungsperson in der Familie)	14	5	6	8	6	–	4	2	5	–	–	–
Schule/Ausbildung an anderem Ort	–	1	–	–	10	3	4	6	–	1	–	–

[a] Bei 58 H-Probanden Unterbringung nach JGG
[b] Bei allen H-Probanden Unterbringung nach JGG

nem Heimaufenthalt führten. Die H_2-Probanden nahmen hinsichtlich der Unterbringungsgründe eine gewisse Mittelstellung zwischen den H_1- und den V-Probanden ein und waren im übrigen sowohl im zweiten als auch im dritten Intervall gegenüber den H_1-Probanden bei den Heimaufenthalten deutlich unterrepräsentiert.

Entsprechend den für die Heimunterbringung ausschlaggebenden Gründen wurden zwischen dem 15. und 18. Lebensjahr fast alle (58) der betroffenen H-Probanden in *Erziehungsheimen,* davon 28 H_1- und 4 H_2-Probanden in strenger geführten oder geschlossenen Abteilungen bzw. Heimen untergebracht; im Zeitraum zwischen dem 19. und 21. Lebensjahr waren 15 H_1- und 3 H_2-Probanden in solche Abteilungen oder Heime eingewiesen worden. Die übrigen der betroffenen H-Probanden und alle entsprechenden V-Probanden lebten dagegen ausschließlich in (offenen) *Schüler- oder Lehrlingswohnheimen.*

Längerfristige *Unterbringungen in Entziehungs- oder Heilanstalten* waren dagegen bei keiner der beiden Untersuchungsgruppen von Bedeutung. So waren in der Kindheit nur einige wenige H-Probanden vorübergehend in Lungenheilanstalten untergebracht gewesen; insgesamt 1 V- und 5 H-Probanden waren im Erwachsenenalter vorübergehend einmal wegen Alkoholismus in eine Entziehungsanstalt bzw. ein psychiatrisches Krankenhaus eingewiesen worden.

2.2.2.4. Haftaufenthalt

Neben den Heimunterbringungen spielten bei den H-Probanden seit ihrer Jugendzeit Haftaufenthalte eine erhebliche Rolle: Insgesamt 78,5% (157) der H-Probanden waren bereits vor der für ihre Aufnahme in die Tübinger Untersuchungsgruppe ausschlaggebenden Strafverbüßung mindestens einmal in Haft (einschließlich U-Haft) gewesen, 57% der H-Gruppe (64% der H_1-, 48% der H_2-Probanden) für die Dauer von mindestens einem Monat (s. auch Tabelle 14). Demgegenüber waren bei der V-Gruppe bis zum Untersuchungszeitpunkt nur 4 Probanden überhaupt einmal inhaftiert gewesen, und zwar jeweils 2 Probanden 2 bzw. 4 Wochen lang (zur Delinquenz der V-Probanden s. u. 4.7.).

Entsprechend der Definition der H_2-Probanden (erste Straffälligkeit erst nach Vollendung des 18. Lebensjahres) betrafen die Haftaufenthalte zwischen dem 15. und dem

Tabelle 14. *Haftaufenthalte der H-Probanden nach Altersstufen*[a]

	15.–18. Lebensjahr		19.–21. Lebensjahr		Nach dem 21. Lebensjahr	
	H_1-Pbn (n = 114)	H_2-Pbn (n = 86)	H_1-Pbn (n = 114)	H_2-Pbn (n = 86)	H_1-Pbn (n = 114)	H_2-Pbn (n = 86)
Bis zu 6 Monaten	26,3%	1,2%[b]	19,3%	15,1%	23,7%	39,5%
Über 6 Monate bis zu 1 Jahr	9,7%	–	7,0%	1,2%	7,9%	4,7%
Über 1 Jahr bis zu 2 Jahren	3,5%	–	14,9%	2,3%	13,2%	10,5%
Über 2 Jahre	0,0%	–	12,3%	0,0%	10,5%	5,8%
Nicht in Haft	60,5%	98,8%	46,5%	81,4%	44,7%	39,5%

[a] Gesamtdauer aller Haftaufenthalte in der jeweiligen Altersstufe ohne die zur Aufnahme in die Untersuchungsgruppe führende Haft

[b] U-Haft ohne anschließende Verurteilung

vollendeten 18. Lebensjahr (fast) nur H_1-Probanden, von denen sich insgesamt etwa 40% zeitweilig in Haft befanden, ein Drittel von diesen mehr als 6 Monate. Zwischen dem 19. und 21. bzw. nach dem 21. Lebensjahr waren jeweils etwas mehr als die Hälfte der H_1-Probanden vorübergehend inhaftiert (die zur Aufnahme in die Untersuchungsgruppe führende Haft blieb auch hier außer Betracht), wobei vor allem die längerfristigen Haftaufenthalte eine überproportionale Zunahme aufwiesen. Dies dürfte teilweise auch auf die Summierung mehrerer kurzfristiger Freiheitsstrafen zurückzuführen sein (s. u. 4.3.1.).

Die Gruppe der H_2-Probanden wies demgegenüber eine andersartige Verteilung und Entwicklung der Haftverbüßungen auf: Bei ihr stieg der Anteil der vorübergehend Inhaftierten von zunächst nur 19% zwischen dem 19. und 21. Lebensjahr auf über 60% nach dem 21. Lebensjahr. Dabei nahmen zwar die längerfristigen Haftunterbrechungen ebenfalls zu, das Schwergewicht lag aber nach wie vor bei kurzfristigen Haftaufenthalten bis zu 6 Monaten Dauer.

2.2.2.5. Wehrdienst

Im Gegensatz zu den Haft- und Heimunterbringungen der H-Probanden kam bei den V-Probanden einer anderen, allerdings weit weniger einschränkenden Art institutionalisierter Unterbringung größere Bedeutung zu, nämlich der Kasernierung im Zusammenhang mit der Ableistung des Wehrdienstes. Fast doppelt so viele V-Probanden (40%) wie H-Probanden (24%) waren zum Wehrdienst (teilweise nach freiwilliger Meldung) herangezogen worden. Bei der H-Gruppe waren die H_2-Probanden mit 32,5% (gegenüber 17,5% der H_1-Probanden) überproportional häufig zum Wehrdienst einberufen worden. Dies dürfte, ebenso wie der größere Anteil der V-Probanden, auf die Verwaltungspraxis zurückzuführen sein, nach der bei einer bestimmten Vorstrafenbelastung keine Einberufung zum Wehrdienst erfolgt.

Weitere Unterschiede ergaben sich insofern, als die Mehrzahl der herangezogenen V-Probanden ihre Wehrpflicht erfüllte bzw. sich weiterverpflichtete (nur 5 Probanden, davon 2 wegen körperlicher Gebrechen, wurden vorzeitig freigestellt), während von den herangezogenen H-Probanden nur etwa die Hälfte ihre Wehrpflicht voll ableistete: Abgesehen von einem nachträglich freigestellten Probanden erfolgte bei 12 H_1- und 9 H_2-Probanden eine vorzeitige unehrenhafte Entlassung aus dem Wehrdienst. Im Zusammenhang mit diesen Unterschieden ist das divergierende Verhalten der H- und V-Probanden im Leistungsbereich erwähnenswert (s. u. 2.3.), da die Ableistung der Wehrpflicht unter anderem auch Leistungsanforderungen stellt, die bis zu einem gewissen Grad mit den Anforderungen im allgemeinen Arbeitsleben vergleichbar sind.

2.2.2.6. Alter beim Verlassen des Elternhauses

Als ein zwischen den beiden Untersuchungsgruppen trennkräftiges Kriterium erwies sich auch das Alter beim „endgültigen" Verlassen des Elternhauses, der Pflegefamilie usw., also jenes Bereichs, in dem der Proband aufgewachsen ist. (Bei den 4 fast ausschließlich in Heimen aufgewachsenen H-Probanden wurde insoweit die Entlassung aus diesen Heimen zugrundegelegt.) Ein „endgültiges" Verlassen wurde angenommen,

Tabelle 15. *Alter beim „endgültigen" Verlassen des Elternhauses*

	H-Pbn (n = 198)	V-Pbn (n = 200)	H₁-Pbn (n = 114)	H₂-Pbn (n = 84)
Unter 16	15,2%	4,0%	12,3%	19,1%
Bis zum 18. Lebensjahr	42,9%	14,5%	47,4%	36,9%
Bis zum 21. Lebensjahr	76,3%	51,5%	79,8%	71,4%
Nach dem 21. Lebensjahr	95,0%	83,0%	94,7%	95,2%
Noch nicht	5,0%	17,0%	5,3%	4,8%
Medianalter	19,6 Jahre	21,9 Jahre	19,2 Jahre	20,1 Jahre

Signifikanz: H–V: p = 0,001; H₁–H₂: n.s.

wenn der Proband mehr als 1 Jahr nicht mehr überwiegend „zu Hause" geschlafen hatte (s. Tabelle 15).

Von den H-Probanden hatten mit 18 Jahren bereits 43% das Elternhaus verlassen im Vergleich zu nur 15% der V-Probanden, von denen mit 21 Jahren noch knapp die Hälfte dort wohnte (jedoch nur ein Viertel der H-Probanden). Dementsprechend divergiert das Medianalter der H- und V-Probanden insoweit um über 2 Jahre.

Obgleich die H₂-Gruppe auch hier eine gewisse Mittelstellung zwischen den V- und den H₁-Probanden einnahm, fällt der hohe Anteil jener H₂-Probanden auf, die schon vor dem 16. Lebensjahr das Elternhaus verlassen hatten, so daß die H₂-Gruppe insoweit sogar über dem entsprechenden Anteil der H₁-Gruppe liegt.

Recht eindrucksvoll sind dabei die von den Probanden genannten *Gründe* für das Verlassen des Elternhauses (s. Tabelle 16): Für den überwiegenden Teil dieser V-Probanden (90%) waren – auch zeitlich in dieser Reihenfolge – die auswärtige Unterbringung im Rahmen der Ausbildung und der Berufsausübung, die Einberufung zur Bundeswehr oder die Eheschließung Anlaß für die Loslösung vom Elternhaus. Ein Drittel der H-Probanden (bei den H₁-Probanden sogar die Hälfte) verließ das Elternhaus dagegen wegen Heimeinweisungen oder Haftaufenthalten, ein weiteres Drittel wegen Zerwürfnissen mit den Eltern oder ohne eigentlichen Grund. Die Differenzierung der H-Gruppe erbrachte auch hier kein einheitliches Bild: So entsprachen die H₂-Probanden mit den Gründen „Ausbildung" und „Bundeswehr" eher der V-Gruppe, während das Streben nach Ungebundenheit als Begründung bei ihnen einen noch höheren Anteil ausmachte als bei den H₁-Probanden.

Eine genauere Betrachtung jener H-Probanden, die wegen eines Heim- oder Haftaufenthalts das Elternhaus verließen, zeigte, daß dies bei einem erheblichen Teil der Probanden zwar den akuten, jedoch insgesamt gesehen nur einen vordergründigen Anlaß für die Loslösung darstellte: So lebten nur knapp die Hälfte der zwischen dem 15. und 18. Lebensjahr in Heimen untergebrachten (s.o. 2.2.2.3.) und nur 4 der in diesem Zeitraum inhaftierten H-Probanden (s.o. 2.2.2.4.) über ein Jahr im Heim bzw. im Gefängnis (alle Unterbringungen in diesem Intervall zusammengenommen). Für die Mehrzahl der übrigen hiervon betroffenen Probanden war dagegen allein aus diesem Grund keine mindestens einjährige Abwesenheit und damit keine Loslösung vom El-

Tabelle 16. *Gründe für „endgültiges" Verlassen des Elternhauses*[a]

	H-Pbn (n = 198)	V-Pbn (n = 200)	H_1-Pbn (n = 114)	H_2-Pbn (n = 84)
Ohne besonderen Grund (Streben nach Ungebundenheit)	15,2%	2,5%	13,2%	17,9%
Zerwürfnis mit den Eltern	17,7%	2,0%	18,4%	16,7%
Mißstände im Elternhaus	4,5%	2,0%	4,4%	4,8%
Heimeinweisung/Haft	34,3%	0,0%	50,0%	13,1%
Ausbildung/Beruf	18,7%	25,0%	12,3%	27,4%
Bundeswehr	13,1%	30,0%	8,8%	19,1%
Heirat/eigener Hausstand	6,6%	24,5%	5,3%	8,3%
Elternhaus noch nicht verlassen	5,1%	17,0%	5,3%	4,8%

[a] Mehrfachnennungen

ternhaus anzunehmen. Ausschlaggebend war in diesen Fällen vielmehr die Tatsache, daß die Probanden überwiegend bereits vor ihrer Unterbringung entweder nicht mehr zu Hause waren oder ihr Zuhause allenfalls als Schlafstelle benutzten. Nach ihrer Heim- oder Haftentlassung nahmen sie dann häufig die Gelegenheit wahr, sich „selbständig" zu machen, indem sie nicht mehr nach Hause zurückkehrten und sich anderweitig eine Unterkunft oder aber auch nur einen „Unterschlupf" suchten.

Läßt man die tatsächlich zwangsläufige Loslösung vom Elternhaus durch längerfristige, also mehr als ein Jahr andauernde Heim- oder Haftaufenthalte außer Betracht, so ergaben sich – abgesehen von der Einberufung zur Bundeswehr – für die Loslösung vor allem folgende, zwischen den beiden Untersuchungsgruppen deutlich kontrastierende Gründe: Bei den H-Probanden das Streben nach Ungebundenheit und/oder die Zerwürfnisse mit den Eltern; bei den V-Probanden die auswärtige Ausbildung oder die Eheschließung.

Die *Einzelfalluntersuchungen* zeigten hierzu, daß die Zerwürfnisse mit den Eltern bzw. das „grundlose" Verlassen des Elternhauses durchweg auf einem – bei den betreffenden Probanden auch in anderen Lebensbereichen immer wieder festzustellenden – besonders ausgeprägten Streben nach völliger Unabhängigkeit und dem Bedürfnis beruhten, sich jeglicher Kontrolle – soweit eine solche überhaupt bestand (s. o. 2.1.3.2.) – zu entziehen. Andererseits waren gerade jene H-Probanden, die ihre frühe Selbständigkeit und Ungebundenheit besonders betonten, oft nicht in der Lage, sich einen eigenen Wohnbereich zu beschaffen und aufzubauen, sondern suchten statt dessen nicht selten bei sozial auffälligen Bekannten, teilweise auch bei Prostituierten, Unterschlupf oder streunten ohne konkretes Ziel umher.

Auch bei manchen V-Probanden waren formal ähnliche Motive für das Verlassen des Elternhauses festzustellen. Das einige dieser Probanden geradezu auszeichnende Streben nach Selbständigkeit war aber nie verbunden mit dem Bedürfnis, sich damit jeder Kontrollmöglichkeit zu entziehen. Das zeigten gerade die vielfältigen sozialen Verpflichtungen, die diese V-Probanden an ihrem neuen Aufenthaltsort eingingen. Außerdem waren diese Erwägungen meist anderen Gründen untergeordnet, so daß sich die von den Probanden erwünschte Ablösung vom Elternhaus eher zwangsläufig durch Veränderungen im Leistungs- oder auch Kontaktbereich ergab und zugleich zu einer neuen, in der Regel geordneten Unterkunft führte.

2.2.2.7. Eigener Wohnbereich

Zum Untersuchungszeitpunkt verfügte bei den V-Probanden die Hälfte (51%) über eine *eigene* (eheliche) *Wohnung*, ein Drittel (31%) lebte noch bei der Herkunftsfamilie, der Rest allein, meist in Untermiete, in Firmenunterkünften, Studentenzimmern oder ähnlichem (s. o. Tabelle 12). Trotz der wesentlich frühzeitigeren Abkehr vom Elternhaus hatten sich dagegen nur wenige H-Probanden einen eigenen Wohnbereich geschaffen. Mit Unterbrechungen durch zeitweilige Haftaufenthalte lebte etwa ein Viertel von ihnen nach dem 20. Lebensjahr noch bzw. wieder bei den Eltern, ein weiteres Viertel der Probanden wohnte überwiegend in (meist kurzfristiger und häufig wechselnder) Untermiete oder in Firmenunterkünften oder hatte nur einen mehr oder weniger ungeordneten „Unterschlupf". Einschließlich der verheirateten H-Probanden lebten nach dem 20. Lebensjahr insgesamt nur 13% überwiegend in der eigenen bzw. ehelichen Wohnung, während ein Drittel von ihnen diesen (bei den einzelnen Probanden freilich unterschiedlich langen – s. o. 1.3.) Zeitraum überwiegend in Haftanstalten verbrachte (die „letzte" Haft blieb auch hier außer Betracht).

Die unterschiedliche Bedeutung des eigenen Wohnbereichs zeigte sich schließlich auch darin, daß 67% der H-Probanden (gegenüber nur 3,5% der V-Probanden) zumindest vorübergehend einmal *wohnsitzlos* waren, 32% der H-Probanden über einen Monat und 12% länger als ein halbes Jahr. Auch unmittelbar vor dem Untersuchungszeitpunkt verfügte fast ein Drittel (28%) der H-Probanden (jedoch kein V-Proband) über keinen eigenen, einigermaßen beständigen Wohnbereich, wobei sich eine ganze Anzahl dieser Probanden (häufig im Zusammenhang mit der Flucht nach vorangegangener Straftat) wohnsitzlos „herumtrieb" (s. o. Tabelle 12 und u. 2.2.3.).

Vor allem die *Einzelfalluntersuchungen* zeigten, daß es sich hierbei keineswegs nur um vorübergehende Verhaltensweisen handelte, die ausschließlich im Zusammenhang mit einer vorausgegangenen Straftat, einer Flucht oder einer kurze Zeit zuvor erfolgten Haftentlassung zu sehen waren, sondern um eine bei der Mehrzahl der H-Probanden ganz allgemein feststellbare grundsätzlich andersartige Orientierung. So hatte auch in der Vergangenheit die Mehrzahl der H-Probanden ihre Wohnung und Unterkunft überwiegend recht wahllos ausgesucht und genommen, was sich ihnen gerade bot; demgegenüber hatten die V-Probanden ihre Wohnung fast ausnahmslos nicht nur im Hinblick auf die Entfernung zur Arbeitsstelle, sondern auch unter sonstigen vielfältigen (sozialen) Gesichtspunkten (z. B. allgemeine Wohnlage, Nähe zur Natur, Spielmöglichkeiten für die Kinder usw.) ausgewählt.

Erhebliche Unterschiede fanden sich auch in der *Ausgestaltung* und der *Atmosphäre des Wohnbereichs*. Soweit die Probanden einen ständigen Wohnsitz hatten (s. u. 2.2.3.), lagen bei insgesamt 12% der H-, aber nur bei 4% der V-Probanden unmittelbar vor dem Untersuchungszeitpunkt hinsichtlich Belegung und Ausstattung unzureichende Wohnverhältnisse vor. Es zeigte sich, daß sich die V-Probanden in der Mehrzahl Gedanken über die Einrichtung der eigenen Wohnung oder des eigenen Zimmers machten und versuchten, ihrer Unterkunft, selbst wenn sie sehr einfach und bescheiden eingerichtet war, einen individuellen Charakter zu geben, indem sie diese mit persönlichen Gegenständen ausgestalteten. Dabei richteten sie sich bei ihren Anschaffungen prinzipiell nach ihren jeweiligen finanziellen Verhältnissen. Demgegenüber wendeten die H-Probanden für die Ausstattung ihrer Unterkünfte in der Regel wesentlich weniger Zeit auf. Die Wohnungen waren oftmals nur notdürftig ausgestattet und nicht selten unwohnlich oder gar verschmutzt, so daß der Eindruck entstehen konnte, die eigene Wohnung werde gar nicht als ein „Zuhause" empfunden, zumal selbst eheliche Wohnungen den Probanden nicht selten nur als Schlafstelle dienten (s. auch u. 2.4.4.2. und 2.5.4.). Andererseits zeigte sich bei manchen, insbesondere bei den verheirateten, H-Probanden auch immer wieder das Bestreben, möglichst von Anfang an vollständig – aber nicht immer zweckmäßig – eingerichtet zu sein, was fast regelmäßig erhebliche finanzielle Schwierigkeiten zur Folge hatte.

2.2.3. Wechsel des Aufenthaltsortes

Neben diesen inhaltlichen Aspekten zu den verschiedenen Arten von Aufenthalts- und Unterbringungsorten wurde versucht, durch die Frage nach der Häufigkeit des Wechsels des Aufenthaltsortes auch die (räumliche) Mobilität der Probanden zu erfassen (s. Tabelle 17). Ein Wechsel wurde nur dann angenommen, wenn der Proband am neuen Aufenthaltsort längere Zeit lebte (mindestens ein halbes Jahr), so daß damit auch der Abbruch eines großen Teils der bisherigen sozialen Beziehungen (Bekannte, Vereinsmitgliedschaften usw.) bedingt war. Demzufolge blieben auch hier kurzfristige Ortsveränderungen wie Urlaubsreisen, Krankenhausaufenthalte usw. unberücksichtigt.

In der Kindheit wechselten die H-Probanden und deren Herkunftsfamilien ihren Aufenthaltsort zwar schon häufiger als die V-Probanden und deren Familien. Eine deutlich höhere Mobilität wiesen die H-Probanden jedoch vor allem im Zeitraum zwischen dem 15. und 20. Lebensjahr auf, also während einer Zeit, in der sie in zunehmendem Maße unabhängig von ihrer (Herkunfts-)Familie den Wohn- und Aufenthaltsort wechseln konnten. Dabei fällt bei den H-Probanden vor allem der sprunghafte Anstieg des Wechsels zwischen dem 14. und 15. Lebensjahr auf, der in ähnlicher Ausprägung bei den V-Probanden erst nach dem 20. Lebensjahr erfolgte. Die Mobilität der H_2-Gruppe lag in dem Zeitraum zwischen dem 13. und 20. Lebensjahr zwischen jener der H_1- und der V-Gruppe; allerdings entsprach ihr Verhalten sowohl hinsichtlich des Zeitpunkts des sprunghaften Anstiegs als auch im Hinblick auf die Häufigkeit des Wechsels der Aufenthaltsorte insgesamt eher dem der H_1-Gruppe, die sie nach dem 20. Lebensjahr sogar noch übertraf.

Tabelle 17. *Wechsel des Aufenthaltsortes*

	H-Pbn (n=200)	V-Pbn (n=200)	Sig. H–V	H_1-Pbn (n=114)	H_2-Pbn (n=86)	Sig. H_1–H_2
Bis zum 12. Lebensjahr	67,0%	55,0%	+	71,1%	61,6%	n.s.
13. bis 14. Lebensjahr	23,0%	10,0%	+ +	28,9%	15,1%	+
15. bis 18. Lebensjahr	63,0%	15,0%	+ +	77,2%	46,5%	+ +
19. bis 20. Lebensjahr	71,5%	18,0%	+ +	81,6%	58,1%	+ +
Nach dem 20. Lebensjahr bis vor dem Untersuchungszeitpunkt	91,5%	76,0%	+ +	88,6%	95,3%	n.s.
Innerhalb des letzten Monats vor dem Untersuchungszeitpunkt	46,0%	1,5%	+ +	39,5%	54,7%	+

Signifikanz: + p=0,05; + + p=0,001

Wie schon die für das Verlassen des Elternhauses angegebenen Motive (s. o. 2.2.2.6.) zeigten, lagen bei den V-Probanden die *Gründe* für den Anstieg des Wechsels der Aufenthaltsorte nach dem 20. Lebensjahr im wesentlichen in der Einberufung zum Wehrdienst, in der auswärtigen Unterbringung im Rahmen der Ausbildung und vor allem in der Gründung eines eigenen Hausstandes nach der Eheschließung. Bei den H-Probanden waren dagegen in allen Altersstufen die Heim- oder Haftunterbringungen nur zum Teil für den häufigen Wechsel verantwortlich (s. o. 2.2.2.6.). Auch die Gründung eines eigenen Hausstandes im Zusammenhang mit der Eheschließung oder die Einberufung zum Wehrdienst waren wegen der im Vergleich zu den V-Probanden wesentlich geringeren Anzahl der davon betroffenen H-Probanden nicht entscheidend. Vielmehr wechselten die H-Probanden unabhängig von diesen Gründen insgesamt wesentlich häufiger den Aufenthaltsort als die V-Probanden.

Nach den *Einzelfalluntersuchungen* kam es bei den H-Probanden nur in Ausnahmefällen zum Aufbau tragender sozialer Beziehungen an ihrem jeweiligen Aufenthaltsort, sei es zu Personen oder auch zu einer Arbeitsstelle oder einem Verein. Bei ihnen bedeutete ein Ortswechsel in den meisten Fällen praktisch nur den Wechsel von ohnehin austauschbaren personellen und sachlichen Kontakten. Andererseits zeigten nicht selten gerade die in „Asozialensiedlungen" lebenden H-Probanden die größte Anhänglichkeit an ihre Umgebung. Bei den V-Probanden ergab sich dagegen im Aufenthaltsbereich eine ähnliche Beständigkeit wie in den übrigen Lebensbereichen. Diese ging regelmäßig mit einer vielfältigen sozialen Einbindung einher, die sich nicht nur im Berufsleben und in einem (meist kleinen) Freundeskreis, sondern häufig auch in Vereinsmitgliedschaften und ehrenamtlichen Tätigkeiten niederschlug und einem Ortswechsel entgegenstand, sofern dieser überhaupt aus anderen Gründen erwünscht war.

Bei der Vielzahl von Aufenthaltsorten der H-Probanden erschien es nicht sinnvoll und war häufig auch gar nicht möglich, die Anzahl der einzelnen Aufenthaltsorte bei einem Probanden zu zählen, zumal diese oft selbst nicht mehr wußten, wo sie sich im Laufe ihres Lebens überall aufgehalten hatten. Statt dessen wurde der – auch für die Probanden noch naheliegende – Zeitraum unmittelbar vor dem Untersuchungszeitpunkt eingehender analysiert (s. Tabelle 18):

Tabelle 18. *Letzter Wohnsitz und letzter Aufenthalt (unmittelbar vor dem Untersuchungszeitpunkt)*

| | *Letzter (Erst-) Wohnsitz:* | | | | | |
| | In Gemeinden bis 20000 Einwohner | | In Gemeinden über 20000 Einwohner | | Ohne festen Wohnsitz | |
	H-Pbn (n = 91)	V-Pbn (n = 99)	H-Pbn (n = 80)	V-Pbn (n = 101)	H-Pbn (n = 29)	V-Pbn (n = 0)
Letzter Aufenthaltsort:						
Am Wohnsitz	70,3%	90,9%	68,8%	86,1%	–	–
In anderen Gemeinden						
bis 20000 Einwohner	7,7%	3,0%	7,5%	4,0%	3,4%	0%
über 20000 Einwohner	13,2%	6,1%	18,8%	9,9%	51,7%	0%
Ständig wechselnd	8,8%	0,0%	5,0%	0,0%	44,8%	0%

Abgesehen davon, daß in dieser Zeit kaum ein V-Proband, jedoch fast die Hälfte der H-Probanden ihren Aufenthaltsort mindestens einmal gewechselt hatte (s. o. Tabelle 17), ergaben sich weitere Unterschiede zwischen der H- und V-Gruppe hinsichtlich des Auseinanderfallens von letztem polizeilich gemeldeten *(Erst-)Wohnsitz und tatsächlichem Aufenthalt* der Probanden. Einschließlich der etwa 15% der H-Probanden, die zuletzt melderechtlich „ohne festen Wohnsitz" ausgewiesen waren, hielten sich über 40% der H-Probanden, aber nur 12% der V-Probanden unmittelbar vor dem Untersuchungszeitpunkt nicht überwiegend an ihrem (Erst-)Wohnsitz auf.

Weit aufschlußreicher als die zahlenmäßige Differenz sind die *Gründe* für das Auseinanderfallen von Wohnsitz und Aufenthaltsort: Abgesehen von einem V-Probanden, der nach einem Streit mit seiner Ehefrau zu seiner Freundin gezogen war, befanden sich alle anderen V-Probanden entweder wegen des Studiums, des Wehrdienstes, einer auswärtigen Arbeitsstelle oder wegen einer stationären Krankenhausbehandlung nicht an ihrem Erstwohnsitz und waren – soweit notwendig – ausnahmslos auch an ihrem Zweitwohnsitz polizeilich gemeldet.

Solche Gründe lagen nur bei etwa einem Viertel der insgesamt 81 H-Probanden vor, die sich unmittelbar vor dem Untersuchungszeitpunkt nicht an ihrem Wohnsitz aufhielten. Etwa die Hälfte dieser H-Probanden war dagegen wegen einer vorausgegangenen Straftat oder wegen eines vollstreckbaren Haftbefehls auf der Flucht (21 Probanden) oder streunte ohne besonderen Grund herum bzw. befand sich auf einer (teilweise auch in das Ausland führenden) „Spritztour" (20 Probanden). Weitere 17 dieser H-Probanden waren überwiegend im Zusammenhang mit Gelegenheitsarbeiten, häufig als Zeitschriftenwerber, „Vertreter" oder Schaustellergehilfe, unterwegs.

Die *Zielrichtung der Mobilität* im Hinblick auf die Verteilung der Wohn- bzw. Aufenthaltsorte auf Groß-, Mittel- und Kleinstädte sowie Landgebiete wies – mit Vorbehalten – vor allem bei den wiederholt Straffälligen zur (Groß-)Stadt. Immerhin hielt sich die Hälfte jener Probanden, die sich unmittelbar vor dem Untersuchungszeitpunkt nicht an ihrem Wohnsitz befanden, in Städten über 20 000 Einwohner auf. Im Vergleich zum Wohnsitz wurde von den H-Probanden dabei die (Groß-)Stadt als Aufenthaltsort stärker bevorzugt als von den V-Probanden. Dies gilt in besonders ausgeprägter Form für jene H-Probanden, die zuletzt ohne festen Wohnsitz waren bzw. wegen des ständigen Wechsels keinem bestimmten Ort zugerechnet werden konnten, sich aber fast ausschließlich in städtischen Gebieten aufhielten.

Differenzierter als durch die statistischen Aussagen stellten sich diese Tendenzen im Rahmen der *Einzelfalluntersuchungen* dar. Insbesondere das „Milieu" der Großstadt (Altstadt, Bahnhofsgegend, Prostituiertenlokale usw.) besaß danach für viele H-Probanden als *Ort des Freizeitaufenthalts* (s. u. 2.4.3.3.und 2.5.3.) eine erhebliche Anziehungskraft, ohne daß deswegen auch der Aufenthaltsort bzw. der Wohnsitz in die Großstadt verlegt wurde. Andererseits stellte es bei jenen Probanden, die aus irgendwelchen Gründen keine Unterkunft mehr hatten oder sonst in Schwierigkeiten waren, gewissermaßen einen Zufluchtsort dar, an dem sich nach Ansicht der Probanden weitere Möglichkeiten ergaben und Auswege eröffneten. Obwohl solche Bereiche vorrangig in Groß- und Industriestädten zu finden sind, war es eindrucksvoll, wie H-Probanden z. B. selbst in einer ihnen völlig fremden Kleinstadt, in der die Einheimischen die

Existenz eines solchen Bereichs guten Glaubens bestritten, schon nach wenigen Stunden die Straße oder auch das Lokal gefunden hatten, die diesem großstädtischen „Milieu" entsprachen oder ihm zumindest sehr nahekamen. Es ist also keineswegs nur die Großstadt, die den mit diesen Bereichen Vertrauten die entsprechenden Möglichkeiten bietet.

2.2.4. Zusammenfassung

Im wesentlichen ergaben sich folgende Gesichtspunkte für das Verhalten der Probanden im Aufenthaltsbereich: Nach der vergleichsweise frühzeitigen Loslösung vom Elternhaus wechselten die H-Probanden in den darauffolgenden Jahren – insbesondere zwischen dem 15. und 20. Lebensjahr – wesentlich häufiger den Aufenthaltsort als die V-Probanden. Dieser Wechsel ist nicht allein durch die Heim- oder Haftaufenthalte zu erklären, was beispielhaft auch eine eingehendere Betrachtung des Aufenthalts der Probanden unmittelbar vor dem Untersuchungszeitpunkt zeigt: Etwa zwei Fünftel (81) der H-Probanden hielten sich zu dieser Zeit nicht an ihrem letzten gemeldeten Wohnsitz auf, wobei die Hälfte davon wohnsitzlos umherstreunte oder wegen einer vorausgegangenen Straftat auf der Flucht war. Gerade für diese Probanden konnte auch eine gewisse Anziehungskraft der (Groß-)Stadt festgestellt werden. Bei den V-Probanden fand sich demgegenüber nur ein geringer Wechsel des Aufenthaltsortes und eine ausgesprochene Beständigkeit, die mit vielfältigen sozialen Einbindungen in einen bestimmten örtlichen Bereich einherging. Eine Differenzierung der H-Gruppe nach H_1- und H_2-Probanden ergab dagegen keine einheitlichen Tendenzen dieser Untergruppen.

Die für wiederholt Straffällige spezifischen Merkmale und Verhaltensweisen bezüglich des Aufenthaltsbereichs sind also nicht – wie in der Literatur häufig vermutet – auf unzureichende Wohnverhältnisse in der Herkunftsfamilie, Heimaufenthalte (bzw. spätere Haftaufenthalte) und Wohnsitzlosigkeit beschränkt. In diesen kommen lediglich die besonders prägnanten Aspekte einer im Vergleich zur „Normal"-Bevölkerung grundsätzlich andersartigen Lebensgestaltung zum Ausdruck, zumal der Aufenthaltsbereich gewissermaßen auch die Rahmenbedingungen für die anderen Lebensbereiche eines Menschen stellt.

Im Gegensatz etwa zum Leistungsbereich ist der Aufenthaltsbereich bisher auch kaum als eigenständiger Bereich ins Blickfeld empirischer kriminologischer Untersuchungen und der entsprechenden *Literatur* gerückt. Selbst die großen multifaktoriellen Untersuchungen beschränkten sich meist auf einige wenige Einzelaspekte, deren Gewicht auch im Hinblick auf die anderen Lebensbereiche nur schwerlich angemessen einzuschätzen war. So weisen etwa GLUECK/GLUECK (1950, S. 157) und PONGRATZ/HÜBNER (1959, S. 71 f.) auf eine erhöhte (kriminelle) Gefährdung der Heimkinder hin, wobei allerdings PONGRATZ/HÜBNER ausschließlich frühere Heiminsassen untersuchten und insoweit keine Vergleichsmöglichkeiten besaßen. Die hohe Mobilität ihrer straffälligen Probanden, oft einhergehend mit Wohnsitzlosigkeit, betonen dagegen auch WOLFGANG et al. (1972, S. 58) und GLUECK/GLUECK (1974, S. 101). Auch bei anderen Untersuchungen wurden bei den (straffälligen) Probanden vermehrt schlechte, nicht selten verwahrloste Wohnverhältnisse (GLUECK/GLUECK 1950, S. 81) ebenso wie Überbelegung (Statens offentliga utredningar 1972, S. 108) festgestellt; diese Umstände wurden allerdings in Übereinstimmung mit den hier vorgelegten Ergebnissen ebenfalls nicht als ausschlaggebend für Delinquenz angesehen.

2.3. Leistungsbereich

2.3.1. Vorbemerkung

Dem Leistungsbereich sind alle Aspekte zugeordnet, die sich auf den Werdegang der Probanden in der Schule, der Berufsausbildung und der Berufstätigkeit beziehen. Im Unterschied zu anderen Bereichen, in denen ebenfalls Leistungsanforderungen gestellt werden, etwa im Rahmen der sozialen Pflichten gegenüber der eigenen Familie, unterliegen die Verhaltens- und Leistungsanforderungen in Schule und Beruf strengen formalen Regeln.

So bringt die *Schul*pflicht zum ersten Mal eine klare Abgrenzung von „Arbeit" und Freizeit mit sich, wodurch die spätere Berufstätigkeit geprägt ist. Insbesondere werden etwaige Verhaltensauffälligkeiten sozial unmittelbar sichtbar. Ein Schwerpunkt der Darstellung liegt auf diesen schulischen Auffälligkeiten (s. u. 2.3.2.).

Von zentraler Bedeutung für den Leistungsbereich ist die *Berufstätigkeit,* denn sie stellt im Regelfall – auch für die untersuchten Probanden, mit Ausnahme weniger in Ausbildung oder Studium befindlicher – die einzige Möglichkeit dar, den Lebensunterhalt zu verdienen. Es führt zu erheblichen Schwierigkeiten, wenn der Einzelne sich der Notwendigkeit, den umfangreichsten Teil der Wochentage der Berufstätigkeit zu widmen, völlig entzieht oder auch nur teilweise die dort gestellten Anforderungen nicht erfüllt. Gerade diese Aspekte des beruflichen Verhaltens werden in der folgenden Darstellung zum beruflichen Leistungsbereich besonders berücksichtigt (s. u. 2.3.3. und 2.3.4.).

Wie oben schon erwähnt (s. o. 1.3.), können auch hier nicht bei allen Kriterien Aussagen über sämtliche Probanden getroffen werden. Zwar gab es gerade im Leistungsbereich – aufgrund der vielfältigen objektiven Informationsquellen und der „harten" Daten (s. auch o. Kap. I, 3.1.) – kaum ungeklärte Fälle, jedoch mußte aus inhaltlichen Gründen bei bestimmten Fragestellungen jeweils ein gewisser (kleiner) Teil der Probanden unberücksichtigt bleiben. So entfielen insbesondere die 23 Studenten der V-Gruppe bei der Betrachtung der Kriterien der Berufstätigkeit sowie der Berufsausbildung – mit Ausnahme der 7 Probanden, die schon vor dem Studium eine Berufsausbildung absolviert hatten. Ebenso unberücksichtigt blieben ein H-Proband, der fast durchgehend in Heimen oder Haft war, bei den Kriterien der Berufstätigkeit sowie ein H-Proband, der sich noch in der Lehre befand, bei der Einschätzung der Berufsausbildung und Berufsposition. Zahlenmäßige Einschränkungen ergaben sich ferner bei Korrelationen mit Merkmalen aus anderen Bereichen, die jeweils dort angegeben sind. Insofern weisen die Tabellen verschiedene Grundgesamtheiten auf.

Über die dargestellten Ergebnisse hinaus finden sich weitergehende Einzelheiten und Detailfragen in den Arbeiten von KOFLER (1980) und SCHMEHL (1980), auf die auch im folgenden Text gelegentlich verwiesen wird.

2.3.2. Schule

2.3.2.1. Schulabschluß

Sowohl hinsichtlich der besuchten Schulart als auch des Schulerfolgs lagen die H-Probanden deutlich unter dem Niveau der V-Probanden (s. Tabelle 19).

Die hier verwendeten Begriffe entsprechen den derzeit gültigen Definitionen des Schulgesetzes für Baden-Württemberg. Unter Hauptschule wird die (ehemalige) Volksschule bis zur Vollendung des 14. Lebensjahres verstanden. Im Untersuchungszeitraum wurden Probanden, die eine

Tabelle 19. *Schulabschluß*[a]

		H-Probanden (n = 200)		V-Probanden (n = 200)	
Hilfs-/Sonderschule	} ohne Erfolg	8,5%	} 53,0%	1,5%	} 9,0%
Hauptschule ohne Abschluß		44,5%		7,5%	
Hauptschule mit Abschluß		43,5%		58,5%	
Weiterführende Schule vor mittlerer Reife		2,5%		5,5%	
Mittlere Reife	} mit Erfolg	1,0%	} 47,0%	13,0%	} 91,0%
Mittlere Reife vor Abitur		–		2,0%	
Abitur		–		12,0%	

Signifikanz: p = 0,001
[a] Vgl. SCHMEHL 1980, S. 29

oder mehrere Klassen wiederholen mußten und die nicht freiwillig die Schulzeit entsprechend verlängerten, nur mit einem *Abgangszeugnis* aus der jeweils erreichten Abschlußklasse entlassen. Sie wurden unter das Merkmal „Hauptschule ohne Abschluß" subsumiert. Ein erfolgreicher Abschluß hingegen lag bei den Probanden vor, die die Hauptschule mit einem *Abschlußzeugnis* verließen. Die Mittlere Reife erreichten die Probanden, welche die 6. Klasse einer weiterführenden Schule mit Erfolg absolviert hatten. Die Hilfs- bzw. Sonderschule nahm in den 50er Jahren und Anfang der 60er Jahre, als die Mehrzahl der Probanden zur Schule ging, schon aufgrund fehlender Kapazität nur einen geringen Raum ein. Heute dürfte der Sonderschulbesuch einen größeren Anteil haben.

Besonders auffallend sind die Zahlenverhältnisse, wenn man nur diejenigen, die weiterführende Schulen besuchten, berücksichtigt: 7 von 14 Schülern aus der H-Gruppe brachen ab und kehrten in die Hauptschule zurück, während es in der V-Gruppe nur 5 von 70 Schülern waren. Sehr deutlich werden die Unterschiede zwischen der H- und der V-Gruppe, wenn man die Schulabgänger in 2 Gruppen nach *erfolgreichem Schulabschluß* (Hauptschüler mit Abschlußzeugnis bzw. Entlassung aus weiterführender Schule) und nach *nicht erfolgreichem Schulabschluß* (Sonderschüler bzw. Hauptschüler ohne Abschlußzeugnis) zusammenfaßt.

Da die durchschnittliche *Intelligenz* (s. u. 3.4.3.2.) der H- und V-Probanden unterschiedlich war, liegt es nahe, eine Erklärung für die Unterschiede im Schulabschluß darin zu suchen. Erwartungsgemäß besteht zwar ein Zusammenhang zwischen IQ und Schulabschluß in beiden Gruppen insofern, als Probanden mit überdurchschnittlicher Intelligenz häufiger als Probanden mit durchschnittlicher oder unterdurchschnittlicher Intelligenz die Schule erfolgreich abschlossen. Wenn man jedoch die Intelligenz konstant hält und H- und V-Probanden innerhalb derselben Intelligenzgruppe miteinander vergleicht, so zeigt sich, daß bei schwacher und durchschnittlicher Intelligenz der Zusammenhang zwischen der Zugehörigkeit zur H-Gruppe und (mangelndem) Schulerfolg nicht aufgelöst, sondern – leicht abgeschwächt – erhalten bleibt (s. Tabelle 20). Intelligenz erklärt also die starken Unterschiede im Schulerfolg zwischen H- und V-Probanden *nicht,* vielmehr müssen zusätzlich andere Umstände dafür verantwortlich sein.

Setzt man in gleicher Absicht die *Schichtzugehörigkeit* in Beziehung zum Schulerfolg, so erweist sich, daß zwar in *beiden* Gruppen die Mißerfolgsquote mit sinkender Schicht steigt. Vergleicht man jedoch die H- und V-Probanden derselben Schicht, so bleiben wiederum in allen 3 Schichtgruppen die starken Unterschiede im Schulerfolg – mit steigender Schicht leicht abgeschwächt – erhalten (s. Tabelle 20).

Tabelle 20. *Schulabschluß in Beziehung zu Intelligenz, Schicht und Auffälligkeit im sozialen Umfeld*

	Schulabschluß	H-Probanden (n=200)		V-Probanden (n=200)		Sig.
IQ nach HAWIE						
Bis 90	mit Erfolg	23,2%	(19)	73,9%	(17)	+ +
	ohne Erfolg	76,8%	(63)	26,1%	(6)	
91–109	mit Erfolg	57,8%	(59)	89,9%	(98)	+ +
	ohne Erfolg	42,2%	(43)	10,1%	(11)	
110 und mehr	mit Erfolg		(16)	98,5%	(67)	
	ohne Erfolg		(0)	1,5%	(1)	
Herkunftsschicht[a] nach SSE[b]						
Untere Unterschicht	mit Erfolg	31,8%	(28)	82,9%	(29)	+ +
und sozial Verachtete	ohne Erfolg	68,2%	(60)	17,1%	(6)	
Obere Unterschicht	mit Erfolg	55,7%	(39)	91,5%	(54)	+ +
	ohne Erfolg	44,3%	(31)	8,5%	(5)	
Untere, mittlere, obere	mit Erfolg	68,4%	(26)	93,4%	(99)	+ +
Mittelschicht	ohne Erfolg	31,6%	(12)	6,6%	(7)	
Auffälligkeiten im sozialen Umfeld						
Ja	mit Erfolg	38,6%	(44)	79,5%	(35)	+ +
	ohne Erfolg	61,4%	(70)	20,5%	(9)	
Nein	mit Erfolg	58,1%	(50)	94,2%	(147)	+ +
	ohne Erfolg	41,9%	(36)	5,8%	(9)	

Signifikanz: + +p=0,001
[a] 4 Heimkinder (H-Probanden) nicht eingestuft (s. o. 2.1.1.)
[b] Index für soziale Selbsteinstufung nach KLEINING/MOORE (1968); s. o. 2.1.2.1.

Ein ähnliches Bild ergibt sich, wenn man den Einfluß von *Auffälligkeiten und Belastungen im unmittelbaren sozialen Umfeld* der Probanden untersucht. Unter dieser Kategorie wurden zusammengefaßt: Aufwachsen in einem Lager, einer Asozialensiedlung bzw. in verwahrlosten häuslichen Verhältnissen von mindestens einjähriger Dauer sowie erhebliche soziale Auffälligkeiten von Familienmitgliedern (wie Alkoholismus, massive Straffälligkeit etc.). Auch hier ist zwar in beiden Gruppen die Mißerfolgsquote jeweils höher, wenn diese Auffälligkeiten vorliegen; jedoch bleiben – setzt man letztere konstant – die Unterschiede zwischen H- und V-Probanden erhalten (s. Tabelle 20).

Der relativ geringe Schulerfolg der H-Gruppe kann mithin *nicht* allein damit erklärt werden, daß sie in höherem Maß von Merkmalen betroffen ist, die sich auf den Schulerfolg auswirken, wie niedriger IQ, niedrige Herkunftsschicht und sozial belastende Umstände. Freilich wurde dies nur insofern überprüft, als diese Merkmale jeweils einzeln konstant gesetzt wurden. Aber auch bei einem Zusammentreffen dieser belastenden Merkmale verschwinden die Unterschiede zwischen H- und V-Probanden nicht; die absoluten Zahlen sind allerdings für eine Signifikanzprüfung zu gering.

2.3.2.2. Schulische Auffälligkeiten

Wichtiger als das äußere Faktum des Schulerfolgs sind die *Verhaltensweisen* innerhalb der Schule. Schüler können im wesentlichen auf zweierlei Weise auffällig werden, indem sie zum einen den Leistungsanforderungen und zum anderen den Verhaltensanforderungen in bezug auf das Sich-Einfügen in die Schulordnung nicht genügen.

Härtestes Kriterium für mangelhafte Leistungen ist das *Sitzenbleiben,* d. h. das zwangsweise Wiederholen der Klasse. Die Gründe dafür dürften freilich recht unterschiedlich sein, insbesondere wenn man das Sitzenbleiben in der Hauptschule und in einer weiterführenden Schule miteinander vergleicht.

Läßt man zunächst alle Probanden unberücksichtigt, die eine weiterführende Schule besucht haben, und betrachtet gesondert das *Sitzenbleiben in der Hauptschule,* das in der Regel zur Folge hatte, daß der betroffene Schüler den Hauptschulabschluß nicht erreichte, so zeigen sich hier deutliche Unterschiede: In der H-Gruppe blieben 53% und in der V-Gruppe 13% sitzen (p = 0,001). Diese Unterschiede verstärken sich noch, wenn man die mehrfach Sitzengebliebenen vergleicht (H = 44; V = 3). Wie schon bei der Beziehung zwischen erfolgreichem Schulabschluß und Intelligenz dargelegt (s. o. 2.3.2.1.), kann auch hier die unterschiedliche Intelligenz die unterschiedliche Quote an Wiederholern nicht hinreichend erklären.

Auch die angegebenen *Gründe* für das Sitzenbleiben in der Hauptschule unterscheiden sich deutlich. Bei den (wenigen) V-Probanden (17) wurden vorwiegend (in 15 Fällen) Zwangssituationen angeführt, wie etwa Flucht (nach dem 2. Weltkrieg) oder Krankheit, oder dem Verhalten des Probanden nicht zuzurechnende Gründe, wie etwa mangelnde Schulreife, und demgegenüber nur bei 2 der Probanden negative Verhaltensweisen, wie Faulheit, Bummeln, Schwänzen. Gerade diese letzten Verhaltensweisen sind es jedoch, die bei H-Probanden in fast der Hälfte (46) der (96) Fälle zur Begründung angegeben wurden.

Daß Sitzenbleiben nicht losgelöst von der besuchten Schulart betrachtet werden darf, zeigt ein Blick auf die veränderten Zahlenverhältnisse beim Besuch der weiterführenden Schule. Während 12 von 14 H-Probanden dort das Klassenziel nicht erreichten, waren es bei den V-Probanden immerhin 33 von 70, also annähernd die Hälfte; d. h. Sitzenbleiben in der weiterführenden Schule kann als „normal" angesehen werden.

Von den Verhaltensweisen, die einer Einfügung in die Schulordnung entgegenstehen, ist *Schwänzen* der sichtbarste Ausdruck dafür, daß sich der Betroffene – zeitweise – dem schulischen Zwang entziehen möchte. Da das gelegentliche Schwänzen einer Schulstunde weit verbreitet sein dürfte, wurde hier Schuleschwänzen nur bei einem erheblichen Ausmaß angenommen, nämlich bei einem *mindestens eintägigen unentschuldigten Fernbleiben* von der Schule. Dabei bedeutet *hartnäckiges Schwänzen,* daß die Probanden häufig, d. h. im Abstand von weniger als einem Monat, und dauernd, d. h. über einen längeren Zeitraum hinweg, der Schule unentschuldigt ferngeblieben sind. Dementsprechend betrifft *gelegentliches Schwänzen* die übrigen Formen, abgesehen von einmaligen Ausnahmeerscheinungen. Um einen für alle Probanden zutreffenden Zeitraum zu erhalten, wurde Schwänzen nur bis zum Ende der Schulpflicht, also dem 14. Lebensjahr (s. o. 2.3.2.1.), erfaßt.

Die unterschiedliche Verteilung bei der H- und V-Gruppe zeigt Tabelle 23 (s. u. 2.3.2.5.). Auch hier erweist sich, daß die H-Probanden eine Extremgruppe darstellen. Etwas mehr als die Hälfte der H-Probanden blieb zumindest gelegentlich einen Tag lang dem Unterricht unentschuldigt fern, wobei dies bei der überwiegenden Zahl häufig und längerfristig geschah, wogegen in der V-Gruppe kaum mehr als ein Zehntel der Probanden von diesen erheblichen Formen des Schuleschwänzens betroffen war.

Schuleschwänzen ist nur *eine* Form der Fehlanpassung in der Schule. Es gibt eine Fülle anderer *Verhaltensweisen, die den Unterricht, die Klassengemeinschaft oder die Schulordnung stören.*

Freilich handelt es sich dabei weniger um „harte" Fakten, wie es Schuleschwänzen und Sitzenbleiben sind, sondern es hängt davon ab, ob das Verhalten – insbesondere vom Lehrer – überhaupt als negativ oder „störend" bewertet bzw. eingeschätzt wird. Dabei spielt die Möglichkeit, daß sich im nachhinein die Verhaltenseinschätzung durch den Lehrer geändert haben könnte, insofern nur eine geringe Rolle, als die Informationen aus den Schulunterlagen zumeist unmittelbar in der relevanten Zeit festgehalten wurden. Die weitere Schwierigkeit, daß nicht alle Verhaltensauffälligkeiten in den Schulunterlagen ihren Niederschlag gefunden haben, wurde dadurch abgemildert, daß solche Verhaltensweisen nicht nur anhand von Schulakten und Angaben der Lehrer, sondern auch anhand von Mitteilungen der Eltern und der Probanden selbst detailliert erhoben wurden (s. o. Kap. I, 3.). Die so erfaßten Verhaltensauffälligkeiten reichen von Faulheit und völligem Desinteresse über lästiges (wie albernes oder großsprecherisches Auftreten) und störendes Verhalten (wie Aggressivität und dauernde Unruhe) bis hin zur Auflehnung gegen die Schulordnung (wie Aufsässigkeit gegen die Lehrer, wiederholtes Weglaufen, Lügen und Täuschungen).

Zum Zwecke besserer Übersicht sind diese schulischen Auffälligkeiten nachfolgend in zwei Kategorien zusammengefaßt: Als *besonders auffälliges Schulverhalten* wurden die gravierenden Auffälligkeiten angesehen, insbesondere wenn es sich um aggressive Handlungen gegen Mitschüler und Lehrer und um ein Verhalten handelte, in dem sich eine massive Auflehnung gegen die Schulordnung ausdrückte, sowie Auffälligkeiten, denen ein Delikt (etwa Diebstahl) innerhalb des Schulbereichs zugrunde lag; als *auffälliges Schulverhalten* galten die übrigen Auffälligkeiten, sofern sie nicht lediglich Bagatellcharakter hatten und nicht nur vorübergehend auftraten.

Es offenbarten sich, ähnlich wie beim Schuleschwänzen, deutliche Unterschiede zwischen H- und V-Probanden (s. u. 2.3.2.5., Tabelle 23). Diese Unterschiede verstärkten sich noch, wenn man nach dem Alter der ersten Auffälligkeit fragte. Während von den auffälligen H-Probanden schon 28% vor dem 8. und immerhin schon 49% vor dem 10. Lebensjahr erstmalig negativ auffielen, lag die erste Auffälligkeit der betroffenen V-Probanden bei (nur) 15,5% vor dem 10. Lebensjahr. Besonders hervorzuheben sind noch die Auffälligkeiten aufgrund von *Delikten* innerhalb der Schule. Während nur bei 2 V-Probanden ein Delikt in der Schule bekannt wurde, war dies in der H-Gruppe bei 22 Probanden der Fall, wobei es sich allein bei 15 Probanden um Eigentumsdelikte handelte (s. u. 4.2.1.).

Untersucht man die *Gründe,* weshalb die Mehrzahl der H-Probanden als Schüler auffälliges Verhalten zeigte, so ist zunächst zu nennen, daß ihr Verhältnis zur Schule eher von Lustlosigkeit geprägt war und daß auch ihre Eltern weniger als die V-Eltern an den schulischen Belangen interessiert waren. Als noch wichtiger, insbesondere im Hinblick auf die schwereren Verstöße gegen die Schulordnung und hartnäckiges Schwänzen, erwies sich der Umstand, daß einem großen Teil der H-Probanden eine ausreichende Kontrolle durch Erziehungspersonen weitgehend fehlte oder sich die Probanden dieser aktiv entzogen (s. o. 2.1.3.2.). Korreliert man nämlich Schulverhalten und Kontrolle miteinander, so zeigt sich ein starker Zusammenhang (s. Tabelle 21).

H-Probanden, die im Schulalter keiner ausreichenden Kontrolle durch Erziehungspersonen unterlagen, vermochten sich zumeist innerhalb der Schule nicht unauffällig

Tabelle 21. *Kontrolle durch Erziehungspersonen und Schulverhalten bei H-Probanden*

	Faktische Kontrolle (n = 83)	Keine Kontrolle bzw. Pb entzieht sich ihr (n = 92)
Schulverhalten der H-Probanden		
unauffällig	63,9%	20,7%
auffällig	26,5%	40,2%
besonders auffällig	9,6%	39,1%

Signifikanz: p = 0,001; Korrelation: cc_{corr} = 0,59

einzufügen. Am deutlichsten wird dies, wenn man jene 49 Probanden unter ihnen gesondert betrachtet, die sich der häuslichen Kontrolle *aktiv* entzogen: Nur 4 davon blieben in der Schule unauffällig.

2.3.2.3. Sozioscolares Syndrom

Schuleschwänzen und andere Schulauffälligkeiten, selbst in schwerwiegender Form, finden sich sowohl bei H-Probanden als auch – wenngleich deutlich seltener und geringer – bei V-Probanden und sind daher isoliert betrachtet nicht von großem Gewicht. Anders ist es jedoch beim Zusammentreffen von bestimmten Auffälligkeiten, einem Phänomen, das man als *sozioscolares Syndrom* bezeichnen könnte: Hiervon sind *nur* H-Probanden betroffen.

Bezeichnend bei diesem Syndrom ist – wie insbesondere die Einzelfalluntersuchungen zeigten – ein *enger Zusammenhang* zwischen den Auffälligkeiten *innerhalb* und denen *außerhalb* der Schule: Ihr *hartnäckiges Schwänzen* versuchen die Probanden häufig mit *Täuschungen,* etwa mittels gefälschter Entschuldigungsschreiben der Eltern, zu dekken; in dem so gewonnenen unbeaufsichtigten Freiraum *streunen* sie dann meist umher und begehen auch gelegentlich „deliktische Handlungen", wie kleinere Sachbeschädigungen und Entwendungen (zu diesen im Kindesalter insgesamt s. u. 4.2.1.).

Versucht man dieses Phänomen quantitativ zu erfassen, so reduziert sich die Zahl derjenigen hartnäckigen Schuleschwänzer bei den H-Probanden von 30,5% auf 15% (und von 3% auf 0% bei den V-Probanden), die ihr Schwänzen zudem mit Urkundenfälschungen oder sonstigen Täuschungen deckten, zusätzlich diese Zeit zum Herumstreunen benutzten und auch zumindest einmal ein „Delikt" begingen, die also das gesamte sozioscolare Syndrom aufwiesen (s. u. 2.3.2.5., Tabelle 23). Dieses Syndrom ist somit *keineswegs typisch* für die H-Probanden, da nur ein relativ kleiner Teil davon betroffen war; es ist jedoch insofern *spezifisch* für die H-Gruppe, als es kein V-Proband aufwies. Daraus kann geschlossen werden, daß späterer (wiederholter) Straffälligkeit nur verhältnismäßig selten ein ausgeprägtes sozioscolares Syndrom vorausgeht; wenn es jedoch vorliegt, dürfte dies ein starkes Indiz für spätere Kriminalität sein.

2.3.2.4. Maßnahmen der Schule

Die Schule hat einen großen Ermessensspielraum hinsichtlich ihrer Reaktion bei auffälligem Verhalten: Sie kann schulintern mit Schulstrafen reagieren, sie kann die Eltern benachrichtigen oder sie kann die zuständige öffentliche Institution, z. B. das Jugendamt, einschalten, was naturgemäß weitere Konsequenzen nach sich zieht. Während schulinterne Sanktionen, wie etwa Strafarbeiten, vermutlich jeden Schüler irgendwann einmal treffen, werden *Maßnahmen, bei denen die Schule externe Instanzen einschaltet,* im allgemeinen selten und nur wegen gravierender Vorfälle erfolgen.

Dies bestätigte sich auch in unserer Untersuchung. Bei jeweils etwas mehr als der Hälfte der (erheblich) negativ auffälligen Probanden (s. dazu o. 2.3.2.2.), nämlich bei 61 von 114 H-Probanden und 21 von 37 V-Probanden, sind keine externen Maßnahmen bekannt geworden. Dieses Bild einer relativ gleichförmigen Reaktion bei H- und V-Probanden ändert sich jedoch, wenn man die externen Maßnahmen danach differenziert, ob lediglich eine Benachrichtigung der Eltern, eine Einschaltung anderer Behörden oder gar ein Schulverweis erfolgte. Eine solche Differenzierung in „harte" und „weiche" Maßnahmen ist freilich nur sinnvoll, wenn man sie auf die Art und Schwere der Auffälligkeit bezieht (s. Tabelle 22).

Trotz der sehr kleinen Zahlen in der V-Gruppe zeichnen sich gewisse Tendenzen ab: Zwar reagierte die Schule auf *schwere Formen der Auffälligkeit* bei beiden Gruppen härter; jedoch begnügte sich die Schule bei den V-Probanden im Vergleich zu den H-Probanden eher mit einer Benachrichtigung der Eltern. Offenbar genügte dies bei den Eltern der V-Probanden häufiger zur Lösung der Verhaltensschwierigkeiten ihrer Kinder, während es bei den Eltern der H-Probanden überwiegend nicht ausreichte, sei es, daß diese darauf nicht reagierten, sei es, daß sie sich den Probanden gegenüber nicht durchsetzen konnten.

Von besonderem Interesse war die Reaktion der Schule auf Schüler, die *innerhalb der Schule Delikte* begingen. Bei 15 der 22 H-Probanden und 1 von 2 V-Probanden wurde hart reagiert, nämlich die Polizei oder das Jugendamt eingeschaltet oder der Proband der Schule verwiesen (zur Reaktion auf kindliche Delinquenz insgesamt s. u. 4.2.1.).

Tabelle 22. *Maßnahmen der Schule bei auffälligem Schulverhalten*

Schulverhalten:	Auffällig		Sig.	Besonders auffällig	
	H-Pbn (n=66)	V-Pbn (n=31)		H-Pbn (n=48)	V-Pbn (n=6)
Externe Maßnahmen der Schule					
Keine externen Maßnahmen bekannt	72,7% (48)	67,7% (21)		27,1% (13)	(0)
Nur Eltern benachrichtigt	19,7% (13)	29,1% (9)	n.s.	16,7% (8)	(4)
Einschalten von Polizei, Jugendamt oder Schulverweis	7,6% (5)	3,2% (1)		56,2% (27)	(2)

Signifikanz: nicht signifikant

2.3.2.5. Früh- und Spätdelinquente

Obschon die H-Probanden im Vergleich mit der V-Population eine Extremgruppe bezüglich aller erhobenen schulischen Merkmale darstellten, war diese dennoch nicht in sich geschlossen und homogen. Vielmehr zeigte sich – entsprechend den Feststellungen im Familienbereich –, daß die Spätdelinquenten (H_2-Probanden, s. o. 1.3.), die nach dem 18. Lebensjahr, also im Regelfall einige Jahre nach der Schulentlassung, erstmals straffällig wurden, sich auch in schulischer Hinsicht positiv abhoben von den Frühdelinquenten (H_1-Probanden, s. o. 1.3.), die bereits kurze Zeit nach der Schulentlassung oder schon während der Schulzeit erstmalig strafrechtlich auffällig geworden waren (s. Tabelle 23).

Tabelle 23. *Schulische Merkmale bei H- und V-Probanden sowie bei Früh- und Spätdelinquenten*

	H-Pbn (n = 200)	V-Pbn (n = 200)	Sig. H-V	H_1-Pbn (n = 114)	H_2-Pbn (n = 86)	Sig. H_1 H_2
1. Schulabgang						
Ohne Erfolg	53,0%	9,0%	+ +	59,7%	44,2%	+
Mit Erfolg	47,0%	91,0%		40,3%	55,8%	
2. Schuleschwänzen						
Kein[a] Schwänzen	48,0%	88,5%		38,6%	60,5%	
Gelegentliches Schwänzen	21,5%	8,5%	+ +	22,8%	18,5%	+
Hartnäckiges Schwänzen	30,5%	3,0%		38,6%	21,0%	
3. Auffälliges Schulverhalten						
Kein[a] auffälliges Verhalten	43,0%	81,5%		28,9%	62,8%	
Auffälliges Verhalten	33,0%	15,5%	+ +	36,0%	27,9%	+ +
Besonders auffälliges Verhalten	24,0%	3,0%		35,1%	9,3%	
4. Sozioscolares Syndrom[b]	15,0%	0%	+ +	20,2%	8,1%	+
5. Maßnahmen der Schule bei negativem Schulverhalten	(n = 114)	(n = 37)		(n = 81)	(n = 33)	
Keine externen Maßnahmen	53,5%	56,8%		50,6%	57,6%	
Nur Eltern benachrichtigt	18,7%	35,1%	+	18,5%	18,2%	n. s.
Einschalten von Polizei, Jugendamt, Schulverweis	28,1%	8,1%		30,9%	24,2%	

Signifikanz: +p=0,05; + +p=0,001
[a] bzw. nur geringfügiges
[b] s. o. 2.3.2.3.

Die Differenzierung in Früh- und Spätdelinquente führte zu wesentlichen Unterschieden (die – wie eine Überprüfung zeigte – auch nicht durch Schicht-und Intelligenzunterschiede erklärt werden können): Während sich bei den Frühdelinquenten das Bild schulischer Schwierigkeiten und insbesondere der Verhaltensauffälligkeiten so sehr verstärkte, daß sie geradezu als typisch für diese Gruppe erschienen, waren die Spätdelinquenten zwar deutlich über das – gemessen an der V-Population – normale Maß hinaus belastet, hoben sich jedoch ebenso deutlich von den Frühdelinquenten ab: Sie schlossen in der Mehrzahl die Schule erfolgreich ab, und ihr Verhalten war überwiegend unauffällig; soweit sie dennoch negativ auffielen, geschah dies in wesentlich geringerem Maße.

2.3.3. Berufliche Ausbildung

2.3.3.1. Beginn und Abschluß einer Ausbildung

Als berufliche Ausbildung gilt hier jede Ausbildung in einem Lehrberuf oder einer vergleichbaren oder höherqualifizierten Berufslaufbahn außerhalb der Schule, sofern diese mit einer formalisierten, staatlich anerkannten Prüfung endet und zum Führen einer Berufsbezeichnung berechtigt. Nicht erfaßt sind demnach alle, die in der Literatur als „Ungelernte" bezeichnet werden, also auch die sogenannten „Eingearbeiteten" oder „Angelernten" mit einer gewissen beruflichen Qualifikation, die sie von Hilfsarbeitern abhebt (anders SCHMEHL 1980, S. 149 ff., der diese mit einbezieht; s. dazu auch u. 2.3.4.1.).

Nach der so getroffenen Einteilung ergibt sich bei den beiden Untersuchungsgruppen eine deutlich unterschiedliche Verteilung: Probanden, die überhaupt keine Ausbildung begonnen haben, sind in der V-Gruppe nur gering, in der H-Gruppe jedoch mit fast einem Viertel vertreten; von den H-Probanden scheiterten mehr als 40% in der Ausbildung, von den V-Probanden nur 6% (s. Tabelle 24).

Daß für die Entscheidung, eine Berufsausbildung anzustreben, und für die Frage des Scheiterns in der Ausbildung der Schulerfolg eine Rolle spielt, liegt auf der Hand; denn schon die Suche nach einer Ausbildungsstelle dürfte für einen Schulabgänger ohne Hauptschulabschluß (s. dazu

Tabelle 24. *Berufsausbildung*

	H-Probanden (n = 199)[a]	V-Probanden (n = 186)[a]
Keine Berufsausbildung angefangen	24,6%	7,5%
Ausbildungsabschluß nicht erreicht	40,7%	5,9%
Erfolgreicher Abschluß	34,7%	86,6%

Signifikanz: p = 0,001;
[a] zu den „Ausfällen" s. o. 2.3.1.

Tabelle 25. *Berufliche Ausbildung in Beziehung zu Schulabschluß und Herkunftsschicht*

		Keine Ausbildung angefangen	Keine abgeschloss. Ausbildung	Abgeschloss. Ausbildung	Sig.
Schulabschluß					
Mit Erfolg	H-Pbn (n = 93)	10,8% (10)	35,5% (33)	53,8% (50)	+ +
	V-Pbn (n = 168)	5,4% (9)	5,4% (9)	89,3% (150)	
Ohne Erfolg	H-Pbn (n = 106)	36,8% (39)	45,3% (48)	17,9% (19)	–
	V-Pbn (n = 18)	(5)	(2)	(11)	
Schicht					
Untere Unterschicht	H-Pbn (n = 88)	37,5% (33)	36,4% (32)	26,1% (23)	+ +
	V-Pbn (n = 32)	18,7% (6)	9,4% (3)	71,9% (23)	
Obere Unterschicht und höher	H-Pbn (n = 108)	14,8% (16)	45,4% (49)	39,8% (43)	+ +
	V-Pbn (n = 154)	5,2% (8)	5,2% (8)	89,6% (138)	

Signifikanz: + + p = 0,001

o. 2.3.2.1.) erschwert sein. Ebenso dürfte es für ihn regelmäßig auch schwieriger sein, den theoretischen Anforderungen der Berufsausbildung zu genügen. Dementsprechend besteht in der H-Gruppe (in der V-Gruppe sind die Zahlen für eine statistische Absicherung zu klein) ein starker *Zusammenhang* ($cc_{corr} = 0,53$) *zwischen Schulerfolg und Berufsausbildung:* Probanden ohne Hauptschulabschluß neigten weitaus stärker als erfolgreiche Schulabgänger dazu, von vornherein keine Berufsausbildung zu beginnen oder sie nicht erfolgreich abzuschließen. Vergleicht man jedoch die H- und V-Probanden mit bzw. ohne Hauptschulabschluß, so zeigt sich folgendes Bild (s. Tabelle 25):

Von den Probanden mit Hauptschulabschluß begannen zwar prozentual kaum weniger H-Probanden als V-Probanden mit einer Ausbildung, jedoch scheiterten sie ungleich häufiger als V-Probanden. Bei den H- und V-Probanden ohne Hauptschulabschluß zeichnet sich ebenfalls ein eindeutiger Trend ab: Während nur etwa 18% der H-Probanden eine Ausbildung erfolgreich abschlossen, waren dies bei der V-Gruppe immerhin 11 von 18 Probanden. Offenbar vermochten die V-Probanden eher schulische Mängel auszugleichen, während diese sich bei den H-Probanden verstärkt auch im beruflichen Ausbildungsbereich fortsetzten.

Auch die gängige Annahme, der *berufliche Status des Vaters* sei weitgehend bestimmend für den beruflichen Werdegang, muß modifiziert werden. Zwar zeigt sich bei den H-Probanden (für die V-Probanden ist wegen zu kleiner Zahl eine statistische Berechnung nicht sinnvoll) ein Zusammenhang ($cc_{corr} = 0,35$) zwischen Herkunftsschicht bzw. beruflichem Status des Vaters und der beruflichen Ausbildung des Probanden. Stellt man jedoch die H- und V-Probanden *derselben* Herkunftsschicht einander gegenüber, bleiben die Unterschiede zwischen H- und V-Probanden bestehen (s. Tabelle 25).

Diese Unterschiede sind also weitgehend schichtunabhängig. Bei den Probanden, die nicht aus der unteren Unterschicht stammten, deren Väter also zumindest Facharbeiter waren, wies die H-Gruppe gegenüber der V-Gruppe gravierende Ausbildungsmängel auf. Ein ebenso klarer Trend zeichnete sich bei den Probanden aus der unteren Unterschicht, also mit Vätern ohne erlernten Beruf, ab: Hier schlossen über 70% der V-Probanden, aber nur etwas mehr als ein Viertel der H-Probanden die Berufsausbildung ab.

Man kann also zwei gegenläufige Tendenzen feststellen: Die H-Probanden erreichten das berufliche Ausbildungsniveau ihrer *gelernten* Väter, nämlich eine abgeschlossene Berufsausbildung, überwiegend nicht (ca. 60%) bzw. schafften es nur zum kleineren Teil (26%), den beruflichen Status der *ungelernten* Väter mit Hilfe einer abgeschlossenen Berufsausbildung zu übersteigen. Dagegen bestand bei den V-Probanden aus der unteren Unterschicht ein klarer Trend zur beruflichen Qualifizierung, und bei den übrigen V-Probanden wurde fast immer (90%) das berufliche Ausbildungsniveau der Väter zumindest gehalten (zur Intergenerationenmobilität s. u. 2.3.4.2.).

2.3.3.2. *Probanden ohne jegliche Berufsausbildung*

Einer gesonderten Betrachtung wert sind die Gründe, weshalb manche Probanden überhaupt nie eine Berufsausbildung angefangen haben.

Die sich vordergründig aufdrängenden Umstände, nämlich *mangelnder Schulerfolg* und *niedrige Herkunftsschicht,* sind, wie sich oben (2.3.3.1.) gezeigt hat, nicht allein dafür entscheidend. Zwar waren unter den H-Probanden, die keine Ausbildung begonnen hatten, die Schulabgänger ohne Hauptschulabschluß überrepräsentiert (39 von 49), dennoch stellte das bloße Faktum des mangelnden Schulabschlusses auch in der H-Gruppe (bei den V-Probanden ohnehin) kein Hindernis für eine Berufsausbildung dar: 67 von 106 erfolglosen Schulabgängern strebten eine berufliche Qualifizierung an.

Ähnliches gilt auch im Hinblick auf den beruflichen Status des Vaters. Hier hatten wohl zwei Drittel der Väter von H-Probanden ohne Berufsausbildung selbst ebenfalls keinen erlernten Beruf; doch wurden Probanden mit *ungelernten* Vätern keineswegs ohne weiteres wieder zu ungelernten Arbeitern: Vielmehr begann die Mehrzahl (bei H-Probanden 55 von 88, bei V-Probanden sogar 26 von 32) zunächst eine Ausbildung.

Ein gewisser Einfluß des Elternhauses wird jedoch in den *Gründen* sichtbar, die von den Probanden und deren Eltern für die fehlende Berufsausbildung angeführt wurden. Bei mehr als der Hälfte der 14 V-Probanden und bei immerhin knapp einem Viertel (11) der 49 H-Probanden wurde angegeben, die schlechte wirtschaftliche Situation der Eltern habe es nicht zugelassen, daß der Proband eine Ausbildung begann, weil er so früh wie möglich zum Unterhalt der Familie beitragen mußte.

Von größerem Gewicht als dieser äußere Zwang, sofort nach der Schule Geld zu verdienen, war jedoch das eigene Bedürfnis der Probanden, bald über eigenes Geld verfügen zu können. So hatte ein Drittel der H-Probanden „keine Lust", weitere Jahre in Ausbildung zu stehen und damit auch auf einen zunächst größeren Verdienst zu verzichten. Gerade dies wurde auch häufig zur Begründung angeführt, wenn die Probanden eine angefangene Ausbildung abbrachen (s. dazu u. 2.3.3.3.). Nur bei einem Drittel (17) wurden andere Umstände, wie mangelnde Eignung und fehlender Ausbildungsplatz, angegeben.

Andererseits erreichten einige Ungelernte im Laufe der Arbeitstätigkeit eine gewisse berufliche Qualifikation, indem sie entweder durch langjährige Tätigkeit an derselben Arbeitsstelle eine über die reine Hilfsarbeitertätigkeit hinausgehende Funktion einnahmen oder eine Kurzausbildung in einem Anlernberuf, wie z. B. Schweißer, absolvierten (s. u. 2.3.4.1.). Diesen beruflichen Aufstieg erreichten aber nur 9 von 49 H-Probanden, jedoch 11 von 14 V-Probanden.

2.3.3.3. Äußerer Verlauf der Ausbildung

Um Aufschluß über die Gründe für das Scheitern einer begonnenen beruflichen Ausbildung zu bekommen, wurde untersucht, welche Begleitumstände mit dem erfolgreichen Abschluß oder dem Abbruch einer Ausbildung einhergingen.

Eine wichtige Rolle spielt dabei zunächst die *Kontinuität der Ausbildung*, d. h. die Frage, ob der Proband seine Ausbildungsstelle beibehielt oder ob und wie häufig er sie wechselte oder gar einen anderen Ausbildungsberuf wählte (s. Tabelle 26).

Der größere Teil der erfolgreichen Probanden (bei V 88%, bei H immerhin 62%) hat die gesamte Ausbildung an einer Ausbildungsstätte absolviert.

Andererseits schafften bei den Probanden, die gewechselt haben, 20 von 24 V-Probanden, aber nur 26 von 69 H-Probanden den Abschluß der Berufsausbildung. H-Probanden wechselten also nicht nur ungleich häufiger während der Ausbildung, sondern waren auch nach einem Wechsel weniger erfolgreich als V-Probanden.

Die *Gründe* für die vorzeitige Beendigung des ersten Ausbildungsverhältnisses – sei es der Wechsel oder der endgültige Abbruch der Ausbildung – waren bei den V-Probanden überwiegend (bei 17 von 31) objektive Schwierigkeiten wie Krankheit, Umzug oder berufsbedingte Gründe; Probleme mit Ausbildern und Kollegen lagen selten vor. Dagegen überwogen bei den H-Probanden Gründe, die auf einem negativ auffälligen Verhalten der Probanden innerhalb und außerhalb des Betriebes beruhten.

So wurde allein in der ersten Lehrstelle fast einem Drittel (31 von 107) der H-Probanden gekündigt, weil sie ihre Arbeitspflichten nicht erfüllten, immer wieder „blaumachten" oder gar tagelang von der Arbeit fernblieben. Bei nicht wenigen kam es auch zur Kündigung wegen Delikten am Arbeitsplatz (11); bei einigen (4) wurde durch eine Inhaftierung das Ausbildungsverhältnis beendet. Neben Schwierigkeiten mit Kollegen und Ausbildern (11) waren weitere wichtige Gründe für die Probanden, die Stelle zu kündigen, daß sie „keine Lust" mehr an der Ausbildung hatten (10) oder aber mehr Geld verdienen wollten (7). Demgegenüber spielten objektive, vom Probanden nicht zu verantwortende oder berufsbezogene Gründe bei weniger als einem Drittel eine Rolle (zusammen 33 von 107).

Angesichts dieser Gründe verwundert es nicht, daß die H-Probanden nach der Beendigung eines Ausbildungsverhältnisses zumeist nicht unmittelbar eine neue Ausbil-

Tabelle 26. *Ausbildungswechsel und Ausbildungserfolg*

	H-Probanden (n = 150)	V-Probanden (n = 172)	
Abbruch der Ausbildung	54%	6,4%	
Davon:			
An der 1. Ausbildungsstelle	46,9% (38)		(7)
Nach Ausbildungsstellenwechsel	24,7% (20)		(1)
Nach Ausbildungsberufswechsel	28,4% (23)		(3)
Abschluß der Ausbildung	46%	93,6%	
Davon:			
An der 1. Ausbildungsstelle	62,3% (43)	87,6% (141)	
Nach Ausbildungsstellenwechsel	18,8% (13)	5,6% (9)	
Nach Ausbildungsberufswechsel	18,8% (13)	6,8% (11)	

dungs- oder Arbeitsstelle antraten, sondern daß sie einige Zeit nicht arbeiteten: 70 von
107 H-Probanden hatten solche *Intervallzeiten beruflicher Untätigkeit,* davon 45 mehrmals; bei der V-Gruppe zeigte sich dies nur in 4 (von 31) Fällen. Daß wegen Delinquenz
oder mangelnder Arbeitsleistung Entlassene auch während einer Periode der Vollbeschäftigung (wie dies zur Zeit der Tübinger Untersuchung der Fall war) eine gewisse
Zeit für die Suche nach einer neuen Ausbildungsstelle bzw. Arbeitsstelle benötigen, ver-
steht sich von selbst. Die betroffenen H-Probanden nützten jedoch diese Zeit überwiegend nicht zu intensiver Arbeitsplatzsuche, sondern füllten sie – häufig in Fortsetzung
des schon an der Ausbildungsstelle begonnenen Verhaltens – mit „Bummeln" und
„Herumtreiben" aus. Wenn die H-Probanden selbst kündigten, weil sie keine Lust
mehr hatten oder mehr Geld verdienen wollten, zog dies in der Regel ebenfalls eine Zeit
beruflicher Untätigkeit nach sich; denn die Kündigung erfolgte zumeist, ohne daß ein
neues Beschäftigungsverhältnis konkret in Aussicht stand (zum generellen Verhalten
während der beruflichen Untätigkeit s. ausführlich u. 2.3.4.4.).

2.3.3.4. *Ausbildungsverhalten*

Das Ausbildungsverhalten wurde anhand der Angaben von den Probanden selbst sowie von dritter Seite, insbesondere des Arbeitgebers, aber auch des Jugendamtes und
anhand von Berichten der Jugendgerichtshilfe und der Bewährungshelfer, eingeschätzt
(zum Problem nachträglicher Feststellungen und Einschätzungen s. o. Kap. I, 2.1.).

Als schlecht wurde ein Verhalten an der Ausbildungsstelle eingestuft, das durchgängig selbst
von Mindestanforderungen im Ausbildungsbetrieb abwich – sei es in bezug auf das Verhältnis
zu Kollegen und Ausbildern, sei es bezüglich der eigentlichen Arbeitsleistung; trat ein solches Verhalten nur zeitweilig auf, galt es als wechselnd. Indikatoren waren dabei: ungenügende Arbeitsleistung, Unzuverlässigkeit, Streitlust, übermäßiger Alkoholkonsum und zeitweiliges unentschul-
digtes Fernbleiben von der Arbeitsstelle (Blaumachen). Damit ist zugleich ein Verhalten erfaßt,
das bei massivem Auftreten zur Kündigung seitens des Arbeitgebers führte (s. o. 2.3.3.3.). Soweit
das Verhalten dementsprechend nicht unter die Kategorie schlechtes oder wechselndes Ausbildungsverhalten fiel, galt es als unauffällig bzw. positiv.

Auch hierbei fanden sich wieder große Unterschiede: Von den 150 auszubildenden
H-Probanden waren 87 (58%) mit schlechtem bzw. wechselndem Ausbildungsverhalten belastet, während von den in Ausbildung befindlichen 172 V-Probanden nur 15
(9%) ein entsprechendes Verhalten aufwiesen.

Da solche gravierenden negativen Verhaltensweisen am Ausbildungsplatz auch häufig zu einer Kündigung durch den Arbeitgeber und damit zu einem Wechsel, wenn nicht zum Abbruch
der Ausbildung führen konnten, wirkte sich das Ausbildungsverhalten auch auf den *Ausbildungserfolg* aus. So besteht in beiden Gruppen ein Zusammenhang zwischen Ausbildungsverhalten und
Ausbildungserfolg (bei H: phi = 0,38; bei V: phi = 0,21): Probanden mit negativem Ausbildungsverhalten neigten also eher dazu, die Ausbildung abzubrechen. Dennoch finden sich erhebliche
Unterschiede in der Quote des Ausbildungsabschlusses, wenn man jeweils die H- und V-Probanden mit schlechtem bzw. unauffälligem Verhalten miteinander vergleicht (s. Tabelle 27).
Bei den unauffälligen Auszubildenden waren die V-Probanden zwar deutlich erfolgreicher,
aber immerhin erreichten knapp zwei Drittel der H-Probanden ebenfalls den Ausbildungsabschluß. Bei den Probanden mit schlechtem Ausbildungsverhalten brachen hingegen die H-Probanden meistens die Ausbildung ab, während die V-Probanden noch überwiegend erfolgreich abschlossen. Hier zeigten die *Einzelfalluntersuchungen,* daß bei den V-Probanden negatives Ausbildungsverhalten eher episodenhaft und in weniger gravierenden Formen auftrat.

Tabelle 27. *Ausbildungsverhalten in Beziehung zu Schulverhalten und Ausbildungserfolg*

| | | | Ausbildungsverhalten | | | | Sig. |
			Negativ bzw. wechselnd		Unauffällig bzw. positiv		
Schulverhalten							
Negativ	H-Pbn	(80)	73,7%	(59)	26,3%	(21)	+ +
	V-Pbn	(31)	25,8%	(8)	74,2%	(23)	
Unauffällig	H-Pbn	(70)	40,0%	(28)	60,0%	(42)	+ +
	V-Pbn	(141)	5,0%	(7)	95,0%	(134)	
Ausbildungserfolg							
Abbruch	H-Pbn	(80)	76,3%	(61)	23,7%	(19)	−
	V-Pbn	(11)		(4)		(7)	
Abschluß	H-Pbn	(70)	37,1%	(26)	62,9%	(44)	+ +
	V-Pbn	(161)	6,8%	(11)	93,2%	(150)	

Signifikanz: + + p = 0,001

Dem schlechten Ausbildungsverhalten waren häufig *negative Verhaltensweisen in der Schule* vorausgegangen: Sowohl in der H-Gruppe (phi = 0,34) als auch in der V-Gruppe (phi = 0,28) besteht ein deutlicher Zusammenhang zwischen dem Ausbildungsverhalten und dem vorangegangenen Schulverhalten. Dennoch offenbaren sich beträchtliche Unterschiede, wenn man die schulisch auffälligen bzw. unauffälligen Probanden aus beiden Gruppen miteinander vergleicht (s. Tabelle 27). Von den schon als Schüler negativ aufgefallenen H-Probanden wiesen drei Viertel ein schlechtes Ausbildungsverhalten auf, von den V-Probanden dagegen nur etwa ein Viertel. Offenbar vermochten diese, auch wenn sie in der Schule negativ aufgefallen waren, sich später im Berufsleben in den meisten Fällen einigermaßen einzupassen; zudem ist zu beachten, daß sie in der Schule eher vorübergehend und weniger massiv negativ in Erscheinung getreten waren (s. o. 2.3.2.2.). Demgegenüber setzte sich bei den H-Probanden in der Regel das negative schulische Verhalten in Auffälligkeiten an der Ausbildungsstelle fort. Umgekehrt verhielten sich zwar bei den V-Probanden bis auf wenige Ausnahmen alle und bei den H-Probanden die Mehrzahl der unauffälligen Schüler auch in der Berufsausbildung unauffällig; aber immerhin erfüllten 40% der H-Probanden, die die Schule noch ohne Verhaltensschwierigkeiten absolviert hatten, später in der Ausbildung die Verhaltensanforderungen nicht mehr.

2.3.4. Berufstätigkeit

2.3.4.1. *Berufsposition (zum Untersuchungszeitpunkt)*

Eine Einstufung der Berufstätigkeit lediglich nach der formalen Berufsbezeichnung sagt im allgemeinen wenig über die tatsächlichen Verhältnisse aus und ist bisweilen sogar irreführend. Denn zum einen braucht der erlernte Beruf mit dem ausgeübten nicht übereinzustimmen; zum anderen kann das reale Tätigkeitsfeld von dem mit der Berufsbezeichnung generell verknüpften stark abweichen. Mit der Kategorie der „*Berufsposition*" soll dagegen die *konkrete* berufliche Situation des einzelnen Probanden sowohl im engeren betrieblichen Bereich als auch umgreifender im sozialen System bestimmt werden. Dabei wurde in Anlehnung an berufssoziologische Studien die Berufsposition der Probanden aus den Kriterien „beruflicher Status", „Grad der Verantwortung" und „Einkommen" gebildet.

Da 108 H-Probanden und 9 V-Probanden unmittelbar vor dem Zeitpunkt der Untersuchung bzw. der letzten Inhaftierung nicht mehr gearbeitet hatten, mußte auf die letzte relevante Tätigkeit zurückgegriffen werden. Als „nicht berufstätig" wurden nur Probanden bezeichnet, die länger als ein Jahr in Freiheit vor dem Untersuchungszeitpunkt nicht mehr gearbeitet hatten. Dies waren 2 Probanden, die als Landstreicher umhergezogen waren, ein Proband, der sich (als Zuhälter) hatte aushalten lassen, sowie einer, der sich fast ausschließlich in Fürsorgeerziehung bzw. Haft befunden hatte. Auch die genaue Feststellung der konkreten Berufstätigkeit der Probanden machte einige Schwierigkeiten, da sich häufig bei näherer Überprüfung die Berufsangaben der Probanden als falsch oder irreführend herausstellten. (Dies könnte übrigens eine Erklärung dafür sein, daß andere Untersuchungen, die nur auf Strafakten beruhten, zum Teil zu Ergebnissen gelangten, die von unseren Resultaten abweichen.)

Bei der Bestimmung des *beruflichen Status* der Probanden wurden die Berufstätigkeiten mit Hilfe einer Rangskala eingeordnet, die KLEINING/MOORE (1968; s. o. 2.1.2.1.) für 70 genau definierte Berufe entwickelt haben. Dieses Meßinstrument, das in sieben Schichten einteilt, konnte freilich nur modifiziert übernommen werden, da es im unteren Bereich, der von den H-Probanden stark besetzt ist, zu wenig differenziert. Statt dessen wurde innerhalb der Gruppe der Nichtgelernten nach Nichtberufstätigen (z. B. Landstreicher), Gelegenheitsarbeitern, Hilfsarbeitern und Eingearbeiteten (Angelernte) unterschieden (s. Tabelle 28).

Tabelle 28. *Beruflicher Status der Probanden*[a]

	H-Pbn (n = 200)	V-Pbn (n = 200)
Nicht Berufstätige	2,0%	–
Gelegenheitsarbeiter	4,0%	–
Hilfsarbeiter	49,5%	4,0%
Eingearbeitete	19,5%	10,0%
Gelernte	21,0%	34,0%
Qualifizierte Gelernte	4,0%	30,5%
Hochqualifizierte	–	10,0%
Studenten	–	11,5%

[a] Vgl. KOFLER 1980, S. 31

Es zeigt sich eine deutlich unterschiedliche Verteilung der beiden Stichproben. Genau 75% der H-Probanden blieben unterhalb des Status eines Gelernten (Facharbeiter, Gesellen, Gehilfen); dagegen waren lediglich 14% der V-Probanden Ungelernte (Hilfsarbeiter und Eingearbeitete).

Um der konkreten Situation der Berufstätigkeit besser Rechnung tragen zu können, wurden zur Bestimmung der Berufsposition zusätzlich das *Einkommen* und der *Grad der Verantwortung* herangezogen; und zwar wurde bei Einkommen und beruflicher Verantwortung jeweils eine Abstufung vorgenommen, die typischerweise mit einem bestimmten beruflichen Status zusammentrifft. (Da sich die vorliegende Untersuchung über mehrere Jahre erstreckte, mußte beim Einkommen zur Vereinheitlichung ein die allgemeine Einkommenssteigerung berücksichtigender Index gebildet werden, vgl. KOFLER 1980, S. 38.) Ergab sich im Einzelfall eine positive Abweichung bei Einkommen und beruflicher Verantwortung, so wurde die Berufsposition des Probanden um eine Stufe angehoben (s. Tabelle 29).

Tabelle 29. *Berufsposition – unter Einbeziehung von Einkommen und Verantwortung*[a]

	H-Pbn (n = 195)	V-Pbn (n = 177)
1. Sehr niedrige Berufsposition (Ungelernte Hilfsarbeiter)	35,9%	2,8%
2. Niedrige Berufsposition (Eingearbeitete)	39,0%	13,0%
3. Mittlere Berufsposition (Gelernte)	24,1%	52,9%
4. Höhere Berufsposition (Qualifizierte)	1,0%	32,2%

Signifikanz: p = 0,001
[a] Vgl. KOFLER 1980, S. 41

Die Korrektur mit Hilfe der ergänzenden Kriterien Einkommen und berufliche Verantwortung ergab fast nur zwischen Hilfsarbeitern und Eingearbeiteten eine gewisse Verschiebung. Die beim beruflichen Status festgestellten gravierenden Unterschiede zwischen H- und V-Probanden blieben im wesentlichen bestehen.

2.3.4.2. Berufliche Mobilität

Die Berufsposition ist erst das Ergebnis einer bestimmten beruflichen Entwicklung, die man besonders deutlich machen kann, wenn man die erreichte Berufsposition der Probanden zum einen mit ihrem beruflichen Ausgangsniveau (*Intragenerationenmobilität*), zum anderen mit dem beruflichen (sozialen) Status ihrer Väter bzw. „Ernährer" (*Intergenerationenmobilität*) in Beziehung setzt.

Gewisse Schwierigkeiten für die Messung des beruflichen Auf- oder Abstiegs liegen allerdings darin, daß einige der 20- bis 30 jährigen Probanden noch nicht am Ende ihrer beruflichen Aufstiegsmöglichkeiten angekommen waren. Da in der Regel mit 20 Jahren der Status des Gelernten erreicht ist, ergibt sich ein Problem nur für den Aufstieg vom Gelernten zum Höherqualifizierten, wie z. B. zum Meister. Wollte man diesen später möglichen Aufstieg berücksichtigen, würden sich jedoch die Unterschiede zwischen H- und V-Probanden allenfalls verstärken.

Betrachtet man zuerst den sozialen Status bzw. die Schicht der Herkunftsfamilie, gemessen nach dem Index von KLEINING/MOORE (1968; s. auch o. 2.1.2.1.) am beruflichen Status des „Ernährers", so zeigt sich zunächst, daß bei den H-Probanden 35,7% aus der oberen Unterschicht und 44,9% aus der unteren Unterschicht, d. h. aus Hilfsarbeiterfamilien stammten. Es besteht eine Abhängigkeit der erreichten Berufsposition (die häufig niedriger ist als die nach Schulabgang angestrebte, s. o. 2.3.3.3.) von der Herkunftsschicht, und zwar in beiden Gruppen (H: $cc_{corr} = 0{,}28$; V: $cc_{corr} = 0{,}44$; vgl. KOFLER 1980, S. 51 ff.). Hinter diesem allgemeinen Zusammenhang verbergen sich jedoch völlig verschiedene Bewegungen in der *beruflichen Intergenerationenmobilität,* die sichtbar werden, wenn man die Herkunftsschicht konstant hält (s. Tabelle 30):

Tabelle 30. *Intergenerationenmobilität entsprechend Herkunftsschicht*

	Gesamtgruppe		Mittelschicht		Obere Unterschicht		Unt. Unterschicht	
	H-Pbn (n = 194)	V-Pbn (n = 177)	H-Pbn (n = 38)	V-Pbn (n = 87)	H-Pbn (n = 69)	V-Pbn (n = 58)	H-Pbn (n = 87)	V-Pbn (n = 32)
Abstieg	39,2%	23,7%	89,5%	39,1%	60,9%	13,8%	–	–
Gleich	50,0%	50,3%	10,5%	60,9%	30,4%	46,6%	82,8%	28,1%
Aufstieg	10,8%	26,0%	–	–	8,7%	39,7%	17,2%	71,9%

Signifikanz: H-V jeweils p = 0,001

Tabelle 31. *Mobilität entsprechend Ausgangsniveau*

	Gesamtgruppe		Niedriges Ausgangsniveau		Höheres Ausgangsniveau	
	H-Pbn (n = 198)	V-Pbn (n = 177)	H-Pbn (n = 135)	V-Pbn (n = 28)	H-Pbn (n = 63)	V-Pbn (n = 149)
Abstieg	15,2%	5,1%	7,5%	3,5%	32,0%	4,7%
Gleich	74,2%	58,7%	78,5%	35,7%	65,0%	63,1%
Aufstieg	10,6%	36,2%	14,0%	60,7%	3,0%	32,2%

Signifikanz: H-V jeweils p = 0,001

Die soziale Herkunft der Probanden erwies sich somit als nicht allein bestimmend für ihre spätere berufliche Position; denn in beiden Gruppen nahmen nur etwa die Hälfte aller Probanden die ihrer Herkunftsschicht entsprechende Berufsposition ein. Insgesamt betrachtet schälen sich zwei deutlich gegenläufige Tendenzen in der Intergenerationenmobilität heraus:

Während bei der H-Gruppe ein von der Herkunftsschicht weitgehend unabhängiger Trend nach unten erkennbar ist, besteht bei der V-Gruppe eher eine Tendenz zum Beibehalten der von der Familie erreichten Position bzw. zum beruflichen Aufstieg.

Die Entwicklung der *eigenen beruflichen Karriere* der Probanden läßt sich aufzeigen, wenn man die erreichte Berufsposition der Probanden mit ihrem beruflichen Ausgangsniveau vergleicht, d. h. die *Intragenerationenmobilität* mißt.

Als Ausgangsniveau wurde die durch den Abschluß der ersten Berufsausbildung erreichte Berufsposition verstanden. Falls der Proband keine Berufsausbildung angefangen oder abgeschlossen hatte, galt als Ausgangsniveau die Berufsposition, die der Proband während des ersten Jahres seiner Berufstätigkeit erreichte. „Niedriges Ausgangsniveau" bedeutete Beginn der beruflichen Laufbahn als „Ungelernter" (Hilfsarbeiter oder Eingearbeiteter); Beginn als mindestens „Gelernter" wurde dagegen als „höheres Ausgangsniveau" angesehen (s. Tabelle 31).

Es zeigt sich, daß in beiden Gruppen überwiegend die Ausgangsposition beibehalten wurde. Bei der H-Gruppe liegt dies aber in erster Linie daran, daß ein Großteil der Probanden ungelernt blieb, wobei definitionsgemäß ein Abstieg gar nicht möglich war.

(Bei den 7,5% Absteigern bei niedrigem Ausgangsniveau handelt es sich um abgestiegene „Eingearbeitete".)

Anders verhält es sich bei den H-Probanden mit höherem Ausgangsniveau, von denen fast ein Drittel abstieg.

Zusätzlich zu der Tatsache, daß die H-Probanden überwiegend auf einem niedrigen Ausgangsniveau angefangen hatten, war also noch eine deutliche Tendenz zum Abstieg zu beobachten. Dies ist jedoch keineswegs für Ungelernte insgesamt typisch; vielmehr war gerade bei den ungelernten V-Probanden die Aufstiegstendenz besonders deutlich (61%).

Während bei den V-Probanden sowohl die *Intergenerationenmobilität* als auch die *Intragenerationenmobilität* durch einen tendenziellen Aufstieg gekennzeichnet war, herrschte bei der H-Gruppe jeweils der berufliche Abstieg vor:

44,9% der H-Probanden stammten aus einer Familie mit einem sehr geringen beruflichen und sozialen Status (der „Ernährer" ist Ungelernter).

68,1% der H-Probanden begannen ihre berufliche Laufbahn als Ungelernte.

74,9% der H-Probanden waren zum Untersuchungszeitpunkt Ungelernte.

2.3.4.3. Arbeitsstellenwechsel

Für die Kontinuität der Berufstätigkeit wurde als Maß der Wechsel der Arbeitsstelle herangezogen. Dabei genügt freilich allein die Berücksichtigung der Häufigkeit des Arbeitsstellenwechsels nicht. Vielmehr muß man, um eine aussagekräftige Relation zu erhalten, die Anzahl der Arbeitsstellen auf die Anzahl der Monate, die ein Proband insgesamt in Beschäftigungsverhältnissen stand, beziehen; man erhält so die durchschnittliche Dauer des Verbleibens an einer Arbeitsstelle. Die extrem unterschiedliche Verteilung zeigt Tabelle 32.

Auch bei den *Gründen für einen Arbeitsstellenwechsel* ergeben sich gewichtige Unterschiede: Während die V-Probanden überwiegend (zu annähernd zwei Dritteln) berufliche oder familiäre Motive angaben, führten zwei Drittel der H-Probanden für einen Arbeitsstellenwechsel folgende Gesichtspunkte an:

Tabelle 32. *Dauer des Beschäftigungsverhältnisses pro Arbeitsstelle*[a]

		H-Probanden (n = 199)		V-Probanden (n = 177)	
Rascher Arbeitsstellenwechsel	bis 3 Monate		20,6%		–
	bis 6 Monate	77,9%	27,1%	2,3%	–
	bis 9 Monate		20,1%		0,6%
	bis 12 Monate		10,1%		1,7%
Arbeitsstellenkontinuität	bis 24 Monate		16,6%		25,4%
	bis 36 Monate	22,1%	5,0%	97,7%	26,5%
	mehr als 36 Monate		0,5%		45,8%

Signifikanz: p = 0,001

[a] Vgl. KOFLER 1980, S. 94

Entlassung wegen angeblicher Straftaten am Arbeitsplatz oder in der Gemeinschaftsunterkunft (sog. Kameradendiebstahl); Kündigung wegen mangelhafter Arbeitsleistung; Proband verließ die Arbeitsstelle nach von ihm verursachter Auseinandersetzung mit Vorgesetzten und/oder Kollegen; Proband wollte einer Lohnpfändung entgehen; Proband rechnete mit Festnahme und setzte sich ab; Proband hatte einfach keine Lust mehr an dieser Arbeit – ohne etwas anderes in Aussicht zu haben; Proband wollte eine Zeitlang überhaupt nicht mehr arbeiten.

Zum überwiegenden Teil erfolgten die Stellenwechsel der H-Probanden ungeplant, spontan, aus der Stimmung – bzw. oft aus der „Verstimmung" – des Augenblicks heraus. Grund dafür waren zumeist die als widrig und unerträglich empfundenen Arbeitsbedingungen und -umstände und nicht die Aussicht auf einen neuen Arbeitsplatz, von dem die Probanden sich mehr versprachen. Dies dokumentieren Angaben wie „mir hat es dort gestunken", „ich konnte den Laden einfach nicht mehr sehen" oder auch nur „ich hatte einfach keine Lust mehr".

Im Gegensatz hierzu vollzog sich bei den V-Probanden ein Wechsel der Arbeitsstellen in der Regel *nahtlos,* d. h. die neue Stelle war bereits fest zugesagt, ehe die bisherige gekündigt wurde.

2.3.4.4. *Regelmäßigkeit der Berufstätigkeit*

Ein rascher Arbeitsplatzwechsel sagt noch nichts über die Stetigkeit beruflicher Beschäftigung aus. Es ist vielmehr zu fragen, ob sich die neuen Arbeitsstellen nahtlos an die alten anschließen oder ob *Zeiten ohne Arbeitstätigkeit* dazwischenliegen. Dabei ist zu unterscheiden, ob ein Proband wegen wirtschaftlicher Rezession oder ähnlicher Gründe arbeitslos war und Arbeitslosengeld bezog (dies kam – entsprechend der wirtschaftlichen Lage im relevanten Zeitraum – nur in wenigen Fällen vor) oder ob der Proband seine Stelle einfach aufgab, ohne einen zwingenden Grund dafür gehabt zu haben oder nachdem er selbst eine Kündigung provoziert hatte. Daher wurden nur solche Zeiten ohne Arbeitstätigkeit als „*berufliche Untätigkeit*" eingestuft, die *nicht unverschuldet* waren. Als unverschuldet galt (im Zweifel), wenn der Proband Arbeitslosengeld bezog (vgl. § 119 Arbeitsförderungsgesetz).

Während bei der V-Gruppe 92% überhaupt nie (verschuldet) ohne Berufstätigkeit waren, lag bei 53% der H-Probanden eine insgesamt länger als 6 Monate dauernde berufliche Untätigkeit vor (s. Tabelle 33).

Tabelle 33. *Berufliche Untätigkeit*[a]

	H-Pbn (n = 199)	V-Pbn (n = 177)
Ständig beschäftigt	14,1%	92,1%
Berufliche Untätigkeit		
bis 3 Monate	18,6%	5,7%
bis 6 Monate	14,1%	1,7%
bis 9 Monate	12,6%	–
bis 12 Monate	9,5%	–
bis 24 Monate	23,6%	0,6%
bis 36 Monate	4,0%	–
mehr als 36 Monate	3,5%	–

Signifikanz: p = 0,001
[a] seit Beginn der Berufstätigkeit, vgl. KOFLER 1980, S. 108

Um eine Aussage darüber machen zu können, wie regelmäßig ein Proband gearbeitet hat, wurde die Zeit beruflicher Untätigkeit in Bezug gesetzt zu der Zeit, während der der Proband gearbeitet hat bzw. hypothetisch hätte arbeiten können.

Zu diesem Zweck wurde die Anzahl der Monate, in denen der Proband in Arbeitsverhältnissen (einschließlich Lehrverhältnissen) stand, durch die Anzahl der Monate dividiert, in denen der Proband hätte arbeiten können. Ausgenommen waren daher z. B. Wehrdienst, Krankheit, Inhaftierung sowie unverschuldete Arbeitslosigkeit. Dabei galt als regelmäßige Berufstätigkeit, wenn die Dauer der tatsächlichen Arbeitsverhältnisse mindestens 95% der hypothetisch möglichen Zeitspanne der Berufstätigkeit betrug.

Bei fast allen V-Probanden (98,3%), jedoch nur bei 37,5% der H-Probanden lag danach eine *regelmäßige Berufstätigkeit* vor. Die übrigen H-Probanden arbeiteten zu etwa gleichen Anteilen ständig unregelmäßig (32%) oder anfänglich regelmäßig, zuletzt jedoch nur noch unregelmäßig (30,5%). Ein großer Teil der H-Probanden hat also einen erheblichen Teil der Zeitspanne des Berufslebens „verbummelt".

Dies zeigt sich auch an der Häufigkeit der *Gelegenheitsarbeiten*. Darunter wurden Tagelöhnerarbeiten verstanden, also sehr kurzfristige, meist nur stundenweise Tätigkeiten (z. B. Abladen eines Lkw in den Markthallen etc.), um ein wenig Geld zu verdienen, in der Regel ohne Vorlage von Arbeitspapieren. Annähernd die Hälfte der H-Probanden (46%) hat irgendwann einmal den Lebensunterhalt durch Gelegenheitsarbeiten bestritten. Allerdings handelte es sich hierbei für 16% der Probanden eher um eine Ausnahme im Rahmen der gesamten beruflichen Entwicklung; nur 17% der H-Probanden lebten häufig von Gelegenheitsarbeiten. Bei der V-Gruppe hatten lediglich 3 Probanden jemals Gelegenheitsarbeiten ausgeübt und dann nur sehr kurzfristig.

Nur eine kleine Gruppe der H-Probanden nutzte die Zeit beruflicher Untätigkeit zu gezielten Beschäftigungen oder Unternehmungen. Die Hälfte (51%) der betroffenen H-Probanden verbrachte dagegen diese Zeit überwiegend damit, sich zu Hause aufzuhalten oder sich in der Umgebung „herumzutreiben", zu „gammeln", zu „faulenzen". 22% waren einfach unterwegs, ohne Ziel, von Stadt zu Stadt, auf irgendein Erlebnis hoffend, ohne daß dieses Erlebnis hätte von vornherein genauer bestimmt werden können (s. dazu auch u. 2.4.3.3.).

Nur 14% der betroffenen H-Probanden wurden während solcher Zeiten nicht straffällig. Bei 24% der Probanden kam es vereinzelt zu *Straftaten,* wobei diese eher Ausnahmecharakter hatten, während die große Mehrzahl (61%) häufiger, zum Teil sogar „serienmäßig" Straftaten beging (s. auch u. 4.6.).

2.3.4.5. Arbeitsverhalten

Unter *Arbeitsverhalten* wird hier sehr eng nur die Art der Erbringung der eigentlichen Arbeitsleistung am Arbeitsplatz verstanden. Grundlage der Einschätzung waren Angaben der Probanden sowie von dritter Seite, wie z. B. von Arbeitgebern und Jugendämtern oder in Berichten der Jugendgerichtshilfe oder der Bewährungshelfer (s. dazu auch o. 2.3.3.4.).

Für ein überwiegend *schlechtes Arbeitsverhalten* waren folgende Indikatoren maßgeblich: Der Proband war faul, unzuverlässig, verantwortungslos; er drückte sich, arbeitete nur widerwillig, mußte zur Arbeit angehalten werden, machte häufig „blau", verrichtete seine Arbeit schlampig, trank während der Arbeit wesentlich mehr als berufsüblich etc. Ein überwiegend *zufriedenstellendes Arbeitsverhalten* wurde bei folgenden Charakterisierungen angenommen: Der Proband war fleißig, strebsam, zuverlässig, engagierte sich, war eine Hilfe, hielt sich für „unentbehrlich", war

Tabelle 34. *Arbeitsverhalten*[a]

	H-Pbn (n = 199)	V-Pbn (n = 177)
Überwiegend schlecht, ständig wechselnd	54,8%	1,1%
Überwiegend unauffällig, adäquat	34,2%	48,0%
Überwiegend zufriedenstellend	8,0%	50,9%
Ungeklärt, widersprüchlich	3,1%	–

Signifikanz: p = 0,001
[a] Vgl. KOFLER 1980, S. 29

verantwortungsbewußt, nahm es sehr genau mit seiner Arbeit, war ein guter Arbeiter etc. War der Proband weder positiv noch negativ aufgefallen bzw. hatte er sich einigermaßen eingefügt, so galt sein Arbeitsverhalten als *unauffällig* bzw. adäquat. *Ständig wechselnd* bezeichnet schließlich einen häufigen Wechsel zwischen schlechtem und unauffälligem Arbeitsverhalten (s. Tabelle 34).

Wie die Verteilung zeigt, setzte sich die negative Auffälligkeit der H-Probanden beim internen Verhalten am Arbeitsplatz fort. Daher liegt die Vermutung nahe, daß zwischen den einzelnen beruflichen Kriterien Zusammenhänge bestehen.

2.3.4.6. Syndrom mangelnder beruflicher Angepaßtheit

Prüft man zunächst bei den H-Probanden die Beziehung zwischen Arbeitsstellenwechsel und Regelmäßigkeit der Berufstätigkeit, so ergibt sich ein starker Zusammenhang ($cc_{corr} = 0,68$; vgl. KOFLER 1980, S. 118): Je rascher Probanden die Arbeitsstelle wechselten, desto unregelmäßiger arbeiteten sie. Bei H-Probanden, die ihre Arbeitsstellen häufig wechselten und nur kurz an einem Arbeitsplatz verweilten, schlossen sich also die Arbeitsverhältnisse nicht kontinuierlich aneinander an, sondern waren durch Zeiten beruflicher Untätigkeit unterbrochen. Damit korrespondiert ein insgesamt schlechtes Arbeitsverhalten, das sowohl mit raschem Arbeitsstellenwechsel ($cc_{corr} = 0,51$) als auch mit unregelmäßiger Berufstätigkeit ($cc_{corr} = 0,75$) in engem Zusammenhang steht (vgl. KOFLER 1980, S. 130).

Diese drei negativen beruflichen Erscheinungen, nämlich rascher Arbeitsplatzwechsel, unregelmäßige Berufstätigkeit und schlechtes bzw. wechselhaftes Arbeitsverhalten, können begriffen werden als Ausdruck eines *Syndroms einer umfassenden mangelnden Angepaßtheit an die Leistungsanforderungen im Berufsleben* – ein Syndrom, das bei 43% der H-Probanden in voller Ausprägung anzutreffen war und von dem bei 64% jeweils zwei der drei Kriterien der mangelnden beruflichen Angepaßtheit vorlagen (s. Tabelle 35).

Diese mangelnde berufliche Angepaßtheit läßt sich auch nicht mit der – bei den H-Probanden vorherrschenden – niedrigen Berufsposition erklären; sie ist kein Charakteristikum für Ungelernte, denn es ist überhaupt nur ein (ungelernter) V-Proband betroffen.

Tabelle 35. *Syndrom mangelnder beruflicher Angepaßtheit (Leistungs-Syndrom)*

	H-Probanden (n = 199)	V-Probanden (n = 177)
1. Rascher Arbeitsplatzwechsel	77,9% (155)	2,3% (4)
2. Unregelmäßigkeit der Berufstätigkeit	62,3% (124)	1,7% (3)
3. Schlechtes bzw. wechselhaftes Arbeitsverhalten	54,8% (109)	1,1% (2)
(1. + 2. + 3.) Syndrom mangelnder beruflicher Angepaßtheit	42,7% (85)	0,6% (1)

Signifikanz: H-V jeweils p = 0,001

Ganz offensichtlich stellen die H-Probanden hinsichtlich mangelnder Angepaßtheit an die beruflichen Anforderungen eine Extremgruppe dar. Bei ihnen waren zwar die Gelernten durchweg weniger stark mit negativen Ausprägungen belastet als die Ungelernten. Indessen wäre es verfehlt, dies als *Folge* der Berufsposition zu interpretieren. Richtig erscheint vielmehr die *umgekehrte Begründung:* Die Berufsposition eines Gelernten kann nur erreichen und auf die Dauer halten, wer wenigstens den minimalen beruflichen Anforderungen genügt. Dementsprechend sind gerade diejenigen, die beruflich abgestiegen sind (s. o. 2.3.4.2.), besonders stark von den Merkmalen mangelnder beruflicher Angepaßtheit betroffen.

2.3.4.7. Berufstätigkeit und Freiheitsentziehung bzw. besondere Lebenssituationen

Im Hinblick auf die Frage, inwieweit die beruflichen Auffälligkeiten der H-Probanden durch Strafverbüßungen beeinflußt worden sein könnten, ließ sich zunächst ein deutlicher Zusammenhang ($cc_{corr} = 0,31$; vgl. KOFLER 1980, S. 62) zwischen der Höhe der Berufsposition und der Tatsache der Freiheitsentziehung (s. dazu im einzelnen u. 4.3.1.) feststellen: Bei den Probanden, die vor der Untersuchung noch nicht im Strafvollzug waren, ergaben sich deutlich höhere Anteile der Gelernten und der Eingearbeiteten als bei den Vollzugserfahrenen. Indessen ist damit nicht geklärt, ob die schon einmal inhaftierten H-Probanden *aufgrund* der Freiheitsentziehung die niedrigen Berufspositionen aufwiesen oder ob die strafrechtlich weniger auffälligen Probanden im Leistungsbereich ein größeres Engagement und Durchhaltevermögen zeigten.

Zur Klärung dieser Frage wurde geprüft, ob sich bei den Probanden *nach Verbüßung der ersten Haftstrafe von mindestens einer Woche Dauer* irgendwelche Veränderungen im beruflichen Leistungsbereich beobachten ließen, evtl. auch mit einer gewissen Verzögerung. Dabei wurde davon ausgegangen, daß die erste Inhaftierung ein besonders einschneidendes Ereignis, sowohl in ihren Auswirkungen auf die Psyche des Probanden als auch für seine Umweltbeziehungen, bedeutet. Freilich war diese Überprüfung auf von außen eindeutig beobachtbare Phänomene beschränkt. Danach waren nur bei 18 H-Probanden Veränderungen im beruflichen Leistungsbereich feststellbar. Von diesen 18 Probanden behielten jedoch 17 zumindest ihre Berufsposition bei, in der Regel nahm lediglich die Häufigkeit des Arbeitsplatzwechsels zu.

Differenziert man zudem die H-Gruppe nach der Höhe der vor dem Untersuchungszeitpunkt verbüßten Freiheitsentziehung und untersucht, ob sich dabei Unterschiede beim Arbeitsstellenwechsel, bei der beruflichen Untätigkeit und beim Arbeitsverhalten ergeben, so zeigen sich zunächst folgende statistische Zusammenhänge: Je länger (und damit regelmäßig: je häufiger) ein Proband inhaftiert war, desto rascher hat er im Schnitt auch die Stelle gewechselt ($cc_{corr} = 0,45$), desto unregelmäßiger hat er gearbeitet ($cc_{corr} = 0,44$) und desto schlechter war das Arbeitsverhalten ($cc_{corr} = 0,32$; vgl. KOFLER 1980, S. 100 ff.; 116 ff; 132 ff.). Diese statistischen Zusammenhänge dürfen jedoch keinesfalls im Sinne eines Ursache-Wirkungsverhältnisses gedeutet werden. Zwar führen häufigere Strafverbüßungen zwangsläufig zu einer gewissen Anzahl von Stellenwechseln; ebenso mag von Bedeutung sein, daß viele Probanden einige Tage benötigten, um nach einer Haftentlassung eine Arbeitsstelle zu finden (allerdings hätte bei der Arbeitsmarktsituation der 60er Jahre in der Regel die Möglichkeit bestanden, sich über die Haftanstalt einen Arbeitsplatz vermitteln zu lassen). Jedoch ist zu beachten, daß in den überwiegenden Fällen schon zeitlich *vor* den Strafverbüßungen häufigere Stellenwechsel vorlagen und daß auffallend viele H-Probanden, ehe sie wegen begangener Straftaten festgenommen wurden, schon wochen- oder monatelang *nicht* mehr gearbeitet hatten, d. h., daß häufig erst die in der Zeit beruflicher Untätigkeit verübten Straftaten zur Freiheitsentziehung führten (s. o. 2.3.4.4.). Die weitgehende berufliche Instabilität der H-Probanden war also *nicht die bloße Folge* von Freiheitsentziehungen, die freilich verstärkend wirken können, sondern sie ging zumeist einer Freiheitsentziehung schon voraus.

Schließlich ist zu berücksichtigen, daß selbst jene H-Probanden, die bis zu ihrer derzeitigen Strafverbüßung noch *keine Freiheitsentziehung* hinter sich hatten, hinsichtlich ihres beruflichen Verhaltens weitaus auffälliger waren (rascher Arbeitsplatzwechsel 51%; Unregelmäßigkeit der Berufstätigkeit 32%; schlechtes Arbeitsverhalten 35%) als die diesbezüglich am stärksten belasteten, d. h. die (28) ungelernten V-Probanden, bei denen nur jeweils einer betroffen war.

Dagegen standen andere *besondere Lebenssituationen* und Ereignisse häufiger (bei 33 H-Probanden) in einem (zumindest zeitlichen) Zusammenhang mit beruflichem Abstieg.

Solche Situationen waren insbesondere eine starke Belastung in den Beziehungen zu nahestehenden Personen, die dem Probanden einen gewissen Halt gegeben hatten, oder die Entlassung aus der Bundeswehr oder die Flucht aus der DDR. Andere Anlässe, den Beruf aufzugeben, waren der Einfluß eines Freundes oder eines Bekannten und die – meist nur vermeintlich – bessere Verdienstmöglichkeit in einem anderen „Job".

Jedenfalls läßt sich festhalten, daß die mangelnden beruflichen Erfolge der H-Probanden durch Strafverbüßungen nicht zu erklären sind. Vielmehr hat sich ein großer Teil von vornherein auf dem niedrigsten beruflichen Niveau bewegt oder aber war noch *vor* der ersten Strafverbüßung dort angelangt.

2.3.4.8. *Besondere Auffälligkeiten*

Trotz der zumeist mißlichen Erfahrungen im Berufsleben fand sich bei den H-Probanden häufig keine adäquate *Einschätzung der beruflichen Möglichkeiten;* vielmehr waren viele mit ihren beruflichen Plänen, Zielen und Erwartungen weit von der Realität des Berufslebens entfernt. Diesen Eindruck gewann man aus den *Einzelfalluntersuchungen:* Kaum ein Proband äußerte den Vorsatz, er wolle jetzt vor allem in seinem alten Beruf wieder festen Fuß fassen und allen Schwierigkeiten zum Trotz an einem Arbeitsplatz durch konstante Leistung über einige Jahre hinweg Anerkennung und dann vielleicht auch Aufstieg erreichen.

Weit häufiger war der Wunsch nach einem „Traumjob" mit höherem Prestige und hohem Einkommen, wie z. B. „Vertreter" oder „Selbständiger"; es wurde häufig ohne kritische Distanz jede Idee aufgegriffen, die von irgendeiner Seite an die Probanden herangetragen wurde; daher waren sie sich über die Voraussetzungen, Anforderungen und Risiken der gewünschten Berufstätigkeit in den seltensten Fällen im klaren. Zumeist wurde verkannt, daß für einen beruflichen

Erfolg ein erhebliches Durchhaltevermögen, oft über Jahre, und vor allem auch die Fähigkeit, gelegentliche Rückschläge einzustecken, erforderlich sind.

Mit einer solchen mangelnden Realitätseinschätzung war das Scheitern der Pläne gleichsam schon vorprogrammiert. Wenngleich die Probanden schon früher ähnliche berufliche Vorstellungen gehabt hatten und an ihrer Realisierung gescheitert waren, zogen sie keine Lehre aus früheren Rückschlägen, und so mußten bei der Durchführung neuer Pläne fast notwendigerweise Schwierigkeiten auftreten. Sie resignierten rasch, warfen „den Krempel" hin, waren bald wieder im alten Trott als Hilfs- oder Gelegenheitsarbeiter, wechselten von einer Stelle zur anderen und kamen bald auch wieder zu Delikten. Die Schuld am Scheitern der weit überzogenen beruflichen Pläne lag aber nach Ansicht der Probanden nicht an ihrer realitätsfernen Einschätzung der eigenen Möglichkeiten, sondern wurde in den Umständen, neidischen Kollegen, ungerechten Vorgesetzten, Nachstellungen und Intrigen des Bewährungshelfers etc. gesucht.

Um diese Eindrücke an der Gesamtgruppe zu überprüfen, wurde gefragt, ob die Probanden entsprechend den früher geäußerten beruflichen Plänen und Wünschen – gemessen an den Möglichkeiten zu deren Verwirklichung – dazu neigten, ihre beruflichen Fähigkeiten und Möglichkeiten zu überschätzen. Dabei wurde *nicht* ausschließlich auf das *tatsächliche* Scheitern neuer beruflicher Entwicklungen abgestellt, denn insoweit konnten auch ganz andere Faktoren mitspielen. Vielmehr wurde zu erfassen versucht, ob das berufliche Scheitern schon in der Planung für einen Außenstehenden eindeutig ersichtlich war und auch für den Probanden bei entsprechender Kritik hätte ersichtlich sein müssen. Auf diese Weise ließ sich mit Gewißheit immerhin bei 53 H-Probanden gegenüber nur 5 V-Probanden eine *Überschätzung der beruflichen Möglichkeiten* feststellen (vgl. KOFLER 1980, S. 144 ff.).

Nicht nur bei solchen H-Probanden, deren berufliche Pläne sich zerschlugen, sondern auch bei anderen war häufig festzustellen, daß sie die Berufstätigkeit ganz aufgaben, alles „hinwarfen" und nur noch „gammelten". Dabei war in gewisser Weise typisch für dieses „Hinwerfen" der Arbeit, daß im Gegensatz zu der Situation nach Scheitern beruflicher Pläne oft kein äußerer Anlaß für das Aufgeben des Arbeitsplatzes oder der Arbeit überhaupt festzustellen war. Vielmehr entstand der Eindruck, daß es sich gleichsam um ein „Abschütteln" der in der Berufstätigkeit als lästig empfundenen Pflicht, um ein *„Ausbrechen aus dem beruflichen Leistungsbereich"* handelte.

Wenn man Probanden, die die Arbeit aufgegeben hatten, um dann wochen-, oft monatelang nicht mehr zu arbeiten, nach den Gründen fragte, so erhielt man meist Antworten wie „es kam so über mich", „ich hatte einfach alles satt", „ich war es leid" etc. Dabei bezog sich das „es" oder „alles" wohl weniger auf die Berufstätigkeit, sondern war eher Ausdruck einer allgemeinen Unlust, Unzufriedenheit; die Probanden wußten nichts mit sich anzufangen, fanden sich nirgends zurecht, sie fühlten sich bedrückt, ausgeliefert, wollten einfach aus „allem" heraus. Die häuslichen Pflichten und die Bindungen an die Familie wurden als lästig empfunden, als Zwang registriert, dem sie sich entziehen wollten; der Beruf war oft noch ein letzter Halt – aber eben auch ein letzter Zwang, ein letztes „Müssen", dem sie sich dann schließlich auch entzogen. Oft war es einfach ein Abschütteln all dessen, „was man *muß*".

Freilich handelt es sich dabei nicht um exakt meßbare, genau operationalisierbare Phänomene. Vielmehr geht es um die Einschätzung von Stimmungen und Verstimmungen aufgrund einer Vielzahl von Informationen, darunter auch der Selbsteinschätzung des Probanden. Daher ist auch die Wiedergabe exakter Zahlen problematisch. Immerhin wurden – durch voneinander unabhängig urteilende Untersucher – 77 H-Probanden und nur 3 V-Probanden dahingehend eingeschätzt, daß sie häufig bzw. gelegentlich ohne ersichtlichen Grund „aus dem beruflichen Leistungsbereich ausbrachen" (vgl. KOFLER 1980, S. 151 ff.).

Wie die *Einzelfalluntersuchungen* zeigten, hörten zahlreiche Probanden nicht einfach mit der Berufstätigkeit auf, begingen danach irgendwann Delikte und wurden schließlich festgenommen; vielmehr kam es zu einer sich allmählich steigernden *Vernachlässigung des beruflichen Leistungsbereichs, die Hand in Hand ging mit der Begehung von Straftaten* (s. auch u. 4.6.).

Indikatoren der Vernachlässigung waren starkes Trinken und häufiges „Blaumachen", „Bummeln", zahlreiche Stellenwechsel – oft begleitet zunächst nur von vereinzelten Straftaten, eher mit Ausnahmecharakter –, bis dann schließlich gar nicht mehr gearbeitet wurde und der Proband sich nur noch „herumtrieb". Häufig waren die Probanden in Gesellschaft von „Kumpeln", die sich in einer ähnlichen Situation befanden. Sie hockten zusammen, tranken, spielten, zogen von Lokal zu Lokal, um Mädchen „aufzureißen" etc. War dann das Geld der Probanden (oder das letzte Geld im Kreis der Kumpel) verbraucht, verschafften sie sich neues durch Straftaten. Dies führte bisweilen zu ganzen Diebstahls- oder Betrugsserien, die erst durch die Festnahme abgebrochen wurden.

Es wurde versucht, den Umfang dieses Phänomens quantitativ zu erfassen. Bei der Fragestellung kam es in erster Linie darauf an, die Wechselbeziehung zwischen der zunehmenden Vernachlässigung der Berufstätigkeit und dem Beginn der Begehung von Straftaten zu erfassen. Nur wenn diese Wechselbeziehung mit Gewißheit vorlag, wurde die gestellte Frage bejaht. Dies geschah bei mehr als der Hälfte (54%) der H-Probanden, bei über 20% sogar mehrfach, dagegen nur bei einem V-Probanden. Man kann also durchaus davon ausgehen, daß in weiten Bereichen Vernachlässigung der beruflichen Pflichten *und* Begehen von Straftaten Ausdruck einer umfassenden Fehlanpassung an soziale Regeln und Pflichten sind (vgl. KOFLER 1980, S. 157 ff.).

2.3.4.9. *Früh- und Spätdelinquente*

Entsprechend den Feststellungen im Familien- und Schulbereich hoben sich die Spätdelinquenten (H_2), d.h. jene Probanden, die erst nach dem 18. Lebensjahr, also in der Regel nach einigen Jahren Berufstätigkeit bzw. nach beendeter Lehrzeit, erstmals straffällig wurden, auch in beruflicher Hinsicht positiv ab von den Frühdelinquenten (H_1), die schon kurze Zeit nach Aufnahme einer Berufstätigkeit oder Beginn einer Lehre strafrechtlich aufgefallen waren (s. Tabelle 36).

Ein etwa gleich großer Anteil von Früh- und Spätdelinquenten begann eine Ausbildung, jedoch brachten die Spätdelinquenten diese überwiegend zum Abschluß, während die Frühdelinquenten in zwei Drittel der Fälle scheiterten. Dies schlägt sich auch in der unterschiedlichen Zahl derer nieder, die zuletzt die Berufsposition eines Ungelernten innehatten. Nur geringfügige Unterschiede bestanden dagegen beim Arbeitsstellenwechsel, und auch bei der Unregelmäßigkeit der Berufstätigkeit waren die Spätdelinquenten noch mehrheitlich (56%) betroffen. Ungleich günstiger stellten sie sich jedoch im Arbeitsverhalten dar: Hier fielen nur 36% der Spätdelinquenten gegenüber 78% der Frühdelinquenten mit überwiegend schlechtem oder wechselndem Arbeitsverhalten auf. Entsprechend diesem Befund wies auch nur eine Minderzahl der Spätdelinquenten das gesamte Syndrom mangelnder beruflicher Angepaßtheit auf, während die Frühdelinquenten davon überwiegend betroffen waren.

Dieser – verglichen mit den H_1-Probanden – relativ positive Gesamteindruck der H_2-Probanden kam freilich aufgrund von Kategorien zustande, die die beruflichen Kriterien gleichsam als *statische* Merkmale beschreiben, wie z. B. „überwiegend schlechtes

Tabelle 36. *Berufliche Ausbildung und Tätigkeit der H- und V-Probanden sowie der Früh- und Spätdelinquenten*

	H-Pbn (n = 199)	V-Pbn (n = 186)	Sig. H–V	H_1-Pbn (n = 113)	H_2-Pbn (n = 86)	Sig. H_1–H_2
Berufsausbildung						
1. Keine Ausbildung begonnen	24,6%	7,5%	+ +	23,0%	26,7%	n. s.
2. Ausbildung begonnen	75,4%	92,5%	+ +	77,0%	73,3%	n. s.
Davon:						
a) Ausbildung abgebrochen	54,0%	6,4%	+ +	65,5%	38,1%	+ +
b) Negatives Ausbildungs- verhalten	58,0%	8,7%	+ +	74,7%	34,9%	+ +
3. Ungelernt geblieben[a]	65,3%	13,4%	+ +	75,3%	54,6%	+
Berufstätigkeit insgesamt	(n = 199)	(n = 177)		(n = 113)	(n = 86)	
4. Letzte Berufsposition Ungelernter[b]	74,9%	15,8%	+ +	82,3%	65,1%	+
5. Rascher Arbeitsstellenwechsel	77,9%	2,3%	+ +	82,3%	72,1%	n. s.
6. Unregelmäßige Berufstätigkeit	62,5%	1,7%	+ +	67,3%	55,8%	n. s.
Davon:						
Nur unregelmäßig	51,2%	–	–	57,9%	39,6%	–
Zunächst regelmäßig, zuletzt unregelmäßig	48,8%	–	–	42,1%	60,4%	+
7. Überwiegend schlechtes bzw. wechselndes Arbeitsverhalten	56,8%	1,1%	+ +	77,9%	36,1%	+ +
8. Syndrom mangelnder beruf- licher Angepaßtheit (5. + 6. + 7.)	42,7%	0,6%	+ +	57,5%	31,4%	+ +

Signifikanz: $+ p = 0{,}05$; $+ + p = 0{,}001$
[a] keine Ausbildung begonnen oder keinen Ausbildungsabschluß erreicht
[b] von Anfang an Ungelernter bzw. auf die Position eines Ungelernten abgestiegen

Arbeitsverhalten". Auf diese Weise wird die *Entwicklung* der Probanden im *Längsschnitt,* die statistisch generell nur unzureichend erfaßbar ist, nicht sichtbar. Die *Einzelfalluntersuchungen* hingegen zeigten eindrucksvoll, daß gerade bei den Spätdelinquenten im Zeitraum vor dem Untersuchungszeitpunkt und insbesondere vor der zur Inhaftierung führenden Straftat zunehmend eine Vernachlässigung des Leistungsbereichs auftrat (s. dazu auch u. 4.6.). Dies kommt hier auch bei der Kategorie unregelmäßiger Berufstätigkeit zum Ausdruck. Während die Frühdelinquenten mehrheitlich über den gesamten Zeitraum hinweg unregelmäßig arbeiteten, hatten die betroffenen Spätdelinquenten am Anfang ihrer Berufstätigkeit überwiegend noch regelmäßig, im letzten Zeitraum jedoch zunehmend unregelmäßig gearbeitet. Hierbei deutet sich eine Tendenz zur Annäherung der H_2-Probanden an das extrem negative Bild des Leistungsbereichs bei den H_1-Probanden an.

2.3.5. Zusammenfassung

Die vorliegenden Ergebnisse zum schulischen und beruflichen Bereich fügen sich in das relativ einheitliche Bild bei anderen multifaktoriellen Untersuchungen ein:

Dort wurde durchgängig festgestellt, daß Delinquente häufiger sitzenblieben und ohne Abschluß oder verfrüht von der Schule abgingen, schwänzten oder durch andere massive Verstöße gegen die Schulregeln verstärkt auffielen, wobei zum Teil den Erziehungspersonen ein Einfluß auf die schulische Entwicklung zugeschrieben wurde (vgl. CONGER/MILLER 1966, S. 66 ff., 88 f.; GLUECK/GLUECK 1974, S. 95 ff., 154 ff.; FERGUSON 1952, S. 150; FERRACUTI et al. 1975, S. 74; HEALY/ BRONNER 1936, S. 61 ff.; McCORD/McCORD 1959, S. 77 f.; Statens offentliga utredningar 1971, S. 155; 1972, S. 109; 1973 a, S. 211; PONGRATZ/HÜBNER 1959, S. 40; POWERS/WITMER 1951, S. 272; ROBINS 1966, S. 215; ROSENQUIST/MEGARGEE 1969, S. 205; WEST/FARRINGTON 1973, S. 98 ff.; WOLFGANG et al. 1972, S. 60 ff.; Centro Nazionale di Prevenzione e Difesa Sociale 1969, S. 380 ff.).

Die Feststellungen zum beruflichen Bereich gingen ziemlich einhellig dahin, daß Delinquente zumeist keine Berufsausbildung begannen bzw. diese schnell abbrachen, daß Ungelernte unter ihnen stark überrepräsentiert waren und daß ihr berufliches Verhalten durch häufigen, ungeplanten Arbeitsplatzwechsel, Zeiten längerer Arbeitslosigkeit und durch nicht zufriedenstellende Arbeitsleistung gekennzeichnet war (FERGUSON 1952, S. 150; GLUECK/GLUECK 1974, S. 160 ff.; PONGRATZ/ HÜBNER 1959, S. 34 ff.; ROBINS 1966, S. 54; ROSENQUIST/MEGARGEE 1969, S. 201 ff.; WEST/FARRINGTON 1977, S. 64 f.).

Die H-Probanden erreichten einen gegenüber den V-Probanden deutlich schlechteren *Schulabschluß,* in mehr als der Hälfte der Fälle nicht einmal einen Hauptschulabschluß. Dieses negative Abschneiden der H-Probanden kann auch nicht allein damit erklärt werden, daß sie stärker mit Merkmalen belastet waren, die sich erwartungsgemäß in beiden Gruppen auf den Schulerfolg auswirkten, nämlich niedriger IQ, niedrige Herkunftsschicht und sozial belastende Umstände; denn wenn man diese Merkmale konstant setzt, so ist in der H-Gruppe der Schulabschluß dennoch jeweils signifikant schlechter als in der V-Gruppe. Ganz offensichtlich reichen diese relativ groben äußeren bzw. formalen Kriterien nicht, um eine zureichende Beschreibung oder gar Erklärung dieses Unterschiedes zu liefern.

Nicht nur in bezug auf den Schulerfolg, sondern auch hinsichtlich *schulischer Verhaltensauffälligkeiten* stellten die H-Probanden eine Extremgruppe dar. Von den in den Kategorien „auffälliges" und „besonders auffälliges Verhalten" zusammengefaßten erheblichen Auffälligkeiten, zu denen auch erhebliches Schwänzen gehörte, war die Mehrzahl der H-Probanden betroffen gegenüber nur 19% der V-Probanden. Zugleich korrelierten diese Verhaltensauffälligkeiten bei H-Probanden mit dem Schulerfolg ($cc_{corr} = 0,32$), und zwar war der Mißerfolg um so häufiger, je früher die erste Auffälligkeit auftrat ($cc_{corr} = 0,54$, vgl. SCHMEHL 1980, S. 69 f.). Das bedeutet, daß die H-Probanden, welche von den Verhaltensanforderungen in bezug auf Einfügung in die Schulordnung deutlich abwichen, auch in der Regel den Leistungsanforderungen nicht genügten. Dabei besteht ein starker Zusammenhang mit den häuslichen Verhältnissen; die in der Schule auffälligen Probanden standen überwiegend nicht unter der Kontrolle von Erziehungspersonen bzw. entzogen sich dieser.

Die schulischen Probleme und insbesondere die negativen Verhaltensauffälligkeiten waren bei *frühem Delinquenzbeginn* wesentlich häufiger und ausgeprägter. Früher Delinquenz gingen also mit einer gewissen Wahrscheinlichkeit Schulschwierigkeiten voraus, während bei *Spätdelinquenten* der Schulbereich überwiegend in Ordnung oder jedenfalls unauffällig war.

Dennoch wäre es verfehlt, Schulschwierigkeiten im Bedingungsgeflecht der Entstehung von Kriminalität überzubewerten. Denn einerseits wurden immerhin annähernd 30% der Frühdelinquenten *trotz schulischer Unauffälligkeit* bald nach der Schulentlassung straffällig. Zum anderen fiel fast ein Fünftel der V-Probanden durch negatives schulisches Verhalten auf, ebenso wie eine beträchtliche Anzahl von H_2-Probanden, die erst Jahre nach der Schulentlassung straffällig wurden.

Eine Besonderheit bildet jedoch das *sozioscolare Syndrom,* bei dem inner- und außerschulische Auffälligkeiten miteinander verknüpft sind: hartnäckiges Schuleschwänzen mit Hilfe von Täuschungen, dabei Herumstreunen und Begehen kleinerer Delikte. Dieser Verhaltenskomplex kam nicht häufig vor; da er aber ausschließlich H-Probanden betraf, kann er als starkes Indiz für kriminelle Gefährdung gelten.

Zum Teil in Fortsetzung der schulischen Mängel und Schwierigkeiten, zum Teil als Folge eines beruflichen Abstiegs wiesen die H-Probanden im Vergleich zur Durchschnittspopulation erhebliche *berufliche Mängel* auf. Zwar begann zunächst ein hoher Anteil der H-Probanden eine Berufsausbildung, die jedoch überwiegend abgebrochen wurde, zumeist schon innerhalb des ersten Jahres. Während bei den V-Probanden eine Tendenz zum beruflichen Aufstieg oder zumindest zum Beibehalten der beruflichen Position bestand, war bei den H-Probanden eine – schichtunabhängige – negative berufliche Intragenerationenmobilität zu beobachten, so daß zum Untersuchungszeitpunkt 75% die Berufsposition eines Ungelernten innehatten.

Man kann dies durchaus als Ausdruck einer fehlenden Beständigkeit bezeichnen, die sich durch den gesamten Leistungsbereich hindurchzog. So war der mangelnde Berufserfolg oder der berufliche Abstieg regelmäßig begleitet von *raschem Arbeitsplatzwechsel, Zeiten beruflicher Untätigkeit und schlechtem Arbeits- bzw. Ausbildungsverhalten,* dem zumeist schon negativ auffälliges schulisches Verhalten vorausgegangen war. Diese beruflichen Auffälligkeiten bilden zusammen ein *Syndrom mangelnder beruflicher Angepaßtheit,* welches – da es mit Ausnahme eines einzigen V-Probanden (der allerdings gleichfalls straffällig geworden war) nur auf H-Probanden zutraf – als spezifisch für die Probanden der Häftlingsgruppe gelten kann.

Die Ergebnisse dieser Untersuchung zeigen auch deutlich, daß zwar *äußere Merkmale,* wie Herkunftsschicht und Schulabschluß, beim beruflichen Werdegang der Probanden eine Rolle spielten, daß sie aber nicht die entscheidenden, bestimmenden Faktoren für die Hinentwicklung zu den extrem auffälligen beruflichen Verhaltensweisen waren. Denn die starken Unterschiede zwischen der H- und V-Gruppe verringerten sich nur geringfügig, wenn man diese Merkmale konstant setzte, also ihren möglichen Einfluß ausschaltete. Ebensowenig können vorangegangene *Freiheitsentziehungen* für die beruflichen Mängel verantwortlich gemacht werden; denn zumeist war schon zuvor der berufliche Abstieg vollzogen bzw. waren die beruflichen Auffälligkeiten schon aufgetreten. Oft gingen den Freiheitsentziehungen Zeiten beruflicher Untätigkeit voraus, in denen die Straftaten begangen wurden, die erst zur Freiheitsentziehung führten. Indessen darf man die kriminelle Entwicklung und die damit verbundene Inhaftierung auch nicht als bloße Folge der beruflichen Fehlanpassung ansehen; denn in der Mehrzahl der Fälle besteht eine Wechselbeziehung zwischen beiden Entwicklungen, geht die berufliche Vernachlässigung Hand in Hand mit der Begehung von Straftaten. Eine besondere Auffälligkeit im beruflichen Werdegang und eine Entwicklung zu wiederholter Straffälligkeit erscheinen eher als gemeinsame Symptome einer umfassenden Fehlanpassung (s. u. 5.).

Bei einer Differenzierung nach *Delinquenzbeginn* hoben sich die Spätdelinquenten positiv ab: Sie hatten zuletzt eine höhere Berufsposition inne und fielen insgesamt weniger durch negative berufliche Verhaltensweisen auf. Freilich bleibt zu beachten, daß die berufliche Entwicklung der Spätdelinquenten sich – insbesondere im letzten Zeitraum vor der Untersuchung – in Richtung einer zunehmenden Vernachlässigung des Leistungsbereichs bewegte und sich so dem negativen Bild des Leistungsbereichs bei den Frühdelinquenten annäherte.

Schließlich bleibt festzustellen, daß der bloßen Tatsache des Scheiterns in der Berufsausbildung oder des Verbleibens in der Berufsposition des Ungelernten für sich genommen kaum Bedeutung zukommt; entscheidender sind vielmehr solche Kriterien, die mit den Verhaltensweisen der Probanden in der Berufstätigkeit und ihrer Einstellung zum Beruf zusammenhängen. Dies sind Arbeitsplatzwechsel, Regelmäßigkeit der Berufstätigkeit und Arbeitsverhalten, deren negative Ausprägungen die Kriterien des für die H-Gruppe spezifischen *Syndroms mangelnder beruflicher Angepaßtheit* bilden (s. o.). Da nicht alle H-Probanden – nur 58% von den Frühdelinquenten, 31% von den Spätdelinquenten – *alle* diese beruflichen Verhaltensauffälligkeiten aufwiesen, bedeutet dies, daß mit (massiver) Straffälligkeit (die zu einer längeren Freiheitsstrafe führt) nicht notwendig mangelnde berufliche Angepaßtheit *über den gesamten Leistungsbereich hinweg* einhergehen muß (anders liegen aber die Verhältnisse bei der letzten Tat, s. u. 4.6., und bei der „Vernachlässigung des Leistungsbereichs" *zum Untersuchungszeitpunkt,* s. u. Kap. III, 3.3.3.1.).

Umgekehrt dürften indessen die beschriebenen Symptome mangelnder beruflicher Angepaßtheit ein sehr starkes Indiz für eine „Hinentwicklung zur Kriminalität" (s. u. Kap. III, 4.4.2.1.) sein, da sie in der Durchschnitts-(V-)Population praktisch nicht vorkamen.

Dabei muß nochmals ausdrücklich betont werden, daß dieses berufliche Verhalten nichts mit – konjunkturell bedingter – „Arbeitslosigkeit" zu tun hat. Während – (gem. § 119 ArbFG) unverschuldet – Arbeitslose durch das Arbeitslosengeld (zunächst) sozial abgesichert sind und zumeist wieder in absehbarer Zeit Arbeit finden oder selbst bei längerer Arbeitslosigkeit in der Regel sozial eingebettet bleiben, zeichnet sich das hier als relevant herausgearbeitete Verhalten dadurch aus, daß die Probanden die „Beschäftigungslosigkeit" selbst herbeigeführt hatten (sei es, daß sie einfach zu arbeiten aufhörten, sei es, daß ihnen wegen untragbaren Verhaltens gekündigt wurde), daß sie sich zumeist beim Arbeitsamt nicht meldeten (und damit auch keinerlei Arbeitslosenunterstützung bzw. -hilfe bezogen) und die freigewordene Zeit weitgehend nur mit „Herumhängen" verbrachten.

Mangelnde berufliche Angepaßtheit oder gar die völlige Vernachlässigung des Leistungsbereichs sind mithin von großem Gewicht im Bedingungsgeflecht der Entstehung von Straffälligkeit – nicht zuletzt deshalb, weil unstetes Arbeiten oder gar völlige berufliche Untätigkeit regelmäßig dazu führen, daß der Lebensunterhalt nicht mehr gesichert ist, das Leben seine Struktur verliert und daraus mehr oder weniger zwangsläufig Straftaten resultieren (s. auch u. 4.6.).

2.4. Freizeitbereich

2.4.1. Vorbemerkung

Bei der *Definition* des Begriffes Freizeit und der Abgrenzung des Freizeitbereichs von anderen Lebensbereichen wurde auch aufgrund der bei den Tageslaufanalysen (s. u. Kap. III, 3.2.) gewonnenen Eindrücke von einer eher pragmatisch-formalen, jedoch einfach und einheitlich verwendbaren Abgrenzung ausgegangen: Unter Freizeit wird jener Zeitraum verstanden, der nach Abzug einer achtstündigen täglichen Arbeitszeit (bzw. der Unterrichtszeit in der Schule) einschließlich der Wege zur und von der Arbeitsstelle (bzw. Schule) bei einer 5-Tage-Woche sowie der üblicherweise notwendigen Zeit für Mahlzeiten, Schlaf und Hygiene übrigbleibt (vgl. GÖPPINGER 1980, S. 290). Urlaubs- und Ferienzeiten wurden dabei nicht berücksichtigt, zumal sich ein regelmäßiger, geplanter Urlaub ohnehin fast ausschließlich bei V-Probanden fand, während er bei der H-Gruppe schon wegen des meist recht ungeregelten Arbeitsverhaltens (s. o. 2.3.4.4.) kaum eine Rolle spielte.

Der Versuch einer *Systematisierung* der umfangreichen Erhebungen zum Freizeitverhalten zeigte sehr rasch, daß mit den allgemein üblichen Kriterien zur Erfassung der Freizeit, die sich überwiegend auf eine Aufzählung der Freizeitbeschäftigungen, wie Häufigkeit von Kino-, Gaststättenbesuchen, Fernsehen, Hobby usw., beschränken, das spezifische Freizeitverhalten nicht nur unzureichend wiedergegeben, sondern auch zwischen den beiden Gruppen keine scharfe Trennung vorgenommen werden konnte. Es stellte sich nämlich heraus, daß das Freizeitverhalten und die Freizeitstruktur beider Gruppen in so erheblichem Maße divergierten, daß selbst äußerlich gleiche Tätigkeiten völlig verschieden ausgefüllt waren, vergleichbare Unternehmungen gänzlich unterschiedliche Zeitabläufe aufwiesen und daß auch die Einstellung zur Freizeit sowie die Planung und Durchführung von an sich gleichartigen Freizeitaktivitäten sehr verschieden waren. Schwierigkeiten bereiteten vor allem die für die H-Gruppe besonders charakteristischen Verhaltensweisen, deren Unregelmäßigkeiten und ständig wechselnde Formen mit den üblichen Kriterien nicht angemessen dargestellt werden konnten. Auch die Frage nach der Funktion einer bestimmten Freizeitgestaltung führte nicht weiter, da dieser letztlich subjektive Gesichtspunkt das ganze Spektrum möglichen Freizeitverhaltens umfaßt und eine sinnvolle Kategorisierung nicht zuließ. (So mag etwa dem einen eine Nebentätigkeit, dem anderen ein Besuch im großstädtischen „Milieu" zur Zerstreuung dienen.)

Hingegen erwiesen sich von der konkreten Ausformung abstrahierende Kriterien als besser geeignet, sowohl die für beide Gruppen charakteristischen Verhaltensstrukturen herauszuarbeiten, als auch eine systematische Erfassung des gesamten Freizeitbereichs zu gewährleisten. Diese Kriterien beziehen sich auf den *zeitlichen* Umfang der Freizeit (Verfügbarkeit der Freizeit – s. u. 2.4.2.), auf *Struktur und Verlauf* der Freizeittätigkeiten (s. u. 2.4.3.) – und zwar ebenfalls unter abstrahierenden Gesichtspunkten – sowie auf den *Ort,* an dem die Freizeit verbracht wird (Freizeitaufenthalt – s. u. 2.4.4.).

Anhand dieser Kriterien wird das Freizeitverhalten der Probanden nachfolgend jeweils im Hinblick auf drei gleichbleibende Intervalle analysiert, und zwar unabhängig von der individuellen Dauer der Schul- bzw. Ausbildungszeit: Als „Schulalter" gilt dabei der Zeitraum bis etwa zum 15. Lebensjahr, als „Ausbildungsalter" das Intervall zwischen dem 16. und dem 19. Lebensjahr. Als drittes Intervall wird die „Untersuchungszeit" (s. o. 1.3.) herangezogen.

Bezüglich der Untersuchungszeit werden dabei durchgängig 4 H-Probanden außer acht gelassen. Sie waren zum Untersuchungszeitpunkt erst knapp über 20 Jahre alt, so daß nach dem hier für das „Ausbildungsalter" zugrunde gelegten Intervall kein längerer Zeitraum für die „Untersuchungszeit" zur Verfügung stand. Ihr Verhalten wird daher nur beim „Schul-" und „Ausbildungsalter" berücksichtigt.

2.4.2. Verfügbarkeit der Freizeit

2.4.2.1. Einengung und Ausweitung nach Altersstufen

Bei der zugrunde gelegten Definition von Freizeit ist erkennbar, daß die zwischen Arbeit und Schlaf verbleibende Zeit üblicherweise nur selten einmal der tatsächlich „freien" Zeit entspricht, über die gewissermaßen täglich von neuem beliebig verfügt werden kann. Bei den meisten Menschen wirken sich vielfältige Verpflichtungen, die ihnen aufgrund ihrer Stellung in der Familie, im Beruf, in Organisationen oder in der örtlichen Gemeinschaft obliegen, die sie freiwillig übernommen haben oder in die sie durch äußere Umstände hineingestellt wurden, in unterschiedlicher Weise auf ihre Zeitdisposition aus. Überstunden, Nebentätigkeiten oder regelmäßige sportliche Aktivitäten und Hobbys (s. dazu auch u. 2.4.3.1. und Tabelle 39), aber auch Verpflichtungen und Hilfeleistungen innerhalb der Familie, der Verwandtschaft oder der Nachbarschaft können zu einer erheblichen *Einschränkung* der Freizeit führen. Während dadurch für den einen allenfalls das Wochenende oder ein Teil desselben für völliges „Nichtstun" oder gezielte Planung verbleibt, können andere täglich noch über eine unterschiedlich große Zahl von Stunden verfügen. Andererseits kann es durch eine bestimmte Art der Freizeit- (und Lebens-)gestaltung (s. dazu u. 2.4.3.3. und Tabelle 41) bzw. durch bestimmte Freizeitaktivitäten zu einer *Ausweitung* der an sich zur Verfügung stehenden „freien" Zeit sowohl auf Kosten der Ruhe- und Schlafperiode als auch zu Lasten des für den Leistungsbereich vorgesehenen Zeitraums kommen.

Die Aussagekraft des Kriteriums der Verfügbarkeit der Freizeit beschränkt sich freilich keineswegs auf eine Analyse des Freizeitverhaltens im eigentlichen Sinne, sondern bietet darüber hinaus eine Zugangsmöglichkeit zur Erfassung des gesamten Lebensstils eines Menschen, der sich beispielsweise in der „Unordnung" des Tagesablaufs bei einer Ausweitung der Freizeit sowohl zu Lasten des Schlafes als auch des Leistungsbereichs äußern kann, der aber auch von der strikten Einbindung in eine Vielzahl von Verpflichtungen (gerade auch in der Freizeit) und damit von einem bis ins letzte geregelten Tagesablauf geprägt sein kann (s. auch u. Kap. III, 3.2.).

Die beiden Untersuchungsgruppen unterschieden sich hinsichtlich der Verfügbarkeit ihrer Freizeit grundlegend (s. Tabelle 37).

Während es in den einzelnen Untersuchungsintervallen jeweils nur bei wenigen V-Probanden zu einer (überwiegenden) Ausweitung der Freizeit kam, gewann die Einschränkung der Freizeit besonders im Erwachsenenalter, in dem auch ein größeres Verantwortungsbewußtsein und damit einhergehend die Erfüllung vielfältiger Verpflichtungen erwartet werden, zunehmend an Bedeutung. Fast die Hälfte der V-Probanden (41%) engten dabei die Freizeit durch mehr als eine Tätigkeit ein (zu der Art der Tätigkeiten s. u. Tabelle 39). Selbst bei jenen V-Probanden, die ihre Freizeit nicht überwiegend einschränkten, lag meist insofern noch eine verhältnismäßig ausgewogene Freizeitgestaltung vor, als es bisweilen sowohl zu Ausweitungen als auch zu Einschränkungen der Freizeit kam.

Tabelle 37. *Verfügbarkeit der Freizeit*

	Schulalter (bis zum 15. Lebensjahr)		Ausbildungsalter (16.–19. Lebensjahr)		Untersuchungszeit	
	H-Pbn (n = 177)	V-Pbn (n = 196)	H-Pbn (n = 189)	V-Pbn (n = 193)	H-Pbn (n = 189)	V-Pbn (n = 198)
Überwiegend Einschränkung	13,0%	27,0%	7,9%	35,2%	4,8%	63,7%
Weder/noch	40,7%	67,9%	33,3%	57,0%	10,0%	33,3%
Überwiegend Ausweitung	46,3%	5,1%	58,7%	7,8%	85,2%	3,0%

Signifikanz: H–V:p = 0,001

Im Gegensatz dazu war eine nennenswerte, länger anhaltende Einschränkung der Freizeit seit dem Schulalter nur bei wenigen H-Probanden festzustellen. Trotz der im Laufe des Lebens üblichen Zunahme von Verpflichtungen kam es bei ihnen fast ausschließlich zu einer erheblichen Ausweitung der Freizeit. Beinahe alle H-Probanden hatten die ihnen zur Verfügung stehende freie Zeit über längere Zeiträume hinweg durch entsprechende Freizeitaktivitäten (s. dazu u. 2.4.3.3. und Tabelle 41) erheblich auf Kosten der notwendigen Ruhe- und Schlafperiode oder auch – in den meisten Fällen zusätzlich (s. Tabelle 38) – zu Lasten einer normalen beruflichen Tätigkeit ausgeweitet, meist in Form von erheblichem Zuspätkommen, häufigem „Blaumachen", Krankfeiern oder vollständiger Arbeitsaufgabe im Sinne beruflicher Untätigkeit (Zeiten „echter" Arbeitslosigkeit – s. auch o. 2.3.4.4. – blieben dabei außer Betracht).

2.4.2.2. Richtung der Freizeitausweitung

Für eine eingehendere Überprüfung der Frage, zu Lasten welcher Lebensbereiche die Freizeitausweitungen erfolgten, wurden auch jene H- und V-Probanden berücksichtigt, bei denen die Freizeitausweitungen im Schul- und Ausbildungsalter oder in der Untersuchungszeit zwar jeweils nicht überwogen, aber doch für eine bestimmte Phase innerhalb dieser Intervalle für die Freizeitgestaltung (vorübergehend) bestimmend geworden waren (s. Tabelle 38).

Der wesentliche Unterschied zwischen den beiden Untersuchungsgruppen zeichnete sich in der Entwicklung der *Ausweitungen zu Lasten des Leistungsbereichs* ab: Bei den H-Probanden nahm der bereits im Schulalter recht hohe Anteil solcher Ausweitungen bis zur Untersuchungszeit weiter zu, während der Anteil dieser Ausweitungen bei den V-Probanden stetig abnahm.

Weniger deutlich war der Unterschied zwischen den beiden Gruppen bei den *Ausweitungen auf Kosten der Ruhe- und Schlafperiode:* Zwar ergab sich hier bei den H-Probanden über die Untersuchungsintervalle hinweg eine noch ausgeprägtere Zunahme, so daß sich der Anteil dieser Ausweitungen mehr als verdoppelte; bei den V-Probanden

Tabelle 38. *Richtung der Freizeitausweitungen*

	Schulalter (bis zum 15. Lebensjahr)			Ausbildungsalter (16.–19. Lebensjahr)			Untersuchungszeit		
	H-Pbn (n = 177)	V-Pbn (n = 196)	Sig.	H-Pbn (n = 189)	V-Pbn (n = 193)	Sig.	H-Pbn (n = 189)	V-Pbn (n = 198)	Sig.
Ausweitung erfolgte:									
Zu Lasten des Leistungsbereichs	50,8%	10,2%	+ +	57,1%	7,3%	+ +	82,0%	2,0%	+ +
Auf Kosten der Ruhe- und Schlafperiode	41,8%	3,1%	+ +	62,4%	14,0%	+ +	89,4%	6,1%	+ +
Zu Lasten des Leistungsbereichs *und* der Ruhe- und Schlafperiode	33,9%	2,0%	+ +	51,9%	4,2%	+ +	78,3%	0,5%	+ +

Signifikanz: + + p = 0,001

war jedoch keine gegenläufige Entwicklung zu erkennen, vielmehr erreichte diese Art der Freizeitausweitungen bei ihnen im Ausbildungsalter einen gewissen Höhepunkt, hatte andererseits aber in der Untersuchungszeit wieder an Bedeutung verloren.

Eine ähnliche Entwicklung ergab sich bei der Überprüfung der Ausweitungen *sowohl zu Lasten des Leistungsbereichs als auch auf Kosten der Ruhe- und Schlafperiode:* Auch diese nahmen bei den H-Probanden kontinuierlich zu, während sich bei der V-Gruppe im Ausbildungsalter ein gewisser Höhepunkt abzeichnete. Allerdings war die Bedeutung der Ausweitungen in *beide* Richtungen bei der V-Gruppe durchweg ungleich geringer als bei der H-Gruppe: Besonders deutlich wird dies in der Untersuchungszeit, wo immerhin mehr als drei Viertel aller H-Probanden, jedoch nur ein einziger V-Proband die Freizeit in dieser umfassenden Form ausweitete. Diese Ausweitungen in beide Richtungen gingen in aller Regel einher mit einer völligen Verschiebung des Tagesablaufs, indem für den betreffenden Probanden der Tag beispielsweise erst nachmittags begann, folglich tief in die Nacht hineinreichte und entsprechende Auswirkungen auf den Ablauf des kommenden Tages hatte.

Im Rahmen der *Einzelfalluntersuchungen* zeichneten sich in diesem Zusammenhang bei den H-Probanden zwei häufiger vorkommende Entwicklungen ab: Vor allem bei den später wiederholt straffälligen Eigentumsdelinquenten war bereits im *Schulalter* eine erhebliche Ausweitung der Freizeit festzustellen, und zwar insbesondere zu Lasten des Leistungsbereichs. Die Probanden schwänzten die Schule, streunten statt dessen den ganzen Tag herum und kehrten abends verspätet nach Hause zurück. Die Ausweitung (nur) zu Lasten des Schlafes spielte im Kindesalter noch keine so große Rolle, nicht zuletzt deshalb, weil es nächtliche Freizeitmöglichkeiten in diesem Alter praktisch nicht gibt und ein nächtliches Fernbleiben sowohl den Eltern als auch anderen Personen (Polizei, Nachbarn) aufgefallen wäre. Soweit es jedoch zu Ausweitungen auf Kosten der

Ruhe- und Schlafperiode kam, erfolgten diese meist im Zusammenhang mit ungeordneten („asozialen") Familienverhältnissen, so daß die Probanden entsprechend geringer Aufsicht unterlagen und sich bis spät in die Nacht hinein „auf der Straße" herumtreiben konnten.

Bei anderen H-Probanden ergaben sich dagegen erstmals im *Ausbildungsalter* gravierende Ausweitungen der Freizeit. Dabei wurde die Freizeit zunächst nur auf Kosten des Schlafes ausgeweitet, bald jedoch auch zu Lasten des Leistungsbereichs, indem die Probanden den versäumten Schlaf am nächsten Morgen nachholten und nicht zur Arbeit gingen. Die anfänglich nur sporadische, dann aber mehr oder weniger regelmäßige Ausweitung zu Lasten des Leistungsbereichs mit der Folge einer völligen Verschiebung des Tagesablaufes bedeutete stets einen entscheidenden Schritt in die soziale Auffälligkeit mit erheblich erhöhter krimineller Gefährdung.

Soweit es bei den V-Probanden im *Schulalter* (insbesondere in den höheren Klassen der Hauptschule) zu Ausweitungen der Freizeit gekommen war, erfolgten diese weniger häufig und hörten bei diesen Probanden spätestens mit Eintritt in das geregelte Berufsleben auf.

Im *Ausbildungsalter* wiesen zwar einige V-Probanden vorübergehend eine auffällige Freizeitgestaltung auf (Halbstarkencliquen, „Milieu"-Kontakte) und weiteten ihre Freizeit in jener Zeit ebenfalls zunächst auf Kosten der Ruhe- und Schlafperiode, sporadisch dann aber auch zu Lasten des Leistungsbereichs aus. Diese Beeinträchtigungen des Leistungsbereichs beschränkten sich jedoch meist auf Schwänzen der Berufsschule oder gelegentliches „Blaumachen". Es kam zu keiner beharrlichen Ausweitung der Freizeit und vor allem zu keiner Verschiebung des Tagesablaufes. Die Probanden betonten vielmehr, daß sie auch dann, wenn sie einmal eine Nacht „durchgemacht" hatten, großen Wert darauf gelegt hätten, am nächsten Tag pünktlich an der Arbeitsstelle zu sein. In aller Regel hielt bei ihnen diese auffällige Lebensweise nur kurze Zeit an; häufig trat schon sehr bald – bisweilen nach einem ersten Konflikt mit dem Gesetz – eine schlagartige Änderung zugunsten einer Rückkehr zur regelmäßigen Arbeit und zu einem insgesamt wieder unauffälligen Lebenszuschnitt ein (s. auch u. 4.7.2.).

2.4.3. Struktur und Verlauf der Freizeit

Für eine Analyse unter inhaltlichen Gesichtspunkten reicht die reine Darstellung und Aufzählung verschiedener Freizeitaktivitäten nicht aus, zumal die verschiedenen Tätigkeiten als solche jeweils bei beiden Gruppen vorkamen (s. auch o. 2.4.1.). Als aufschlußreich erwies sich dagegen die Betrachtung der jeweiligen Freizeittätigkeiten im Hinblick auf deren *Struktur* und *Verlauf,* die in drei Formen abgegrenzt wurden:
1. Die langfristig angelegten, systematisch betriebenen und/oder formal organisierten Freizeittätigkeiten mit feststehenden Abläufen (2.4.3.1.),
2. Freizeittätigkeiten mit übersehbaren, bestimmte Grenzen nicht überschreitenden Abläufen (2.4.3.2.) und
3. Freizeittätigkeiten mit inhaltlich unvorhersehbaren, völlig offenen Abläufen (2.4.3.3.).

Für die jeweiligen Verlaufsformen sind im folgenden beispielhaft bestimmte Tätigkeiten aufgeführt, die *in der Regel* jenen Verlaufsformen zugeordnet werden können. Jedoch mußten im Einzelfall die genannten Freizeittätigkeiten wie Lesen, Kinobesuch, Gaststättenbesuch usw. stets daraufhin überprüft werden, ob der *Ablauf der konkreten Tätigkeiten des individuellen Probanden* die Kriterien der entsprechenden Verlaufs*form* erfüllte oder ob das angegebene Freizeitverhalten nicht gerade bei diesem Probanden andere, vom Regelfall abweichende Strukturen aufwies. Auch hier zeigte sich wieder die dringende Notwendigkeit detaillierter Erhebungen, da nur so die unter Umständen völlig unterschiedliche Ausgestaltung von scheinbar gleichen Verhaltensweisen zu erkennen war:

Der Kinobesuch wird beispielsweise zwar in der Regel als eine Freizeittätigkeit mit übersehbaren, bestimmte Grenzen nicht überschreitenden Abläufen einzuschätzen sein (etwa wenn der
Proband gelegentlich oder auch häufiger mehr oder weniger zur Entspannung und Zerstreuung
ins Kino geht, um einen bestimmten Film anzusehen, und im voraus sowohl das Kino als auch
die Rückkehr nach Hause im wesentlichen feststehen). Der Kinobesuch kann aber durchaus auch
völlig andere Strukturen aufweisen: So kann er unter Umständen jeweils den Einstieg in ein
abendliches Freizeitverhalten mit inhaltlich unvorhersehbaren, völlig offenen Abläufen darstellen
(etwa wenn das Kino vom Probanden nur gewissermaßen als Treffpunkt für mögliche, im einzelnen noch unbestimmbare Kontakte angesehen wird und im Hinblick auf den weiteren Ablauf des
Abends noch offen ist, ob überhaupt bzw. wie lange der Film angesehen und wie sich der weitere
Ablauf des Abends gestalten wird). Andererseits kann Kinobesuch für den begeisterten Cineasten
die ausgesprochene Pflege eines Hobbys bedeuten oder etwa für den nebenberuflich als Journalist
tätigen Studenten eine leistungsorientierte Tätigkeit darstellen und wäre damit – bei entsprechender Ausgestaltung – als langfristig angelegte, systematisch betriebene Freizeitgestaltung
mit feststehenden Abläufen anzusehen.

2.4.3.1. *Freizeittätigkeiten mit feststehenden Abläufen*

Langfristig angelegte, systematisch betriebene und/oder formal organisierte Freizeittätigkeiten mit feststehenden Abläufen sind weitgehend zielgerichtet und werden auch
mit einigem Engagement betrieben. Die in aller Regel freiwillig übernommenen Betä-
tigungsformen weisen vielfach eine gewisse Leistungsorientierung auf und schränken
gleichzeitig die freie Verfügbarkeit über die Freizeit insgesamt erheblich ein (Beispiele
zeigt Tabelle 39).

Solche formal organisierten Freizeittätigkeiten verloren im Laufe der Zeit bei den
H-Probanden zunehmend an Bedeutung, während die V-Probanden vor allem in der
Untersuchungszeit verstärkt und in der Regel mehreren solcher Tätigkeiten nachgingen. Besonders deutlich war bei den V-Probanden in diesem Zeitraum auch die Zunahme ausgesprochen leistungsorientierter Freizeitbeschäftigungen: Etwa die Hälfte der V-
Probanden ging in der Freizeit noch irgendeiner Art von Arbeit nach, während dies
nicht einmal bei 10% der H-Probanden der Fall war.

Wie die *Einzelfalluntersuchungen* zeigten, waren das Interesse und der Einsatz für solche Freizeittätigkeiten bei den wenigen H-Probanden, die sich damit überhaupt befaßten, meist nur gering. Dies betrifft sowohl die ausgesprochenen Arbeitsbetätigungen während der Freizeit als auch
Hobbys und Sport. Solche Beschäftigungsformen erfolgten bei ihnen nur in spontaner, unver-
bindlicher Weise. Die Begeisterung und das Engagement hielten nicht lange an, und auch die (ak-
tive) Zugehörigkeit zu entsprechenden Vereinen oder Gruppen währte in der Regel nur verhältnismäßig kurz und hörte spätestens gegen Ende der Jugendzeit ganz auf. In vielen Fällen kam
es z. B. im Sportverein wegen der unregelmäßigen Teilnahme an den Veranstaltungen zum Streit
mit dem Trainer oder mit den Kameraden, auf den dann der Ausschluß aus dem Verein folgte,
nicht selten auch im Zusammenhang mit Kameradendiebstählen. Im Ausbildungsalter waren immerhin noch 44% der H-Probanden in einem Sport- oder Hobbyverein, während der Untersuchungszeit aber nur noch 8%.

Wenn sich demgegenüber die V-Probanden erst einmal zu einer solchen Art der Freizeitbe-
tätigung entschlossen hatten, entwickelten sie in der Regel auch ein beachtliches Engagement, das
dem einzelnen Probanden nicht nur viel Zeit, sondern auch persönlichen Einsatz abverlangte.
Selbst im Erwachsenenalter übte noch ein Drittel der Probanden Hobbys und Sport in Verbänden
oder auch informellen Gruppen aus, wobei die Zugehörigkeit zur Gruppe und die regelmäßige
Teilnahme an Treffen und Veranstaltungen für den Probanden meist einen gewissen Verpflichtungscharakter besaßen und nicht lediglich der sporadischen, unverbindlichen Zerstreuung dienten.

Tabelle 39. *Freizeittätigkeiten mit feststehenden Abläufen*[a]

	Schulalter (bis zum 15. Lebensjahr)		Ausbildungsalter (16.–19. Lebensj.)		Untersuchungszeit	
	H-Pbn (n = 200)	V-Pbn (n = 200)	H-Pbn (n = 200)	V-Pbn (n = 200)	H-Pbn (n = 196)	V-Pbn (n = 200)
Entsprechende Freizeittätigkeiten lagen vor bei	65,0%	74,0%	64,0%	88,0%	25,5%	89,0%
Im einzelnen (Mehrfachnennungen):[b]						
Überlange berufliche Tätigkeit (bes. langer Schulweg)	0,0%	3,5%	4,0%	18,0%	4,1%	18,5%
Überstunden (zusätzliches Lernen für die Schule)	0,0%	1,5%	3,5%	1,5%	7,1%	25,0%
Nebentätigkeit, „Schwarzarbeit" (Geldverdienen)	12,0%	11,5%	4,0%	8,0%	4,1%	17,0%
Mithilfe zu Hause	28,0%	27,5%	11,0%	19,0%	5,1%	22,0%
Fort- und Weiterbildung	–	–	1,5%	7,5%	1,0%	21,5%
Ehrenamtliche Tätigkeiten	2,0%	3,0%	0,0%	8,0%	1,0%	14,0%
Hobby	15,0%	30,0%	21,0%	43,0%	11,2%	44,0%
Sport	39,0%	42,0%	49,0%	51,0%	9,2%	37,5%

[a] Vgl. GÖPPINGER 1980, S. 297
[b] Tätigkeiten in Klammern gelten für Schüler

2.4.3.2. Freizeittätigkeiten mit begrenzten Abläufen

Die Freizeittätigkeiten mit übersehbaren, bestimmte Grenzen nicht überschreitenden Abläufen zeichnen sich dadurch aus, daß sie eine allgemeine psychische wie physische Erholung oder auch bis zu einem gewissen Grad eine gelockerte Zerstreuung und Entspannung mit sich bringen. Sie geben die Möglichkeit, innerhalb eines individuell vorgegebenen (sozial üblichen) Rahmens persönlichen Neigungen nachzugehen oder auch familiäre und freundschaftliche Beziehungen zu pflegen. Diese Freizeittätigkeiten haben also nicht den verbindlichen Charakter wie die Freizeittätigkeiten mit feststehenden Abläufen; dennoch sind durch den äußeren örtlichen und zeitlichen Rahmen gewisse Regelmäßigkeiten vorgegeben, durch die sie sich von den nach Inhalt und Ablauf völlig ungebundenen Tätigkeiten abgrenzen lassen. Im wesentlichen handelt es sich – in der Regel – um die in Tabelle 40 dargestellten Tätigkeiten, für deren Zuordnung zu der hier genannten Verlaufsform freilich stets der konkrete Ablauf dieser Tätigkeiten beim individuellen Probanden überprüft wurde.

Obwohl sich derartige Freizeitbeschäftigungen bei jedem Menschen finden, ist ihre Bedeutung für den einzelnen und ihr Gewicht innerhalb der Freizeit sehr unterschiedlich (s. u. 2.4.3.4.). Ebenso unterschiedlich ist der Stellenwert, den die einzelnen Tätig-

Tabelle 40. *Freizeittätigkeiten mit bestimmte Grenzen nicht überschreitenden Abläufen (Untersuchungszeit)*[a]

	H-Pbn (n = 196)	V-Pbn (n = 200)
Entsprechende Freizeittätigkeiten lagen vor bei	81,2%	99,5%
Im einzelnen (Mehrfachnennungen):		
Kinobesuch	58,2%	35,0%
Fernsehen	47,7%	74,5%
Musikhören	47,7%	47,5%
Lesen, Musizieren, Basteln u. ä.	38,8%	74,5%
Lokale, Tanzveranstaltungen	32,7%	61,5%
Beschäftigung mit der Familie	16,3%	67,5%
Ausruhen, Entspannen	14,3%	65,0%
Sonstige Veranstaltungen	12,2%	48,5%
Spaziergänge, Wandern	11,2%	67,5%
Besuch bei Verwandten, Freunden, Bekannten	9,2%	58,0%
Besuch von Verwandten, Freunden, Bekannten	2,0%	42,5%

[a] Vgl. GÖPPINGER 1980, S. 299

keiten bei den beiden Gruppen einnahmen. So stand etwa in der Untersuchungszeit der Kinobesuch in der Rangfolge der prozentualen Nennungen bei den H-Probanden an erster, bei den V-Probanden jedoch an letzter Stelle, während Tätigkeiten, die eine gewisse Muße erfordern, und vor allem die mit Kontaktpflege innerhalb eines festen Kreises verbundenen Freizeitaktivitäten bei den H-Probanden – im Gegensatz zu den V-Probanden – nicht sehr gefragt waren (s. auch u. 2.5.3.). Von den V-Probanden wurden derartige Betätigungen wesentlich häufiger genannt, was – auch zusammen mit dem größeren Gewicht der oben angesprochenen strukturierten Tätigkeiten – darauf hindeutet, daß deren Freizeit ingesamt differenzierter ausgestaltet war als jene der H-Probanden.

2.4.3.3. *Freizeittätigkeiten mit offenen Abläufen*

Für die Freizeittätigkeiten mit inhaltlich nicht vorhersehbaren, völlig offenen Abläufen ist kennzeichnend, daß in der Regel weder der bzw. die jeweiligen Aufenthaltsorte noch die Verweildauer dort noch die möglichen Kontaktpersonen zu Beginn der „Unternehmungen" konkret genannt werden können. Es besteht meist ein üblicher Treffpunkt als Ausgangspunkt für die weiteren Aktionen. Im übrigen fehlt jegliche, selbst nur kurzfristige Planung und Vorbereitung, und der einzelne versucht zudem, sich einer Verpflichtung jeglicher Art zu entziehen.

Recht eindrucksvoll war die bei den *Einzelfalluntersuchungen* gewonnene Erkenntnis, daß diese spezifische Art des Freizeitverhaltens bei zahlreichen (vor allem H-)Probanden bereits im Kindes- und frühen Jugendalter festzustellen war. Die Freizeit spielte sich bei den betreffenden Probanden schon in der Kindheit praktisch ausschließlich „auf der Straße" ab. Das Kind war „nie zu Hause", die Eltern wußten meist nicht, wo es sich gerade aufhielt, mit wem es unterwegs war, was es im Augenblick machte, und auch der Zeitpunkt der abendlichen Heimkehr war ungewiß. Das Kind bzw. der Jugendliche trieb sich herum, streunte – stets auf der Suche nach Abenteuer und Abwechslung – umher und hielt sich häufiger in Spielhallen oder auch bereits in Gaststätten

Tabelle 41. *Freizeittätigkeiten mit völlig offenen Abläufen (Untersuchungszeit)*

	H-Pbn (n = 196)	V-Pbn (n = 200)
Entsprechende Freizeittätigkeiten lagen vor bei	85,7%	2,0%
Im einzelnen (Mehrfachnennungen): Aufenthalt in schlecht beleumundeten Lokalen	84,7%	0,0%
Aufsuchen von Treffpunkten im Bahnhofs-, Spielhallen- oder Altstadt-„Milieu" oder ähnliches	61,2%	0,5%
Plan- und zielloses Umherfahren mit Moped, Motorrad oder Auto	58,2%	0,0%
Aufsuchen von Treffpunkten oder Lokalen im studentischen oder dörflichen Milieu	0,0%	1,5%

auf. Meist kam es schon frühzeitig zu intensivem Nikotingenuß und Alkoholkonsum, nicht selten auch bereits zu ersten Delikten wie Sachbeschädigungen, kleineren Diebstählen usw. Der Aktionsradius dieses Freizeitverhaltens wurde bei diesen Probanden im Laufe der Jahre zunehmend größer: Der Jugendliche begnügte sich alsbald nicht mehr mit dem örtlichen Bereich seiner Heimatgemeinde, sondern wandte sich der nächsten größeren Stadt oder auch einer weiter entfernt liegenden Großstadt zu. Dabei gewann das Umherfahren mit dem Moped und später auch mit dem Motorrad oder Auto zunehmend an Bedeutung.

Im Laufe der Jahre wurde die Freizeit von diesen Probanden immer häufiger auch im „Milieu" verbracht, jenem Bereich, zu dem sich sozial Auffällige und Straffällige unterschiedlichster Art hingezogen fühlen, in dem sie andere Personen mit vergleichbarem Lebensstil finden und wo sie sich wohlfühlen (s. auch u. 2.5.3.). Überwiegend war damit eine zumindest latente, oft aber auch recht aktuelle Bereitschaft zu „Ausschweifungen" verbunden, sei es in Form von übermäßigem Alkoholkonsum oder von unkontrolliertem Geldausgeben (Vertrinken des Wochenlohns, weite Taxifahrten u. ä.) oder aber auch von Streitigkeiten oder gewalttätigen Auseinandersetzungen.

Nicht selten bildeten diese Umgebung und der Umgang mit den dort verkehrenden Personen gewissermaßen den Nährboden für Straftaten, sei es, daß diese im Gespräch Konturen gewannen, sei es, daß der Betreffende mit anderen mitmachte, sei es, daß er um seines Renommees willen „etwas drehen" oder aber auf irgendeine Weise zu Geld kommen mußte, um diesen Lebensstil finanzieren zu können.

Meist reicht bei solchen Freizeitunternehmungen die zur Verfügung stehende Freizeit sehr bald nicht mehr aus, so daß sie früher oder später nicht nur auf Kosten des Schlafes, sondern auch zu Lasten des Leistungsbereichs ausgedehnt wird (s. o. 2.4.2.2.). Schließlich füllen die genannten Tätigkeiten als typisches sozial auffälliges Verhalten den ganzen Lebensbereich aus.

Dabei konnten für die Untersuchungszeit im wesentlichen vier verschiedene Aufenthalts- und Betätigungsbereiche abgegrenzt werden, die freilich zum Teil auf vielfältige Weise miteinander verflochten waren (s. Tabelle 41).

Als Schwerpunkt der Freizeitgestaltung kam diese Form von Freizeittätigkeiten in der Untersuchungszeit praktisch nur bei H-Probanden vor, und zwar bei der großen Mehrzahl (86%). Lediglich 28 H-Probanden verbrachten ihre Freizeit nie auf diese Weise; von den anderen H-Probanden zeigten jedoch etwa zwei Drittel (65%) dieses

Verhalten nahezu täglich, fast ein Drittel (31%) häufig und nur wenige (4%) allenfalls gelegentlich.

Bei den V-Probanden hatte wohl eine ganze Anzahl besonders im Ausbildungsalter aus Neugier auch einmal entsprechende Lokale aufgesucht, eine „Spritztour" ins „Milieu" gemacht oder war aus einer gewissen „Fahrleidenschaft" heraus in der Freizeit vorübergehend häufiger mit Moped, Motorrad oder Auto mehr oder weniger ziellos unterwegs gewesen. Als Schwerpunkt der Freizeitgestaltung waren in der Untersuchungszeit derartige Tätigkeiten mit Hinwendung zum „Milieu" jedoch nur bei einem der V-Probanden festzustellen. Drei weitere V-Probanden wiesen zwar in der Untersuchungszeit ebenfalls häufiger Freizeittätigkeiten mit inhaltlich unvorhersehbaren, völlig offenen Abläufen auf, bewegten sich dabei jedoch nicht im sozial auffälligen, kriminell gefährdenden „Milieu", sondern im studentischen (2 Probanden) bzw. dörflichen (1 Proband) Kneipenmilieu.

2.4.3.4. Struktur und Verlauf in verschiedenen Altersstufen

Bei der Überprüfung der überwiegenden Freizeitgestaltung der Probanden in verschiedenen Altersstufen zeichneten sich zwischen den beiden Untersuchungsgruppen hinsichtlich der Bevorzugung der einen oder anderen Form von Freizeittätigkeiten frühzeitig recht eindeutige Tendenzen ab (s. Tabelle 42).

Bereits im Schulalter wurden von den H-Probanden Tätigkeiten mit inhaltlich unvorhersehbaren, völlig offenen Abläufen am meisten bevorzugt. Diese Tendenzen verstärkten sich mit zunehmendem Alter zu Lasten der systematisch betriebenen Freizeitaktivitäten mit geordneten Abläufen. Bei den V-Probanden standen dagegen fast gleichbleibend Freizeittätigkeiten mit überwiegend feststehenden bzw. bestimmte Grenzen nicht überschreitenden Abläufen im Vordergrund, während Verhaltensweisen mit völlig offenen Abläufen eine zunehmend geringere Rolle spielten und praktisch keine Bedeutung hatten.

Da es sich um die Einschätzung des im betreffenden Intervall *überwiegenden* Verhaltens handelt, sind bei den einzelnen Probanden Freizeitverhaltensweisen, die den jeweils anderen Kategorien zuzuordnen sind, prinzipiell keineswegs ausgeschlossen. Allerdings ergaben die *Einzelfalluntersuchungen* auch, daß bei jenen H-Probanden, deren Freizeitaktivitäten einen überwiegend völlig offenen Ablauf zeigten, kaum noch Raum für andere Freizeittätigkeiten blieb und auch kein Interesse an einer einigermaßen strukturierten und überschaubaren Freizeitgestaltung bestand. Andererseits zeigten zahlreiche H-Probanden in der Schulzeit und im frühen Jugendalter noch Interesse daran, eine Sportart zu betreiben oder ein Hobby zu pflegen, vernachlässigten solche Betätigungen jedoch spätestens im Heranwachsendenalter zunehmend und gaben sie schließlich ganz auf. In den meisten Fällen ließen sich allerdings bereits in der Kindheit Verhaltensweisen mit offenen Abläufen feststellen, die über das etwa bei den V-Probanden übliche Maß hinausgingen. Schließlich lagen spätestens im Erwachsenenalter meist kaum noch strukturierte, gelegentlich allenfalls einigermaßen begrenzte Tätigkeiten vor; in der Regel war eine recht deutliche und nahezu umfassende Hinwendung zum „Milieu" der Altstadt mit ihren Vergnügungslokalen usw. festzustellen.

Obgleich auch bei den V-Probanden im Einzelfall recht häufig alle drei Freizeitverhaltenskategorien festzustellen waren, spielten bei ihnen strukturierte, teilweise ausgesprochen produktive Tätigkeiten in der Freizeit eine im Vergleich zur Mehrzahl der H-Probanden erheblich größere Rolle, und zwar (zumindest zeitweilig, wenngleich nicht überwiegend) auch bei jenen V-Probanden, die bei der statistischen Auswertung der Mittelkategorie zugeordnet wurden. Entsprechend dem Alter und dem Entwicklungsstand wechselten die konkreten Betätigungen natürlich im Lau-

Tabelle 42. *Struktur und Verlauf der überwiegenden Freizeittätigkeiten nach Altersstufen*[a]

	Schulalter (bis zum 15. Lebensjahr)		Ausbildungsalter (16.–19. Lebensjahr)		Untersuchungszeit	
	H-Pbn (n = 176)	V-Pbn (n = 193)	H-Pbn (n = 186)	V-Pbn (n = 197)	H-Pbn (n = 194)	V-Pbn (n = 200)
Mit feststehenden Abläufen	25,0%	56,5%	17,2%	69,5%	4,6%	65,5%
Mit begrenzten Abläufen	24,4%	34,2%	22,6%	24,4%	11,9%	33,0%
Mit völlig offenen Abläufen	50,6%	9,3%	60,2%	6,1%	83,5%	1,5%

Signifikanz: H–V: p = 0,001
[a] Vgl. GÖPPINGER 1980, S. 301

fe der Jahre; gleichwohl war es bemerkenswert, wie selbstverständlich von den betreffenden Probanden immer wieder neue, altersgemäße Tätigkeiten und Aufgabenbereiche (und damit oft auch entsprechende Verantwortung) übernommen wurden.

2.4.4. Freizeitaufenthalt

Bei der Frage nach dem Freizeitaufenthalt geht es um den Ort, an dem die Freizeit vorwiegend verbracht wird. Dabei wurde unterschieden, ob sich die Probanden in ihrer Freizeit überwiegend *innerhäusig* oder aber vorzugsweise *außerhäusig* aufhielten.

Zugunsten einer klaren Abgrenzung wurde „innerhäusig" auf die (eigene) Wohn- und Schlafstätte des Probanden sowie auf deren unmittelbare, noch zur Wohnung gehörende Umgebung (also z. B. den Garten, den Hofraum usw.) bezogen, sofern diese ihm gewisse – im Einzelfall freilich sehr unterschiedliche – Entfaltungsmöglichkeiten boten. Alle übrigen Aufenthaltsorte in der Freizeit wurden als „außerhäusig" angesehen, auch wenn die Freizeit sich nicht unter freiem Himmel, sondern in einem Gebäude abspielte. Außerhäusig ist also in dem Sinne zu verstehen, daß der betreffende Proband seine Freizeit überwiegend „außer Hause", d.h. nicht daheim, verbrachte.

Eine ganze Anzahl von Probanden verfügte zwar über eine Wohn- und Schlafstätte, konnte diese aber aufgrund beengter Wohnverhältnisse nicht bzw. nicht einigermaßen ungestört für die Freizeitgestaltung nutzen. Diese Teilgruppe wird einer zusätzlichen Betrachtung unterzogen (s. u. 2.4.4.3.).

Unberücksichtigt bleiben dagegen jene Probanden (überwiegend H-Probanden), die in der jeweiligen Altersstufe nicht über einen ständigen eigenen Wohn- und Schlafbereich verfügten und damit auch keine Möglichkeit besaßen, ihre Freizeit entsprechend den oben genannten Kriterien innerhäusig zu verbringen. In der Untersuchungszeit handelte es sich dabei immerhin um 51 H-Probanden, die sich meist mehr oder weniger wohnsitzlos „herumtrieben". Wegen der nur sehr eingeschränkten Vergleichbarkeit bleibt in der Untersuchungszeit auch ein V-Proband unberücksichtigt, der in diesem Intervall als Zeitsoldat überwiegend in der Kaserne lebte.

2.4.4.1. Freizeitaufenthalt nach Altersstufen

Auch hinsichtlich des Freizeitaufenthalts in den verschiedenen Altersstufen ergaben sich deutliche Unterschiede zwischen den H- und V-Probanden (s. Tabelle 43).

Tabelle 43. *Freizeitaufenthalt nach Altersstufen*

	Schulalter (bis zum 15. Lebensjahr)		Ausbildungsalter (16.–19. Lebensjahr)		Untersuchungszeit	
	H-Pbn (n = 173)	V-Pbn (n = 195)	H-Pbn (n = 179)	V-Pbn (n = 200)	H-Pbn (n = 146)[a]	V-Pbn (n = 199)
Überwiegend innerhäusig	19,1%	27,2%	7,2%	14,5%	4,8%	36,7%
Gleichermaßen inner- wie außerhäusig	43,9%	56,4%	42,5%	60,5%	19,9%	55,3%
Überwiegend außerhäusig	37,0%	16,4%	50,3%	25,0%	75,3%	8,0%

Signifikanz: H–V: p = 0,001
[a] Restgruppe überwiegend ohne ständigen Wohnsitz

Die H-Probanden verbrachten im Laufe der Jahre ihre Freizeit zunehmend außerhäusig, während bei den V-Probanden in allen Untersuchungsintervallen die ganz oder teilweise innerhäusig verbrachte Freizeit dominierte. Der *überwiegend* außerhäusigen Freizeitgestaltung kam bei den V-Probanden nur vorübergehend im Ausbildungsalter größere Bedeutung zu, sie konnte jedoch in der Untersuchungszeit nur noch bei einigen wenigen Probanden festgestellt werden.

Ähnlich wie bei der Einschränkung bzw. Ausweitung des Freizeitbereichs zeigten auch hier einige V-Probanden im Ausbildungsalter zunehmende Tendenzen zu außerhäusiger Freizeitgestaltung (ohne daß diese jedoch überwog), widmeten sich aber nach diesem Zeitraum wieder vermehrt Freizeitbetätigungen innerhalb des Wohnbereichs. Dabei mag allerdings die Zunahme des überwiegend innerhäusigen Freizeitaufenthalts zur Untersuchungszeit bei den V-Probanden – im Gegensatz zu den H-Probanden – nicht zuletzt auf die zwischenzeitliche Heirat zurückzuführen sein, die bei ihnen auch in dieser Hinsicht einschneidende Änderungen mit sich brachte (s. u. 2.4.4.2. und 2.5.6.2.).

2.4.4.2. Freizeitaufenthalt nach Wohngemeinschaft

Um zu prüfen, inwieweit die Wahl des Aufenthaltsortes in der Freizeit von der Art des Personenkreises abhing, mit dem der Proband sein Zuhause teilte, wurde der Freizeitaufenthalt in Beziehung zur Wohngemeinschaft in der Untersuchungszeit gesetzt (s. Tabelle 44).

Die in ihrem dritten Lebensjahrzehnt (noch) alleinstehenden H-Probanden tendierten besonders stark zu *überwiegend* außerhäusigem Freizeitaufenthalt, während dies bei den alleinstehenden V-Probanden kaum der Fall war. Die noch in der Herkunftsfamilie oder zusammen mit sonstigen Personen (z. B. Freunden) lebenden V-Probanden wiesen zwar im Vergleich zur V-Gesamtgruppe einen insgesamt höheren Anteil an außerhäusigen Freizeitaufenthalten überhaupt auf. Den größten Einfluß auf den Freizeitaufenthalt übte jedoch das Zusammenwohnen mit der eigenen (Prokreations-)Familie aus,

Tabelle 44. *Freizeitaufenthalt nach Wohngemeinschaft (Untersuchungszeit)*

	Proband lebte überwiegend[a]							
	mit Herkunftsfamilie		mit Prokreationsfamilie		mit sonstigen Personen		allein	
	H-Pbn (n = 74)	V-Pbn (n = 62)	H-Pbn (n = 28)	V-Pbn (n = 104)	H-Pbn (n = 15)	V-Pbn (n = 12)	H-Pbn (n = 29)	V-Pbn (n = 21)
Freizeitaufenthalt:								
Überwiegend innerhäusig	1,4%	16,1%	17,9%	54,8%	6,7%	17,0%	0,0%	19,0%
Gleichermaßen inner- wie außerhäusig	20,3%	64,5%	35,7%	42,3%	20,0%	83,0%	3,4%	76,2%
Überwiegend außerhäusig	78,4%	19,4%	46,4%	2,9%	73,3%	0,0%	96,6%	4,8%

Signifikanz: H–V: p = 0,001

[a] Probanden ohne ständigen Wohnsitz bleiben unberücksichtigt

wenngleich gerade hier erneut die grundsätzlichen Unterschiede zwischen H- und V-Probanden deutlich sichtbar wurden: So verbrachte auch in dieser Teilgruppe immer noch fast die Hälfte der H-Probanden ihre Freizeit überwiegend außerhalb des Familien- und Wohnbereichs, während sich die entsprechenden V-Probanden entweder überwiegend innerhäusig oder aber (meist zusammen mit ihrer eigenen Familie) gleichermaßen inner- wie außerhäusig aufhielten. Damit deuten sich bereits Unterschiede im Stellenwert der eigenen (Prokreations-)Familie für die H- bzw. V-Probanden an, die bei der Betrachtung des Kontaktverhaltens noch eingehender berücksichtigt werden (s. u. 2.5.6.).

Die *Einzelfalluntersuchungen* ergaben bei beiden Gruppen, daß das spezifische Fluidum des Freizeitaufenthaltsortes für die Probanden eine große Rolle spielte:

So wurde von den V-Probanden immer wieder auf Gemütlichkeit verwiesen, auf einen individuellen und vertrauten Bereich, der dem Geschmack des Probanden entsprach und wo er sich „zu Hause" fühlte. Soweit die V-Probanden die Freizeit außerhäusig verbrachten, hielten sie sich überwiegend an Orten auf, die ihnen (und auch den Angehörigen) gut bekannt waren, wo sie einen festen Kreis von Freunden oder alten Bekannten trafen und wo sie gewissermaßen „eingebettet" waren (wie z. B. am Stammtisch oder auch im Vereinslokal usw.).

Jene H-Probanden, die ihre Freizeit im außerhäusigen Bereich zubrachten, empfanden das Herumsitzen zu Hause überwiegend als langweilig und „spießbürgerlich". Freilich war dieses „Zuhause" bisweilen auch sehr ungeordnet und bestand nur aus Streitigkeiten und Auseinandersetzungen (s. o. 2.1.3.). Aber auch dort, wo die Verhältnisse geordnet waren und die Probanden über ein eigenes Zimmer verfügen konnten, hielt es sie meist nicht zu Hause, sondern es zog sie nach draußen. Die Zielrichtung des Freizeitaufenthalts war dabei für die Probanden beim Weggehen von zu Hause meist noch recht unbestimmt und beschränkte sich nicht selten darauf, zunächst überhaupt einmal wegzugehen und abzuwarten, welche Möglichkeiten sich unterwegs noch „auftun" könnten.

2.4.4.3. *Freizeitaufenthalt bei Fehlen eines frei verfügbaren Raumes*

Die Unterschiede hinsichtlich des Freizeitaufenthalts zwischen jenen H- und V-Probanden, die in der Untersuchungszeit mindestens zeitweilig keinen frei verfügbaren Raum

Tabelle 45. *Freizeitverhalten bei Fehlen eines frei verfügbaren eigenen Bereiches (Untersuchungszeit)*

	H-Pbn (n = 196)	V-Pbn (n = 200)
Keinen frei verfügbaren Raum zu Hause/keinen eigenen Bereich	19 (9,7%)	26 (13,0%)
Davon		
Verfügbarkeit der Freizeit:		
Überwiegend Einengung	0	19
Weder/noch	2	7
Überwiegend Ausweitung	17	0
Struktur und Verlauf der Freizeit:		
Überwiegend mit feststehenden Abläufen	0	18
Überwiegend mit begrenzten Abläufen	1	8
Überwiegend mit völlig offenen Abläufen	18	0
Aufenthalt während der Freizeit		
Überwiegend innerhäusig	0	8
Gleichermaßen inner- wie außerhäusig	0	15
Überwiegend außerhäusig	19	3

im häuslichen Bereich besaßen, zeigen, daß für die betreffenden Probanden die Frage, ob sie ihre Freizeit vorrangig inner- oder außerhäusig verbringen sollen, keineswegs entscheidend von den räumlichen Möglichkeiten zur Freizeitbeschäftigung abhing (s. Tabelle 45).

Das Verhalten der Probanden der beiden Teilgruppen unterschied sich zur Untersuchungszeit in der Art des Freizeitaufenthalts kaum von dem der jeweiligen Gesamtgruppe. Soweit in Anbetracht der Größe dieser Teilgruppen ein Vergleich überhaupt zulässig ist, erscheint es doch bemerkenswert, daß die Teilgruppe der V-Probanden nicht nur hinsichtlich der Verfügbarkeit und der Verlaufsformen, also jener Kriterien, die nicht zwangsläufig mit der Art des Freizeitaufenthalts zusammenhängen, sondern sogar hinsichtlich des Freizeitaufenthalts selbst ziemlich genau der Verteilung der V-Gesamtgruppe entspricht. Demgegenüber verbrachten die H-Probanden dieser Teilgruppe ihre Freizeit ausschließlich überwiegend außerhäusig, und auch hinsichtlich Verfügbarkeit und Verlauf der Freizeittätigkeiten tendierten sie noch deutlicher als die H-Gesamtgruppe zu den H-spezifischen Extremausprägungen.

2.4.5. Freizeitverhalten und Schichtzugehörigkeit

Da die bisherige Analyse des Freizeitverhaltens unter abstrahierenden Gesichtspunkten erfolgte, ist zu vermuten, daß sich Umstände wie Ausbildung, Berufsgruppenzugehörigkeit und damit auch die Schichtzugehörigkeit nicht entscheidend auf die Verteilung der beiden Untersuchungsgruppen auswirkten, obgleich die konkreten Freizeittätigkeiten der Probanden durchaus bildungsabhängig und damit von unterschiedlichem

Tabelle 46. *Freizeitverhalten und (Eigen-) Schicht*[a] *(Untersuchungszeit)*

	Obere Unterschicht	
	H-Pbn	V-Pbn
Verfügbarkeit der Freizeit:	(n = 42)	(n = 74)
Überwiegend Einengung	4,8%	64,4%
Weder/noch	9,5%	34,2%
Überwiegend Ausweitung	85,7%	1,4%
Struktur und Verlauf der Freizeit:	(n = 45)	(n = 74)
Überwiegend mit feststehenden Abläufen	6,7%	62,2%
Überwiegend mit begrenzten Abläufen	8,9%	36,5%
Überwiegend mit völlig offenen Abläufen	84,4%	1,3%
Aufenthalt während der Freizeit:	(n = 40)	(n = 73)
Überwiegend innerhäusig	2,5%	35,6%
Gleichermaßen inner- wie außerhäusig	20,0%	56,2%
Überwiegend außerhäusig	77,5%	8,2%

[a] Zur Schichtzugehörigkeit s. o. 2.3.4.1.

„Niveau" sein können. Zwar besteht in *beiden* Gruppen ein gewisser Zusammenhang zwischen der Art des Freizeitverhaltens und der Eigenschicht des Probanden in dem Sinne, daß (H- und V-)Probanden der Mittelschicht geringfügig häufiger die V-spezifischen Extremausprägungen des Freizeitverhaltens aufwiesen als die (H- und V-)Probanden der unteren Unterschicht. Die grundsätzlichen Unterschiede im Freizeitverhalten zwischen den H- und V-Probanden blieben aber dennoch erhalten. Dies wird besonders deutlich, wenn man die Probanden *derselben* Schicht, also beispielsweise der oberen Unterschicht, miteinander vergleicht (s. Tabelle 46).

2.4.6. Freizeitverhalten der Früh- und Spätdelinquenten

Ebenso wie sich die spätdelinquenten (H_2-)Probanden in ihrem Verhalten bereits in den bisher dargestellten Lebensbereichen teilweise recht erheblich von den frühdelinquenten (H_1-)Probanden unterschieden, war dies auch hinsichtlich des Freizeitverhaltens der Fall (s. Tabelle 47).

Während sich bei den H_1-Probanden schon in der Kindheit die für die H-Gruppe charakteristischen Verhaltensweisen in ausgeprägter Form fanden, zeichnete sich demgegenüber bei den H_2-Probanden eine deutliche Entwicklung vom Schulalter bis zur Untersuchungszeit ab: Ihr Freizeitverhalten tendierte in der Schulzeit noch eher zu dem der V-Probanden; im Ausbildungsalter nahmen sie zumindest hinsichtlich Verfügbarkeit und Verlauf der Freizeit eine Mittelstellung zwischen der H_1-Gruppe und der V-Gruppe ein (der Freizeitaufenthalt entsprach dagegen noch uneingeschränkt der V-

Tabelle 47. *(Überwiegendes) Freizeitverhalten der H- und V-Probanden sowie der Früh- und Spätdelinquenten*

	H-Pbn	V-Pbn	Sig. H–V	H_1-Pbn	H_2-Pbn	Sig. H_1–H_2
Verfügbarkeit:						
Schulalter	(n = 177)	(n = 196)		(n = 107)	(n = 70)	
Einengung	13,0%	27,0%		5,6%	24,3%	
Weder/noch	40,7%	67,9%	+ +	30,8%	55,7%	+ +
Ausweitung	46,3%	5,1%		63,6%	20,0%	
Ausbildungsalter	(n = 189)	(n = 193)		(n = 113)	(n = 76)	
Einengung	7,9%	35,2%		5,3%	11,8%	
Weder/noch	33,3%	57,0%	+ +	20,4%	52,6%	+ +
Ausweitung	58,7%	7,8%		74,3%	35,5%	
Untersuchungszeit	(n = 189)	(n = 198)		(n = 108)	(n = 81)	
Einengung	4,8%	63,7%		2,8%	7,4%	
Weder/noch	10,0%	33,3%	+ +	12,0%	7,4%	n.s.
Ausweitung	85,2%	3,0%		85,2%	85,2%	
Struktur und Verlauf:						
Schulalter	(n = 176)	(n = 193)		(n = 107)	(n = 69)	
Feststehende Abläufe	25,0%	56,5%		14,0%	42,0%	
Begrenzte Abläufe	24,4%	34,2%	+ +	17,8%	34,8%	+ +
Offene Abläufe	50,6%	9,3%		68,2%	23,2%	
Ausbildungsalter	(n = 186)	(n = 197)		(n = 110)	(n = 76)	
Feststehende Abläufe	17,2%	69,5%		8,2%	30,3%	
Begrenzte Abläufe	22,6%	24,4%	+ +	14,6%	34,2%	+ +
Offene Abläufe	60,2%	6,1%		77,3%	35,5%	
Untersuchungszeit	(n = 194)	(n = 200)		(n = 110)	(n = 84)	
Feststehende Abläufe	4,6%	65,5%		2,7%	7,1%	
Begrenzte Abläufe	11,9%	33,0%	+ +	10,9%	13,1%	n.s.
Offene Abläufe	83,5%	1,5%		86,4%	79,8%	
Freizeitaufenthalt:						
Schulalter	(n = 173)	(n = 195)		(n = 106)	(n = 67)	
Innerhäusig	19,1%	27,2%		9,4%	34,3%	
Inner-/außerhäusig	43,9%	56,4%	+ +	44,3%	43,3%	+ +
Außerhäusig	37,0%	16,4%		46,2%	22,4%	
Ausbildungsalter	(n = 179)	(n = 200)		(n = 107)	(n = 72)	
Innerhäusig	7,2%	14,5%		3,7%	12,5%	
Inner-/außerhäusig	42,5%	60,5%	+ +	29,9%	61,1%	+ +
Außerhäusig	50,3%	25,0%		66,4%	26,4%	
Untersuchungszeit	(n = 146)	(n = 199)		(n = 83)	(n = 63)	
Innerhäusig	4,8%	36,7%		4,8%	4,8%	
Inner-/außerhäusig	19,9%	55,3%	+ +	16,9%	23,8%	n.s.
Außerhäusig	75,3%	8,0%		78,3%	71,4%	

Signifikanz: + + p = 0,001

Gruppe), während sich ihr Verhalten zur Untersuchungszeit in jeder Hinsicht jenem der H_1-Gruppe weitgehend angeglichen hatte.

Das Bild des Freizeitverhaltens der H_2-Probanden entspricht damit etwa ihrem etwas günstigeren Gesamteindruck im Leistungsbereich. Während sie dort allerdings auch vor der Untersuchungszeit zumindest in bezug auf die Berufsposition noch eine gewisse Mittelstellung zwischen den H_1- und den V-Probanden innehatten, war dies im Freizeitbereich nicht mehr der Fall. Zusammen mit der Tatsache, daß die H_2-Probanden durchschnittlich 4 Jahre später als die H_1-Probanden straffällig geworden waren, könnte dies mit gewissen Vorbehalten die bei den *Einzelfalluntersuchungen* immer wieder gemachte Beobachtung bestätigen, daß eine enge Verknüpfung eines bestimmten Freizeitverhaltens mit Delinquenz bestand, aber auch, daß die Auffälligkeiten in den einzelnen Lebensbereichen im Vorfeld von Straffälligkeit in einer bestimmten zeitlichen Abfolge auftraten (s. u. 4.6.).

2.4.7. Freizeit-Syndrom

Die herangezogenen Kriterien beziehen sich unter zeitlichen, räumlichen und inhaltlichen Aspekten zwar auf dasselbe Freizeitverhalten des jeweiligen Probanden, sie sind jedoch weitgehend komplementär und bedingen einander nicht notwendigerweise. So ist beispielsweise mit einem unstrukturierten Freizeitverhalten nicht zwangsläufig eine Ausweitung der Freizeit zu Lasten des Leistungsbereichs verbunden. Wenn auch der örtliche Aspekt des außerhäusigen Freizeitaufenthalts und die Ausweitung der Freizeit auf Kosten der Ruhe- und Schlafperiode häufig mit unstrukturierten Freizeittätigkeiten zusammentreffen dürften, so ist es dennoch sinnvoll zu überprüfen, inwieweit die für die H-Gruppe charakteristischen Extremausprägungen der Variablen Verfügbarkeit der Freizeit sowie Struktur und Verlauf der Freizeittätigkeiten bei den einzelnen Probanden gleichzeitig auftraten.

Das so gewonnene *Freizeit-Syndrom*, das sich zusammensetzt aus den Kriterien der überwiegenden Ausweitung der Freizeit zu Lasten des Leistungsbereichs sowie des Überwiegens von Freizeittätigkeiten mit völlig offenen Abläufen (jeweils bezogen auf die Untersuchungszeit) erwies sich dann auch als ausgesprochen trennkräftig zwischen der H- und V-Gruppe (s. Tabelle 48; zur weiterführenden Bedeutung s. u. Kap. IV, 2.): Während in der Untersuchungszeit drei Viertel der H-Probanden ihre Freizeit überwiegend ausweiteten, und zwar zu Lasten des Leistungsbereichs, also nicht nur der Ruhe- und Schlafperiode, und zusätzlich überwiegend Freizeittätigkeiten mit völlig offenen Abläufen nachgingen, konnte ein solches Verhalten in der Untersuchungszeit nur bei einem einzigen V-Probanden (einem Studenten, der mehrere Semester verbummelte) festgestellt werden. Dieses Freizeit-Syndrom erfaßt demzufolge – ähnlich wie bereits das Syndrom im Leistungsbereich (s. o. 2.3.4.6.) – Verhaltensweisen, deren Vorliegen in hohem Maße eine kriminelle Gefährdung anzeigt.

Dieses Syndrom gewinnt noch an Aussagekraft durch die Überprüfung des Zusammentreffens der entgegengesetzten, *für die V-Gruppe* charakteristischen Ausprägungen der genannten Variablen: Während in der Untersuchungszeit über die Hälfte der V-Probanden (53%) ihre Freizeit überwiegend einengten und *zugleich* strukturierten Tätigkeiten mit feststehenden Abläufen nachgingen, war ein solches Verhalten nur bei 5 H-Probanden vorzufinden. (Diese 5 H-Probanden fielen im übrigen auch hinsichtlich

Tabelle 48. *Freizeit-Syndrom (Untersuchungszeit)*

	H-Pbn (n = 189)	V-Pbn (n = 198)	H_1-Pbn (n = 108)	H_2-Pbn (n = 81)
(Überwiegend) Ausweitung der Freizeit zu Lasten des Leistungsbereichs *und* Freizeittätigkeiten mit völlig offenen Abläufen	75,1%	0,5%	79,6%	69,1%

Signifikanz: H–V: p = 0,001; H_1–H_2: n. s.

ihres Verhaltens in den anderen Lebensbereichen ebenso aus der H-Gesamtgruppe heraus wie mit ihren Delikten, bei denen es sich um Zivildienstverweigerung, Verkehrsdelinquenz in Verbindung mit Beihilfe zum Meineid, betrügerischen Bankrott eines Handwerkers und zwei Fällen reiner Sexualdelinquenz handelte und die nicht der bei der H-Gruppe vorherrschenden Delinquenz – s. u. 4.3.3. – entsprachen.)

2.4.8. Zusammenfassung

Als wesentliches Ergebnis der Analyse des Freizeitverhaltens kann damit festgehalten werden: Im Laufe der Lebensentwicklung wird die grundsätzlich unterschiedliche Ausrichtung dieses Lebensbereichs bei den Probanden der beiden Untersuchungsgruppen immer stärker sichtbar. Die Mehrzahl der H-Probanden tendierte vom Schulalter über das Ausbildungsalter bis hin zur Untersuchungszeit in zunehmendem Maße eindeutiger zu überwiegend außerhäusiger Freizeitgestaltung mit inhaltlich völlig offenen Abläufen, wobei die Freizeit vor allem zu Lasten einer geregelten Arbeit, aber auch auf Kosten der Ruhe- und Schlafperiode ausgeweitet wurde. Bei der V-Gruppe zeichnete sich dagegen eine deutliche Zunahme der überwiegend oder zumindest zu einem erheblichen Teil innerhäusigen Freizeitaktivitäten mit feststehendem oder bestimmte Grenzen nicht überschreitendem Verlauf ab, wobei fast regelmäßig durch die Übernahme der verschiedensten Verpflichtungen eine erhebliche Einschränkung der Freizeit erfolgte.

Auch hier war eine Differenzierung der H-Gruppe nach frühdelinquenten (H_1-) und spätdelinquenten (H_2-) Probanden recht eindrucksvoll: Das Freizeitverhalten der H_2-Probanden tendierte im Schulalter und teilweise (z. B. hinsichtlich des Freizeitaufenthalts) auch noch im Ausbildungsalter eher zu dem der V-Probanden bzw. nahm – vor allem im Ausbildungsalter – eine gewisse Mittelstellung zwischen den Verhaltensweisen der H_1-Probanden und der V-Probanden ein. In der Untersuchungszeit, also in einem Zeitraum, in dem die meisten H_2-Probanden zwischenzeitlich ebenfalls straffällig geworden waren, unterschied sich ihr Freizeitverhalten dagegen in keiner Weise mehr von dem der H_1-Probanden. Neben den grundsätzlichen H-V-Unterschieden zeigt sich nicht zuletzt darin der enge Zusammenhang zwischen dem für die H-Gruppe spezifischen Freizeitverhalten und – zumindest bestimmten Arten von – Straffälligkeit (s. auch u. 4.6.).

Bei der Überprüfung des Zusammentreffens der H-spezifischen Extremausprägungen der Auswertungskriterien Verfügbarkeit sowie Struktur und Verlauf der Freizeittätigkeiten bei den einzelnen Probanden ließ sich ein zwischen den beiden Untersuchungsgruppen ausgesprochen trennkräftiges Freizeit-Syndrom herauskristallisieren, dem nahezu Indizcharakter für kriminelle Gefährdung zukommen dürfte.

Obwohl also das Freizeitverhalten von erheblicher Bedeutung für (bestimmte Arten von) Kriminalität sein dürfte, ist die Freizeit im Leben des Straffälligen in der kriminologischen *Literatur* bis Anfang der 70er Jahre fast völlig vernachlässigt worden. Zwar weisen die größeren Vergleichsuntersuchungen auf Unterschiede in der Freizeitgestaltung hin, beschränken sich dabei jedoch stets auf einige wenige Aspekte des Freizeitverhaltens und erwähnen die Freizeit eher nur beiläufig, ohne eine systematische Erfassung des gesamten Freizeitbereichs anzustreben.

So finden sich außer einigen vereinzelten Angaben über häufigeres „Blaumachen" bzw. Fehlen am Arbeitsplatz in der Literatur keine Gesichtspunkte, die dem Kriterium „Verfügbarkeit der Freizeit" vergleichbar wären. Andererseits werden zahlreiche – mehr oder weniger isolierte – Einzelfakten genannt, die mit den hier als Teilaspekte einer umfassenderen Betrachtung gefundenen weitgehend übereinstimmen:

Auf einen schon frühzeitig vermehrt außerhäusigen Freizeitaufenthalt auf der Straße, in Spielhallen, in Tanzsälen usw. der delinquenten Probanden weisen etwa Centro Nazionale di Prevenzione e Difesa Sociale (1969, S. 374), GLUECK/GLUECK (1974, S. 101 ff.) und WEST/FARRINGTON (1973, S. 56; 1977, S. 68) hin. HEALY/BRONNER (1936, S. 44 ff., 53 ff.) stellten bei ihren delinquenten Probanden ganz allgemein verstärkte Aktivität, erhöhte Sprunghaftigkeit und geringeres Durchhaltevermögen fest; diesem Phänomen könnte der Umstand entsprechen, daß die H-Probanden nur in geringem Umfang systematisch betriebenen Freizeitaktivitäten mit Verpflichtungscharakter nachgingen. Eine ähnliche Abneigung gegen derartige Freizeittätigkeiten erwähnen auch GLUECK/GLUECK (1974, S. 101 ff.) und SZEWCZYK (1974, S. 26). Ohne eine übergreifende Kategorisierung vorzunehmen, nennen Centro Nazionale di Prevenzione e Difesa Sociale (1969, S. 368), GLUECK/GLUECK (1974, S. 101) und WEST/FARRINGTON (1977, S. 68) Kinobesuch, Comiclektüre, Glücksspiel, Discotheken- und Partybesuch als vorrangige Freizeitbeschäftigungen ihrer delinquenten Probanden; teilweise wird auch das besonders große Interesse der Delinquenten an Kino und Filmen betont (HEALY/BRONNER 1936, S. 72). Auf eine „Milieu"-Orientierung weisen schließlich die Feststellungen von GLUECK/GLUECK (1974, S. 102) hin, daß Delinquente sich eher an verlassenen Orten, auf der Straße oder in Spielhallen aufhielten und es dabei häufiger zu kleineren Delikten, aber auch zu schwereren Straftaten kam.

2.5. Kontaktbereich

2.5.1. Vorbemerkung

Die Abgrenzung des Kontaktbereichs bringt schon wegen der fast unbegrenzten Zahl von Kontakten mit anderen Menschen, zu denen es im Laufe des Lebens kommt und die bereits während eines Arbeitstages – faßt man den Begriff des Kontaktes entsprechend weit – durchaus viele Dutzend ausmachen können, mehr Schwierigkeiten mit sich als etwa die Abgrenzung des Leistungs- und Freizeitbereichs. Dennoch können die für den einzelnen und seinen Werdegang besonders relevanten und gleichzeitig für ihn in seiner Einbettung in die soziale Umgebung bezeichnenden Kontakte formal relativ klar abgegrenzt werden: Es sind dies in der Regel einerseits die Kontakte zur Herkunftsfamilie, die zunächst *schicksalhaft vorgegeben* sind, die später dann aber bis zu einem gewissen Grad selbst weitergestaltet – oder auch vernachlässigt – werden können. Zum anderen handelt es sich um die *selbstgewählten* Kontakte, die sich unterteilen lassen in Kontakte zu Freunden und Bekannten, in Sexualkontakte und in Kontakte zur eigenen (Prokreations-)Familie (vgl. GÖPPINGER 1980, S. 301 ff.).

Erhebliche Schwierigkeiten ergeben sich jedoch im Hinblick auf die zwischenmenschliche Ausgestaltung der Kontakte, die durch Kriterien wie Gefühle, geistig-seelische oder emotionale Bindungen, Zuneigung zu einem anderen Menschen usw. gekennzeichnet werden kann. Diese Gesichtspunkte wurden zwar bei der Untersuchung erfragt bzw. durch Explorationen und teilweise auch durch Testuntersuchungen im *Einzelfall* erschlossen. Problematisch erwiesen sich jedoch Versuche, solche „weichen" Daten generellen Kategorisierungen zu unterwerfen, bestand doch die Gefahr, dabei eine in keiner Weise gerechtfertigte Genauigkeit vorzutäuschen (s. o. Kap. I, 4.).

Die nachfolgende Darstellung beschränkt sich demzufolge auf eine eher *äußerlich-formale* Betrachtung der Kontakte der Probanden in ihrem Sozialbereich. Dabei bleiben geregelte Kontakt- und Gesellungsformen mit mehr oder weniger feststehenden Abläufen, wie Aktivitäten in Vereinen und Organisationen (s. dazu o. 2.4.3.), ebenso unberücksichtigt wie allgemeine Kontaktkriterien im engeren Sinne (etwa Kontaktfreudigkeit, Kommunikationsverhalten usw.).

2.5.2. Kontakte zur Herkunftsfamilie

Die Kontakte zur Herkunftsfamilie weisen innerhalb des Kontaktbereichs insofern einige Besonderheiten auf, als üblicherweise ein Kind in eine Familie hineingeboren wird und in der Regel zumindest bis zu einem gewissen Alter an diesen Personenkreis in fast jeder Hinsicht gebunden ist. Man kann daher diese Kontakte als *schicksalhaft vorgegeben* bezeichnen, und zwar mit größerer Berechtigung als bei irgendwelchen anderen Kontakten im späteren Leben.

Hinsichtlich ihrer Einstellungen gegenüber den Bezugspersonen in der Familie gaben 36% der H- und 48% der V-Probanden für die Kindheit und frühe Jugend das Bestehen einer *besonderen Zuneigung* zu (Stief-)Eltern, Geschwistern und sonstigen nahen Verwandten an. Demgegenüber bezeichneten 45% der H- und 13% der V-Probanden die Kontakte zu den (Stief-)Eltern als mindestens zeitweilig erheblich *konfliktbelastet*. Ernsthafte Konflikte zu Geschwistern und sonstigen nahen Verwandten wurden von 10% der H- und 3% der V-Probanden angegeben.

In diesem Zusammenhang sei auch auf die deutlichen Unterschiede zwischen den beiden Gruppen hinsichtlich des Alters der Probanden beim „endgültigen" Verlassen des Elternhauses hingewiesen (s. o. 2.2.2.6.), zumal die Loslösung vor allem bei den H-Probanden häufig nach Konflikten mit den Eltern erfolgte und dann meist mit dem Abbruch jeglichen Kontaktes zum Elternhaus einherging.

Um für den Zeitraum der allmählichen Loslösung des Jugendlichen von der Herkunftsfamilie die weitere Gestaltung der Beziehungen zwischen den Probanden und dem Elternhaus beurteilen zu können, bot sich die Frage nach der (noch) gemeinsamen Freizeitgestaltung der Probanden mit ihrer Herkunftsfamilie an. Dabei zeigte sich, daß bereits im (späten) Schulalter deutlich weniger H- als V-Probanden die Freizeit hauptsächlich mit der Elternfamilie verbrachten (11% der H- und 41% der V-Probanden). Im Ausbildungsalter sank in beiden Gruppen der Anteil der Probanden mit vorrangig familiären Freizeitkontakten erheblich, wenngleich nach wie vor mehr V-Probanden (18%) als H-Probanden (2%) entsprechende Kontakte pflegten. In späteren Jahren verringerte sich die Bedeutung der Herkunftsfamilie als *überwiegender* Kontaktbereich weiter (s. u. 2.5.4.). Allerdings verbrachten von jenen Probanden, die in der Untersuchungszeit bei der Herkunftsfamilie wohnten (37% der H- und 30,5% der V-Probanden), bei der V-Gruppe immerhin fast die Hälfte (45%) die Freizeit zumindest *teilweise* noch zusammen mit der Familie, von den entsprechenden H-Probanden jedoch nur ein Fünftel (19%).

Auch im Rahmen der *Einzelfalluntersuchungen* fanden sich bei den meisten H-Probanden zuletzt nur verhältnismäßig lose Kontakte zur Herkunftsfamilie; tiefere emotional getragene Bindungen waren eher die Ausnahme. In vielen Fällen wurde eine mehr als nur formale Zugehörigkeit zum Familienverband abgelehnt, wobei sich die Probanden bei den Explorationen und Befragungen oftmals über die einzelnen Familienangehörigen ausgesprochen abfällig äußerten und auch betonten, sich schon sehr früh von der Familie gelöst zu haben. Andererseits wurde jedoch während Haftaufenthalten oft der Kontakt wieder aufgenommen, zumal damit vielfach auch Vergünstigungen, wie Strafrestaussetzungen zur Bewährung, Hafturlaub oder dergleichen, zu erlangen waren.

Demgegenüber ließ sich bei der Mehrzahl der V-Probanden sowohl ein größerer Familienzusammenhalt als auch eine weit intensivere Einbettung des Probanden in die Familie feststellen als bei den H-Probanden. Dies zeigte sich nicht nur in einer entsprechenden Bindung der V-Probanden an ihre Herkunftsfamilie im engeren Sinne, sondern umfaßte bisweilen auch die weitere Verwandtschaft bzw. verschwägerte Personen. Über die gefühlsmäßig getragene Komponente hinaus äußerte sich auch im alltäglichen Leben ein gewisser Familiensinn, etwa in der als selbstverständlich angesehenen Bereitschaft zu gegenseitiger Hilfeleistung und dem Einstehen für die anderen Familienmitglieder.

2.5.3. Kontakte zu Freunden und Bekannten

Im Unterschied zu den Kontakten zur Herkunftsfamilie handelt es sich bei den Beziehungen zu Freunden und Bekannten um *selbstgewählte* Kontakte. Diese können bereits in der Kindheit oder frühen Jugend, in aller Regel jedoch in späteren Jahren mit zunehmender Selbständigkeit der Persönlichkeit von erheblicher, manchmal geradezu wegweisender Bedeutung sein. Freilich können auch Beziehungen zur Herkunftsfamilie in späteren Jahren aufrechterhalten, wieder aufgenommen oder vertieft werden. Damit gewinnen sie bezüglich ihrer Ausgestaltung meist auch noch den Charakter von selbstgewählten Kontakten. Da die selbstgewählten Kontakte für die einzelne Persönlichkeit insgesamt von besonderer Bedeutung und zugleich auch weit spezifischer und charakteristischer sind als die zunächst schicksalhaft vorgegebenen Beziehungen, kommt insoweit vorhandenen Unterschieden zwischen den beiden Untersuchungsgruppen auch eine größere Aussagekraft zu.

Solche Unterschiede zwischen den beiden Untersuchungsgruppen bestanden schon rein quantitativ: Die H-Probanden wiesen in der Regel eine größere Anzahl von „Bekanntschaften" irgendwelcher Art auf als die V-Probanden. Dies ist überwiegend im Zusammenhang mit der ganz spezifischen Art dieser (losen bzw. „Milieu"-)Kontakte (s. u.) und deren Bedeutung für die H-Probanden zu sehen. Aber erst eine qualitative Betrachtung, die nach (außerfamiliären) festen Kontakten, nach losen Kontakten und nach „Milieu"-Kontakten differenzierte, erwies sich als angemessen und ausreichend, um die spezifischen sozialen Beziehungen der beiden Untersuchungsgruppen zu erfassen.

Als *feste Kontakte* werden im folgenden Beziehungen persönlicher Art angesehen, bei denen sich die Partner recht genau kennen, sich bis zu einem gewissen Grad zusammengehörig fühlen und bei denen auch ein gegenseitiges Vertrauen besteht. Zu diesem Personenkreis zählen der Freund, die Freundin, die gleich- oder gemischtgeschlechtliche Freundesgruppe, der feste Bekanntenkreis oder auch außerhalb des eigenen Haushalts lebende Familienangehörige. In der Regel wird mit diesen Personen nach entsprechender Verabredung mehr oder weniger häufig ein Teil der Freizeit gemeinsam (inneroder auch außerhäusig) verbracht.

Derartige Kontakte konnten in der Untersuchungszeit bei insgesamt 70% der V-Probanden festgestellt werden, davon am häufigsten (Mehrfachnennungen) zu einem festen, sich aus mehreren bestimmten Personen zusammensetzenden Bekanntenkreis (77%), gefolgt von entsprechenden Beziehungen zur jeweiligen Freundin (37%), zu einem bestimmten Freund (29%) und zu (außerhalb des eigenen Haushalts lebenden) Familienangehörigen (25%). Die H-Probanden gaben dagegen hinsichtlich der Untersuchungszeit mit 45% weit seltener solche Kontakte an. Dabei dominierten – ihren Angaben zufolge – die Beziehungen zur Freundin (53%), gefolgt von Kontakten zu einem festen Bekanntenkreis (32%), zu Freunden (27%) und zu Familienangehörigen (11%).

Bei den *Einzelfalluntersuchungen* ergaben sich allerdings zusätzliche erhebliche Divergenzen, die diese Zahlen in einem anderen Licht erscheinen lassen: So zeigte sich etwa, daß Begriffen wie „Freund" und vor allem „Freundin" von den Probanden sehr unterschiedliche Bedeutungen und Inhalte beigemessen wurden, und zwar von den V-Probanden eher im Sinne der dargestellten „festen" Kontakte, während diese Begriffe bei den H-Probanden eher den als „lose" Kontakte bezeichneten Beziehungen entsprachen. So war für die Mehrzahl der H-Probanden beispielsweise die Partnerin eines wenige Tage oder auch nur eine Nacht dauernden Sexualverhältnisses durchaus eine „Freundin", während bei den V-Probanden für diese Bezeichnung überwiegend eine längerdauernde, intensivere, wenngleich nicht notwendigerweise auch sexuelle Beziehung Voraussetzung war. (Diese unterschiedlichen Begriffsverständnisse werden im folgenden z. B. bei der Frage nach den in bestimmten Intervallen überwiegenden Kontaktarten – s. u. 2.5.4. – ebenso zum Ausdruck kommen wie beim Wechsel der Sexualpartnerinnen – s. u. 2.5.5.).

Die *losen Kontakte* zu Bekannten zeichnen sich dadurch aus, daß sie einerseits über eine flüchtige Begegnung beispielsweise auf der Straße hinausgehen, andererseits aber weit weniger bedeuten als eine Freundschaft; sie stellen eher eine vorübergehende, unverbindliche Beziehung dar, bei der die (kurzfristige) gemeinsame Unternehmung, nicht aber (längerfristige) gemeinsame persönlich-menschliche Interessen im Vordergrund stehen und bei der ein erneutes Treffen – wenn es überhaupt erwogen wird – eher dem Zufall überlassen bleibt.

Naturgemäß hatten alle H- und V-Probanden entsprechende Kontakte. Diese spielten jedoch bei den V-Probanden nur eine untergeordnete Rolle, während sie bei den H-Probanden einen breiten Raum einnahmen. Insgesamt entstand der Eindruck, daß diese losen Kontakte für die H-Probanden ungefähr die gleiche Bedeutung hatten wie die festen Kontakte für die V-Probanden.

Die „*Milieu*"-*Kontakte,* die in engem Zusammenhang mit entsprechenden Freizeittätigkeiten stehen (s. o. 2.4.3.3.), stellen eine besondere Form der losen Kontakte dar. Sie werden weniger durch die konkrete Kontaktperson als vielmehr durch den *Ort der Kontaktaufnahme* bestimmt. Dabei handelt es sich um „einschlägig" bekannte Treffpunkte, von denen man weiß, daß dort „irgend jemand" zu finden sein wird, mit dem man die Zeit verbringen oder „irgend etwas" unternehmen kann. Solche Örtlichkeiten finden sich in der Schulzeit meist in Spielhallen, am Kino oder an bestimmten Straßenecken usw.; in späteren Jahren erfolgt dagegen eine Hinwendung zum (groß-)städtischen „Milieu" mit seinem sozial und kriminell auffälligen Personenkreis. Derartige Bekanntschaften halten meist nur für die Dauer eines Abends an und werden dann durch andere Kontakte der gleichen Art abgelöst. Häufig bestehen auch mehrere solcher Kontakte gleichzeitig in loser Form nebeneinander. In der Regel werden sie sehr schnell hergestellt und sind getragen von einem gewissen Zugehörigkeitsgefühl zum „Milieu" und dessen Personenkreis. Sie haben bezüglich dieses „Milieus" im allgemeinen durchaus etwas Beständiges an sich; die jeweiligen Bekannten sind jedoch – als individuelle Persönlichkeiten – kaum von Bedeutung. Die Kontakte besitzen vielmehr einen deutlich utilitaristischen Charakter: Ausschlaggebend für die Kontaktaufnahme sind meist unmittelbare (auch materielle) Belange, etwa gemeinsames Trinken, Kontaktaufnahme mit Mädchen, Überlegungen zu Fragen des (raschen) Gelderwerbs oder auch nur hinsichtlich einer Übernachtungsmöglichkeit für die kommende Nacht. „Wichtig" sind die betreffenden Personen nur insoweit, als sich mit ihnen oder durch sie irgendwelche zusätzlichen Möglichkeiten im Rahmen eigener Interessen erwarten lassen; die Partner selbst sind jedoch ohne weiteres auswechselbar.

Derartige Kontakte können geradezu als Spezifikum der H-Probanden betrachtet werden: Insgesamt vier Fünftel von ihnen hatten über längere Zeit hinweg mehrmals wöchentlich entsprechende Kontakte. Bei den allenfalls gelegentlich, mehr oder weniger aus Neugier unternommenen „Milieu"-Besuchen von V-Probanden kam es dagegen kaum zu vergleichbaren Kontakten. Häufig gaben sie an, derartige Möglichkeiten überhaupt nicht in Betracht gezogen zu haben. Ein Gefühl der Zugehörigkeit zu diesem „Milieu" wurde von keinem der V-Probanden angegeben; vielmehr fühlten sie sich meist schon nach kurzer Zeit von der Atmosphäre geradezu abgestoßen. Selbst in den wenigen Fällen, in denen es bei ihnen vorübergehend wiederholt zu „Milieu"-Kontakten gekommen war, besaßen diese, im Vergleich zu anderen Kontaktformen in jener Zeit, nur eine untergeordnete Bedeutung.

2.5.4. Kontaktformen nach Altersstufen und Wohngemeinschaft

Noch eindrucksvoller wird der unterschiedliche Stellenwert der verschiedenen Arten zwischenmenschlicher Beziehungen bei den H- und V-Probanden bei einer Betrachtung der in bestimmten *Altersstufen* hinsichtlich der selbstgewählten Kontakte *überwiegenden* Kontaktformen (s. Tabelle 49; zur Festlegung der Intervalle s. o. 1.3. und 2.4.1.).

Bei den H-Probanden waren (selbstgewählte) Kontakte zur Herkunftsfamilie, die über den durch das Zusammenwohnen bedingten alltäglichen Umgang hinausgingen und sich beispielsweise in gemeinsamer Freizeitgestaltung äußerten, schon seit dem Schulalter von untergeordneter Bedeutung; selbst die Heirat wirkte sich bei ihnen (in späteren Jahren) kaum auf die selbstgewählten (Freizeit-)Kontakte zur (Prokreations-)Familie aus. Ganz erhebliches Gewicht besaßen bei ihnen dagegen durchgängig die losen Kontakte und „Milieu"-Kontakte: Zusammengenommen stellten diese in allen drei der hier untersuchten Intervalle bei zwei Drittel bzw. drei Viertel der H-Probanden die überwiegende Kontaktform dar. Bemerkenswert erscheint dabei die im Laufe der Jahre erfolgende Verlagerung des Anteils der losen Kontakte zu den eindeutigen „Milieu"-Kontakten.

Die Differenzierung der H-Gruppe nach H_1 und H_2 ergab darüber hinaus, daß die losen Kontakte bei den H_2-Probanden zwar bereits im Schulalter etwa den gleichen

Tabelle 49. *Überwiegende (selbstgewählte) Kontakte nach Altersstufen*

	Schulalter (bis zum 15. Lebensjahr)				Ausbildungsalter (16.–19. Lebensjahr)				Untersuchungszeit			
	H-Pbn (n=188)	V-Pbn (n=200)	H_1-Pbn (n=110)	H_2-Pbn (n=78)	H-Pbn (n=191)	V-Pbn (n=197)	H_1-Pbn (n=113)	H_2-Pbn (n=78)	H-Pbn (n=195)	V-Pbn (n=198)	H_1-Pbn (n=110)	H_2-Pbn (n=85)
Kontakte zur Herkunfts- bzw. Prokreationsfamilie[a]	11,2%	41,5%	5,5%	19,2%	2,1%	18,3%	1,8%	2,6%	4,1%	51,0%	3,6%	4,7%
Feste Kontakte zu Freun- den und Bekannten	14,4%	44,5%	13,6%	15,4%	17,3%	67,0%	13,3%	23,1%	8,7%	37,4%	5,5%	12,9%
Lose Kontakte zu Bekannten	54,3%	6,0%	55,5%	52,6%	49,2%	5,1%	43,4%	57,7%	28,2%	4,0%	21,8%	36,5%
„Milieu"-Kontakte	10,6%	0,5%	15,5%	3,8%	26,2%	0,0%	37,2%	10,3%	53,3%	0,0%	63,6%	40,0%
Mehr oder weniger isoliert	9,6%	7,5%	10,0%	9,0%	5,2%	9,6%	4,4%	6,4%	5,6%	7,6%	5,5%	5,9%

[a] Bei Herkunftsfamilie nur selbstgewählte Kontakte

Anteil ausmachten wie bei den H_1-Probanden, jedoch in der Folgezeit nicht in dem Maße wie bei den H_1-Probanden zugunsten der ausgesprochenen „Milieu"-Kontakte an Bedeutung verloren. Selbst in der Untersuchungszeit standen bei den H_2-Probanden die losen Kontakte anteilmäßig fast gleichrangig neben den „Milieu"-Kontakten.

Im Gegensatz dazu spielten lose Kontakte bzw. „Milieu"-Kontakte als überwiegende, das betreffende Intervall kennzeichnende Kontakte bei den V-Probanden praktisch überhaupt keine Rolle. Ihre Kontakte beschränkten sich nahezu auf die Herkunftsfamilie (bzw. später auf die Prokreationsfamilie) sowie auf Freunde und feste Bekannte.

Der Anteil jener Probanden, die in einem bestimmten Zeitraum mehr oder weniger isoliert lebten, war in beiden Untersuchungsgruppen gering. In der Untersuchungszeit bestand insoweit kein Unterschied zwischen den beiden Gruppen, allerdings waren im Ausbildungsalter immerhin etwa doppelt so viele V-Probanden wie H-Probanden mehr oder weniger isoliert gewesen; im Schulalter hatten dagegen die H-Probanden etwas überwogen.

Die Art der *Wohngemeinschaft,* in der sich der betreffende Proband jeweils aufhielt, und die sich daraus ergebenden Kontaktmöglichkeiten zu solchen Personen, mit denen er gewissermaßen sein Zuhause teilte, hatten offensichtlich kaum Einfluß auf die von ihm ansonsten gewählten Kontakte (s. Tabelle 50):

So überwogen bei den in der Herkunftsfamilie oder zusammen mit sonstigen (nicht zur Familie gehörenden) Personen, wie Bekannten, Freunden usw., lebenden H-Probanden die „Milieu"-Kontakte bei weitem und stellten zusammen mit den losen Kontakten bei etwa vier Fünftel dieser Probanden die dominierende Kontaktform dar. Noch höher war ihr Anteil bei den allein lebenden H-Probanden, aber selbst bei über der Hälfte der zusammen mit ihrer Prokreationsfamilie lebenden H-Probanden standen diese Kontakte im Vordergrund.

Bei den in ihrer Herkunftsfamilie, zusammen mit anderen (nicht zur Familie gehörenden) Personen oder allein lebenden V-Probanden fanden sich dagegen überwiegend

Tabelle 50. *Überwiegende Kontakte nach Wohngemeinschaft (Untersuchungszeit)*

	Proband lebte überwiegend							
	mit Herkunfts-familie		mit Pro-kreationsfamilie		mit sonstigen Personen		allein	
	H-Pbn (n = 74)	V-Pbn (n = 61)	H-Pbn (n = 29)	V-Pbn (n = 104)	H-Pbn (n = 20)	V-Pbn (n = 12)	H-Pbn (n = 71)	V-Pbn (n = 21)
Überwiegende Kontaktform:								
Familienkontakte	2,7%	16,4%	20,7%	86,5%	0,0%	8,3%	0,0%	0,0%
Feste Kontakte	12,2%	68,9%	17,2%	8,7%	25,0%	66,7%	1,4%	71,4%
Lose Kontakte	36,5%	3,3%	31,0%	1,9%	35,0%	8,3%	16,9%	14,3%
„Milieu"-Kontakte	45,9%	0,0%	24,1%	0,0%	40,0%	0,0%	77,5%	0,0%
Mehr oder weniger isoliert	2,7%	11,5%	6,9%	2,9%	0,0%	16,7%	4,2%	14,3%

Signifikanz: H–V jeweils p = 0,001

feste Kontakte zu Freunden und Bekannten bzw. Kontakte zur Herkunftsfamilie, während sich die verheirateten V-Probanden offensichtlich fast ausschließlich auf ihre eigene Familie konzentrierten. Lediglich bei 3 allein lebenden V-Probanden spielten lose Kontakte eine größere Rolle. „Milieu"-Kontakte kamen als überwiegende Kontaktform bei keinem V-Probanden vor; selbst von den allein lebenden V-Probanden wurden sie nicht in nennenswertem Umfang aufgenommen.

Im Rahmen der *Einzelfalluntersuchungen* ergab sich immer wieder der Eindruck, daß die Mehrzahl der H-Probanden kaum einmal tiefere emotional oder geistig-seelisch getragene Bindungen eingegangen war, sondern eine Vielzahl oberflächlicher Bekanntschaften unterhielt. Im Unterschied dazu dauerten die Kontakte der V-Probanden in aller Regel länger; diese hatten häufiger einen Menschen, zu dem eine tiefere und engere Bindung bestand, zu dem sie Vertrauen gefaßt hatten und von dem sie sich nicht ohne weiteres trennten. Flüchtige Bekanntschaften von der gleichen Art wie bei den H-Probanden fanden sich bei den V-Probanden kaum, auch nicht bei den allein lebenden. Sie registrierten anscheinend derartige Kontaktmöglichkeiten gar nicht als solche; vielmehr erfolgte bei ihnen in der Regel eine kritische Auswahl des Freundes- und Bekanntenkreises, in dem sich nur selten einmal – und wenn, dann nur vorübergehend – eine sozial auffällige oder immer wieder straffällige Person befand.

2.5.5. Sexuelle Kontakte

Da der Bereich der Sexualität nicht frei von Tabus ist, erfolgten die Erhebungen über die sexuellen Kontakte (abgesehen von der Aktenauswertung) vorrangig im Rahmen der Explorationen durch den Psychiater. Dabei konnten nur vereinzelt *sexuelle Variationen und Devianzen* festgestellt werden, die zahlenmäßig von untergeordneter Bedeutung sind. Beispielsweise ergaben sich nur bei insgesamt 21 H- und 2 V-Probanden Hinweise auf homosexuelle Kontakte; als Strichjungen hatten sich 5 H-, jedoch keiner der V-Probanden betätigt. Als Exhibitionisten waren insgesamt 10 H-Probanden (und kein V-Proband) in Erscheinung getreten. Darüber hinausgehende sexuelle Auffälligkeiten wurden nicht genannt; in diesem Bereich lag freilich auch nicht der Schwerpunkt der Befragungen und Explorationen.

Bis zum Untersuchungszeitpunkt hatte dagegen die Mehrzahl der Probanden den *ersten Geschlechtsverkehr* gehabt. Dieser erfolgte bei den H-Probanden im Durchschnitt erheblich früher als bei den V-Probanden (s. Tabelle 51):

Tabelle 51. *Alter beim ersten Geschlechtsverkehr*

	H-Pbn (n = 176)	V-Pbn (n = 195)	H_1-Pbn (n = 102)	H_2-Pbn (n = 74)
Bis zum 16. Lebensjahr	52,3%	14,4%	59,8%	41,9%
Bis zum 19. Lebensjahr	80,7%	49,2%	83,3%	77,0%
Bis zum Untersuchungszeitpunkt	93,2%	84,0%	94,1%	91,9%
Noch nicht	6,8%	16,0%	5,9%	8,1%
Medianalter der Probanden (in Jahren)	15,9	19,1	15,6	16,5

Signifikanz: H–V: p = 0,001

Während die Hälfte der H-Probanden im Alter von 16 Jahren den ersten Geschlechtsverkehr bereits hinter sich hatte, war dies bei der Hälfte der V-Probanden erst mit etwas über 19 Jahren der Fall. Das Medianalter der beiden Untersuchungsgruppen divergierte insoweit um 3,2 Jahre. Im Gegensatz zu anderen Bereichen, in denen die H_2-Probanden in ihrem Verhalten zunächst eher den V-Probanden glichen, tendierten sie hinsichtlich des Zeitpunktes des ersten Geschlechtsverkehrs eher zu den H_1-Probanden. So war auch der Unterschied des Medianalters zwischen den H_1- und den H_2-Probanden relativ gering.

Da in der Literatur verschiedentlich festgestellt wurde, daß das Alter beim ersten Geschlechtsverkehr und das Sexualverhalten als Ganzes wesentlich von der *Schicht* des Betreffenden bzw. seinem *familiären Hintergrund* bestimmt seien, wurde das Medianalter der beiden Untersuchungsgruppen im Hinblick auf die möglicherweise intervenierenden Variablen Herkunftsschicht, familiärer Hintergrund und Eigenschicht überprüft (s. Tabelle 52):

Dabei zeigte sich, daß die *Herkunftsschicht* (s. o. 2.1.2.1.) bei den H-Probanden hinsichtlich des Alters beim ersten Geschlechtsverkehr praktisch keine Rolle spielte, während sie sich bei den V-Probanden der Unterschicht in einem etwa 1 Jahr niedriger liegenden Medianalter niederschlug.

Die Auswirkungen unterschiedlicher *Familienverhältnisse* in der Herkunftsfamilie ergaben bei intaktem familiären Hintergrund (s. auch o. 2.1.3.) in beiden Gruppen ein höheres Medianalter; bei gestörten familiären Verhältnissen wiesen vor allem die V-Probanden ein deutlich unter dem der V-Gesamtgruppe liegendes Medianalter auf. Die strukturell unvollständige Herkunftsfamilie blieb in dieser Hinsicht dagegen ohne Auswirkungen.

Da möglicherweise auch die unterschiedliche *Schichtverteilung* der beiden Untersuchungsgruppen (Eigenschicht nach SSE; s. o. 2.3.4.1.) für die Unterschiede hinsichtlich des Alters beim

Tabelle 52. *Alter beim ersten Geschlechtsverkehr in Zusammenhang mit Schichtzugehörigkeit und familiärem Hintergrund*

	Medianalter (in Jahren)	
	H-Pbn	V-Pbn
Gesamtgruppe	15,9	19,1
Herkunftsschicht		
Mittelschicht	16,0	19,6
obere Unterschicht	15,8	18,3
untere Unterschicht	15,9	18,4
Familiärer Hintergrund		
intakt	16,8	19,4
gestört	15,6	17,1
unvollständig	15,5	19,0
Eigenschicht (nur Arbeiter)	15,9	18,2
Zum Vergleich: Ungelernte Arbeiter nach SCHMIDT/SIGUSCH (1971, S. 37f.)		18,4

ersten Geschlechtsverkehr verantwortlich sein könnte, wurden aus beiden Untersuchungsgruppen die Arbeiter miteinander verglichen. Es ergab sich dabei nur eine – allerdings nicht ganz unerhebliche – Veränderung bei den V-Probanden, nicht aber bei den H-Probanden; nach wie vor divergierte jedoch das Medianalter dieser beiden Untergruppen um über zwei Jahre.

Um schließlich auch noch die unterschiedliche Zusammensetzung der „Unterschicht" der beiden Untersuchungsgruppen zu berücksichtigen (bei den Unterschichtsangehörigen der H-Gruppe handelte es sich überwiegend um Hilfsarbeiter, bei denen der V-Gruppe dagegen überwiegend um Facharbeiter – s. o. 2.3.4.1.), wurden als weitere Vergleichsgruppe die Probanden der Untersuchung über das Sexualverhalten der „unteren Unterschicht" von SCHMIDT/SIGUSCH (1971) herangezogen. Diese Untersuchung war etwa im gleichen Zeitraum wie die Tübinger Untersuchung durchgeführt worden und umfaßte 150 zwanzig- bis einundzwanzigjährige ungelernte Arbeiter, die ebenso wie die V-Probanden aus der allgemeinen Population ausgewählt worden waren. Aber auch bei diesem Vergleich blieb ein deutlicher Unterschied zum Medianalter der H-Probanden bestehen, zumal das Medianalter der (ungelernten) Arbeiter nach SCHMIDT/SIGUSCH (1971, S. 37 f.) sogar noch etwas über dem der (Fach-)Arbeiter der V-Gruppe lag.

Im Zusammenhang mit der Aufnahme der ersten intensiveren Sexualkontakte ergaben sich darüber hinaus weitere Unterschiede zwischen den H- und V-Probanden, so etwa im Hinblick auf die jeweiligen *Partnerinnen beim ersten Geschlechtsverkehr.* Da die diesbezüglichen Umstände jedoch nicht bei allen Probanden geklärt werden konnten, lassen sich im folgenden nur gewisse Tendenzen darstellen.

Unterschiede hinsichtlich des *Alters der Partnerinnen* beim ersten Geschlechtsverkehr zeigten sich insofern, als die V-Probanden häufiger jüngere, die H-Probanden häufiger ältere Partnerinnen hatten (s. Tabelle 53). Hierbei ist allerdings zu berücksichtigen, daß bei den V-Probanden der erste Geschlechtsverkehr in der Regel erst wesentlich später erfolgte als bei den H-Probanden.

Das Medianalter der Partnerinnen des ersten Geschlechtsverkehrs lag bei den Partnerinnen der V-Probanden bei 18 Jahren (die jüngsten Partnerinnen waren hier 13 bzw. 14 Jahre alt, die älteste 32 Jahre), während es bei den Partnerinnen der H-Probanden bei 19 Jahren lag und die Altersverteilung insgesamt wesentlich breiter streute: Die jüngsten Partnerinnen waren hier 7 bzw. 11 Jahre alt, die älteste 42 Jahre.

Auch hinsichtlich der Frage, ob der Geschlechtsverkehr mit dem jeweiligen Probanden *auch für die Partnerin der erste Geschlechtsverkehr* war, ließen sich relativ eindeutige Tendenzen erkennen: Während dies nach Ansicht der Probanden nur für etwa ein Drittel der H-Partnerinnen zutraf, war dies bei zwei Drittel der V-Partnerinnen der Fall.

Tabelle 53. *Alter der Partnerin des ersten Geschlechtsverkehrs im Vergleich zum Alter des Probanden*

	H-Pbn (n = 124)	V-Pbn (n = 110)
Jünger als Proband	16,9%	43,6%
Etwa gleich alt (max. 1 Jahr Differenz)	16,1%	20,0%
Älter als Proband	66,9%	36,4%
Medianalter der Partnerinnen	ca. 19 Jahre	ca. 18 Jahre

Signifikanz: H–V: p = 0,001

Tabelle 54. *Zahl der GV-Partnerinnen*

	H-Pbn (n = 140)	V-Pbn (n = 160)
1 bis 3	24,3%	71,3%
4 bis 6	15,7%	12,5%
7 bis 10	12,9%	8,8%
Mehr als 10	47,1%	7,5%

Signifikanz: H–V : p = 0,001

Im Verlauf ihres weiteren (Sexual-)Lebens erfolgte bei den H-Probanden weit häufiger ein *Wechsel der Sexualpartnerinnen* (GV-Partnerinnen) als bei den V-Probanden. Obgleich den diesbezüglichen Angaben der Probanden, insbesondere dann, wenn diese eine hohe Zahl von Sexualpartnerinnen nannten, mit einer gewissen Skepsis zu begegnen war, ergaben sich auch hier recht deutliche Tendenzen, die als solche durchaus zuverlässig sein dürften. Ihren Angaben zufolge hatten bis zum Untersuchungszeitpunkt drei Viertel der H-Probanden mehr als 3 GV-Partnerinnen, während knapp drei Viertel der V-Probanden angaben, mit höchstens 3 Partnerinnen verkehrt zu haben (s. Tabelle 54):

Auch hier war die Zahl der GV-Partnerinnen nicht von der „Schicht"- bzw. Berufszugehörigkeit der Probanden abhängig, wohl aber bestand ein gewisser Zusammenhang zwischen dem Alter beim ersten Geschlechtsverkehr und der Häufigkeit des Wechsels der Sexualpartnerinnen. So gaben von den „frühbeginnenden" 48 H-Probanden (mit erstem Geschlechtsverkehr vor dem 15. Lebensjahr) über die Hälfte mehr als 20 GV-Partnerinnen und nur einer weniger als 4 Partnerinnen an, während von den insgesamt 14 „frühbeginnenden" V-Probanden jeweils ein knappes Drittel mehr als 20 bzw. weniger als 4 Partnerinnen nannten. Von den „spätbeginnenden" Probanden (24 H- und 87 V-Probanden, die erst nach dem 19. Lebensjahr ihren ersten Geschlechtsverkehr hatten) gaben dagegen drei Viertel der H-, aber über 90% der V-Probanden weniger als 4 Partnerinnen und nur einer dieser H-Probanden mehr als 20 Partnerinnen an.

In engem Zusammenhang ($cc_{corr} = 0,77$) mit der (großen) Anzahl von GV-Partnerinnen des einzelnen Probanden standen *Kontakte zu Prostituierten,* ohne daß allerdings die hohe Zahl der Sexualkontakte zu verschiedenen Partnerinnen ausschließlich darauf zurückgeführt werden konnte. Über die Hälfte der H-Probanden mit GV-Erfahrung hatte auch Sexualkontakte mit Prostituierten gehabt, bei der V-Gruppe war dies dagegen nur bei einer Minderheit von 7 Probanden der Fall.

Die Art der Sexualkontakte der Probanden stand damit weitgehend in Einklang mit den ansonsten bevorzugten (nichtsexuellen) Kontaktformen: Soweit im Rahmen der *Einzelfalluntersuchungen* feststellbar, bevorzugten die H-Probanden auch bei den Sexualkontakten eher solche, die den (nichtsexuellen) losen (oder den „Milieu"-)Kontakten vergleichbar sind, während jene der V-Probanden eher den (nichtsexuellen) festen Kontakten entsprachen.

2.5.6. Eigene (Prokreations-)Familie

Zum Untersuchungszeitpunkt war lediglich ein Viertel der H-Probanden, jedoch über die Hälfte der V-Probanden (jeweils 3 Probanden aus beiden Untersuchungsgruppen

Tabelle 55. *Anteil der Verheirateten und Heiratsalter*

	H-Pbn (n = 200)	V-Pbn (n = 200)	H_1-Pbn (n = 114)	H_2-Pbn (n = 86)
Verheiratet	23,0%	54,0%	19,3%	27,9%
Heiratsalter (Median)[a]				
der Probanden	20,9	22,4	20,6	21,6
der Ehefrauen	19,1	21,6	18,5	19,8

[a] In Jahren

bereits zum zweiten Mal) verheiratet bzw. zwischenzeitlich wieder geschieden (vgl. insgesamt zum Bereich der eigenen Familie WITTMANN 1980).

Beim *Heiratsalter* der Probanden (s. Tabelle 55) ergaben sich ähnliche Unterschiede wie hinsichtlich des Alters beim ersten Geschlechtsverkehr, wenngleich der Unterschied im Medianalter bei diesen Untergruppen nicht ganz so deutlich ausgeprägt war wie beim Medianalter des ersten Geschlechtsverkehrs.

Das *Medianalter bei den Ehefrauen* divergierte in stärkerem Maße als bei den Probanden selbst. Dabei lag das Medianalter der H-Ehefrauen, ähnlich wie das der H-Partnerinnen beim ersten Geschlechtsverkehr, bei 19 Jahren. Die H-Probanden hatten sich also früher eher älteren Partnerinnen zugewandt, später dagegen eher jüngeren, während die V-Probanden sowohl als Partnerin des ersten Geschlechtsverkehrs wie auch als Ehefrau eher jüngere oder gleichaltrige Partnerinnen aussuchten.

Beim *Altersunterschied* der Ehegatten zueinander waren dagegen insgesamt kaum Abweichungen festzustellen: 66% der H- und 59% der V-Probanden hatten jüngere Partnerinnen geheiratet; größere Altersunterschiede (mehr als 5 Jahre jünger oder älter) kamen jedoch bei den H-Probanden etwas häufiger vor als bei den V-Probanden.

Bis zum Untersuchungszeitpunkt waren aus den 46 Ehen der H-Probanden insgesamt 56 *Kinder,* aus den 108 Ehen der V-Probanden 129 Kinder hervorgegangen, in beiden Gruppen also je Ehe durchschnittlich ungefähr gleich viel (je H-Ehe 1,22, je V-Ehe 1,19). Allerdings hatten bis zu diesem Zeitpunkt die H-Probanden, einschließlich der ledigen, darüber hinaus zusätzlich insgesamt 46 uneheliche und 4 außereheliche Kinder; die V-Probanden jedoch insgesamt nur 1 uneheliches und 1 außereheliches Kind.

Gewisse Unterschiede gab es hinsichtlich der Anzahl der später in der Familie zu versorgenden Kinder: Bis zum Untersuchungszeitpunkt waren in 65% (30) der H-Familien und 72% (78) der V-Familien 1 oder 2 Kinder, in 22% (10) der H-Familien, aber nur in 8% (9) der V-Familien 3 und mehr Kinder zu versorgen (von den H-Ehefrauen waren insgesamt 12, von den V-Ehefrauen 2 Kinder in die Ehe mitgebracht worden). Kinderlos waren bis zu diesem Zeitpunkt 13% (6) der H-Ehen und 20% (22) der V-Ehen geblieben.

2.5.6.1. *Verhalten vor der Eheschließung*

Weder die später verheirateten H- noch die später verheirateten V-Probanden unterschieden sich in ihrem Verhalten in den verschiedenen Lebensbereichen vor der Eheschließung wesentlich vom Verhalten der jeweiligen Gesamtgruppe.

Auch bei den Kontakten und Bindungen bestanden bei diesen Untergruppen im wesentlichen keine anderen Aspekte als bei der jeweiligen Gesamtgruppe. Mehr als zwei Drittel der später verheirateten H-Probanden hatten schon vor ihrem 17. Lebensjahr Geschlechtsverkehr gehabt und zeigten Ansätze früh beginnender Promiskuität. Etwa ein Fünftel von ihnen hatte zum Zeitpunkt der Eheschließung ein nichteheliches Kind mit einer anderen Frau als der späteren Ehefrau. Bei den später verheirateten V-Probanden war dies bei 2 Probanden der Fall. Auch frühe sexuelle Beziehungen einschließlich Geschlechtsverkehr sowie häufiger Wechsel der Sexualbekanntschaften fanden sich nur bei insgesamt 8 der verheirateten V-Probanden, während andererseits bei 40% (43) dieser V-Probanden der erste Geschlechtsverkehr mit der späteren Ehefrau erfolgt war.

Soweit nach den Angaben der Probanden oder durch Auskunft Dritter feststellbar, zeigten auch die *Ehefrauen* der Probanden aus den beiden Gruppen vor der Heirat unterschiedliche Verhaltensweisen: Mehr als ein Viertel der späteren H-Ehefrauen war vor der Eheschließung unter anderem durch „streitsüchtiges", „unwirtschaftliches" oder „sexuell auffälliges" (häufiger Partnerwechsel) Verhalten in Erscheinung getreten, während entsprechende Angaben nur über eine V-Ehefrau vorlagen.

Die *Dauer der Bekanntschaft* vor der Eheschließung lag bei den H-Probanden nicht selten unter einem halben Jahr; insgesamt 39% (18) der H-Ehen, jedoch nur 12% (13) der V-Ehen wurden innerhalb der ersten 12 Monate der Bekanntschaft geschlossen, bei 40% (44) der V-Ehen und 20% (9) der H-Ehen bestanden dagegen vor der Eheschließung schon länger als 3 Jahre engere Beziehungen. Andererseits war in beiden Gruppen eine ganze Anzahl der Partnerinnen (63% der H- und 42% der V-Partnerinnen) bereits vor der Eheschließung gravide. Während die Schwangerschaft bei den betreffenden H-Probanden überwiegend für die Heirat überhaupt ausschlaggebend war, hatten die meisten dieser V-Probanden (93%) und deren Partnerinnen unabhängig davon ohnehin eine Heirat beabsichtigt, nur eben zu einem späteren Zeitpunkt.

Diese Zahlen hinsichtlich der Dauer der vorehelichen Bekanntschaft bestätigten im übrigen auch die Feststellungen aus den *Einzelfalluntersuchungen* an der gesamten Untersuchungsgruppe: Genauso rasch, wie die Mehrzahl der H-Probanden eine Bekannte als „Freundin" bezeichnete (s. o. 2.5.3.), wurde eine solche Bekanntschaft zur „Verlobung", im Extremfall – aus der augenblicklichen Situation heraus durchaus ernsthaft gemeint – bereits nach wenigen Stunden. Andererseits wurden solche „Verlöbnisse" auch ebenso schnell wieder gelöst.

In Übereinstimmung mit der teilweise sehr kurzen Dauer der Bekanntschaft vor der Eheschließung fielen auch die *Vorbereitungen für die Ehe* bei den H- bzw. V-Probanden sehr unterschiedlich aus. Insgesamt nur 6 H-Probanden (13% – davon 4 H_2-Probanden) verfügten zum Zeitpunkt der Eheschließung über finanzielle Rücklagen. Die meisten H-Probanden (36 Probanden – 78%) hatten dagegen Schulden bzw. laufende Verpflichtungen, etwa in Form einer Unterhaltspflicht für nichteheliche Kinder oder vor allem in Form von Ratenzahlungsverpflichtungen für Autos usw. Ausgesprochen ehevorbereitende Maßnahmen, etwa durch berufliche Absicherung, Priorität eines Ausbildungsabschlusses, Sparrücklagen für Wohnungseinrichtung, Beschaffung einer Wohnung usw., waren für die meisten H-Probanden praktisch ohne Bedeutung, während bei den V-Probanden der Zeitpunkt der Heirat in der Regel von solchen Voraussetzungen abhing. So stand zum Zeitpunkt der Eheschließung nur einem Viertel der H-Ehepaare (12, davon 9 H_2-Ehepaare), aber 82% (89) V-Ehepaaren eine eigene Wohnung zur Verfügung.

2.5.6.2. Verhalten während der Ehe

Auch die Einschätzung der *ehelichen Beziehungen,* die jeweils von beiden Ehepartnern vorgenommen wurde, war recht unterschiedlich: Lediglich 28% (13) der H-Ehepaare (6 H_1, 7 H_2), aber 91% (99) der V-Ehepaare gaben an, „keine größeren Differenzen" in der Ehe gehabt zu haben. Von „erheblich gestörten" Ehen, die von häufigen, teilweise – vor allem unter Alkoholeinfluß – tätlichen Auseinandersetzungen gekennzeichnet waren und schließlich bisweilen auch zu vorübergehenden oder endgültigen Trennungen führten (unabhängig von Haftaufenthalten der Probanden – s. u. 2.5.6.3.), wurde dagegen von 72% (33) der H-Ehepaare, jedoch nur von 9% (10) der V-Ehepaare berichtet.

Obgleich bis zum Untersuchungszeitpunkt die Dauer der Ehe bei 70% der H- und 59% der V-Probanden noch unter 5 Jahren lag, konnte doch der *Verlauf der Ehen* (bei den H-Probanden: Bis zur letzten Inhaftierung) grob in zwei Gruppen unterteilt werden: „Intakte Ehen", bei denen keine größeren, nach außen sichtbaren Störungen eingetreten waren und die von den Probanden und deren Ehefrauen als ausgewogen und harmonisch bezeichnet wurden, fanden sich bei 15% (7) der H-Probanden (davon 6 H_2-Probanden) und bei 91% (98) der V-Probanden. Umgekehrt war bei 85% (39) der H-Probanden und bei 9% (10) der V-Probanden von einer gestörten Ehe auszugehen, bei der es wiederholt zu heftigen verbalen, teilweise auch handgreiflichen Auseinandersetzungen gekommen war und die von den Probanden und deren Ehefrauen als unglücklich bzw. als mehr oder weniger gescheitert bezeichnet wurde.

Diesem recht eindeutigen Trend in den beiden Gruppen entsprechen auch die Unterschiede im *Sozialverhalten* der Probanden *während der Ehe.* Etwa zwei Drittel der H-Probanden behielten ihr früheres Leben mit all seinen spezifischen Auffälligkeiten, vor allem im Leistungs- und Freizeitbereich, bei (s. dazu im einzelnen o. 2.3. und 2.4.). Sie gingen weiterhin keiner geregelten Arbeit nach und verbrachten ihre Freizeit nach wie vor überwiegend außerhäusig und unstrukturiert. Wegen unzureichender Arbeitsleistungen mußte häufig die Wohnung wieder aufgegeben werden und die Familie entweder zu den (Schwieger-)Eltern zurückkehren oder aber in einer Einfachstwohnung untergebracht werden. Insgesamt lebte etwa die Hälfte der H-Probanden während ihrer gesamten Ehe nicht wesentlich länger als ein Jahr in einer eigenen, der Familiengröße angemessenen Wohnung. Nur wenige H-Probanden ließen Verantwortung gegenüber der Ehefrau (und den Kindern) erkennen.

Dabei fällt auf, daß – abgesehen von einer Ausnahme – sowohl in dieser Hinsicht als auch im Hinblick auf ihr voreheliches Sozialverhalten und die Vorbereitungen der Ehe 6 jener 7 H- (1 H_1- und 6 H_2-)Probanden mit intakter Ehe sehr deutlich auch ansonsten aus der Gesamtgruppe der H-Probanden herausfielen und in ihrem gesamten Verhalten eher der Gruppe der V-Probanden entsprachen. (Im übrigen wiesen diese Probanden – mit einer Ausnahme – eine wesentlich geringere Delinquenzbelastung auf als die übrigen H-Probanden. Nur ein Proband war mehrfach mit Eigentumsdelikten in Erscheinung getreten und zeigte als einziger auch in seinem Arbeitsverhalten erhebliche Auffälligkeiten. Auch bei dem einzigen H_1-Probanden dieser Gruppe mit intakter Ehe, der erstmals mit 17 Jahren als Verkehrsdelinquent straffällig geworden war, konnten in den einzelnen Lebensbereichen keine gravierenden Auffälligkeiten festgestellt werden. Zur Delinquenz insgesamt s. u. 4.)

Die V-Probanden konzentrierten sich dagegen nach der Eheschließung, insbesondere jedoch, wenn ein Kind vorhanden war, in ihrer Freizeit fast ganz auf die Familie, sorgten für sie und schienen sich ihrer Verantwortung für die Familie voll bewußt zu sein. Selbst die V-Probanden mit gestörter Ehe entsprachen in dieser Hinsicht noch weitgehend dem bei der V-Gruppe mit intakten Ehen üblichen Verhalten. Dabei fällt auf, daß 7 dieser 10 gestörten V-Ehen zu den wenigen V-Ehen gehörten, die in erster Linie wegen einer bestehenden Schwangerschaft geschlossen worden waren; diese Probanden hatten deutlich früher Sexualkontakte aufgenommen und vor der Ehe auch häufiger die Partnerinnen gewechselt.

Besonders bei den *Einzelfalluntersuchungen* zeigte sich immer wieder recht deutlich, daß bei den V-Probanden die Eheschließung in der Regel einen erheblichen Einschnitt in ihr Leben bedeutete, während sich für die Mehrzahl der H-Probanden durch die Heirat im wesentlichen nichts änderte. Soweit feststellbar, hatte z. B. fast die Hälfte (46%) der verheirateten H- gegenüber nur 4% der verheirateten V-Probanden während ihrer Ehe außereheliche Verhältnisse zu anderen Frauen.

Freilich zeigten vor allem bei den gestörten Ehen häufig auch die Ehefrauen durchaus entsprechende Verhaltensweisen: 41% (19) der H-Ehefrauen und 3% (3) der V-Ehefrauen waren während ihrer Ehe mit dem Probanden durch außereheliche Beziehungen oder durch „streitsüchtiges Verhalten", „Geldverschwendung" oder völlige Vernachlässigung des Haushalts aufgefallen.

Auch im Zusammenhang mit dem *Scheitern der Ehe* ergaben sich Unterschiede zwischen der H- und der V-Gruppe: Während bei den gestörten Ehen der H-Probanden häufige handgreifliche Auseinandersetzungen die Regel waren, kam es bei den insgesamt 10 gestörten V-Ehen nur in 3 Fällen gelegentlich zu Tätlichkeiten, bei 4 V-Ehepaaren zu ausschließlich verbalen Streitigkeiten, und 3 Ehepaare trennten sich in beiderseitigem Einvernehmen ohne vorausgegangene größere Auseinandersetzungen. Fast bei allen betreffenden H-Probanden, aber nur bei einem V-Probanden, der wegen einer bestehenden Schwangerschaft geheiratet hatte, war die Ehe von Anfang an durch Streitigkeiten gekennzeichnet.

Bis zum Untersuchungszeitpunkt war bei 6% (6) der V-Ehen, aber bei 63% (29) der H-Ehen eine *Scheidung* erfolgt, und zwar bei 20 H-Ehen bereits vor der letzten Inhaftierung des Probanden, bei 9 während des damaligen Haftaufenthalts (s. auch u. 2.5.6.3.). Der Anteil der geschiedenen H_2-Ehen überwog dabei mit 71% (17 Fälle) den Anteil der geschiedenen H_1-Ehen (55% bzw. 12 Fälle).

Bei 8 der geschiedenen H-Probanden wurde die Scheidung bereits im ersten halben Jahr nach der Heirat, bei der Hälfte der geschiedenen H-Probanden bereits nach etwa einem Jahr betrieben. Die Scheidungen erfolgten fast ausschließlich aus Alleinverschulden des Probanden. Hierbei mag allerdings die Tatsache der Straffälligkeit, die als Scheidungsgrund im Zivilprozeß leicht feststellbar ist, von Bedeutung gewesen sein. Gegen fast alle der geschiedenen H-Probanden wurden später wegen Unterhaltspflichtverletzungen behördliche Schritte eingeleitet; in 3 Fällen kam es zu Verurteilungen wegen Unterhaltspflichtverletzung.

Bei den 6 V-Ehepaaren erfolgte die Scheidung vorwiegend einvernehmlich und aus beiderseitigem Verschulden; Fälle einer Vernachlässigung der Unterhaltsverpflichtungen der Probanden wurde weder für die Zeit vor noch nach der Scheidung bekannt.

2.5.6.3. *Ehe und Straffälligkeit*

Da der Tatsache des Bestehens bzw. des Scheiterns einer Ehe im Zusammenhang mit Straffälligkeit unter mehreren Gesichtspunkten immer wieder Bedeutung beigemessen wird, wurden noch einige dieser Aspekte bei der Untergruppe der verheirateten H-Probanden untersucht.

Überwiegend waren die verheirateten H-Probanden bereits vor der Ehe straffällig geworden; nur ein Fünftel von ihnen wurde erst während oder nach der Ehe straffällig. Bei den meisten dieser H-Probanden war das Scheitern der Ehe (Scheidung) lediglich ein weiteres Symptom eines allgemein auffälligen Verhaltens, das immer wieder – und zwar unabhängig vom Bestand einer Ehe – zu Verurteilungen und Inhaftierungen führte. In keinem Fall war die Straffälligkeit jedoch direkte Folge des Scheiterns der Ehe.

Nur 2 H-Probanden zeigten erst nach der Trennung von der Ehefrau bzw. nach der Scheidung der Ehe zunehmend sozial auffälliges Verhalten und wurden dann auch straffällig. Teilweise bestand jedoch insofern ein gewisser Zusammenhang zwischen gescheiterter Ehe und Straffälligkeit, als in drei Fällen die betreffenden Probanden ihrer Unterhaltspflicht gegenüber (früheren) Familienangehörigen nicht nachkamen und deshalb verurteilt wurden, und es bei einem weiteren (H-)Probanden wegen Vergewaltigung seiner geschiedenen Ehefrau zur Verurteilung kam.

Die nicht selten als geradezu zerstörerisch angesehenen *Auswirkungen einer Inhaftierung auf die Ehe* waren unterschiedlich. Zwar wurden 9 der insgesamt 29 geschiedenen H-Ehen während des letzten Haftaufenthalts der Probanden geschieden; diese Ehen waren jedoch ausnahmslos bereits vor der Inhaftierung der Probanden erheblich gestört gewesen, teilweise hatten die Ehepartner bereits zuvor längere Zeit getrennt gelebt.

Die Inhaftierung der Probanden führte zwar bei allen H-Ehen zu finanziellen Schwierigkeiten oder verstärkte die ohnehin schon sehr angespannte finanzielle Situation. Andererseits gaben aber auch manche Ehefrauen – vor allem jene, deren Ehe bereits zuvor nicht mehr intakt gewesen war – unumwunden zu, daß sie das jetzt durch die Sozialhilfe oder die Unterstützung von Verwandten zur Verfügung stehende Geld wesentlich besser für den Unterhalt der Familie einteilen konnten als zu der Zeit, während der der Proband noch in Freiheit war.

Die schwerwiegendsten Probleme ergaben sich bei der Inhaftierung jedoch hinsichtlich der Beziehungen zwischen den Ehepartnern und den daraus resultierenden Folgen. Dabei zeigten sich deutliche Unterschiede zwischen den (bereits vor dem Haftaufenthalt) nicht intakten und den intakten Ehen: So fürchteten die H-Probanden mit nicht intakten Ehen durchweg, ihre Ehefrauen würden – trotz regelmäßiger Besuche in der Haftanstalt – während der Haftzeit Sexualkontakte zu anderen Männern knüpfen. In Entlassungsgesuchen verwiesen diese Probanden vorwiegend auf die Gefährdung der Ehe durch die Inhaftierung bzw. auf das durch das Fehlen des Vaters einsetzende „Erziehungsdefizit" der Kinder, obgleich sie sich früher keineswegs um die Kinder gekümmert hatten.

Bei den H-Probanden mit intakten Ehen stand die Ehe selbst – trotz bisweilen erheblicher (finanzieller) Belastungen – nie in Frage, auch nicht seitens der Ehefrauen. Diese hielten weiterhin zu ihren Ehemännern, während letztere ihrerseits auch nicht an der ehelichen Treue ihrer Frauen zweifelten und an sie und ihren Beistand die größten Hoffnungen hinsichtlich der eigenen Konsolidierung nach der Haftentlassung knüpften.

Zusammenfassend ergaben sich also weder Anhaltspunkte dafür, daß ein grundsätzlicher Zusammenhang zwischen Scheitern einer Ehe und Straffälligkeit besteht, noch dafür, daß eine Inhaftierung (zumindest soweit diese nur von kürzerer Dauer ist) grundsätzlich destruktive Auswirkungen auf den Bestand einer Ehe hat.

2.5.7. Kontakt-Syndrom

Wie im Leistungs- und Freizeitbereich zeigten sich auch im Kontaktbereich hinsichtlich der wesentlichen Auswertungskriterien dieses Lebensbereiches – den (nichtsexuellen) Kontakten zu Freunden und Bekannten sowie zur (Herkunfts- und Prokreations-)Familie einerseits und den (hetero-)sexuellen Kontakten andererseits – bei den beiden Untersuchungsgruppen deutlich divergierende Tendenzen. Auch hier lassen sich die für die H-Gruppe charakteristischen Extremausprägungen zu einem Syndrom zusammenfassen: Als besonders trennkräftig erwies sich dabei die Kombination von überwiegend losen oder „Milieu"-Kontakten in der Untersuchungszeit *sowie* Alter beim ersten Geschlechtsverkehr unter 16 Jahren oder mehr als 6 GV-Partnerinnen bis zum Untersuchungszeitpunkt (s. Tabelle 56). Dieses *Kontakt-Syndrom* lag bei über der Hälfte der H-Probanden, jedoch nur bei 3 V-Probanden vor. In Übereinstimmung mit den bisher gefundenen Ergebnissen zum Kontaktbereich waren die H_2-Probanden mit diesem Syndrom geringer belastet als die H_1-Probanden.

Tabelle 56. *Kontakt-Syndrom*

	H-Pbn (n = 149)	V-Pbn (n = 198)	H_1-Pbn (n = 90)	H_2-Pbn (n = 59)
(Überwiegend) lose oder „Milieu"-Kontakte (Untersuchungszeit) *und* Alter beim ersten Geschlechtsverkehr unter 16 Jahren oder mehr als 6 GV-Partnerinnen	59,7%	1,5%	66,6%	45,8%

Signifikanz: H–V: p = 0,001; H_1-H_2: p = 0,02

Das Kontakt-Syndrom dürfte also – ähnlich wie die Syndrome in den anderen Lebensbereichen – auf ein Verhalten hinweisen, das eine besondere kriminelle Gefährdung mit sich bringt. (Für die weiterführende Bedeutung – s. u. Kap. IV, 2. – kommt es dabei weniger auf exakt zu beziffernde Zahlen an als vielmehr auf das – gemessen an der Durchschnittspopulation – *frühe* Alter beim ersten Geschlechtsverkehr und auf den – vergleichsweise – *häufigen* Wechsel der GV-Partnerinnen.)

Neben den für die H-Gruppe charakteristischen Verhaltensweisen ließen sich auch die V-spezifischen Ausprägungen verschiedener Variablen der nichtsexuellen Kontakte einerseits und des sexuellen Kontaktverhaltens andererseits zusammenfassen: Überwiegend familiäre oder sonstige feste Kontakte in der Untersuchungszeit sowie ihren ersten Geschlechtsverkehr erst nach dem 20. Lebensjahr (bzw. bis zum Untersuchungszeitpunkt noch keinen Geschlechtsverkehr) und – ebenfalls bis zum Untersuchungszeitpunkt – weniger als 7 GV-Partnerinnen hatten 50,5% der V-Probanden, jedoch nur 8,5% der H_2-Probanden und kein H_1-Proband.

2.5.8. Zusammenfassung

Zwischen den beiden Untersuchungsgruppen ließen sich auch im Kontaktverhalten recht deutliche Unterschiede feststellen. In Übereinstimmung mit dem in der Kindheit häufig konfliktbelasteten Verhältnis zur Herkunftsfamilie (s. o. 2.1.3.2.) spielten für viele H-Probanden auch im späteren Leben familienbezogene oder sonstige enge zwischenmenschliche Kontakte meist nur eine untergeordnete Rolle. Insgesamt bestand die Tendenz zu häufiger wechselnden, oberflächlichen Beziehungen, die überwiegend utilitaristisch oder „milieu"-orientiert waren. Auch im Sexualbereich zeigte sich – abgesehen von dem erheblich früher als bei der Vergleichsgruppe erfolgten ersten Geschlechtsverkehr – eine Unverbindlichkeit der sexuellen Beziehungen, die sich nahezu konsequent im Verhalten auch nach der Eheschließung fortsetzte. Die Ehe selbst wies eine relativ hohe Unbeständigkeit und geringe Tragfähigkeit auf.

Demgegenüber nahmen bei den V-Probanden, neben festen, tragenden Beziehungen zu wenigen Freunden und Bekannten, die Kontakte zur Herkunftsfamilie, vor allem aber zur Prokreationsfamilie, eine zentrale Stellung in ihrem Leben ein. Auch im sexuellen Verhalten beschränkten sie sich überwiegend auf wenige voreheliche Partnerinnen; ihre Ehen schienen insgesamt stabiler und tragfähiger zu sein als jene der H-Probanden.

Die Differenzierung der H-Gruppe nach Früh- und Spätdelinquenten ergab – wie auch in den anderen Lebensbereichen – eine gewisse Mittelstellung der H_2-Probanden hinsichtlich der allgemeinen Kontakte: Bei ihnen spielten zwar durchgängig lose Kontakte und „Milieu"-Kontakte eine wesentlich größere Rolle als bei den V-Probanden; andererseits waren die „Milieu"-Kontakte etwas spärlicher als bei den H_1-Probanden, und die H_2-Probanden wiesen im Vergleich zu jenen häufiger feste Kontakte zu Freunden und Bekannten auf. Hinsichtlich der sexuellen Kontakte im weiteren Sinne zeigte sich dagegen ein uneinheitliches Bild: Die H_2-Probanden nahmen einerseits deutlich früher als die V-Probanden erste intensivere sexuelle Beziehungen auf und glichen insoweit eher den H_1-Probanden, andererseits konnten ihre Ehen im Vergleich zu den H_1-Ehen wesentlich häufiger als intakt angesehen werden, wenngleich die Scheidungsquote der H_2-Ehen insgesamt weit über der der H_1- (und der V-)Probanden lag.

Auch im Kontaktbereich ließen sich die Extremausprägungen verschiedener Variablen zu einem Syndrom zusammenfassen, dessen Schwergewicht auf den losen bzw. den „Milieu"-Kontakten liegt und das zusätzlich den frühzeitig erfolgenden ersten Geschlechtsverkehr bzw. den häufigen Wechsel der GV-Partnerinnen umfaßt.

Diese Ergebnisse zum Kontaktverhalten der H-Probanden stehen weitgehend in Einklang mit jenen anderer Vergleichsuntersuchungen. So weisen etwa GLUECK/GLUECK (1974, S. 102), HEALY/BRONNER (1936, S. 52, 69 f.), Statens offentliga utredningar (1971, S. 155; 1973 a, S. 216), WEST/FARRINGTON (1973, S. 156) sowie Centro Nazionale di Prevenzione e Difesa Sociale (1969, S. 18) auf die „Milieu"-Orientierung der Kontakte ihrer (straffälligen) Probanden und damit zusammenhängend die Bevorzugung sozial auffälliger Kontaktpersonen hin, wobei Statens offentliga utredningar (1973 a, S. 217) zusätzlich die Flüchtigkeit und Oberflächlichkeit dieser Beziehungen betonen. Beim heterosexuellen Verhalten werden vor allem frühe, häufig wechselnde Sexualkontakte – unter anderem mit Prostituierten – bei den straffälligen Probanden hervorgehoben, und auch auf das frühe Heiratsalter, die soziale Auffälligkeit der Ehepartner, die mangelnde Tragfähigkeit und ungenügende (auch materielle) Absicherung der Ehe bei geringer Bereitschaft der Probanden, durch Eigeninitiative eine Änderung herbeizuführen, wird hingewiesen (GLUECK/GLUECK 1974, S. 102, 161 ff.; OTTERSTRÖM 1946, S. 269; WEST/FARRINGTON 1977, S. 54, 62). Ebenfalls in Übereinstimmung mit den hier gefundenen Ergebnissen wird die Ehe als solche nicht als ein notwendig stabilisierender Faktor im Leben der Delinquenten angesehen (HEALY/BRONNER 1926, S. 130).

3. Zur Person des Täters

3.1. Vorbemerkung

3.1.1. Zum somatischen Bereich

Die Erhebungen zum somatischen Bereich hatten nicht das Ziel, eine umfassende – klinisch-medizinischen Kriterien genügende – Diagnostik bei den H- und V-Probanden zu leisten. Dem Tübinger Institut fehlt die dazu notwendige Ausstattung. Von einer üblichen körperlich-neurologischen Untersuchung allein, ohne entsprechende zusätzliche Labor- und sonstige Fachuntersuchungen, war kein relevanter Erkenntnisgewinn zu erwarten. So wurden nur die bei äußerer Inspektion sichtbaren Auffälligkeiten (Behinderungen, Verkrüppelungen, Anomalien des Körperwuchses, aber auch Narben und Tätowierungen) vermerkt. Außerdem wurde bei den meisten der H- und V-Probanden ein Hirnstrombild (EEG) abgeleitet und zunächst auch ein Echoenzephalogramm angefertigt. Die letztere Untersuchung wurde dann aber bald eingestellt, da sich die Verwertung der Befunde als unergiebig erwies. Dagegen wurde nach einiger Zeit mit Chromosomenuntersuchungen begonnen, so daß hierzu über 74 H- und 103 V-Probanden Befunde vorliegen.

3.1.2. Zum psychischen Bereich

Nach den Eindrücken bei der Vorstudie sowie aufgrund längerwährender eigener Erfahrung hinsichtlich psychischer Auffälligkeiten von Straffälligen war nicht mit einem gehäuften Auftreten *ausgeprägter psychischer Abnormitäten* im Sinne strenger psychopathologischer Kriterien zu rechnen. Daher war es ein vorrangiges Anliegen der Exploration durch den Psychiater, darauf zu achten, ob sich im Grenzbereich zum Normalpsychologischen (wobei die Übergänge ohnehin fließend und nicht eindeutig markierbar sind) vorherrschende Persönlichkeitszüge als „Verdünnungen" bestimmter Abnormitäten oder etwaige sonstige Auffälligkeiten finden und ob hierbei Unterschiede zwischen den beiden Untersuchungsgruppen bestehen. Zudem wurde versucht, unabhängig von psychopathologischen Kriterien, einen möglichst komplexen Eindruck vom Lebenszuschnitt des Probanden zu gewinnen. – Wer jemals Menschen persönlich untersucht hat und nicht nur über Tests und Erhebungsbogen Zugang zu einer Persönlichkeit fand, weiß um die Bedeutung solcher komplexer Eindrücke, aber auch um die Unmöglichkeit, sie im einzelnen darzustellen (s. insgesamt dazu u. Kap. III). Insofern müssen die diesbezüglichen nachfolgenden Ausführungen für denjenigen, der vor allem nach auszählbaren Fakten sucht, unbefriedigend bleiben.

Entsprechend dem Anliegen der Tübinger Jungtäter-Vergleichsuntersuchung, weitgehend hypothesenfrei in deskriptiver Form die beiden Untersuchungsgruppen aufgrund möglichst eindeutig feststellbarer und nachprüfbarer Fakten darzustellen, blieben *psychoanalytische Methoden* und Theorien unberücksichtigt. Ebenso wurden auch keine sonstigen aus anderen Persönlichkeitstheorien abgeleiteten Hypothesen herangezogen. Zur Anwendung kamen lediglich die damals üblichen Testverfahren, mit denen sich etwaige Unterschiede zwischen den beiden Untersuchungsgruppen überprüfen ließen. So wurde bei den *psychologischen Testuntersuchungen* das übliche traditionelle Vorgehen in der Persönlichkeitsdiagnostik gewählt, wobei der Schwerpunkt auf den sogenannten projektiven, also nicht psychometrischen Verfahren lag (Rorschach-Test, Wartegg-Zeichentest, Baumtest). Für die Intelligenzdiagnostik wurde der HAWIE, das damals gebräuchlichste und auch heute noch verwendete Instrument zur Erfassung der Intelligenzfunktionen, herangezogen. Bei einem Teil der Probanden wurden in einem späteren Stadium noch zwei weitere Tests durchgeführt (Rosenzweig P-F-Test und PIT).

Die Teammitglieder, die in unmittelbarem Kontakt mit den Probanden standen, versuchten gemeinsam, die *Eindrücke,* die jeder in den verschiedenen Untersuchungssituationen von dem einzelnen Probanden gewonnen hatte, mit bestimmten, nicht unbedingt an die Fachtermini der Bezugswissenschaften gebundenen Kategorien festzuhalten, etwa den Kontakt des Probanden oder seine Ansprechbarkeit und Stimmungslage usw. (s. u. 3.4.1.). Es liegt in der Natur der Sache, daß dabei nicht dieselbe Zuverlässigkeit und Gültigkeit erreicht werden konnte wie bei den Erhebungen zu den sozialen Bereichen, da hierbei auch durchaus subjektive Eindrücke in die Beurteilung einflossen und zudem ergänzende Befunde aus anderen Informationsquellen (wie bei den Untersuchungen zum Sozialbereich) als Grundlage für eine Korrektur nicht vorlagen. Hinzu kommt, daß die Untersucher (Psychiater, Psychologen, Sozialarbeiter) recht unterschiedliche Ausbildungen und praktische Erfahrungen hatten, was sich besonders bei der Einschätzung bestimmter schwer operationalisierbarer Kategorien (z. B. „Selbstkritik“) niederschlagen könnte. Dennoch zeigte sich bei der späteren Testauswertung durch die Psychologen, daß die Testergebnisse – soweit sie Kriterien erfaßten, die im Rahmen dieser Einschätzungen angesprochen worden waren – mit den von den Teammitgliedern fixierten Eindrücken zumindest in der Tendenz übereinstimmten.

3.2. Anamnestische Angaben und Feststellungen
zu körperlichen Auffälligkeiten

Sowohl von den H- als auch von den V-Probanden (jeweils n = 200) wurde eine *familiäre Belastung* durch bestimmte Krankheiten nur in geringem Maße angegeben.

Insgesamt wurde von den H-Probanden (9.5%) mehr als doppelt so oft über das gehäufte Vorliegen verschiedener *innerer Erkrankungen,* wie z. B. des Respirationstraktes, des Herzens, des Magens und des Darms, berichtet als von V-Probanden (3,5%). Dagegen bestanden keine Unterschiede in den Angaben über Erkrankungen im endokrinen Bereich.

Kopfverletzungen und Gehirnerschütterungen wurden in der H-Gruppe (44,5%) deutlich häufiger als in der V-Gruppe (28,5%) genannt. Allerdings wird man bei der Übernahme von Angaben etwa über das Vorliegen einer Gehirnerschütterung usw. diesen Aussagen der Probanden mit einer gewissen Skepsis gegenüberstehen müssen, da bei wiederholtem intensiven Nachfragen in einigen Fällen festgestellt wurde, daß die angebliche Erinnerungslücke (Amnesie) nach dem „Trauma“ andere Gründe (oft Alkoholisierung) hatte.

Sonstige Krankheiten, die eine zumindest dreimonatige Arbeitsunfähigkeit bedingten oder zu nachfolgenden bleibenden Schädigungen führten, wurden von 10% der H-, aber nur von 5,5% der V-Probanden angegeben.

Im Bereich der *Extremitäten* und des *Rumpfes* wurden bei der V-Gruppe (50%) häufiger Schäden festgestellt als bei den H-Probanden (33%), während sich bei der H-Gruppe öfters Narben fanden, meist als Folge von Unfällen und Schlägereien. Faßt man als äußerlich sichtbare Auffälligkeiten Mißbildungen, Narben und Tätowierungen zusammen, überwiegt die H-Gruppe dabei deutlich (51,5% H; 19,5% V), wobei allerdings *Tätowierungen* fast ausschließlich H-Probanden (51 H; 1 V) aufwiesen.

Das Übergewicht der in der Anamnese genannten internistischen Krankheitsbilder und Folgen von Schädel-Hirn-Traumen bei der H-Gruppe steht insofern in Einklang mit den Befunden des Ehepaares GLUECK (1957) und, in jüngerer Zeit, von LEWIS/SHANOK (1977), als diese ebenfalls eine insgesamt höhere Belastung Delinquenter durch verschiedene Krankheiten (z. B. chronische Erkältungskrankheiten, Unfälle, Operationen) feststellen. Insgesamt ergibt sich jedoch aus der Literatur kein Hinweis auf einen schlüssigen Zusammenhang zwischen bestimmten körperlichen Erkrankungen und Straffälligkeit. So erlauben auch die Feststellungen bei der Tübinger Jungtäter-Vergleichsuntersuchung keine Interpretation dahingehend, daß H-Probanden *konstitutionell* anfälliger wären als V-Probanden.

Unterstellt man die Zuverlässigkeit der Angaben, dann ergeben sich bei der Gesamtbetrachtung des Lebenszuschnittes dieser beiden Gruppen auch weitere Umstände, welche die genannten Unterschiede unter anderen Aspekten erklären können: Zum Beispiel größere Unachtsamkeit gegen sich selbst, auch im körperlichen Bereich. Die zahlreichen Narben und die häufigen Angaben über durchgemachte Gehirnerschütterungen bei den H-Probanden lassen sich ohne weiteres auf die vermehrten (Verkehrs-)Unfälle und Schlägereien zurückführen. Aber auch die vielfach sehr mangelhafte Hygiene und der häufig fehlende Krankenversicherungsschutz bei zahlreichen H-Probanden dürften von Bedeutung sein. So bestand in den Jahren vor der Untersuchung in Tübingen bei 68% der H-, aber lediglich bei 1% der V-Probanden keine oder nur unregelmäßig eine Krankenversicherung. Dabei war das Fehlen einer Krankenversicherung durch verschiedene Fakten bedingt, wobei vor allem lange Zeiten der beruflichen Untätigkeit oder der Gelegenheitsarbeiten wie auch der Haft anzuführen wären; es kann aber auch Ausdruck einer gewissen Sorglosigkeit und fehlenden Zukunftsplanung sein, wie sie bei den H-Probanden häufig auch in anderen Bereichen festgestellt wurden, etwa wenn der Proband in einem unseriösen Betrieb arbeitete und sich nicht darum kümmerte, ob er tatsächlich bei der Sozialversicherung angemeldet war. Eine fehlende Versicherung könnte jedoch die Früherkennung und Behandlung von Krankheiten verhindern und damit eher zu einer Verschlimmerung oder Chronifizierung derselben beitragen.

Auch andere Tatsachen und Aussagen der Probanden sprechen gegen eine konstitutionelle Komponente: So wurde von den H-Probanden weit häufiger als von den V-Probanden hoher Alkoholkonsum angegeben (s. dazu auch u. 3.4.2.3.). 68,5% der H- und nur 23,5% der V-Probanden bezeichneten sich selbst als starke Raucher. Selbst wenn man in Betracht zieht, daß möglicherweise V-Probanden solche Angaben eher im Sinne bestimmter sozial erwünschter Kriterien beschönigten (doch könnte dies auch für H-Probanden zutreffen), besteht aufgrund der sonstigen Feststellungen bei der Untersuchung ein tiefgreifender Unterschied in der Lebensweise zwischen H- und V-Probanden (s. u. 3.4.4. und Kap. III), so daß sich auch daraus ohne weiteres eine entsprechende Erklärung für die vermehrten somatischen Schädigungen bei der H-Gruppe anbietet.

Bezüglich der bisweilen geäußerten Ansicht (z. B. STUTTE 1974 und die dort angegebene Literatur), sichtbare Behinderungen und Auffälligkeiten führten über noch ungeklärte Zwischenprozesse, die als „Anpassungsschwierigkeit" bezeichnet werden könnten, zum Anschluß an deviante Gruppen, ergaben die Erhebungen eindeutig, daß sowohl Narben als auch Tätowierungen (die meist in der Haft erfolgen) ganz überwiegend im Zusammenhang mit einem bereits längere Zeit zuvor bestehenden auffälligen Lebenszuschnitt standen. Gerade Tätowierungen weisen einerseits üblicherweise auf die Zugehörigkeit zu bestimmten Gruppen hin, andererseits können sie – einmal vorhanden – den Zugang oder die Rückkehr zu solchen Gruppen erleichtern.

Für ihren *Werdegang* maßen die V-Probanden körperlichen Beeinträchtigungen kein besonderes Gewicht bei, während von den H-Probanden gelegentlich auf deren Bedeutung für den sozialen Abstieg bzw. die Behinderung des sozialen Aufstiegs hingewiesen wurde (s. auch u. Kap. III, 4.3.2.3.).

3.3. Laboruntersuchungen

3.3.1. Zytogenetische Untersuchungen

Mitte der 60er Jahre wurde in mehreren Veröffentlichungen ein Zusammenhang zwischen Chromosomenaberrationen und Straffälligkeit erörtert. Allerdings fehlten dabei Untersuchungen an auslesefreien Populationen Straffälliger und deren Vergleich mit entsprechenden Kontrollgruppen aus der „Normal"-Bevölkerung. Die Untersuchungen beschränkten sich vielmehr auf kasuistische Mitteilungen oder ausgewählte Reihenuntersuchungen (z. B. nach Art des Deliktes oder des klinisch-psychiatrischen Befundes). Da bei der Tübinger Jungtäter-Vergleichsuntersuchung keine derartige Auswahl erfolgt war, wurden an den bis zu jenem Zeitpunkt noch nicht untersuchten 103 V-Probanden und 74 H-Probanden von HABERLANDT (1970) zytogenetische Untersuchungen durchgeführt. Dabei wiesen 8 der H-Probanden und 3 der V-Probanden Chromosomenanomalien auf.

Unter den 8 H-Probanden fanden sich eine reine XYY-Konstellation, 2 Mosaikbildungen mit zusätzlichen Y-Chromosomen, 2 Probanden mit Klinefelter-Syndrom (XXY) und 1 Mosaikbildung mit zusätzlichem X-Chromosom. In 2 Fällen lagen strukturelle Veränderungen des Chromosomensatzes (abnorm großes Y-Chromosom) vor. Bei den 3 V-Probanden mit auffälligem Chromosomensatz handelte es sich um 2 Mosaikbildungen und 1 Translokation; alle 3 waren überdurchschnittlich intelligent und klinisch unauffällig, während 4 der H-Probanden unterdurchschnittliche Intelligenzwerte aufwiesen. Bei den Delikten der H-Probanden mit Chromosomenanomalien handelte es sich um Eigentumsvergehen, Verkehrsvergehen, Körperverletzungen und Straftaten gegen die sexuelle Selbstbestimmung.

Eine genauere Betrachtung der Einzelfälle ergab bei den verschiedenen Chromosomenanomalien unterschiedliche körperliche und psychische Befunde: Während die bei den V-Probanden und bei einigen H-Probanden angetroffenen strukturellen Chromosomenaberrationen mit keiner – oder allenfalls geringer – Beeinträchtigung des körperlichen und seelischen Zustandes einhergingen, wurden bei den numerischen Aberrationen (XYY und XXY) ein auffälliger körperlicher Habitus, unproportionierter Hochwuchs und im psychischen Bereich Minderbegabung festgestellt.

Für eine generalisierende Aussage, etwa zur Straffälligkeit, reichen diese wenigen Befunde nicht aus (ausführlich hierzu HABERLANDT 1970; KLEIN-VOGLER/HABERLANDT 1974).

Mit dem Problem der Straffälligkeit bei Chromosomenanomalien (und den daraus resultierenden Konsequenzen) haben sich besonders RUSELL/BENDER (1970) befaßt. JÖRGENSEN (1969) weist jedoch darauf hin, daß auch ein „normaler" Chromosomensatz bislang noch nicht faßbare gestörte Anlagen enthalten kann (Literaturübersicht z. B. bei BAKER et al. 1970; HABERLANDT 1970).

3.3.2. Elektroenzephalographie und Echoenzephalographie

Ein EEG wurde bei 147 H- und 150 V-Probanden abgeleitet und von Vetter (1972) ausgewertet. Davon fanden sich bei 13 H- und 7 V-Probanden von der Norm abweichende Befunde, wobei je ein H- und ein V-Proband Zeichen von Anfallssymptomen aufwiesen. Die übrigen im Hirnstrombild auffälligen Probanden zeigten sowohl in der Häufigkeit als auch in der Ausprägung der verschiedenen Wellen größere Variationen als im Normal-EEG, wenn auch nicht immer gleichsinnig. Durchgängig relevante und verallgemeinerungsfähige Unterschiede zwischen den beiden Probandengruppen konnten dagegen nicht festgestellt werden.

Obgleich in der Literatur gelegentlich behauptet wird, daß sich im Hirnstrombild bei Straffälligen häufiger als bei Nichtstraffälligen Auffälligkeiten fänden (so beschreiben z. B. Wiener et al. 1966, S. 497 ff. ein gehäuftes Vorkommen langsamer Wellen im EEG Straffälliger), überrascht dieses Ergebnis nicht, wenn man bedenkt, wie schwierig sich eine einigermaßen zuverlässige Beurteilung des Hirnstrombildes gestaltet. Schon normale EEG-Ableitungen weisen eine große Variationsbreite sowohl hinsichtlich Amplitude und Frequenz wie auch Stabilität der (kurvenmäßig) aufgezeichneten Potentialschwankungen auf. Außerdem muß eine klinisch manifeste organische Erkrankung des Zentralnervensystems nicht zwangsläufig zu einem auffälligen Hirnstrombild führen. Jedenfalls läßt sich aufgrund der EEG-Untersuchungen bei der Tübinger Jungtäter-Vergleichsuntersuchung keine Aussage zur Frage vermehrter oder gar spezifischer Auffälligkeiten im Hirnstrombild bei Straffälligen machen. (Ausführliche Literaturübersicht bei Vetter 1972 sowie Schulz/Mainusch 1969 und Loomis 1965).

Auch die *echoenzephalographischen* Untersuchungen brachten keinerlei verwertbare Ergebnisse über etwaige Unterschiede zwischen der H- und der V-Gruppe und wurden deshalb vorzeitig eingestellt.

3.4. Psychiatrische und psychologische Untersuchungen

3.4.1. Eindrücke aus den Untersuchungssituationen

Im allgemeinen *Ausdrucksverhalten,* in der *Sprechweise* und der *sprachlichen Ausdrucksfähigkeit* wurden keine nennenswerten Unterschiede zwischen H- und V-Probanden festgestellt. Mit *Sprachstörungen,* insbesondere Stottern, fielen dagegen 5,5% der H- und 1% der V-Probanden auf.

Bei der Mehrzahl der H- und der V-Probanden war der *formale Kontakt* gut (85% H; 92% V). Auffälligkeiten wie z. B. Distanzlosigkeit oder extreme Gehemmtheit lagen bei 12% der H- und 4% der V-Probanden vor.

Auch die *emotionale Ansprechbarkeit* war bei der H-Gruppe geringer, und *affektiv* zeigten sich die H-Probanden häufiger unbeherrscht. Eine *ausgewogene, stabile Stimmungslage* fand sich bei 25,5% der H- und 48,5% der V-Probanden, während *Verstimmungszustände* häufiger bei H- als bei V-Probanden vorkamen (7,5% H; 1% V).

Bei 10% der H- und 39% der V-Probanden war das *Gedächtnis* gut, dagegen bei 21% der H- und bei 6,5% der V-Probanden schlecht. Entsprechendes ergab sich auch hinsichtlich der *Merkfähigkeit:* Sie war gut bei 45% der V- und 12,5% der H-Probanden, schlecht dagegen bei 34% der H- und 13,5% der V-Probanden.

Bei einer Einschätzung des *formalen Denkens* fielen geringe Umstellungsfähigkeit und Klebenbleiben am Thema sowie gelegentliches Perseverieren bei 37% der H- und 12% der V-Probanden auf.

Auch bezüglich der *Urteilsfähigkeit* und der *Selbstkritik* ergaben sich deutliche Unterschiede: Die Urteilsfähigkeit wurde bei 32% der H- sowie 3% der V-Probanden und die Selbstkritik bei 35,5% der H- und 5% der V-Probanden als schlecht eingestuft.

3.4.2. Psychiatrische Exploration

3.4.2.1. Psychosen

Das Vorliegen florider psychischer Erkrankungen war nicht zu erwarten, da psychisch kranke Straftäter in der Regel im Rahmen des Strafverfahrens zur Untersuchung und dann nicht mehr in den Strafvollzug kommen, während eine akute Psychose ansonsten im sozialen Leben ohnehin meist erkannt und der Patient dann ärztlicher Behandlung zugeführt wird (s. auch u. 3.4.2.3.). So ergab sich bei den Probanden zur Zeit der Tübinger Untersuchungen insgesamt in nur 3 Fällen der Verdacht auf eine beginnende *Schizophrenie* (2 H-, 1 V-Proband); in 2 dieser Fälle trat die Erkrankung später auch eindeutig auf. Die Diagnose einer *Zyklothymie* wurde dagegen nicht gestellt.

Zudem zeigte ein zur Zeit der Untersuchung noch nicht vorbestrafter (V-)Proband eindeutige Persönlichkeits- und Intelligenzveränderungen nach einem schweren *Schädelhirntrauma;* bei ihm kam es dann in der Folgezeit zu erheblicher sozialer Auffälligkeit und schließlich auch zu Straftaten.

3.4.2.2. Endoreaktive Drangzustände

Hierbei handelt es sich um einen zügellosen Tätigkeitsdrang, verbunden mit motorischer Unruhe, Getriebenheit, zielloser Unrast. Diese Verhaltensweisen treten unregelmäßig, manchmal ohne ersichtlichen Grund, oft jedoch ausgelöst durch äußere, mehr oder weniger belanglose Ereignisse auf und werden bisweilen schon im Kindesalter beobachtet. Der Betreffende bleibt der Arbeit fern, es drängt ihn fort, „ich mußte einmal über den Berg", oder er läuft nach einem banalen Vorkommnis, das ihm nicht paßt, oder nach einem Streit einfach weg. Die Dauer solcher Unruhezustände ist unterschiedlich. Meist erfolgen dabei irgendwelche Entladungen, sei es in Form von Alkoholmißbrauch oder sinnlosem Umherlaufen bzw. Wegfahren, vielfach unter Benutzung eines zu diesem Zweck entwendeten Kraftfahrzeuges, womit bisweilen weitere Straftaten verbunden sind.

Nach weiteren Beobachtungen an den Probanden im Rahmen der Fortuntersuchungen scheinen diese Drangzustände und mit ihnen meist auch die Straffälligkeit gegen Ende des dritten Lebensjahrzehnts abzuklingen und eher einer gewissen Bequemlichkeit und Trägheit Platz zu machen.

Der oft unmotivierte und nicht recht verstehbare Beginn dieser Zustände, die dabei bestehende motorische Unruhe und nicht zuletzt die mangelnde oder zumindest äußerst schwierige Beherrschbarkeit legen die Vermutung eines dabei (auch) wirksamen somatischen Geschehens nahe. Da bisher noch keine gezielten medizinischen Untersuchungen dieses Phänomens bei Straffälligen erfolgten, ist sein Verhältnis zu der Stimmungslabilität abnormer Persönlichkeiten (SCHNEIDER 1980; auch bei diesem Personenkreis stehen systematische somatische Untersuchungen aus) ebenso ungeklärt wie zu den frühkindlichen Hirnschäden (aus der Vielzahl von Veröffentlichungen hierzu vgl. BRESSER 1965 und LEMPP 1978 und die dort angegebene Literatur). Zudem kann auch noch nicht entschieden werden, ob es sich bei den von manchen V-Probanden bzw. deren Eltern beschriebenen ähnlichen Auffälligkeiten, die besondere erzieherische Probleme mit sich gebracht hatten, um die gleichen Phänomene (bei vielleicht nur quantitativen Unterschieden) handelt oder ob man es hier mit qualitativ Verschiedenem zu tun hat.

Es ist auch nicht möglich, den Anteil der Probanden mit jenen Drangzuständen an der Gesamtzahl der H-Probanden genau festzulegen, da ihre Symptomatik erst im Laufe der Untersuchungen umrissen wurde und daher nicht alle Probanden daraufhin untersucht wurden; doch ist eine Größenordnung von ca. 10% anzunehmen.

3.4.2.3. Sonstige psychische Auffälligkeiten

Ein gewisser Intelligenztiefstand lag bei ca. 15% der H- und bei ca. 5% der V-Probanden vor, wobei sich ein H-Proband im Grenzbereich zum Schwachsinn befand. In diesem Bereich waren also die H-Probanden stärker vertreten (s. dazu auch u. 3.4.3.2.).

Sonstige psychische Auffälligkeiten als *abnorme Spielarten seelischen Wesens* sowohl im Sinne der klassischen *abnormen (psychopathischen) Persönlichkeit* als auch im Sinne jener Kriterien, bei denen an eine *Neurose* zu denken ist, fanden sich nur vereinzelt innerhalb der beiden Gruppen, letztere ausschließlich in der V-Gruppe (nicht berücksichtigt sind hierbei jene sozial verwahrlosten H-Probanden, bei deren Art von Auffälligkeiten in der Literatur gelegentlich der Begriff „neurotische Verwahrlosung" erwähnt wird).

Obgleich einige der Delikte der H-Probanden als im weitesten Sinne erlebnisreaktiv bezeichnet werden können, wie etwa Kurzschlußreaktionen, ist die Tatsache besonders erwähnenswert, daß bei *keinem* der H-Probanden ein *erlebnisreaktiv bedingtes* Delikt vorlag, das als erste Straftat bei vorheriger sozialer Unauffälligkeit nunmehr eine delinquente *Entwicklung* nach sich zog.

In wenigen Fällen kam es dagegen sowohl bei H- als auch bei V-Probanden im Anschluß an ein besonders schwerwiegendes Ereignis (Tod des Vaters oder des Freundes, Trennung von der Verlobten usw.) zu sozialer Auffälligkeit, die sich bei den betreffenden H-Probanden wiederholt darin äußerte, daß sie nicht mehr arbeiteten, sich herumtrieben, sich dem Alkohol zuwandten und schließlich ins „Milieu" und dann in die Straffälligkeit abglitten, während bei den betreffenden V-Probanden vielfach eine länger dauernde depressive Verstimmung mit völliger Zurückgezogenheit eintrat, wobei jedoch kein Einbruch in den Leistungsbereich erfolgte.

Ansonsten zeigte sich durchweg, daß die betreffenden H-Probanden schon vor dem als besonders gravierend angegebenen Ereignis sozial auffällig gewesen waren.

Dagegen kamen Persönlichkeitszüge, die man als *Verdünnungen* von einigen für psychopathische Persönlichkeiten typischen und sie beherrschenden Eigenschaften bezeichnen kann, häufiger vor. Während bei V-Probanden dabei eigentlich alle Erscheinungsformen gelegentlich beobachtet wurden, standen bei den H-Probanden Züge im Vordergrund, wie sie in ausgeprägter Form bei den expansiven (vgl. PETRILOWITSCH 1966, S. 65 ff.), stimmungslabilen und explosiblen, willenlosen, leicht beeinflußbaren sowie geltungsbedürftigen (vgl. SCHNEIDER 1980), aber auch bei den wegen ihrer selbsterlebten Insuffizienz bestätigungsbedürftigen Persönlichkeiten beschrieben sind. Darüber hinaus fanden sich immer wieder die Bedenkenlosen (vgl. GÖPPINGER 1960, S. 82 ff.) sowohl in der H- als auch in der V-Gruppe. Dennoch waren diese Auffälligkeiten in ihrer Ausprägung nicht so erheblich, daß man sie allein als bestimmend für die Lebensführung der Probanden ansehen könnte.

Im Zusammenhang mit Delikten kam es bei den H-Probanden nicht ganz selten zu *Kurzschlußreaktionen.* Abgesehen von Körperverletzungen (Gewaltdelikten) und Beleidigungen, die bisweilen als unmittelbare Reaktion auf ein Ereignis erfolgten, waren es Probleme im Zusammenhang mit früherer Straffälligkeit (Lohnpfändung, Bekanntwerden von Vorstrafen, Auftauchen von Polizei oder Bewährungshelfer am Arbeitsplatz usw.) oder manchmal auch relativ alltägliche Ereignisse (z. B. Ärger am Arbeitsplatz, Streit mit einem Mädchen oder „Kumpel"), die den Anfang einer Handlungskette (Verlassen des Arbeitsplatzes bzw. der Wohnung, Aufsuchen eines oder verschiedener Lokale, erheblicher Alkoholgenuß) bildeten, an deren Ende das Delikt stand – evtl. verübt zusammen mit anderen „Kumpeln", die inzwischen aufgetaucht waren oder deren Hilfe gesucht worden war.

Selbstmordversuche hatten 33 H-Probanden ein- oder mehrmals unternommen, dagegen nur ein V-Proband. Diese Angaben sind freilich problematisch, da die Ernsthaftigkeit eines Selbstmordversuchs nur aufgrund der Aussagen der betroffenen Person schwer einzuschätzen ist. Für einen Vergleich kommt erschwerend hinzu, daß die meisten Selbstmordversuche der H-Probanden während früherer Haftaufenthalte erfolgten, wobei häufig andere Motive als der Wunsch zu sterben eine Rolle spielten (z. B. angestrebte Hafterleichterung oder Verlegung in ein Vollzugskrankenhaus mit besserer Fluchtmöglichkeit usw.). Soweit die Selbstmordversuche nicht mit der spezifischen Haftsituation in Zusammenhang standen, handelte es sich durchweg um spontane Reaktionen auf irgendwelche Erlebnisse, die für den Probanden eine Enttäuschung bedeuteten (ungünstiges Gerichtsurteil; Untreue oder Scheidungsantrag der Ehefrau; Ausbleiben von Post usw.). In keinem Fall ergab sich ein Anhalt für einen krankheitsbedingten (z. B. endogene Depression) oder für einen über längere Zeit hinweg unter Abwägung aller lebenssituativen Umstände geplanten Selbstmordversuch.

Drogengenuß wurde zwar als vorübergehende Erprobung von einigen V- und auch H-Probanden angegeben; Drogensucht bestand jedoch bei keinem der Probanden, und eine Bestrafung wegen damit in Zusammenhang stehender Delikte lag nicht vor (s. u. 4.3.). Dies ist damit zu erklären, daß im Untersuchungszeitraum Mitte bis Ende der 60er Jahre allgemein der Drogenkonsum kaum verbreitet bzw. noch auf besondere Bevölkerungskreise beschränkt war.

Regelmäßiger (erheblicher) Alkoholgenuß fand sich dagegen häufig (bei 59% der H- und 9% der V-Probanden). Einen (allerdings relativ kleinen) Teil der H-Probanden kann man aufgrund ihres exzessiven und chronischen Alkoholkonsums durchaus als Alkoholiker bezeichnen, wobei einige auch bereits in einer Entziehungsanstalt gewesen waren. Entscheidender als dieses eher unter medizinischem Aspekt zu betrachtende Phänomen ist jedoch die Rolle, die der Alkohol in Verbindung mit dem übrigen sozialen Verhalten und der Delinquenz bei vielen Probanden spielte (s. u. 4.5.2. sowie Kap. III, 3.3.3.3; vgl. auch KERNER 72).

3.4.3. Testpsychologische Befunde

3.4.3.1. Vorbemerkung

Abgesehen von einem Intelligenztest, dem Hamburg-Wechsler-Intelligenztest (HAWIE), wurden zur Erfassung der Persönlichkeit ausschließlich projektive Verfahren, und zwar der Rorschach-Test, der Baumtest und der Wartegg-Zeichentest (WZT) herangezogen. Bei einer Untergruppe von Probanden wurde außer einem weiteren projektiven Verfahren, dem Rosenzweig Picture-Frustration-Test (Rosenzweig P-F-Test), auch ein psychometrisches Verfahren, der Persönlichkeits- und Interessentest (PIT), durchgeführt.

Ein Hauptmerkmal projektiver Verfahren besteht darin, daß ihr Sinn und Zweck für den Probanden nicht offenkundig ist. Somit ist eine willentliche Verfälschung nicht in dem Ausmaß möglich wie bei den Persönlichkeitsfragebogen, deren zugrundeliegende Meßintention dem Probanden meist nicht verborgen bleibt. Gerade bei kriminologischen bzw. forensisch-psychologischen Fragestellungen muß man weit mehr als bei manchen anderen Untersuchungsanlässen mit Verfälschungstendenzen rechnen. Daher erschienen die projektiven Verfahren als die beste Möglichkeit, Zugang zu der Person des Straffälligen zu finden (trotz der Einwände, die man – damals noch in geringerem Maße als heute – dagegen vorbringen kann).

3.4.3.2. Durchführung und Ergebnisse der testpsychologischen Untersuchungen

Der zur Messung der *Intelligenz* verwendete *Hamburg-Wechsler-Intelligenztest für Erwachsene* (HAWIE) setzt sich aus einer Anzahl sprachgebundener (Verbalteil) und sprachfreier (Handlungsteil) Untertests zusammen, z. B. Allgemeinwissen, Gemeinsamkeitenfinden auf der einen Seite und unter anderem Bilderergänzen und Figurenlegen auf der anderen Seite. Statistisch ergibt sich bei 50% der Bevölkerung ein Intelligenzquotient (IQ) nach HAWIE zwischen 91 und 109 (WECHSLER 1964, S. 52); der Rest liegt zu gleichen Teilen (je 25%) darunter und darüber.

Bei den Probanden der H-Gruppe lag der Mittelwert des Gesamt-IQ im Vergleich zur V-Gruppe deutlich niedriger (H = 92,8; V = 103,9). Der Unterschied zwischen den H- und V-Probanden vergrößerte sich noch bei einer isolierten Betrachtung des Verbalteils (H = 92,0; V = 104,4), während er sich beim Handlungsteil verringerte (H = 94,7; V = 103,0).

Von beiden Gruppen waren jeweils zwischen 50% und 60% der Probanden dem mittleren Intelligenzbereich zuzuordnen, während im oberen Bereich (IQ über 109) die V-Gruppe (34% V; 8% H), im unteren Intelligenzbereich (IQ unter 91) dagegen die H-Gruppe (41% H; 11,5% V) überrepräsentiert war. Zwischen der H_1- und H_2-Gruppe fanden sich dagegen keine Unterschiede hinsichtlich der Intelligenzleistung.

Als schwachsinnig (IQ unter 63) war 1 H-Proband einzustufen; sehr niedrige Intelligenz (IQ bis 80) wiesen weitere 13,5% der H-Probanden auf. Bei den V-Probanden lagen dagegen lediglich bei 3,5% die Intelligenzquotienten im Bereich zwischen 70 und 80.

Eine weitere differenziertere Analyse durch die Berechnung verschiedener Indizes mit einzelnen HAWIE-Untertests galt speziell dem Konzentrationsvermögen, der Urteilsfähigkeit in sozialen Situationen und dem Intelligenzabbau. Dabei zeigte sich, daß zwischen beiden Gruppen hinsichtlich des Merkmals herabgesetztes Konzentrationsvermögen keine wesentlichen Unterschiede bestanden. Die Urteilsfähigkeit in sozialen Situationen war jedoch bei der H-Gruppe deutlich schlechter als bei der V-Gruppe; ebenso lagen bei den H-Probanden (17%) häufiger als bei den V-Probanden (5%) Hinweise für einen Abbau der Intelligenz vor. (Dies besagt nach der Testinterpretation, daß eine Einschränkung von Intelligenzfunktionen besteht, die üblicherweise erst im höheren Lebensalter eintritt.)

Bei den zur *Persönlichkeitsdiagnostik* herangezogenen Tests soll der *Rorschach-Test* nicht einzelne Aspekte, sondern die „Gesamtpersönlichkeit" erfassen.

Der Proband soll unstrukturiertes, visuelles Reizmaterial in Gestalt von Tinten- und Farbklecksen deuten. Die Art und Weise, wie er dieses Reizmaterial verarbeitet, soll die Struktur und Dynamik seiner Persönlichkeit widerspiegeln.

Hier ergaben sich zwischen den beiden Gruppen nur bei sehr wenigen Kategorien Unterschiede. So wiesen im Hinblick auf die Grundeinstellung der Persönlichkeit zum Ich und zur Umwelt mehr H-Probanden (46,5% H; 29% V) einen extremen extratensiven Erlebnistypus auf (entsprechend der von BOHM 1967 vorgeschlagenen Auswertung des Rorschach-Verfahrens): Dieser Erlebnistypus soll unter anderem gekennzeichnet sein durch eine mehr stereotypisierte Intelligenz, mehr Reproduktivität, mehr Leben nach außen als nach innen, einen mehr extensiven als intensiven Rapport; außerdem sollen derartig charakterisierte Personen einen großen Umgangskreis, aber meist nur oberflächliche Bindungen haben. Bei einer Differenzierung nach H_1 und H_2 trifft dies noch stärker für die H_2-Probanden zu (41% H_1; 53,5% H_2). Die deutlichen Unterschiede bei der extremen Ausprägung des sogenannten extratensiven Erlebnistypus zwischen den H- und V-Probanden verringerten sich jedoch erheblich, als zusätzlich auch Probanden mit weniger ausgeprägten extratensiven Zügen in den Vergleich miteinbezogen wurden (69,5% H; 59,5% V).

Hinsichtlich der affektiven Anpassungsfähigkeit war bei 75,5% der H- und bei 44,5% der V-Probanden die Anpassungsfähigkeit als gering zu bezeichnen, während sie bei 23% der V- und 11% der H-Probanden als normal anzusehen war. Zwischen der H_1- und H_2-Gruppe fanden sich hierbei keine Unterschiede.

Bezüglich der sozialen Kontaktfähigkeit bestand kein Unterschied zwischen den beiden Untersuchungsgruppen. Dagegen fällt auf, daß bei der H_1-Gruppe im Vergleich zu der H_2-Gruppe in der Tendenz deutlich häufiger Zeichen für eine Störung sozialer Kontaktfähigkeit vorlagen.

Auch die beiden (ebenfalls angewandten) zeichnerischen Gestaltungstests, der *Wartegg-Zeichentest* (WZT) und der *Baumtest* zielen – ähnlich wie das Rorschach-Verfahren – auf charakterologische Aspekte ab:

Beim *Wartegg-Zeichentest* muß der Proband 8 unvollständige Zeichnungen fertigstellen; die Auswertung erfolgt nach überwiegend qualitativen Kategorien. Beim *Baumtest* soll der Proband einen Baum zeichnen; bei der Auswertung finden sowohl raumsymbolische als auch graphologische Merkmale der Zeichnung und formale Einzelmerkmale der Baumgestaltung Berücksichtigung.

Beide Tests erbrachten keine interpretierbaren Ergebnisse. Es waren lediglich Unterschiede bei Einzelmerkmalen nachweisbar, deren Stellenwert bei der ganzheitlich orientierten Auswertung unklar blieb (beim WZT ergaben sich Unterschiede bei 7 von 26 untersuchten Merkmalen; beim Baumtest hingegen bei 23 von 89 Merkmalen).

Im Gegensatz zu diesen Ergebnissen ließen sich mit Hilfe des einzigen psychometrischen Verfahrens (zur Persönlichkeitsdiagnostik), dem *Persönlichkeits- und Interessentest (PIT),* der jedoch nur bei einer kleinen Gruppe durchgeführt wurde, einige Unterschiede zwischen beiden Gruppen feststellen.

So erbrachte der Persönlichkeitsteil des PIT (der Interessenteil wurde nicht erhoben) aufgrund der verwertbaren Testbogen von 42 H- und 47 V-Probanden bei den V-Probanden im Gegensatz zu den H-Probanden eine eher unauffällige Selbstbeschreibung. Demnach stellen sich die V-Probanden in stärkerem Maße als nicht depressiv, nicht schizoid und nicht paranoid dar. Bezüglich der vegetativen Stabilität und der sozialen Einstellung ergaben sich bei der V-Gruppe deutlich höhere Werte als bei der H-Gruppe.

Auch der *Rosenzweig P-F-Test* wurde nur bei einer Untergruppe (71 H- und 104 V-Probanden) durchgeführt.

Er zielt speziell auf die Erfassung von individuellen Reaktionen auf frustrierende Bedingungen und besteht aus Zeichnungen verschiedener Situationen, in denen eine Person zusammen mit anderen in einer für diese enttäuschenden Lage abgebildet ist. Dabei ist die Bemerkung einer Person formuliert, die verbale Reaktion der benachteiligten Person wird erfragt. Die wesentlichen Kriterien bei der Auswertung sind die Richtung der Aggression und der Reaktionstyp.

Dieser Test erbrachte keine deutlichen Unterschiede. Tendenziell wies jedoch die V-Gruppe im Vergleich zur H-Gruppe etwas höhere Werte der Aggression nach außen auf, wohingegen bei der H-Gruppe etwas häufiger eine Umgehung der Aggression festzustellen war. Im Hinblick auf den Reaktionstyp wurde bei den H-Probanden häufiger in ihren Antworten die Lösung der problematischen Situation betont; bei den V-Probanden dagegen etwas häufiger der Hinweis auf das Hindernis.

3.4.3.3. Kritische Bewertung der Befunde

Mit den bei der Tübinger Jungtäter-Vergleichsuntersuchung verwendeten Testverfahren konnte in der *Persönlichkeitsdiagnostik* nur ganz vereinzelt zwischen den H- und den V-Probanden getrennt werden. Dasselbe gilt auch für die Probanden der H_1- und H_2-Gruppe. Soweit testdiagnostisch Unterschiede in der Persönlichkeitsstruktur erhoben wurden, sind diese widersprüchlich und lassen sich nicht einheitlich interpretieren.

Im Gegensatz zur Persönlichkeitsdiagnostik im engeren Sinne brachte jedoch die *Intelligenzdiagnostik* eindeutige Unterschiede. Die H-Probanden wiesen im Vergleich zu den V-Probanden im Durchschnitt eine niedrigere Intelligenz auf, ein Befund, der auch bei weiteren Differenzierungen nach möglichen Begabungsschwerpunkten erhalten blieb. Dennoch ist damit der Schluß nicht zulässig, dem Merkmal Intelligenz sei für Straffälligkeit eine besondere Bedeutung beizumessen, wenn man bedenkt, daß menschliches Erleben und Handeln in der Regel einen hohen Komplexitätsgrad aufweist. Neben den unterschiedlichen intellektuell-kognitiven Voraussetzungen spielen auch in starkem Maße persönlichkeitsspezifische Momente sowie die vielfältigen individuellen Erfahrungen mit spezifischen „Umwelten" der Person eine Rolle.

Intelligenz kann sich auf völlig verschiedene Weise auswirken. So unterschieden sich z. B. die Probanden im Bereich mittlerer Intelligenz mit einem IQ zwischen 91 und 109, der in beiden Gruppen etwa gleich stark besetzt war, in auffallender Weise hinsichtlich des Schulerfolges voneinander: Fast alle V-Probanden schafften (zumindest) den Hauptschulabschluß, während annähernd die Hälfte der H-Probanden diesbezüglich scheiterte (s. dazu o. 2.3.2.1.). Eine größere Bedeutung kommt der Intelligenz freilich zu, wenn sie weit unterhalb der Durchschnittsnorm bereits im Grenzbereich des Schwachsinns liegt; dies war jedoch nur bei wenigen (6) H-Probanden der Fall.

Beim Vergleich mit Ergebnissen aus *anderen Studien* ergibt sich folgendes: Die hier vorliegenden Ergebnisse zur *Intelligenz* entsprechen dem aus anderen Untersuchungen gewonnenen Eindruck, wonach bei Delinquenten von einem niedrigeren Mittelwert des Intelligenzquotienten auszugehen ist (u. a. CONGER/MILLER 1966, S. 74; FERRACUTI et al. 1975, S. 46; WEST/FARRINGTON 1973, S. 84 f.; WOLFGANG et al. 1972, S. 61 f.; abweichend: McCORD/McCORD 1959, S. 65 ff.). Auch das schlechtere Abschneiden der Häftlinge im *Verbalteil* bei relativ besseren Leistungen im *Handlungsteil* steht in Übereinstimmung mit den Ergebnissen anderer Untersuchungen an Straffälligen, die den Intelligenzquotienten ebenfalls nach dem HAWIE ermittelten (unter anderem FERRACUTI et al. 1975, S. 46).

Ein Vergleich der Befunde zur *Persönlichkeit* mit anderen multifaktoriellen Studien ist in sinnvoller Weise kaum möglich: Zum einen sind in manchen Studien eher Temperamentsmerkmale, in anderen dagegen eher motivationale Fakten erfaßt worden, und zum anderen sind methodisch zu heterogene Verfahren zur Anwendung gelangt (zum Teil streng psychometrische, zum Teil projektive Verfahren), was zusätzlich Probleme bezüglich der Gültigkeit der Ergebnisse mit sich bringt (s. o. 3.4.3.1.).

3.4.4. Mit einer spezifischen Lebensweise verbundene Haltungen

Während sich weder unter psychopathologischen Aspekten (s. o. 3.4.2.) noch aufgrund der psychologischen Untersuchungen mit den damals angewendeten Tests (s. o. 3.4.3.) bestimmende psychische Besonderheiten herauskristallisieren ließen, die beide Untersuchungsgruppen deutlich voneinander trennten, wurden insbesondere im Zusammenhang mit Explorationen durch die Psychiater bei vielen H-Probanden immer wieder mit ihrer Lebensweise verbundene Verhaltensmuster erkennbar, die sich bei den V-Probanden nicht fanden, zumindest nicht in dieser Art und Häufung. Sie waren freilich in der Untersuchungssituation selbst etwa als bestimmende Persönlichkeitsmerkmale nicht unmittelbar psycho(patho)logisch erfaßbar, sondern ließen sich erst bei einer genauen Betrachtung des gesamten Sozialverhaltens näher umreißen:

Diese Auffälligkeiten zeigen sich letztlich in einem *„ungebremsten Leben im Augenblick"*, das gekennzeichnet ist durch eine kurze Zeitperspektive, mangelnde Realitätskontrolle und fehlende Lebensplanung. Diese Lebensweise wird vor allem dadurch bestimmt, daß die sofortige Befriedigung augenblicklicher Wünsche und spontaner Bedürfnisse gesucht wird – ohne Rücksicht auf schädliche Folgen körperlicher, materieller oder auch ideeller Art für sich und andere. Damit verbunden besteht einerseits eine Haltung, die bei geringer Ausdauer und Belastbarkeit dazu führt, Anforderungen an die eigene Person bei irgendwelchen Problemen auszuweichen, und zwar ohne dadurch möglicherweise erst hervorgerufene, wesentlich gravierendere Schwierigkeiten zu bedenken. Andererseits läßt sich eine Einstellung erkennen, die man mit einem inadäquat hohen Anspruchsniveau, paradoxer Anpassungserwartung und Forderung nach Ungebundenheit beschreiben kann.

Diese Auffälligkeiten lassen sich aus immer wiederkehrenden Verhaltensweisen im Lebenslängsschnitt erschließen. Für die H-Gruppe sind sie insofern typisch, als sie bei V-Probanden in entsprechend ausgeprägter Form nicht vorkamen; allerdings betreffen sie zwar die Mehrzahl, jedoch nicht sämtliche H-Probanden (Näheres zu diesen, das soziale Verhalten begleitenden bzw. bestimmenden Haltungen der betreffenden Probanden s. u. Kap. III, 3.3.3.)

3.5. Zusammenfassung

Bei einer Gesamtbetrachtung der Befunde zur Person der Probanden sucht man vergebens nach Resultaten, die eine einigermaßen überzeugende Differenzierung zwischen der H- und der V-Gruppe zulassen würden.

Im somatischen Bereich finden sich zwar einige Unterschiede, die aber schon deshalb nur zurückhaltend bewertet werden können, weil sie, etwa bezüglich früherer Krankheiten und Unfälle, ausschließlich auf den Angaben der Probanden beruhen, eine zuverlässige medizinische Bestätigung dieser Angaben jedoch nicht vorliegt. Doch ganz abgesehen davon sind sie völlig uneinheitlich, teilweise sogar entgegengesetzt und zudem zahlenmäßig zu gering, als daß man daraus wissenschaftlich tragfähige Schlüsse ziehen könnte. So lassen sich die erhobenen körperlichen Befunde auch nicht in dem Sinne interpretieren, daß die H-Probanden konstitutionell somatisch auffälliger wären als die V-Probanden. Die Laboruntersuchungen führen in dieser Beziehung ebenfalls nicht weiter.

Prinzipiell nicht anders liegen die Verhältnisse bei den mit den herkömmlichen Methoden der Psychiatrie und Psychologie erhobenen Befunden. Soweit vorhanden, sind die Unterschiede zumeist sehr gering oder in ihrer Bedeutung für Kriminalität unspezifisch. So wird etwa das Gewicht der Unterschiede in der Intelligenz schon dadurch weitgehend abgeschwächt, daß die H- und V-Probanden aus der mittleren Intelligenzgruppe im gesamten Leistungsbereich unterschiedliche Entwicklungen aufwiesen.

Eine gewisse Sonderstellung nehmen die endoreaktiven Drangzustände ein. Doch wurden die Kriterien derselben erst im Laufe der Untersuchung erkennbar und dann auch beschrieben, so daß weitere differenziertere Untersuchungen hierzu noch ausstehen. Dabei kann vorläufig nicht ausgeschlossen werden, daß dasselbe Phänomen in irgendeiner Form auch bei V-Probanden auftrat. Immerhin handelt es sich hier jedoch um einen Befund, dem in zukünftigen Forschungen weiter nachzugehen wäre, auch und gerade aus medizinischer Sicht.

Eindeutige und auch kriminologisch bedeutsame Unterschiede zwischen der H- und der V-Gruppe ergaben sich jedoch bei den aus dem Sozialverhalten erschlossenen Auffälligkeiten, die nicht mehr ausschließlich mit körperlichen oder psychischen Dispositionen eines Menschen in Zusammenhang gebracht werden können. Sie sind vielmehr eher als Ausdruck spezifischer, mit der Lebensweise der Probanden verbundener Haltungen anzusehen, und sie korrespondieren letztlich auch mit Befunden aus den einzelnen sozialen Bereichen (s. o. 2., aber auch u. Kap. III).

4. Delinquenzbereich

4.1. Vorbemerkung

Die Darstellung der Delinquenz im Lebenslängsschnitt soll die H-Gruppe im Vergleich zu anderen Straffälligen charakterisieren sowie Zusammenhänge mit ihrem Sozialverhalten sichtbar machen (s. dazu vor allem u. 4.4.).

Zunächst werden prädelinquente oder delinquente, aber mangels Strafreife nicht strafbare Verhaltensweisen, die schon vereinzelt in den Sozialbereichen Erwähnung fanden, vergleichend betrachtet (s. u. 4.2.1.); dann wird die tatsächliche Delinquenz der H- und V-Probanden im strafmündigen Alter dargestellt, auch soweit sie nicht zur Kenntnis der Strafverfolgungsbehörden gelangt ist bzw. nicht sanktioniert wurde (s. u. 4.2.2.).

Einer differenzierten Analyse wird nur die registrierte Delinquenz der H-Probanden unterzogen (s. u. 4.3.; vgl. dazu die weitergehende Darstellung von KESKE 1983). Dabei ist nochmals daran zu erinnern, daß die H-Probanden zwar einen gewichtigen Ausschnitt aus den (wiederholt) Straffälligen darstellen, aber diese eben nicht vollständig repräsentieren. Die Auslese betrifft gewissermaßen das breite „Mittelfeld" der Kriminalität, indem einerseits bagatellhafte Formen (durch das Kriterium von mindestens 6 Monaten Freiheitsstrafe), andererseits ein gewisser Teil der Schwerkriminalität (durch Nichtberücksichtigung von Zuchthausinsassen) ausgeblendet bleiben (s. dazu o. Kap. I, 2.3.). Diese Auslesekriterien lassen hier zugleich einen Vergleich mit den V-Probanden – im Unterschied zu der Darstellung in den vorherigen Abschnitten – als weder sinnvoll noch möglich erscheinen. Zwar sind auch die V-Probanden keine Gruppe von Nicht-Straffälligen, sondern stellen einen Querschnitt der Normalpopulation dar, doch ist bei der verhältnismäßig geringen Anzahl von 47 Straffälligen eine differenzierte Analyse sehr problematisch. Deren Delinquenz und die damit verbundenen sozialen Auffälligkeiten werden deshalb gesondert dargestellt (s. u. 4.7.).

Die Feststellungen zur Delinquenz der H-Probanden wurden vor allem dem umfangreichen Aktenmaterial entnommen. Sie beziehen sich vorwiegend auf Art, Ausmaß und Verlauf der Delinquenz. Besondere Aufmerksamkeit galt hier dem kriminologischen Tatbild (s. u. 4.5.) und den Modalitäten bei der „letzten" Tat im Zusammenhang mit den konkreten Lebensumständen der Probanden (s. u. 4.6.).

4.2. Vor- und Umfeld registrierter Kriminalität

4.2.1. Soziale Auffälligkeiten und „deliktische" Handlungen im Kindesalter

Da die Strafmündigkeit grundsätzlich erst mit 14 Jahren beginnt, werden bei entsprechenden Handlungen von Kindern die strafrechtlichen Kriterien nicht – wie bei der registrierten Delinquenz – in einem förmlichen Verfahren genau festgestellt; deshalb kann in den meisten Fällen nicht ohne weiteres die Grenze zwischen erheblicher sozialer und bereits deliktischer Auffälligkeit gezogen werden.

Tabelle 57. *Soziale und „deliktische" Auffälligkeiten im Kindesalter*

	H-Probanden	V-Probanden	
A: *Auffälligkeiten zu Hause bis 14. Lebensjahr*	(n = 196)[a]	(n = 200)	
1) Unauffällig	43,4%	91,0%	
2)[b] Unaufrichtigkeit, Ungehorsam, Unverträglichkeit, Weglaufen	29,1%	6,5%	
3)[b] Stehlen, Betrügen	27,5%	2,5%	
B: *Auffälligkeiten außerhalb des häuslichen Bereichs bis zum 14. Lebensjahr*	(n = 200)	(n = 200)	
1) Angepaßt, unauffällig	30,0%	47,0%	
2)[b] Kleinere Entwendungen, Frechheiten, Rauchen, Alkoholgenuß	8,5%	28,0%	
3)[b] Herumstreunen, erhebliches Schwänzen, Sachbeschädigungen, sexuelle Auffälligkeiten	20,0%	16,5%	
4)[b] Stehlen, Betrügen, extreme Rauflust	41,5%	8,5%	

C: *„Deliktische" inner- und/oder außer-häusige Auffälligkeiten bis 14. Lebensjahr*	H-Pbn (n = 196)	V-Pbn (n = 200)	H_1-Pbn (n = 113)	H_2-Pbn (n = 83)
Stehlen, Betrügen, extreme Rauflust; (A 3 und/oder B 4)	49,5%	10,5%	65,5%	27,7%

Signifikanz: jeweils p = 0,001

[a] Nicht enthalten: 4 Heimkinder

[b] Bei 2) sind nur Probanden eingestuft, die nicht auch in 3) oder 4) eingestuft sind, entsprechendes gilt bei 3) hinsichtlich 4)

Daher wurde bei den zum Teil massiven sozialen Auffälligkeiten der H- und V-Probanden im Kindesalter, die weitgehend dem im angloamerikanischen Rechtskreis üblichen Begriff „delinquency" zugeordnet werden können, auch nicht nach strafrechtlichen Aspekten differenziert, sondern nach ihrem Schweregrad. In der folgenden Tabelle sind die häuslichen und außerhäusigen Auffälligkeiten aus verschiedenen Bereichen (s. o. 2.) zusammengefaßt (s. Tabelle 57).

Auffälligkeiten im häuslichen Bereich lagen überwiegend bei Probanden vor, bei denen die elterliche Kontrolle fehlte oder deren Eltern selbst sozial auffällig waren (s. dazu auch o. 2.1.). Beim Stehlen und Betrügen handelte es sich vielfach um die Wegnahme nicht unerheblicher Geldbeträge, etwa aus der Einkaufskasse der Eltern, oder um zum Teil raffinierte Täuschungen der Erziehungspersonen.

Von den *Auffälligkeiten außerhalb des häuslichen Bereichs* war zwar immerhin mehr als die Hälfte der V-Probanden gegenüber 70% der H-Probanden betroffen; die eigentlichen Unterschiede werden jedoch bei der Art der Auffälligkeit deutlich: Die V-Probanden fielen auf wegen kleinerer Entwendungen (etwa Obstdiebstahl), oder weil sie frech waren, rauchten oder Alkohol tranken. Dagegen zeigten sie schwerwiegende Auffälligkeiten, insbesondere Stehlen, Betrügen oder extreme Rauflust, nur selten. Derartige Auffälligkeiten waren dagegen bei den H-Probanden stark vertreten: Zum Beispiel Stehlen von nicht geringwertigen Sachen oder unter erschwerten Umständen, Fälschen von Unterschriften und Körperverletzungen in Verbindung mit Raufereien.

Zudem standen diese „deliktischen Handlungen" häufig im Zusammenhang mit anderen schwerwiegenden sozialen Auffälligkeiten, insbesondere mit Herumstreunen, das oft mit hartnäckigem Schuleschwänzen und damit zusammenhängenden Täuschungshandlungen den Eltern bzw. den Lehrern gegenüber verbunden war und in dessen Verlauf es auch zu „deliktischen Handlungen" kam (s. dazu auch das „sozioscolare Syndrom", o. 2.3.2.3.).

Insgesamt zeigt sich bei einer Betrachtung der „deliktischen Handlungen" im häuslichen und außerhäusigen Bereich ein deutlicher Zusammenhang mit späterer Delinquenz (s. dazu auch u. 4.4.). Die H_1-Probanden, die zwischen dem 14. und 18. Lebensjahr straffällig wurden, waren zu etwa zwei Drittel schon im Kindesalter aufgefallen. Die H_2-Gruppe liegt dagegen mit 27,7% viel näher bei der V-Gruppe (10,5%) als bei der H_1-Gruppe. Bei den V-Probanden handelte es sich offensichtlich weitgehend um ein episodenhaftes auffälliges Verhalten, das nicht in spätere wiederholte Straffälligkeit mündete (s. dazu u. 4.7.).

Diese Tatsache weist zugleich darauf hin, daß einer „deliktischen Handlung" im Kindesalter als solcher noch keine Bedeutung zukommen muß, wenn sie nicht im Zusammenhang mit weiteren sozialen Auffälligkeiten geschieht (zu den Zusammenhängen zwischen „Kinderdelinquenz" und Straffälligkeit vgl. insbesondere die Untersuchung von TRAULSEN 1976).

Die erheblichen Auffälligkeiten im Kindesalter insgesamt und die „deliktischen Handlungen" im besonderen zogen nur bei einem gewissen Teil der H-Probanden (21,5%) *Maßnahmen von offiziellen Instanzen* nach sich, wogegen sich in der Regel etwa die Schule sogar bei „Delikten" zunächst mit schulinternen Maßnahmen begnügte (s. o. 2.3.2.4.). Das Jugendamt veranlaßte im Wege der freiwilligen Erziehungshilfe bzw. der Fürsorgeerziehung bei 16 auffälligen H-Probanden, jedoch bei keinem V-Probanden die Heimunterbringung (s. auch o. 2.2.2.3.; zur Heimeinweisung nach dem 14. Lebensjahr als Sanktion nach dem JGG oder JWG s. u. 4.3.1.).

4.2.2. Registrierte und nicht registrierte Delinquenz im strafmündigen Alter

Daß nicht nur die H-Probanden zusätzlich zu ihren zahlreichen abgeurteilten Straftaten weitere Delikte begangen hatten, sondern daß auch die – zum Teil ebenfalls vorbestraften – V-Probanden in ihrer überwiegenden Mehrheit unbekannt gebliebene Straftaten verübt hatten, war zu erwarten (zu den methodischen Aspekten s. o. Kap. I, 2.1.2.). Es stellte sich jedoch die Frage, ob die offiziell registrierte und in den Strafakten dokumentierte Delinquenz der Probanden tendenziell auch der Gesamtheit ihrer begangenen Delikte entsprach oder einen völlig verzerrten Ausschnitt wiedergab. So interessierte insbesondere, ob sich die gravierenden Unterschiede zwischen den H- und

V-Probanden im Hinblick auf die tatsächlich begangene Delinquenz zumindest teilweise wieder aufheben würden. Daher wurde die Analyse der registrierten Delinquenz um eine Untersuchung der tatsächlich begangenen Delikte ergänzt. Eine Untersuchung solcher Art ist freilich schon wegen mangelnder objektiver Daten, aber auch noch aus anderen Gründen (s. dazu u.) in ihrem Aussagewert stets begrenzt.

SCHÖCH (1976) erfragte bei V-Probanden aus der Tübinger Jungtäter-Vergleichsuntersuchung und bei einer Gruppe von Strafgefangenen, die den Kriterien der H-Gruppe entsprachen, die tatsächlich begangene Delinquenz, d. h. die registrierte und nicht registrierte Delinquenz zusammen, und verglich die so ermittelte Delinquenzbelastung beider Gruppen.

Diese Studie wurde erst im Endstadium der Erhebungen der Tübinger Jungtäter-Vergleichsuntersuchung begonnen, so daß nur noch 154 V-Probanden mit einbezogen werden konnten. Eine Befragung der H-Gruppe war nur noch bei 39 Probanden möglich, zu wenig für eine differenzierte statistische Analyse. An ihrer Stelle wurden Anfang 1974 aus den Justizvollzugsanstalten Ludwigsburg und Rottenburg 103 Strafgefangene zwischen 20 und 30 Jahren ausgewählt, die mindestens 6 Monate (und in der Regel nicht länger als ein Jahr) Freiheitsstrafe zu verbüßen hatten. Die wichtigsten Ergebnisse wurden mit denjenigen der H-Gruppe verglichen; tendenziell unterschieden sie sich nicht.

Fast alle V-Probanden (99%) gaben an, wenigstens einen der erfragten Straftatbestände mindestens einmal begangen zu haben. Dennoch offenbarten sich gravierende Unterschiede in Struktur, Schwere und Häufigkeit der Delikte: Bei der Messung der Delinquenzbelastung mit Hilfe eines Index, gebildet aus Schwere und Häufigkeit der Delikte (vgl. SCHÖCH 1976, Anm. 27), zeigte sich, daß in den letzten 12 Monaten vor der Untersuchung die durchschnittliche Delinquenzbelastung der Gefangenen (mit der Indexzahl 28) 7 mal so hoch war wie die der V-Probanden (mit der Indexzahl 4). Für die Gesamtzeit verringert sich der Unterschied allerdings etwas; freilich könnte dies durch mangelndes Erinnerungsvermögen bedingt sein (s. u.). Zudem wurden gerade die schwerwiegenden Delikte fast nur von den Strafgefangenen angegeben, während sie von den V-Probanden weitgehend nicht genannt wurden (s. Tabelle 58).

Diese Unterschiede zwischen Gefangenen und der Durchschnittspopulation sind *nicht auf schichtspezifische Deliktsbelastung* zurückzuführen; denn schon in der V-Gruppe verteilte sich die Delinquenz über alle Schichten (gemessen nach dem „Scheuch-Index", vgl. SCHÖCH 1976, S. 220) hinweg annähernd gleich. Noch deutlicher war die Schichtunabhängigkeit dieser Unterschiede bei einem Vergleich der Delinquenzbelastung der *Unterschichtsangehörigen* in beiden Gruppen zu erkennen (s. Tabelle 59).

Tabelle 58. *Schwere Delikte nach Angaben der Probanden*[a]

Angabe: „Ja, mindestens einmal begangen"	Gefangene	V-Probanden
Schwerer Diebstahl	77%	9%
Kfz-Diebstahl	63%	12%
Betrug	35%	9%
Raub	20%	4%
Vergewaltigung	8%	1%

[a] Vgl. SCHÖCH 1976, S. 223 (Ausschnitt aus Tab. 7)

Tabelle 59. *Delinquenzbelastung der Unterschichtsangehörigen nach Angaben der Probanden*[a]

Indexzahl	0–4	5–9	10 u. mehr
V-Probanden (n = 51)	33%	61%	6%
Gefangene (n = 64)	8%	14%	78%

[a] in den letzten 12 Monaten; vgl. SCHÖCH 1976, S. 220

Auch hier zeigte sich, daß die Gefangenen zwar zumeist der Unterschicht angehören, hinsichtlich ihrer Delinquenzbelastung (wie auch ihrer sozialen Auffälligkeit, s. o. 2.1.3.4., 2.3.4.2. und 2.4.5.) aber keineswegs typisch für diese sind.

Insgesamt wird deutlich, daß sich die Gefangenen bezüglich der erfragbaren tatsächlichen Delinquenz durch ihre *delinquente Mehrfachbelastung* von der Durchschnittspopulation (auch innerhalb der Unterschicht) *quantitativ* und *qualitativ* eindeutig abheben. Diese Unterschiede zu Lasten der Häftlinge dürften nach HINDELANG et al. tatsächlich sogar noch wesentlich größer sein, da selbst bei großer Bereitwilligkeit der Befragten die Fähigkeit, richtige Angaben über die tatsächliche Delinquenz zu machen, um so geringer war, je mehr registrierte Delikte begangen worden waren (vgl. HINDELANG et al. 1981, S. 214 ff.).

Auch angesichts der bekannten methodischen Probleme hinsichtlich der Erfassung der nicht registrierten Delinquenz ist nach diesen Ergebnissen eine Beschränkung auf die Analyse der registrierten Delinquenz angezeigt. Hinzu kommt, daß die Angaben über die nicht registrierte Delinquenz auf ihre Richtigkeit hin nicht zuverlässig zu überprüfen sind, wie dies bei den anderen Bereichen, insbesondere der registrierten Delinquenz, mit Hilfe weiterer Informationsquellen zumeist möglich war. Dieser Mangel an Drittinformationen verhindert auch, ein ähnlich umfassendes, differenziertes Bild zu gewinnen wie bei der registrierten Delinquenz, die mit durchschnittlich ca. 50 Seiten pro Strafverfahren dokumentiert war.

4.3. Die gesamte registrierte Delinquenz der H-Probanden und ihre Sanktionierung

4.3.1. Sanktionen und Haftaufenthalte

Allein schon die Zugehörigkeit zur Gruppe der H-Probanden ließ erwarten, daß ein nicht unerheblicher Teil der Häftlinge bereits eine gewisse „kriminelle Karriere" durchlaufen hatte. Aufgrund der Strafzumessungspraxis in der Bundesrepublik Deutschland zur Zeit der Tübinger Untersuchung wurde in der Regel eine Freiheitsstrafe erst dann vollzogen, wenn andere Strafen oder Maßnahmen nicht „erfolgreich" waren, es sei denn, daß allein schon wegen der „Schwere der Schuld" die Vollstreckung der Freiheitsstrafe (aus generalpräventiven Gründen) erforderlich war. So konnte man bei den H-Probanden überwiegend davon ausgehen, daß sie bereits wiederholt straffällig gewesen und zuvor mit „leichteren Sanktionen" belegt worden waren. Daher überraschte es nicht, daß die meisten von ihnen mehrfach bestraft waren: Einschließlich des zur Einweisung in die Vollzugsanstalt Rottenburg führenden Urteils waren 89% mindestens schon dreimal straf- oder jugendgerichtlich sanktioniert worden, wobei auch die Entscheidungen gem. den §§ 27, 47 i. V. m. § 45 JGG berücksichtigt sind. 70% der Probanden wiesen sogar 4 oder mehr Sanktionen auf.

Dabei war die erste Sanktion durchweg milde gewesen und hatte nur in seltenen Fällen (11,5%) eine längere Freiheitsentziehung zur Folge gehabt: Bei 9 Probanden war Jugendstrafe und bei 14 Probanden Freiheitsstrafe ohne Bewährung verhängt worden. Die Mehrzahl der Probanden (63,5%) hatte bereits im Jugend- oder Heranwachsendenalter mit ihrer kriminellen Karriere begonnen und war nach Jugendstrafrecht sanktioniert worden. Insgesamt lauteten bei den Sanktionen nach allgemeinem Strafrecht die meisten auf Freiheitsstrafe (70%), wobei lange Haftstrafen allerdings nicht sehr häufig vorkamen: Bei 47% war die höchste Freiheitsstrafe maximal ein Jahr gewesen, bei nur 21% der Probanden war eine höhere als zweijährige Freiheitsstrafe verhängt worden. Auch Geldstrafen (in 30% der Fälle) waren relativ niedrig ausgefallen: 64% der Probanden hatten nie eine höhere Strafe als 200 DM erhalten.

Abgesehen von Freizeitarrest waren über drei Viertel (78,5%) der H-Probanden auch bereits *vor* der die Aufnahme in die Stichprobe begründenden Haft schon ein- oder mehrmals *inhaftiert* gewesen (einschl. Untersuchungshaft), 57% aller Probanden mindestens für die Dauer eines Monats. Die durchschnittliche Verbüßungszeit lag bei 6 Monaten pro Inhaftierung und bei 16 Monaten insgesamt.

Die erste Inhaftierung erfolgte bei 44,5% aller Probanden bereits vor dem 20. Lebensjahr (s. Tabelle 60), und 23 Probanden verbrachten seit Vollendung ihres 14. Lebensjahres (Strafmündigkeit) bis zum Untersuchungszeitpunkt über ein Viertel dieser Zeit in Gefängnissen, 2 Probanden davon sogar über die Hälfte.

Tabelle 60. *Alter bei der ersten Inhaftierung*[a]

	H-Probanden (n = 200)	cum%[b]
14 Jahre	2,0%	2,0%
15 Jahre	4,5%	6,5%
16 Jahre	11,0%	17,5%
17 Jahre	9,0%	26,5%
18 Jahre	8,5%	35,0%
19 Jahre	9,5%	44,5%
20 Jahre und mehr	34,0%	78,5%
Bis zur jetzigen Einweisung noch keine Inhaftierung	21,5%	
Insgesamt	100,0%	

[a] Vgl. KESKE 1983, S. 56
[b] Kumuliert, d. h. jeweils die in der vorhergehenden Altersstufe Betroffenen miteinbezogen

Nimmt man die in Fürsorgeerziehungsheimen oder sonstigen geschlossenen Anstalten verbrachte Zeit hinzu, so verringert sich die Zahl der nicht von einer Freiheitsentziehung betroffenen Probanden auf 40 (20%). Dabei ist zu berücksichtigen, daß auch im Jugendalter, also nach Erlangen der Strafreife, neben den insgesamt 58 Anordnungen von Fürsorgeerziehung nach JGG noch 7 Probanden nach JWG ins Heim eingewiesen wurden (s. dazu auch o. 2.2.2.3.). Einschließlich der Zeit der Heimunterbringung haben 26 Probanden mehr als ein Viertel und 11 Probanden mehr als die Hälfte ihres Lebens seit dem 14. Lebensjahr in Unfreiheit verbracht; bei 2 Probanden waren es sogar mehr als 85%.

4.3.2. Häufigkeit und Schwere der Straftaten

Im Durchschnitt waren die H-Probanden wegen insgesamt 14 (realkonkurrierender) Straftaten sanktioniert worden (einschließlich des Einweisungsurteils). Dabei weist die Hälfte der Probanden mehr als 10 Straftaten, ein Viertel sogar mehr als 17 Delikte in ihrem Strafregister auf. Freilich hängt die Möglichkeit, Delikte zu begehen, nicht nur vom Alter der Probanden, sondern auch von der Zeitdauer ihrer Inhaftierungen ab. Deshalb wurde die *Tatendichte* der Probanden pro Jahr in Freiheit errechnet; sie betrug durchschnittlich 4 Taten pro Jahr. Dabei zeigte es sich, daß ein ganz erheblicher Teil der Probanden (30,7%) 5 und mehr Taten und über 60% mindestens 3 Taten pro Jahr in Freiheit begangen hatten (s. Tabelle 61).

Die durch Delikte an Eigentum und Vermögen verursachten *Schäden* betrugen im Durchschnitt etwa 350 DM, wobei sie in der Hälfte der Fälle unter 100 DM blieben (berechnet auf den Geldwert des Jahres 1970), und nur in seltenen Fällen (10%) überstieg der Schaden 1 000 DM (s. dazu auch 4.3.5.). Auch bei der Mehrzahl der sonstigen Delikte wog der Schaden für die Opfer im allgemeinen nicht sehr schwer (vgl. KESKE 1983, S. 103 ff.).

Freilich summiert sich der Gesamtschaden stark durch die insgesamt beträchtliche Anzahl von Straftaten. So war es auch weniger die Schwere des Deliktes im einzelnen

Tabelle 61. *Jährlicher Tatendurchschnitt ab 1. registrierter Tat*[a]

	H-Probanden (n = 186)[b]
1 Tat	19,9%
2 Taten	21,5%
3 Taten	22,0%
4 Taten	5,9%
5–6 Taten	10,8%
7–12 Taten	13,4%
mehr als 12 Taten	6,5%

[a] Vgl. KESKE 1983, S. 118
[b] Da 14 Probanden weniger als 1 Jahr in Freiheit waren, werden sie hier nicht berücksichtigt

als vielmehr die Vielzahl der von den Probanden begangenen Taten, die schließlich zur Einweisung in die Strafanstalt geführt hat.

4.3.3. Typische Delikte

Etwa die Hälfte (48%) aller von den H-Probanden insgesamt begangenen Straftaten sind *Eigentumsdelikte*. Dabei wurden die meisten (89%) der Probanden (zumindest auch) wegen Eigentumsdelikten bestraft (s. Tabelle 62); 47% der Probanden begingen schwerpunktmäßig, d. h. in der Mehrheit, Eigentumsdelikte, und bei weiteren 11% stellte die Eigentumsdelinquenz mehr als ein Drittel ihrer Gesamtdelinquenz dar. Hauptsächlich handelte es sich um *Diebstähle* (zur gesonderten Betrachtung dieser Gruppe vgl. LIN 1972), wobei 85% aller Probanden mit Eigentumsdelikten (auch) einfache und 69% (auch) schwere Diebstähle in ihren Vorstrafenlisten aufwiesen (s. Tabelle 62).

Die Probanden stahlen vorwiegend Gegenstände und Geldmittel für ihren eigenen unmittelbaren Gebrauch oder Verbrauch (s. dazu näher u. 4.5.). Dabei wurden häufig Gegenstände an oder aus Kraftfahrzeugen oder das Kraftfahrzeug selbst entwendet. Bei den schweren Diebstählen handelte es sich zumeist um (nächtliches) Einsteigen oder Einbrechen in Verkaufsräume, Gastwirtschaften, Wochenendhäuser, Büro- und Fabrikationsräume (nicht selten solche früherer Arbeitgeber der Probanden) oder auch in Kraftfahrzeuge.

Die zweithäufigste Deliktsgruppe ist die *Verkehrsdelinquenz* (20% aller Taten); zwei Drittel (67%) aller H-Probanden wurden wegen einer oder mehrerer solcher Taten bestraft. Davon fielen die meisten (81%) wegen Fahrens ohne Fahrerlaubnis auf, etwa ein Drittel (33,6%) wurde wegen fahrlässiger Körperverletzung oder Tötung im Straßenverkehr bestraft, wogegen Trunkenheitsfahrten und Unfallflucht sowie sonstige Verkehrsgefährdungen relativ selten vorkamen (s. Tabelle 62).

Es fällt auf, daß innerhalb der Gesamtdelinquenz die Delikte *in Verbindung mit einem Kraftfahrzeug* (mit 34% aller Delikte, verteilt auf 71,5% der H-Probanden) einen besonders großen Raum einnahmen. *Allein* wegen unbefugten Fahrzeuggebrauchs und Diebstahls eines Kfz (zur vorübergehenden Benutzung), Fahrens ohne Fahrerlaubnis oder mit einem nicht ordnungsgemäß für den Verkehr zugelassenen Fahrzeug wurden 62,5% aller H-Probanden strafrechtlich belangt; von ihnen hatten über die Hälfte auch Kraftfahrzeuge entwendet.

Vielfach handelte es sich dabei um Delikte, die in der amerikanischen Literatur als „joy-rider"-Delinquenz (zu diesem Begriff vgl. GIBBONS 1977, S. 308 f.) bezeichnet werden, bei der das Interesse des Täters in erster Linie dem Fahren als solchem und weniger dem materiellen Wert des (Diebstahls-)Objektes gilt. Diese „Kraftfahrzeugdelinquenz" wurde – obwohl sie gemeinhin als typisches Jugenddelikt gilt – von unseren H-Probanden im Heranwachsenden- und Erwachsenenalter ebenso begangen wie im Jugendalter: Der Anteil der Probanden, bei denen diese „Kraftfahrzeugdelinquenz" registriert wurde, ist in allen Altersstufen in etwa gleich groß (zwischen 56 und 58%). Freilich lagen dabei – im Gegensatz zur typischen joy-rider-Delinquenz – in keinem Fall ausschließlich solche Delikte vor, vielmehr wurde daneben stets noch eine unterschiedlich große Anzahl „klassischer Delikte" begangen.

An den *Betrugsdelikten*, auf die 12% aller Straftaten entfallen, war fast die Hälfte (47,5%) der H-Probanden beteiligt. Allerdings begingen nur 12 Probanden schwerpunktmäßig, d. h. in der Mehrzahl, Betrugshandlungen; bei weiteren 3 Probanden machten Betrugsdelikte mehr als ein Drittel ihrer Straftaten aus.

Tabelle 62. *Verteilung der einzelnen Delikte und Deliktsgruppen auf H-Probanden*[a]

Deliktsart[b] (StGB a. F.)	Betroffene Probanden (n = 200)	Probanden mit Delikts-schwerpunkt (50% aller Delikte)	Probanden mit nur 1 Deliktsart bzw. -gruppe (100% aller Delikte)	Durchschnitt-liche Zahl der Delikte pro betroffene Probanden
1. *Eigentumsdelikte (im weiteren Sinne),* §§ *242ff.*	178	94	8	8,8
Davon Raub und Erpressung[c]	30			1,2
schwerer Diebstahl	122			5,5
einfacher Diebstahl	152			4,4
unbefugter Fahrzeug-gebrauch	48			1,7
Unterschlagung	44			1,6
Sachhehlerei	15			1,3
2. *Betrug und Untreue,* §§ *263 ff.*	95	12	–	4,0
3. *Sittlichkeitsdelikte,* §§ *173 ff.*	36	7	–	3,8
Davon Notzucht, Nötigung zur Unzucht	10			2,0
Unzucht mit Kindern	13			3,0
Homosexualität	7			4,0
Exhibitionismus	10			5,1
Zuhälterei	1			1,0
4. *Reine Aggressionsdelikte,* §§ *123f., 185ff., 211ff., 303f.* (außer im Straßenverkehr)	104	5	2	2,9
4.1. Delikte gegen die Person	72			2,3
Davon Verletzungsdelikte	54			1,7
– Delikte wider das Leben	4			1,0
– schwere und gefährliche Körperverletzung	26			1,3
– leichte Körperverletzung	30			1,8
Nötigung, Freiheitsberaubung	16			1,5
Beleidigung	27			1,9
4.2. Sonstige Aggressionsdelikte	56	–	–	2,3
Davon Sachbeschädigung	37			2,0
Hausfriedensbruch	35			1,5
5. *Straßenverkehrsdelikte*	134	9	–	4,5
Davon fahrlässige Körperver-letzung oder Tötung	45			1,2
Unfallflucht	25			1,2
Trunkenheitsfahrt	31			1,5
Sonstige Straßen-verkehrsgefährdung	15			1,1
Fahren ohne Fahrerlaubnis	109			3,2
Fahren mit nicht zuge-lassenem oder versichertem Fahrzeug	31			3,8

Tabelle 62 *(Fortsetzung)*

Deliktsart[b] (StGB a. F.)	Betroffene Probanden (n = 200)	Probanden mit Deliktsschwerpunkt (50% aller Delikte)	Probanden mit nur 1 Deliktsart bzw. -gruppe (100% aller Delikte)	Durchschnittliche Zahl der Delikte pro betroffene Probanden
6. *Sonstige Delikte*	89	–	2	n. b.
Davon Urkundenfälschung, §§ 267 ff.	38			2,0
Unterhaltspflichtverl., § 170 b	13			2,0
Widerstand gegen die Staatsgewalt	7			3,1
Aussagedelikte, §§ 153 ff.	5			1,4
Delikte gegen das WehrStG	15			1,7
Zivildienstverweigerung	2			1,0
Sonstige strafrechtliche Nebengesetze (außer im Straßenverkehr)	25			1,5

[a] Mehrfachnennungen möglich; vgl. KESKE 1983, S. 120
[b] Idealkonkurrierende Delikte werden jeweils gesondert gezählt
[c] Erpressung wie in der Pol. Krim.-Statistik zusammen mit Raub behandelt

In der Regel handelte es sich bei diesen Vermögensdelikten jedoch nicht um ausgeklügelte Täuschungen; sie ähnelten hinsichtlich ihrer mangelhaften Planung und Ausführung (s. auch u. 4.5.) vielmehr oft der Diebstahlsdelinquenz: In mehr als drei Viertel der Fälle wurden geschlossene Verträge nicht eingehalten, Rechnungen bzw. Dienstleistungen nicht bezahlt oder Entliehenes nicht zurückgegeben; in 15% wurde eigenes Diebesgut (einschließlich gestohlener Schecks) verwertet. Der Rest setzte sich aus zumeist berufsbezogenen Betrügereien überwiegend kleineren Stils zusammen.

Aggressive Delikte gegen Personen sind insgesamt relativ selten (5,3% aller Taten), wenngleich immerhin 36% der H-Probanden Verurteilungen wegen Delikten gegen die Person aufwiesen, in der Hauptsache wegen einfacher Körperverletzung.

Zu diesen Taten kam es häufig anläßlich von Auseinandersetzungen in der Öffentlichkeit, wobei freilich die Verletzungen in der Hälfte aller Fälle so geringfügig waren, daß es keiner ärztlichen Versorgung bedurfte. In einem einzigen Fall (Beihilfe zur Kindstötung) wurde vorsätzlich ein Mensch getötet. Das weitgehende Fehlen vorsätzlicher Tötungsdelikte war allerdings schon aufgrund der Auswahl zu erwarten, da solche Delikte damals in der Regel mit Zuchthaus bestraft wurden (vgl. dazu auch WULF 1979).

Die *Sittlichkeitsdelikte* nehmen mit 4,2% einen relativ geringen Anteil an der Gesamtdelinquenz der H-Probanden ein; insgesamt 18% der Probanden wurden (auch) wegen eines Sittlichkeitsdelikts sanktioniert. Jedoch begingen nur 7 Probanden schwerpunktmäßig Sittlichkeitsdelikte, und zwar durchschnittlich 4 Taten, wobei insbesondere homosexuelle und exhibitionistische Handlungen jeweils mehrfach vorkamen (s. Tabelle 62).

4.3.4. Delinquenz-Spektrum der einzelnen Probanden

Bei fast zwei Drittel der Probanden (65%) erfolgte mehr als die Hälfte der Verurteilungen wegen derselben Straftatengruppe. Es dominierten die Probanden, die schwerpunktmäßig *Eigentumsdelikte* (47%) und Vermögensdelikte (6%) verübt hatten (s. Tabelle 62). Gerade diese Probanden hatten auch überdurchschnittlich viele Taten (61% mehr als 10 Taten), Probanden mit anderen Deliktsschwerpunkten dagegen relativ wenige Straftaten (88% nicht mehr als 10) begangen.

Trotz dieser Deliktsschwerpunkte ist für die H-Probanden eher eine beträchtliche *Variationsbreite* an Taten charakteristisch. Diese ist um so größer, je mehr Taten ein Proband begangen hat ($cc_{corr} = 0{,}77$; vgl. KESKE 1983, S. 127). Selbst wenn man die Verkehrsdelikte unberücksichtigt läßt, verübten insgesamt lediglich 31 Probanden ausschließlich solche Delikte, die sich unter strafrechtlichem Aspekt auf *ein* gemeinsames Rechtsgut beziehen: 18 Eigentumsdelinquenten, 3 Betrüger, 3 Sittlichkeitstäter; 4 Probanden wurden ausschließlich wegen Körperverletzung, 2 wegen Wehr- und Zivildienstverweigerung und einer wegen Unterhaltspflichtverletzung verurteilt (dabei wurde von den aus juristischer Sicht häufig in Tateinheit (mit)verwirklichten Tatbeständen, wie z. B. Freiheitsberaubung bei Vergewaltigung oder Urkundenfälschung bei Betrug, abgesehen; vgl. KESKE 1983, S. 151 f.).

Auch wenn die Probanden schwerpunktmäßig oder ausschließlich wegen einer der genannten Deliktsgruppen aufgefallen waren, kam eine Beschränkung auf eine bestimmte Deliktsbegehung durchweg nicht vor. Eine gewisse Sonderstellung nehmen allerdings die *Sexualdelinquenten* ein. Zwar wurden sie häufig auch wegen eines tateinheitlich begangenen sonstigen Aggressionsdelikts (Beleidigung oder Körperverletzung) verurteilt, aber sie hatten meist nur eine bestimmte Form von Sexualdelikten begangen. Nur die Täter, die wegen sexuellen Mißbrauchs von oder Unzucht mit Kindern verurteilt worden waren, hatten zusätzlich (tateinheitlich oder tatmehrheitlich) noch andere Sexualdelikte verübt (vgl. dazu näher KESKE 1983, S. 135 ff.).

4.3.5. Entwicklung der Tatendichte und Tatschwere

Die Mehrzahl der Probanden (57%) wurde bereits im Jugendalter, also vor dem 18. Lebensjahr, erstmals straffällig und verurteilt (H_1-Probanden, s. auch o. 1.3.). Die übrigen Probanden traten erstmals im Heranwachsendenalter (n = 49) oder Erwachsenenalter (n = 37) strafrechtlich in Erscheinung (H_2-Probanden). Freilich ist die erste registrierte Straftat nicht unbedingt identisch mit dem erstmaligen Auftreten deliktischer Auffälligkeiten überhaupt (s. dazu o. 4.2.1.).

Vom Beginn der Straffälligkeit an wies die Mehrzahl der Probanden (53,5%) im Laufe der Zeit eine *zunehmende Tatendichte* (bezogen auf die Zeit in Freiheit) auf. Zu einer deutlich sichtbaren Verdichtung von Straftaten kam es bei sämtlichen Probanden erst im Erwachsenenalter (s. Tabelle 63).

Der Verlauf war aber keineswegs durchgängig kontinuierlich im Sinne einer stetigen Zunahme an Delikten. Mehr als die Hälfte der Probanden (53,5%) beging vielmehr auch über längere Zeiträume hinweg keine (registrierten) Straftaten, wobei von diesen Probanden wiederum fast die Hälfte (47%) ein deliktfreies Intervall von mehr als 3 Jahren aufwies. Zu diesen „Unterbrechern" gehören 27 H_1-Probanden, die zwischenzeit-

Tabelle 63. *Entwicklung der Tatendichte und Tatschwere*

	Mittlere Tatendichte[a] Im Alter von			Mittlere Tatschwere[b] Im Alter von		
	14–17	18–20	21–UZ[c]	14–17	18–20	21–UZ[c]
Probanden mit 1. registrierter Tat als						
Jugendlicher $=H_1$ (n=114)	1,4	1,3	2,6	2,2	2,5	3,3
Heranwachsender (n=49) $\Big\}=H_2$	–	1,2	2,1	–	2,3	3,2
Erwachsener (n=37)	–	–	2,0	–	–	3,3
H_1 ohne Unterbrechung (n=87)	1,8	1,9	3,1	2,2	2,4	3,2
H_1 mit Unterbrechung[d] (n=27)	0,7	0,1	1,3	1,8	3,1	3,5

[a] Taten pro Jahr in Freiheit
[b] bei Vermögens- und Eigentumsdelikten (1 Punkt entspricht einem Vermögenswert von bis 10 DM, 2 Punkte bis 100 DM, 3 Punkte bis 350 DM, 4 Punkte bis 1000 DM; vgl. SCHINDHELM 1972, S. 98)
[c] Untersuchungszeitpunkt
[d] Deliktfreies Intervall von mindestens 4 Jahren

lich mindestens 4 Jahre lang strafrechtlich nicht in Erscheinung getreten waren. Bei ihrer Delinquenz im Jugendalter handelte es sich offensichtlich eher um eine frühdelinquente Phase, mit der die später begangenen Straftaten nicht mehr in unmittelbarem Zusammenhang standen. Aber auch in der Folgezeit lag bei ihnen eine deutlich geringere Tatendichte vor als bei den anderen H-Probanden (s. Tabelle 63).

Während der deliktfreien Zeit konnte man bei 48,5% der „Unterbrecher" Veränderungen im Vergleich zum sonstigen Sozialverhalten, insbesondere im Familien-, Kontakt- oder Leistungsbereich, feststellen: Vor allem hatte sich bei den meisten während dieser Zeit der Leistungsbereich stabilisiert, und bei einer beträchtlichen Anzahl war, anders als bisher, eine Bindung zu einer besonderen Bezugsperson festzustellen.

Auch die Entwicklung der *Deliktsschwere* wies eine zunehmende Tendenz auf, und zwar in allen Tätergruppen. So hatten sich die Schäden bei den Eigentums- und Vermögensdelikten bei der letzten abgeurteilten Straftat gegenüber dem Delinquenzbeginn mehr als verdoppelt. Eine Differenzierung in die einzelnen Tätergruppen zeigt einerseits, daß die Deliktsschwere bei den Eigentums- und Vermögensdelikten, ausgedrückt in Punktwerten entsprechend dem Index von SELLIN und WOLFGANG (vgl. dazu SCHINDHELM 1972; KESKE 1983), zu Beginn der „kriminellen Karriere" um so höher war, je später die Probanden „angefangen" hatten, daß aber andererseits die einzelnen Gruppen in denselben Altersstufen jeweils eine vergleichbare Deliktsschwere aufwiesen (s. Tabelle 63).

Tabelle 64. *Art der Delikte bei der 1. registrierten Straftat und bei dem „zuletzt" abgeurteilten Delikt*[a]

| | Schwerstes Delikt | | | |
| | bei der 1. Tat | | bei der „letzten" Verurteilung | |
	(n = 200)	(n = 157)[b]	(n = 200)	(n = 198)[b]
Vermögensdelikte	7,0%	(8,9%)	9,0%	(9,1%)
Eigentumsdelikte	47,5%	(60,5%)	69,5%	(70,2%)
Davon Raub und Erpressung	2,5%	(3,2%)	7,5%	(7,6%)
Schwerer Diebstahl	9,0%	(11,5%)	49,0%	(49,5%)
Einfacher Diebstahl	25,0%	(31,9%)	11,0%	(11,1%)
Sittlichkeitsdelikte	4,5%	(5,7%)	10,0%	(10,1%)
Sonstige Delikte gegen die Person	5,5%	(7,0%)	4,5%	(4,6%)
Straßenverkehrsdelikte	21,5%	(–)	1,0%	(–)

[a] Vgl. KESKE 1983, S. 185
[b] Bei diesen Werten sind Straßenverkehrsdelikte ausgenommen

4.3.6. Entwicklung der Deliktsart

Die Struktur der Delinquenz der H-Probanden veränderte sich im Laufe ihrer kriminellen Karriere, wie ein Vergleich der Straftaten bei der ersten und bei der letzten Verurteilung sichtbar macht (s. Tabelle 64).

So nahmen insbesondere die Eigentums- und Sittlichkeitsdelikte zuletzt einen deutlich größeren Raum innerhalb der Gesamtdelinquenz ein als bei der ersten Verurteilung. Dies gilt auch, wenn man die Straßenverkehrsdelikte, die bei den ersten Taten der Probanden noch einen weitaus größeren Anteil haben als bei den letzten, außer Betracht läßt.

Bei den Eigentumsdelikten standen zuletzt vor allem schwere Diebstähle, anfangs dagegen einfache Diebstähle deutlich im Vordergrund. Ein stärkeres Gewicht bei der letzten Tat gewannen daneben Raub und Erpressung sowie Vermögensdelikte. Dabei differiert die Entwicklung der Deliktsstruktur zwischen H_1- und H_2-Probanden: Die H_1-Probanden hatten im Jugendalter ganz überwiegend Eigentumsdelikte, vor allem einfache Diebstähle, verübt. Von Altersstufe zu Altersstufe wuchs jedoch der Anteil der schweren Diebstähle; außerdem nahmen die Vermögensdelikte zu. Entsprechend dieser Entwicklung vergrößerte sich auch die Variationsbreite, d. h. die Verschiedenartigkeit der Delikte. Die H_2-Probanden zeigten dagegen von Anfang an eine geringere Präferenz für Eigentumsdelikte, während die Betrugsdelinquenz im Vergleich zu den H_1-Probanden bereits zu Beginn der kriminellen Laufbahn eine große Rolle spielte.

4.4. Gesamtdelinquenz und soziale Auffälligkeiten der H-Probanden

Die H-Probanden stellen keine in sich homogene Gruppe dar, sondern lassen sich auch nach den Delinquenzkriterien in bezug auf ihre sozialen Auffälligkeiten deutlich diffe-

Tabelle 65. *Delinquenzmuster und soziale Auffälligkeiten der H-Probanden*

	„Deliktische" Auffälligkeiten[a] bis 14 Jahre		Leistungs-Syndrom[b]		Freizeit-Syndrom[c]		Kontakt-Syndrom[d]	
Probanden insgesamt	(n=196)[a]	49,5% (97)	(n=199)[b]	42,7% (85)	(n=189)[c]	75,1% (142)	(n=149)[d]	59,7% (89)
Alter zu Delinquenzbeginn								
14+15 Jahre	(n= 67)	74,6% (50)	(n= 67)	53,7% (36)	(n= 63)	79,4% (50)	(n= 55)	65,5% (36)
16+17 Jahre	(n= 46)	52,2% (24)	(n= 46)	53,2% (25)	(n= 45)	80,0% (36)	(n= 35)	68,6% (24)
18–20 Jahre	(n= 47)	31,9% (15)	(n= 49)	37,5% (18)	(n= 46)	63,0% (29)	(n= 36)	47,2% (17)
21–29 Jahre	(n= 36)	22,2% (8)	(n= 37)	16,2% (6)	(n= 35)	77,1% (27)	(n= 23)	52,2% (12)
Häufigkeit der Delikte								
a) Tatenanzahl bis 10	(n= 98)	38,8% (38)	(n= 98)	30,6% (30)	(n= 94)	68,1% (64)	(n= 74)	54,1% (40)
10 und mehr	(n= 98)	60,2% (59)	(n=101)	54,5% (55)	(n= 95)	82,1% (78)	(n= 75)	65,3% (49)
b) Tatendichte[e]								
gering (bis 1,6)	(n= 60)	35,0% (21)	(n= 60)	28,3% (17)	(n= 56)	58,9% (33)	(n= 47)	53,2% (25)
mittel (1,7–3,4)	(n= 61)	54,1% (33)	(n= 63)	50,0% (31)	(n= 61)	73,8% (45)	(n= 45)	62,2% (28)
hoch (3,5 und mehr)	(n= 61)	62,3% (38)	(n= 63)	54,0% (34)	(n= 58)	89,7% (52)	(n= 46)	67,4% (31)
Eigentums- und Vermögensdelikte Ja	(n=178)	52,3% (93)	(n=185)	45,6% (82)	(n=173)	79,2% (137)	(n=135)	63,7% (86)
Nein	(n= 19)	21,1% (4)	(n= 19)	15,8% (3)	(n= 16)	31,3% (5)	(n= 14)	21,4% (3)
„Kfz"-Delikte Ja	(n=122)	54,1% (66)	(n=124)	50,0% (62)	(n=121)	80,2% (97)	(n= 90)	67,8% (61)
Nein	(n= 74)	41,9% (31)	(n= 75)	30,7% (23)	(n= 68)	66,2% (45)	(n= 59)	47,5% (28)

[a] S.o. 4.2.1.
[b] S.o. 2.3.4.6.
[c] S.o. 2.4.7.
[d] S.o. 2.5.7.
[e] Hier entfallen 14 Probanden, die weniger als 1 Jahr in Freiheit waren, s.o. 4.3.2.

renzieren. So hatte sich schon die Unterscheidung zwischen H_1- und H_2-Probanden in allen Sozialbereichen als äußerst fruchtbar erwiesen. Eine weitere Aufgliederung der H-Probanden nach Beginn und Verlauf der kriminellen Karriere sowie dem Charakter der Delikte erbrachte gleichfalls Unterschiede bezüglich der Belastung mit sozialen Auffälligkeiten (s. Tabelle 65). Dies wurde besonders deutlich bei den deliktischen Handlungen im Kindesalter (s. o. 4.2.1.), den im Syndrom mangelnder beruflicher Angepaßtheit zusammengefaßten Auffälligkeiten im Leistungsbereich (s. o. 2.3.4.6.) sowie bei den Verhaltensweisen, die das Freizeit-Syndrom und das Kontakt-Syndrom kennzeichnen (s. o. 2.4.7. und 2.5.7.).

Danach zeigte sich, daß das Alter bei Beginn der kriminellen Karriere von besonderer Bedeutung war: Je früher die erste (registrierte) Straftat begangen wurde, desto eher lagen schon im Kindesalter „deliktische" Handlungen vor und desto häufiger fand sich das Leistungs-Syndrom, das auf Störungen beruht, die sich durch den gesamten Leistungsbereich hindurchziehen. Nicht ganz so deutlich ist diese Beziehung beim Kontakt- und Freizeit-Syndrom. Da sich das Kontakt-Syndrom zum Teil und das Freizeit-Syndrom ausschließlich auf den Untersuchungszeitraum beziehen, macht sich hier bemerkbar, daß sich in der Zeit vor der letzten Inhaftierung die Unterschiede in den Verhaltensauffälligkeiten zwischen Früh- und Spätdelinquenten tendenziell verringerten (s. o. 2.3.4.9., 2.4.6. und 2.5.7.). Bei der Häufigkeit und Dichte der Taten, die in engem Zusammenhang mit dem Beginn der kriminellen Karriere stehen, ergibt sich eine vergleichbare Tendenz: Je häufiger und rascher die Taten begangen wurden, desto stärker waren die Probanden auch mit diesen sozialen Auffälligkeiten belastet.

Differenziert man die Probanden nach ihrer Deliktsstruktur, dann werden deutliche Unterschiede nur ersichtlich, wenn man die große Gruppe der Probanden, die (zumindest auch) *Eigentums- und Vermögens*delikte begangen haben, zusammengefaßt betrachtet und sie der restlichen Gruppe gegenüberstellt. Die Probanden ohne Eigentums- und Vermögensdelinquenz waren ganz überwiegend nicht mit solchen massiven Auffälligkeiten belastet; diese übrigen Delikte waren freilich recht heterogen zusammengesetzt. Wegen der kleinen Zahlen lassen sich eindeutige Aussagen nicht treffen; dennoch erscheinen die Probanden, die – abgesehen von Straßenverkehrsdelikten – nur wegen einer Deliktsgruppe auffielen, erwähnenswert: Die reinen Sittlichkeitstäter (2 wegen Vergewaltigung Verurteilte sowie ein Exhibitionist) und die 2 Wehr- und Zivildienstverweigerer zeigten keine dieser massiven sozialen Auffälligkeiten, und von den reinen Aggressionstätern (4 wegen leichter Körperverletzungen Verurteilte) fiel keiner im Leistungsbereich, jedoch 2 im Freizeitbereich auf. Innerhalb der Gruppe der Probanden mit Eigentums- und Vermögensdelinquenz hoben sich nur die 3 reinen Vermögensdelinquenten ab, die ausschließlich berufsbezogene Delikte begingen; bei ihnen wies nur ein Proband Verhaltensauffälligkeiten im Freizeitbereich auf.

Die unabhängig von der strafrechtlichen Einordnung herausgeschälte Gruppe der Probanden mit *Kraftfahrzeugdelinquenz* (s. o. 4.3.3.) ist im Unterschied zu den übrigen Probanden deutlich stärker mit sozialen Auffälligkeiten belastet.

Diese Ergebnisse weisen relativ pauschal auf Zusammenhänge zwischen sozialen Auffälligkeiten und krimineller Karriere bzw. bestimmten Deliktskriterien hin. Damit ist freilich noch nichts über das konkrete Zusammenspiel von sozialer Auffälligkeit und der Entwicklung zum einzelnen Tatgeschehen hin ausgesagt (s. dazu u. 4.6.).

Anders als bei den sozialen Auffälligkeiten ergaben sich bei sonstigen eher äußerlichen oder formalen Kriterien, wie z. B. bei der Schicht der Probanden, keine eindeutig interpretierbaren Unterschiede. Auch bezüglich der Intelligenz fanden sich kaum Differenzierungen; so waren etwa diejenigen Probanden, die (auch) Betrugsstraftaten begingen, im Durchschnitt kaum intelligenter als die übrigen H-Probanden; und selbst bei den 3 reinen berufsbezogenen „Betrügern" lag der IQ (mit 98,7) noch unter dem Durchschnittswert der V-Probanden (s. dazu o. 3.4.3.2.).

4.5. Zum kriminologischen Tatbild der H-Probanden

4.5.1. Inhalt und Umfang des kriminologischen Tatbildes

Die Art und der Charakter der von den H-Probanden begangenen Straftaten werden jenseits juristischer bzw. formaler Kriterien erst durch die Beleuchtung des kriminologischen Tatbildes deutlich. Die Darstellung des eigentlichen Tatgeschehens (s. u. 4.5.3.) wird nach dem äußeren Tatbild, dem Tatobjekt, der Art der Tatausführung, dem Modus operandi, dem Stellenwert des Opfers bei der Tatbegehung sowie einer evtl. festzustellenden Eigendynamik der Tat gegliedert. Darüber hinaus wird die Einbettung des Tatgeschehens für die Zeit (unmittelbar) vor (s. u. 4.5.2.) und nach der Tat (s. u. 4.5.4.) berücksichtigt (vgl. GÖPPINGER 1980, S. 687 ff.). Während bei der Analyse des Zeitraums nach der Tat vor allem die Reaktionen des Täters, wie Flucht oder Verdunkelungsmaßnahmen, oder auch die nachträgliche Einstellung zur Tat untersucht werden, geht es bei der Analyse des Zeitraums vor der Tat insbesondere um die Frage einer unmittelbaren Beziehung zwischen dem allgemeinen Verhalten, den Kontaktpersonen, dem Alkoholkonsum oder auch bestimmten Stimmungslagen des Täters und dem Zustandekommen der Tat.

Die nachfolgende Darstellung beschränkt sich überwiegend – und gewissermaßen stellvertretend für alle anderen Straftaten – auf die jeweils „letzte" Tat der Probanden (vgl., auch zum folgenden, MASCHKE 1983). Um aber zugleich die Entwicklungen bei den Probanden auch bezüglich der Tatbegehung aufzeigen zu können, wird bei den wichtigsten Kriterien jeweils eine Rückblende auf frühere Straftaten vorgenommen.

Die „letzte" Tat wurde grundsätzlich dem letzten Urteil gegen den betreffenden Probanden entnommen. Strafrechtlich konkurrierende Tatbestände wurden als eine Tat behandelt, wobei die Deliktsart nach dem Schwerpunkt des Tatgeschehens festgelegt wurde. Bei zusammenhängenden Deliktsserien wurde die jeweilige Einstiegstat in die Serie, bei in rascher zeitlicher Abfolge auftretenden unterschiedlichen Deliktsarten diejenige Straftat berücksichtigt, bei welcher sich die Unterlagen (vor allem auch bezüglich des Zeitraums vor und nach der Tatbegehung) am ergiebigsten erwiesen. Dabei wurde weder auf die für den konkreten Probanden nach seiner bisherigen Delinquenz charakteristische Straftat abgehoben noch das (normativ) schwerste Delikt herangezogen.

Die insgesamt 200 „letzten" Taten wurden, abgesehen von 3 Straßenverkehrsdelikten, ausschließlich vorsätzlich begangen. Es handelt sich um 128 Eigentumsdelikte, 24 Vermögensdelikte, 18 Sexualdelikte, 13 Aggressionsdelikte, 6 Wehrpflicht- bzw. Zivildienstdelikte, 4 Straßenverkehrsdelikte, 3 Unterhaltspflichtverletzungen, 3 Eidesdelikte und eine Urkundenfälschung. Das durchschnittliche Tatalter der H-Probanden bei der Begehung dieser Delikte betrug 23,4 Jahre.

Bei einzelnen dieser Delikte bleibt im folgenden der eine oder andere Aspekt des kriminologischen Tatbildes aus in der Natur der Sache liegenden Erwägungen unberücksichtigt, so etwa bei Dauerdelikten wie der Unterhaltspflichtverletzung die Zeit unmittelbar vor der Tat oder das äußere Tatbild bei der Urkundenfälschung, bei den Eidesdelikten oder bei einzelnen Wehrpflicht- bzw. Zivildienstdelikten.

4.5.2. Zeit unmittelbar vor der Tat

Im Mittelpunkt steht hierbei die Frage nach einer unmittelbaren Beziehung zwischen dem allgemeinen, nicht unbedingt auf die Verwirklichung einer Straftat gerichteten Verhalten und dem späteren Delikt. Eine derartige Beziehung wurde am deutlichsten in den Fällen **gemeinschaftlicher Tatbegehung** sichtbar: Diese Straftaten ergaben sich fast zwangsläufig aufgrund der Art der vorangegangenen Freizeitgestaltung bzw. der Kontakte: In 73 der 76 Fälle gemeinschaftlicher Tatbegehung waren die späteren Tatbeteiligten bereits vor dem Ansetzen zur Tat im Zusammenhang mit Gaststättenbesuchen (in etwa der Hälfte der Fälle im „Milieu") Kontaktpersonen des Probanden gewesen. Besonders aufschlußreich ist dabei der Umstand, daß in allen der insgesamt 14 Fälle, in denen der betreffende Proband zuvor mit früheren Heim- oder Gefängnisbekanntschaften zusammengetroffen war, diese auch an der späteren Tat beteiligt waren. Im übrigen fanden sich darunter auch jene (insgesamt 12) Fälle, in denen von einer Funktionsverteilung innerhalb der betreffenden Tätergruppen gesprochen werden konnte. Ansonsten handelte es sich bei gemeinschaftlicher Tatbegehung überwiegend (in 54 von 76 Fällen) um Gelegenheitsgruppen oder um Cliquen, die sich zeitweilig anläßlich häufiger gemeinsamer Gaststättenbesuche gebildet hatten; 9 der Delikte wurden von Spontangruppen begangen, die erst aus der konkreten Tatsituation heraus entstanden waren. Bei einem weiteren Delikt ließ sich die Gruppe nicht eindeutig zuordnen.

Die Rückblende auf *frühere Straftaten* der H-Probanden ergab, daß die Beteiligungsform bei den Taten überwiegend wechselte; lediglich 4,5% der Probanden hatten ausschließlich gemeinschaftlich, 20,5% der Probanden ausschließlich allein gehandelt. Während im Jugend- und Heranwachsendenalter bei jeweils etwa der Hälfte der Taten andere Personen beteiligt waren, konnte dies im Erwachsenenalter nur noch bei etwa einem Drittel der Taten festgestellt werden. Insgesamt waren vor allem die Probanden mit dem Schwerpunkt auf Eigentumsdelinquenz eher gemeinschaftlich vorgegangen (53%), wohingegen 80% der (schwerpunktmäßigen) Vermögenstäter und der Sittlichkeitstäter ihre Taten vorwiegend allein begangen hatten.

Ebenso wie bei den „letzten" Taten waren auch bei den früheren Delikten die Tatgenossen größtenteils lose Freizeitbekanntschaften gewesen; 10% waren ehemalige Mitzöglinge oder Mitgefangene der Probanden, die sie irgendwann nach der Heim- oder Haftentlassung wieder aufgesucht oder im „Milieu" getroffen hatten; weitere 15% der Tatbeteiligten waren Arbeitskollegen und 10% waren Verwandte gewesen. In etwa der Hälfte der Fälle hatten sich die Tatbeteiligten eher zufällig kennengelernt, und die Bekanntschaft hatte sich auf ein einmaliges Zusammenwirken zum Zweck der Tatbegehung beschränkt. Andererseits konnte insofern teilweise eine längerfristige Komplizenschaft festgestellt werden, als einige Probanden im Laufe ihrer kriminellen Karriere verschiedene, zeitlich nicht unbedingt eng aufeinanderfolgende Delikte mit denselben Tatgenossen begangen hatten. Die Größe der Tätergruppe beschränkte sich in 70% aller gemeinschaftlich begangenen Taten auf nur 2 Personen, die überwiegend vor der Tatbegehung weder eine Rollenverteilung festgelegt noch das Vorgehen im einzelnen geplant hatten. In etwa 20% der Fälle hatten sich 3 und mehr Beteiligte zusammengeschlossen, wobei es vor allem zu schweren Diebstählen, Raubtaten, Körperverletzungsdelikten und Sachbeschädigungen gekommen war. Echte Bandendelinquenz im Sinne einer relativ dauerhaften Gruppierung von mehr als 2 Personen, die ein gewisses Zusammengehörigkeitsgefühl zeigen und sich zu dem Zweck zusammengeschlossen haben, gemeinsam Straftaten zu begehen (vgl. GÖPPINGER 1980, S. 559 ff.), fand sich dagegen kaum: Nur 10% aller H-Probanden hatten irgendwann einmal einer derartigen Bande angehört. Diese Probanden wiesen im übrigen durchweg Vorverurteilungen wegen Aggresionsdelikten auf, wobei allerdings auch bei ihnen der Schwerpunkt der kriminellen Aktivitäten nicht in diesem Bereich, sondern in der Eigentumsdelinquenz lag.

Der zweite Umstand, der eine unmittelbare Beziehung des allgemeinen Verhaltens zur Tatverwirklichung herstellte, war der vorangegangene **Alkoholkonsum:** Soweit feststellbar, war in etwa 70% der „letzten" Taten in irgendeiner Form Alkoholkonsum vorausgegangen, in mehr als der Hälfte dieser Fälle erheblicher Konsum, d. h., es waren beispielsweise mehr als 5 Flaschen Bier getrunken worden oder die Blutalkoholkonzentration hatte (soweit dies den Akten zu entnehmen war) 1,5‰ oder mehr betragen. In etwa drei Viertel der Fälle gemeinschaftlicher Tatbegehung war auch bei den anderen Tatbeteiligten entsprechender Alkoholkonsum vorausgegangen. Dabei handelte es sich überwiegend um den bei den Probanden (bzw. den anderen Tatbeteiligten) in diesen Situationen durchaus üblichen Alkoholkonsum, ohne besonderen Anlaß oder besonderen Zweck (s. auch o. 3.4.2.3.). Nur in 2 Fällen konnte davon ausgegangen werden, daß die Alkoholwirkung absichtlich im Hinblick auf die Tatverwirklichung herbeigeführt worden war, in weiteren 5 Fällen sollte eine akute Problem- bzw. Stimmungslage damit „bewältigt" werden.

Auch bei *früheren Straftaten* hatte der Alkohol eine erhebliche Rolle gespielt. Seine Bedeutung für die Begehung der Delikte konnte freilich in vielen Fällen nur den in den Akten enthaltenen Hinweisen auf vorangegangene Gaststättenbesuche oder ähnliches entnommen und demzufolge nicht hinreichend genau eingeschätzt werden. Berücksichtigt man dagegen nur jene Fälle, in denen etwa im Urteil ausdrücklich auf den Alkoholeinfluß Bezug genommen worden war, so waren immerhin etwa zwei Drittel (65%) der Probanden mindestens einmal, die Hälfte sogar mehrfach wegen Straftaten verurteilt worden, die sie unter erheblichem Alkoholeinfluß begangen hatten; ein Proband war aktenkundig bei sämtlichen Taten alkoholisiert gewesen. Dabei konnten nicht nur bei den als Alkoholiker zu bezeichnenden Probanden (s. o. 3.4.2.3.) Straftaten unter Alkoholeinfluß festgestellt werden, sondern auch bei fast der Hälfte (44%) der nur gelegentlich Alkohol Konsumierenden. Überdurchschnittlich häufig war vorangegangener Alkoholkonsum von den Gerichten bzw. von der Polizei bei Körperverletzungsdelikten und Sittlichkeitsdelikten festgestellt worden, während bei Vermögensdelikten, selbst bei Bestehen konkreter Anhaltspunkte, im Urteil bzw. im Vernehmungsprotokoll kaum auf den Alkoholeinfluß bei der Tatbegehung eingegangen worden war.

Schließlich spielte auch die **Stimmungslage** vor der Tatbegehung eine nicht ganz geringe Rolle: 15 Probanden gaben an, in den letzten Stunden, unter Umständen aber auch schon seit Tagen vor der „letzten" Tat, mit oder auch ohne konkreten Anlaß wütend, zornig oder erheblich verärgert gewesen zu sein. Bei 7 Probanden ergaben sich Hinweise auf eine allgemeine Gereiztheit vor der Tat; teilweise gaben sie an, ihnen habe „alles gestunken". 8 Probanden sagten aus, anläßlich eines bestimmten Ereignisses irgendwie niedergeschlagen oder deprimiert gewesen zu sein; ein Proband meinte dagegen, sich eher in einer besonderen Hochstimmung befunden zu haben. In 5 Fällen konnten vor der Tatbegehung eine allgemeine motorische Unruhe, Getriebenheit und ziellose Unrast festgestellt werden, die dem Probanden selbst unerklärlich waren und die an einen endoreaktiven Drangzustand (s. dazu o. 3.4.2.2.) denken ließen.

Bei zahlreichen Probanden lagen unmittelbar vor der Tat mehrere dieser vielschichtigen Umstände in unterschiedlicher Ausprägung vor und verstärkten sich möglicherweise auch wechselseitig. Die Gefahr der Begehung eines Delikts rückte dadurch zwar fast in greifbare Nähe; jedoch besagte dies noch nichts über die **konkrete Art seines Zustandekommens:** So wurde in etwa 40% der Fälle lediglich eine günstige Gelegenheit, die sich beispielsweise sowohl auf ein Diebstahlsobjekt als auch auf ein Sexual-„objekt" beziehen konnte, erkannt und ausgenutzt; in 17% der Fälle erfolgte die Tat völlig spontan, was nicht ausschließt, daß zuvor eine mehr oder weniger grundsätzliche Bereitschaft zur Begehung einer Straftat vorgelegen hatte. 4% der Probanden gaben an, daß sie – etwa schon beim Weggehen von zu Hause – das unbestimmte „Gefühl" gehabt hätten, „daß heute etwas passiert". Immerhin hatten 15% vor, irgendein (insbesondere Eigentums- oder Vermögens-)Delikt zu begehen („irgend etwas zu drehen", um an Geld zu kommen), weitere 24% hatten darüber hinaus bereits zuvor ganz bestimmte Vorstellungen von der Tatbegehung.

Eine **Planung der Tat** konnte demzufolge auch nur in etwa drei Fünftel der „letzten" Taten festgestellt werden. Die gedankliche Auseinandersetzung mit dem konkreten Delikt bezog sich in der Hälfte dieser Fälle auf Überlegungen, in einem bestimmten Objekt „einmal nachzuschauen", was es an Stehlenswertem gebe, oder es einer bestimmten Person „heimzuzahlen" oder es heute noch bei einer Frau zu „versuchen" oder ähnliches. Weitgehend durchgeplant war die „letzte" Tat nur in knapp 30% aller Fälle, davon immerhin in 4% auch hinsichtlich alternativer Vorgehensweisen. Nur in diesen letztgenannten 8 Fällen wurden im übrigen auch die Möglichkeit des Entdecktwerdens auf frischer Tat oder die Beschaffung eines Alibis sowie Verdunkelungsmaßnahmen oder Flucht in die Überlegungen miteinbezogen und diesbezügliche Vorbereitungen getroffen. Obwohl insbesondere bei den Eigentums- oder Vermögensdelikten Vorstellungen über die Art der Beuteverwertung oder der Vorteilsausnutzung eigentlich naheliegen, konnte in 15 dieser Fälle nach den Angaben und dem Verhalten der Probanden bzw. nach der Art der Beute darauf geschlossen werden, daß sich die Probanden keinerlei Gedanken über die Beute und deren Verwertung gemacht hatten.

Auch unter Berücksichtigung der *früheren Straftaten* stellte das planmäßig durchgeführte Delikt mit etwa 15% aller von den H-Probanden begangenen Taten eher die Ausnahme dar, wobei immerhin weitere 29% der Taten in groben Zügen geplant gewesen waren. Überwiegend waren die Taten jedoch „zufällig" begangen (11,5%) oder es waren „günstige Gelegenheiten" wahrgenommen worden (39,5%). Freilich hatte in diesen Fällen meist zuvor schon eine latente, wenngleich nicht auf ein bestimmtes Delikt gerichtete Bereitschaft zur Begehung von Straftaten bestanden. Weitere 5% der Straftaten konnten im weitesten Sinne als „Affekt"-Taten angesehen werden. Die Planung der Taten war im übrigen bis zu einem gewissen Grad altersabhängig: Der Anteil der (zumindest grob) geplanten Straftaten stieg bei den H_1-Probanden von anfänglich 32% auf 44% im Erwachsenenalter, während von den H_2-Probanden ohnehin von Anfang an ungefähr die Hälfte ihre Taten entsprechend geplant hatte.

4.5.3. Tatgeschehen

Die Auswertungen zum **äußeren Tatbild** ergaben, daß die *Tattage* ziemlich gleichmäßig über alle Wochentage verteilt waren; es ließ sich also nicht etwa eine Häufung der Delikte am Wochenende feststellen. Dies überrascht allerdings auch nicht in Anbetracht der Tatsache, daß die Mehrzahl der Probanden zuletzt ohnehin keinen geordneten Leistungsbereich mit entsprechenden zeitlichen Strukturen aufwies. So hatten etwa 60% der H-Probanden am Tattag nicht gearbeitet, weil sie „blaugemacht" oder „krankgefeiert" hatten oder damals ohnehin keiner geregelten Arbeit nachgegangen waren; bei einem Drittel der Probanden lag eine völlige Verschiebung des gesamten Tagesablaufs vor, so daß der Tag meist erst nachmittags begann und am frühen Morgen endete.

Hinsichtlich des *Zeitpunktes* der Tatbegehung ergab sich dagegen eine Konzentration der Delikte auf die Nachtzeit, und hier insbesondere auf den Zeitraum zwischen 22 und 3 Uhr, während nur wenige Taten zwischen 3 und 6 Uhr begangen wurden. Auch darin kommt der Zusammenhang vieler Delikte, und zwar nicht nur der Eigentumsdelikte, mit vorangegangenen Gaststättenbesuchen (und entsprechenden Kontakten) zum Ausdruck.

Die prozentuale Verteilung der *Tatorte* auf Stadt- und Landgebiete stimmt weitgehend mit der entsprechenden Verteilung des Wohnsitzes bzw. des tatsächlichen Aufenthaltes (s. o. 2.2.3.) sowie des letzten Freizeitaufenthaltsortes überein. Fast zwei Drittel der Probanden begingen ihre „letzte" Straftat innerhalb des gleichen Ortes, in dem sie wohnten bzw. sich zuletzt mindestens einige Tage aufgehalten und auch die Freizeit unmittelbar vor der Tatbegehung verbracht hatten. Bei weiteren 17% fiel der Ort des letzten Freizeitaufenthaltes mit dem Tatort zusammen, und nur bei 9% der Probanden lagen alle drei Orte in verschiedenen Gemeinden. Darüber hinaus lag der *Tatort im engeren Sinne* (also die Straße, das Stadtviertel usw.) häufig in nächster Nähe des vorangegangenen Freizeitaufenthaltsortes: In 28% der Fälle waren die beiden Orte gewissermaßen identisch, in weiteren 43% konnte der Tatort vom letzten Freizeitaufenthaltsort problemlos zu Fuß erreicht werden. Nur in 28% der Fälle war die Distanz zwischen Freizeitaufenthaltsort und Tatort so groß, daß zu deren Überbrückung ein Kraftfahrzeug notwendig war.

Innerhalb des eigenen Wohngebietes fanden 12% der Delikte statt. 29% der Taten wurden in Geschäfts- und Einkaufsvierteln bzw. im Kneipenviertel des Stadtzentrums begangen, etwa 25% in fremden Wohngebieten, etwa 15% in Industriegebieten bzw. Einkaufszentren am Ortsrand und weitere 15% in Laubenkolonien, Wochenendhausgebieten bzw. in der freien Landschaft. Der Rest stand in unmittelbarem Zusammenhang mit dem Straßenverkehr.

Die Delikte können damit – unter räumlichen Aspekten – weitgehend dem *sozialen Nahraum* zugeordnet werden. Dies wurde vor allem auch bei den Einbruchsdiebstählen deutlich, bei denen zahlreiche Tatobjekte den Tätern bereits in irgendeiner Form bekannt waren, sei es, daß sich diese Objekte an einem früheren Arbeitsplatz befanden, sei es, daß die Täter die kurz zuvor besuchte Gaststätte erneut aufsuchten, um dort etwas zu entwenden. Besonders bemerkenswert erschien auch der Stellenwert des Autos bei den Eigentumsdelikten. In etwa einem Fünftel der Fälle spielte das (fremde) Auto entweder als unmittelbares Diebstahlsobjekt oder aber als Einbruchsobjekt eine Rolle (s. o. 4.3.3.).

Obwohl sich die „letzten" Taten also überwiegend im sozialen Nahraum abspielten, hatten die Täter ihre **Opfer** nur in etwa 20% der Fälle zuvor näher gekannt; im übrigen waren ihnen die Opfer entweder allenfalls flüchtig bekannt (14%) oder unbekannt (28%) gewesen, oder es hatte sich um anonyme Opfer (38%) gehandelt (zum Täter-Opfer-Verhältnis vgl. GÖPPINGER 1980, S. 594 ff.). Selbst bei den häufig als Nahraumdelikte angesehenen Sexualdelikten waren etwa zwei Drittel der Opfer den Tätern unbekannt gewesen. Die individuelle Person des Opfers war für den Täter nicht nur bei den Eigentums- und Vermögensdelikten weitgehend bedeutungslos und auswechselbar, auch bei den meisten der Sexual- und Aggressionsdelikte hätte sich die Tat ebensogut gegen eine andere Person richten können. Lediglich in 16% der „letzten" Taten (vorwiegend Delikte gegen die Person, in 2 Fällen aber auch „aus Rache" durchgeführte Einbruchsdiebstähle) kam es den Tätern ausschließlich auf das konkrete Opfer an.

Bei Einbeziehung *früherer Delikte* steigt der Anteil der auswechselbaren Opfer auf 92%, wobei die Opfer der Sexualdelikte fast ebenso häufig auswechselbar waren (92%) wie die Opfer der Eigentums- und Vermögensdelikte (etwa 96%), und zwar in den meisten Fällen selbst dann, wenn die Täter ihre Opfer schon zuvor gekannt hatten. Überwiegend richteten sich die Taten aber gegen unbekannte Opfer (55%); eine gewisse Ausnahme bilden insoweit die Sexualdelikte, als bei ihnen das Opfer dem Täter häufiger (60%) schon vor der Tatbegehung bekannt gewesen war.

Ein *tatspezifisches Opferverhalten* im Hinblick auf eine Erleichterung oder Forcierung der Tat war nur in insgesamt 3% der Fälle festzustellen. Eine ausgesprochene *Täter-Opfer-Affinität* in dem Sinne, daß Täter und Opfer gewissermaßen als Partner einer strafbaren Handlung auftraten und es nur von der größeren physischen oder psychischen Stärke oder vom Zufall abhing, wer letztlich Täter und wer Opfer wurde (vgl. GÖPPINGER 1980, S. 596 f.), war bei 3 (Aggressions-)Delikten anzunehmen.

Bei der **Art der Tatausführung** durch den Täter ergaben sich über die für die Erfüllung des entsprechenden gesetzlichen Tatbestandes erforderlichen Umstände hinaus keine Besonderheiten. Ebenso war der *Modus operandi* bei etwa zwei Drittel der Delikte weitgehend ohne Besonderheiten. Jeweils 14% der Straftaten zeichneten sich durch recht differenzierte Tathandlungen bzw. durch ein besonders dreistes Vorgehen aus; andererseits war die Vorgehensweise in etwa 7% der Taten als ausgesprochen naiv, teilweise geradezu einfältig zu qualifizieren. Soweit (abgesehen von einer noch unverbindlichen gedanklichen Beschäftigung) überhaupt eine eingehendere *Planung* der Tat erfolgt war, stimmte die *spätere Tatausführung* in 85% dieser Fälle mit derselben weitgehend überein; nur in einem Fall ging sie über sie hinaus, in den übrigen Fällen blieb sie hinter ihr zurück.

In 17,5% der Fälle entfaltete die Tat jedoch während ihrer Begehung eine gewisse *Eigendynamik*, die dem Täter die Herrschaft über den Tatablauf mindestens teilweise entgleiten ließ. In jeweils 11 dieser Fälle war die Tatdynamik auf Handlungen der Täterseite, auf Handlungen (insbesondere Gegenwehr) seitens des Opfers bzw. darauf zurückzuführen, daß der Täter auf frischer Tat angetroffen wurde. In 2 Fällen (einem Sexual- und einem Aggressionsdelikt) erfolgte sowohl durch den Täter als auch durch das Opfer eine Eskalation des Tatablaufes.

4.5.4. Zeit nach der Tat

Wie belanglos, teilweise fast „normal" die begangene Straftat für viele der Probanden war, zeigte sich nicht zuletzt im Verhalten der Probanden nach der Tat: Überwiegend fanden sich keinerlei besondere, aus dem üblichen Verhalten herausfallende **Reaktionen**. Lediglich bei 7% der Täter konnte von einem in gewisser Weise „kopflosen" Handeln ausgegangen werden. Von den 23 Tätern (11,5%), die *auf frischer Tat* angetroffen worden waren, versuchten sich 11 durch Flucht oder Verstecken dem Zugriff der Polizei zu entziehen, in einem Fall schritt der Täter auch zur Gegenwehr, ansonsten widersetzten sich die Probanden der Festnahme nicht. Etwa drei Viertel der Probanden wurden erst im Zuge weiterer *polizeilicher Ermittlungen* festgenommen. Insgesamt 14 Täter stellten sich nach einiger Zeit aus freien Stücken der Polizei, ein weiterer, der mit alsbaldiger Festnahme rechnen mußte, kurz nach der Tatbegehung. *Verdunkelungs- oder Fluchtvorbereitungen* wurden nur von verhältnismäßig wenigen Tätern getroffen und letztlich auch durchgeführt: 12% der Täter begaben sich nach der Tat – abgesehen vom Sich-Entfernen vom Tatort – auf die Flucht, 13,5% trafen irgendwelche Verdunkelungsmaßnahmen.

Bei den Eigentums- und Vermögensdelikten wurde die **Beute** – sofern überhaupt etwas erlangt worden war (bei 20% dieser Delikte war dies nicht der Fall) – in etwa drei Viertel der Fälle umgehend verwertet und *zur Befriedigung unmittelbarer Bedürfnisse* verwendet, sei es, daß das entwendete Kraftfahrzeug zum Herumfahren benutzt, die gestohlenen Spirituosen und Lebensmittel verzehrt wurden, sei es, daß Bargeld in Alkohol, Zigaretten usw. umgesetzt wurde. Nur in 5 Fällen wurde die Beute ohne ersichtlichen Nutzen gehortet bzw. ohne feststellbaren Vorteil weggegeben. Soweit die Beute durch gemeinschaftliche Tatbegehung erlangt worden war, wurde sie in 80% der Fälle gleichmäßig geteilt, in 7% der Fälle war der Anteil des Probanden kleiner, in 13% größer als der seiner Tatgenossen.

Von den 72 Probanden (36%), bei denen es im Verlauf der (Eigentums-/Sexual-/ Aggressions-)Tat zu einer unmittelbaren Konfrontation des Täters mit der Person des Opfers gekommen war, kümmerten sich nur 6 Probanden entweder unmittelbar nach der Tat oder auch später in irgendeiner Form um das Opfer. Auch sonstige Versuche einer *Wiedergutmachung* stellten mit 7% aller Fälle die Ausnahme dar.

Im Rahmen der Erhebungen wurde auch versucht, die nachträgliche **Einstellung der Probanden** zu dieser konkreten „letzten" Tat zu erfahren. Die von ihnen gegenüber Polizei und Gericht gemachten Äußerungen blieben dabei unberücksichtigt, da es sich wegen der besonderen Situation, in der sich die Probanden damals befanden, häufig um Schutzbehauptungen gehandelt haben dürfte. In Anbetracht der Vielzahl vorausgegangener (und zum Teil auch nachfolgender; s. u. 4.6.) Delikte erinnerten sich die Probanden vielfach nicht mehr genau oder erst nach einigem Nachdenken und nach Hilfestellungen an diese konkrete Tat. In etwa 24% der Fälle hatte die Tat anscheinend keinerlei Eindruck hinterlassen. Ansonsten beschränkten sich die Probanden weitgehend auf rechtfertigende oder im Vergleich zu den gerichtlichen Feststellungen beschönigende Äußerungen oder leugneten die Tat (39%); 17% der Probanden bemitleideten sich eher selbst und bedauerten sich vor allem wegen der zu verbüßenden Strafe (Tatfolgenreue). Abgesehen von einigen nicht eindeutig zuzuordnenden Fällen gaben insgesamt nur 9 Probanden Reue (Tatreue) oder (nachträgliches) Mitleid mit dem Opfer an, obgleich es bei einer ganzen Anzahl von „letzten" Taten zu einer unmittelbaren, teilweise massiven Konfrontation zwischen Täter und Opfer gekommen war. Andererseits standen 7 Probanden, deren „letzte" Tat ein Eigentumsdelikt gewesen war, der Tatsache, daß sie überhaupt ein Delikt bzw. gerade diese Straftat begangen hatten, relativ fassungslos gegenüber.

4.6. Lebenssituation und Geschehensabläufe bei der Tatbegehung der H-Probanden

Ein weiteres Anliegen war, über den statistischen Zusammenhang zwischen sozial auffälligen bzw. für die Gruppe der H-Probanden charakteristischen Verhaltensweisen und Straffälligkeit (s. o. 4.4.) hinaus Zugang zu dem konkreten Zusammenspiel eines bestimmten Verhaltens mit dem jeweiligen Tatgeschehen zu finden (vgl. MASCHKE 1983). Hierzu wurde – wiederum exemplarisch für alle anderen Delikte – mit Hilfe einer Rückblende auf die Tage und Wochen vor der „letzten" Tat des einzelnen Probanden überprüft, wie lange vor dieser Zeit bereits akute Auffälligkeiten in den einzelnen Lebensbereichen vorzufinden waren. Die zum Tatzeitpunkt im *Freizeit- und Kontaktbereich* feststellbaren auffälligen Verhaltensweisen konnten dabei am längsten zurückverfolgt werden. Dagegen bestand die zum Tatzeitpunkt anzutreffende Situation im *Leistungsbereich* (bei etwa der Hälfte der H-Probanden waren Auffälligkeiten in Form von beruflicher Untätigkeit, häufigem „Blaumachen", Krankfeiern oder ähnlichem festzustellen) in dieser akuten Ausformung fast durchweg erst seit den letzten Tagen oder allenfalls seit wenigen Wochen vor der Begehung der „letzten" Tat. Das heißt freilich nicht, daß es schon in früherer Zeit immer wieder zu Auffälligkeiten im Leistungsbereich gekommen war, die etwa das Vorliegen des Syndroms mangelnder beruflicher Angepaßtheit indizierten (s. o. 2.3.4.6.). Die Situation im *Aufenthaltsbereich* erschien demgegenüber weniger eindeutig, wenngleich auch hier bei etwa einem Drittel der Probanden in den letzten Wochen und Monaten vor der Tat (bei 10 Probanden allerdings erst in den letzten Tagen vor der Deliktsbegehung) eine akute Verschlechterung der Wohnsituation durch Aufgabe des Wohnsitzes mit folgendem Umherstreunen oder wechselndem „Unterschlupf" bei Bekannten eingetreten war.

Freilich stellten die H-Probanden auch insoweit keine homogene Gruppe dar, da nicht *alle* „letzten" Taten aus einer derartig zugespitzten Situation heraus entstanden und bei den meisten Probanden auch nicht *alle* Lebensbereiche im Zeitraum vor der Tatbegehung in dieser Weise betroffen waren.

Selbst bei jenen H-Probanden, die eine kriminelle Karriere im Sinne wiederholter Verurteilungen und Strafverbüßungen aufwiesen (s. o. 4.3.1. und 4.3.5.), lagen die in den einzelnen Lebensbereichen festgestellten, für die H-Gruppe charakteristischen Verhaltensweisen nicht zu allen Zeiten in stets gleichermaßen ausgeprägter Form vor. Vielmehr traten immer wieder Zeiträume auf, in denen die Probanden zumindest Versuche machten, ihr bisheriges Verhalten zu ändern. Dem standen andererseits Zeiten gegenüber, in denen beim einzelnen Probanden die H-spezifischen Verhaltensweisen besonders deutlich zum Ausdruck kamen und in der Regel früher oder später zu (erneuter) Delinquenz führten.

Trotz einer gewissen Beliebigkeit der konkreten Deliktsart und der Vielgestaltigkeit der jeweiligen Geschehensabläufe und der Lebenssituationen ließen sich – über die (an der Art des verletzten Rechtsguts orientierte) grobe Einteilung in Eigentums-, Vermögens-, Sexual-, Aggressionsdelikte usw. hinaus – vergleichbare Lebenssituationen feststellen, aus denen heraus die Delikte erfolgten. Je nach Grad der Folgerichtigkeit, mit der aus einem bestimmten Lebenszuschnitt oder auch nur aus einer besonderen sozialen Situation heraus eine Straftat begangen wurde, ergab sich dabei ein breites Spektrum: Das eine Extrem waren Fälle, bei denen man geradezu den Eindruck hatte, daß die Delikte fast zwangsläufig erfolgen mußten, weil der entsprechende Lebenszuschnitt ohne Delikt nicht aufrechtzuerhalten gewesen wäre. Auf der anderen Seite gab es aber auch

Fälle, bei denen aus der aktuellen sozialen Lage des Probanden in keiner Weise eine „Gefährdung" abzuleiten war. Im einzelnen ließen sich folgende „typische" Erscheinungsbilder umreißen:

Bei einer Gruppe von 30 (H-)Probanden (15%), deren „letzte" Tat ein Eigentumsdelikt war, mußte es aufgrund des Verhaltens vor allem im Leistungs- und Aufenthaltsbereich und dadurch bedingt auch im Freizeitbereich infolge einer völligen Verschiebung des Tagesablaufs (situationsbedingt) *fast zwangsläufig* zu einem Delikt kommen. Die betreffenden Probanden waren *durch ihren Lebensstil* in eine für sie geradezu *ausweglose Lage* gekommen, da sie keine Möglichkeit mehr hatten, ihren Lebensunterhalt zu bestreiten. Damit standen sie vor der Alternative einer grundlegenden Änderung ihres Lebensstils durch Annahme jeder sich bietenden Arbeit (was in jener Zeit der Vollbeschäftigung grundsätzlich möglich war) oder Beschaffung von Mitteln zum Lebensunterhalt durch ein Delikt. Da – im Sinne des Circulus vitiosus, in dem sich die Probanden befanden – für sie die erste Alternative nicht infrage kam, erfolgte das Delikt.

Im einzelnen handelte es sich dabei um Probanden, die zum Tatzeitpunkt ohne festen Wohnsitz und ohne zu arbeiten „unterwegs" waren, sei es, weil sie kurz zuvor aus der Haft bzw. aus dem Heim entlassen worden (2 Probanden) oder entwichen waren (5 Probanden), sei es, weil sie sich entschlossen hatten, ihre bisherige Arbeitsstelle und Unterkunft aufzugeben, um „etwas zu erleben", „zur See zu fahren", „eine Reise zu machen" oder ähnliches (8 Probanden), oder sei es, weil sie bereits seit einiger Zeit ohnehin ohne festen Wohnsitz und ohne Einkünfte waren, bisher jedoch in irgendeiner Weise „Unterschlupf" und Verpflegung gefunden, diese inzwischen aber wieder verloren hatten (15 Probanden). Diese Probanden lebten demzufolge gewissermaßen „von der Hand in den Mund". In dieser Situation vermochten die einen einige Tage, andere dagegen nur wenige Stunden (dies insbesondere nach Haftentlassungen bzw. Entweichungen) straffrei zu bleiben: Es kam alsbald zu ausgesprochenen Versorgungsdiebstählen zur Befriedigung elementarer Bedürfnisse, insbesondere zu – durchweg mindestens grob geplanten – einfachen Diebstählen, Einbruchsdiebstählen oder auch zu Hausfriedensbruch, um sich Geld, Nahrungsmittel, eine Übernachtungsmöglichkeit (vorrangig in Wochenendhäusern) oder eine Fortbewegungsmöglichkeit (Fahrrad, Moped, Pkw) zu beschaffen. Abgesehen von 2 Probanden, die unmittelbar danach festgenommen wurden, war die „letzte" Tat (entsprechend der Auswahl als Einstiegsdelikt einer Serie – s. o. 4.5.1.) in 28 Fällen gleichzeitig die „erste" Tat in einer Reihe gleichartiger Delikte, durch die in der Folgezeit bis zur Festnahme der Lebensunterhalt bestritten wurde.

Aus einer in ähnlicher Weise durch Veränderungen in allen Lebensbereichen entstandenen ausweglosen Lage heraus kam es auch bei einigen anderen Probanden zu Delikten, so bei 4 Probanden zu einem Vermögensdelikt (Übernachtungs- bzw. Zechbetrug sowie Betrug zu Lasten einer Autovermietung) und bei 3 Wehrpflichtigen zur Fahnenflucht. Auch in diesen Fällen handelte es sich um Einstiegstaten in eine Serie weiterer Betrugshandlungen und Diebstahlsdelikte zur Befriedigung elementarer Bedürfnisse.

Ebenfalls eng mit dem bisherigen, allerdings schon länger anhaltenden Lebensstil hingen die „letzten" Taten (Eigentumsdelikte) bei einer zweiten Gruppe von 27 H-Probanden (13,5%) zusammen. Bei dieser Gruppe standen jedoch nicht so sehr die (selbst herbeigeführte) soziale Zwangslage und die Befriedigung elementarer Bedürfnisse im Vordergrund, sondern eher ihre *unrealistischen (materiellen) Ansprüche* und ihre mangelnde Bereitschaft, entweder diese Ansprüche durch entsprechende Arbeitsleistung zu verwirklichen oder aber diese Ansprüche entsprechend zu reduzieren (zum Kriterium des inadäquaten Anspruchsniveaus s. o. 3.4.4. und u. Kap. III, 3.3.3.3.). Doch auch für sie war ein solches Ausbrechen aus ihrem Lebenszuschnitt zugunsten einer völligen Umstellung und Neuorientierung irrelevant.

So gelangten die Probanden aufgrund ihrer angespannten finanziellen Lage (die in etwa zwei Drittel der Fälle durch unzureichende Arbeitsleistung bedingt war) bzw. in Anbetracht ihrer Ansprüche (in etwa vier Fünftel der Fälle ließ sich im Zeitraum vor der „letzten" Tat ein „unnötiges" Geldausgeben, insbesondere für Freizeitvergnügungen feststellen) zu dem Entschluß, ihre Lage durch ein Delikt zu verbessern: Abgesehen von 2 Fällen des Raubes bzw. der räuberischen Erpressung kam es in der Regel zu planmäßigen, in der Hälfte der Fälle gemeinschaftlich begangenen Einbruchsdiebstählen (insbesondere in Fabrikgebäude oder in Schrottlager, aus denen in größeren Mengen Altmetall entwendet wurde) mit relativ differenzierter Tatausführung (u. a. vorherigem Beschaffen von Tatwerkzeugen, Transportmöglichkeiten usw.) und weitgehender Übereinstimmung von Planung und Ausführung der Tat. Die Beute wurde in der Regel umgehend – meist an bereits zuvor bekannte Hehler – veräußert, wobei sich an die erste derartige Tat in zwei Drittel der Fälle weitere gleichartige Delikte anschlossen.

Eine vergleichbare Ausgangssituation für das Delikt ließ sich bei weiteren 17 Probanden mit einem Vermögensdelikt als „letzter" Tat feststellen, die zur Verbesserung ihrer finanziellen Lage Scheck- und Kreditbetrügereien oder Betrugshandlungen zu Lasten des Arbeitgebers oder von Kunden begangen hatten.

Bei einer dritten Gruppe konnten zwar ebenfalls überwiegend erhebliche soziale Auffälligkeiten in den einzelnen Lebensbereichen festgestellt werden; entscheidend für die Tatbegehung war hier jedoch weniger die allgemeine Lebenssituation als vielmehr die konkrete Situation unmittelbar vor der Tat: Die Delikte standen fast zwingend im Zusammenhang mit einem abendlichen Gaststättenbesuch, mit (erheblichem) Alkoholkonsum und in den meisten Fällen mit Kontakten zu Kumpeln und Zechgenossen. Im Anschluß an einen „angebrochenen Abend" und damit an eine letztlich in gewisser Weise noch *unbefriedigende Feierabendsituation* mußte – nicht selten aus einer Mischung von Langeweile und gleichzeitigem Tätigkeitsdrang heraus – noch „irgend etwas" geschehen. Die Art des Geschehens hätte sich (bei anderen Menschen) keineswegs zwangsläufig in einer Straftat niederschlagen müssen, bewegte sich aber andererseits im Rahmen der grundsätzlichen Lebensauffassung und Wertorientierung der betreffenden Probanden und führte daher zu einer unerlaubten (und strafbaren) Tat. Das Verhalten der Probanden dieser Gruppe war im einzelnen jedoch sehr heterogen; und auch bei den Delikten handelte es sich zwar überwiegend um Eigentumsdelikte, man konnte hierzu aber auch eine ganze Anzahl von Aggressions- und Sexualdelikten zählen:

Bei der einen Untergruppe (insgesamt 13 H-Probanden) wurden nach gemeinsamem ausgiebigen Zechgelage und erheblichem Alkoholkonsum in 9 Fällen auf dem nächtlichen Heimweg – meist unüberlegt und ohne größere Planung – spontan günstige Gelegenheiten in Form von Schaufenstereinbrüchen wahrgenommen; in 4 Fällen kam es zu – ebenfalls relativ spontanen – Raubtaten zu Lasten eines gemeinsamen Zechgenossen bzw. eines zufällig vorbeikommenden Passanten.

Aus einer vergleichbaren Situation heraus wurden im übrigen auch 8 der insgesamt 13 Aggressionsdelikte begangen, bei denen es (ebenfalls meist auf dem Heimweg) entweder zum Streit mit Zechgenossen kam oder zufällig vorbeikommende Personen angepöbelt und angegriffen wurden.

Bei der zweiten Untergruppe (22 H-Probanden) entwickelte sich im Laufe des Abends im Gespräch mit den „Kumpeln" und Zechgenossen die Idee, „noch etwas zu drehen", oder es wurden schon recht konkrete Tatvorstellungen erörtert und die Tatausführung beschlossen. Die Delikte (vorrangig Automatendiebstähle und Einbruchsdiebstähle in Büro-, Lager- und Fabrikationsräume oder in Autos) erfolgten geplant und überlegt; in der Hälfte der Fälle zeichneten sie sich durch ein differenziertes, teilweise geradezu raffiniertes Vorgehen aus und dienten durchweg der Geldbeschaffung. In 80% dieser Fälle schlossen sich in den folgenden Tagen und Wochen weitere ähnliche Delikte an.

In einem anderen Fall wurde aus einer ähnlichen Situation heraus im Kreise der Zechgenossen der – sehr differenzierte – Plan zur Entführung und Vergewaltigung einer Prostituierten entworfen und danach auch gemeinschaftlich in die Tat umgesetzt.

Die dritte – hinsichtlich der Ausführung des Delikts relativ heterogene – Untergruppe bildeten schließlich jene 22 H-Probanden, die nach einem Gaststättenbesuch und nach Alkoholkonsum, jedoch ohne erkennbare Einflußnahme durch Zechgenossen oder „Kumpel" und ohne weitere Tatbeteiligte, entweder noch in der Gaststätte eine günstige Gelegenheit zum Diebstahl wahrnahmen (z. B. den Bedienungsgeldbeutel entwendeten) oder auf dem Nachhauseweg eine solche Gelegenheit erkannten oder aber relativ gezielt und planmäßig einen Einbruchdiebstahl verübten. Auch hier war die „letzte" Tat in der Hälfte der Fälle Einstiegsdelikt in eine Reihe weiterer ähnlicher Straftaten.

Mit dieser Ausgangslage vergleichbar war die Situation im übrigen auch bei 3 Sexualdelikten, bei denen es ebenfalls auf dem Heimweg von der Gaststätte zur Vergewaltigung einer zufällig vorbeigehenden Frau kam.

Bei einer letzten Gruppe war die Tatbegehung noch enger auf die konkrete Tatsituation eingegrenzt und stand weit weniger im Zusammenhang mit der übrigen allgemeinen Lebenssituation als bei den bisher genannten Fallgruppen. Die Straftat konnte demzufolge auch nicht mit einer gewissen Folgerichtigkeit aus den übrigen Lebensumständen hergeleitet werden, vielmehr wurden von den Tätern in diesen (insgesamt 15) Fällen eher jeweils spezifische, für die Probanden „verführerische" *Gelegenheiten im sozialen Nahraum* zur Tatbegehung wahrgenommen:

Soweit es um Eigentumsdelikte (11 Fälle) ging, hatten die Probanden ungehinderten Zugang zu den Räumlichkeiten des Opfers und kannten sich dort aus. Sie wurden im Grunde als dazugehörig angesehen, und es wurde ihnen vertraut bzw. kein Mißtrauen entgegengebracht. Es handelte sich dabei vorrangig um spontane, unüberlegte einfache Diebstähle (bzw. in weiteren 4 Fällen um Betrugshandlungen) zu Lasten von Verwandten, der Verlobten, der Freundin, des Arbeitskollegen, des Arbeitgebers, des Mitzöglings oder des Vermieters. Die Beute war durchweg gering, im übrigen mußte der Tatverdacht fast zwangsläufig sofort auf den Probanden fallen.

Ebenfalls einer „verführerischen" Situation im sozialen Nahraum waren darüber hinaus auch 3 Sexualdelikte (Sexualkontakt mit Stiefschwester, Mutter bzw. Neffen) und ein Aggressionsdelikt („Erziehung" des Kindes der Freundin durch Mißhandlungen) zuzurechnen.

Bei den restlichen 32 H-Probanden (16%) ließ sich die „letzte" Tat solchen übergreifenden Gesichtspunkten nicht zuordnen. Sowohl ihre Delikte, die von Straßenverkehrsdelinquenz über Sexualdelikte, Eidesdelikte und Unterhaltspflichtverletzungen bis hin zum Tötungsversuch reichten, als auch die Lebenssituationen und die persönlichen Umstände, mit denen die Taten in Verbindung standen, bilden ein breites Spektrum. An dessen einem Ende sind jene 8 Probanden anzusiedeln, deren Delikte im Zusammenhang mit einer devianten Ausrichtung ihres Sexualtriebes zu sehen sind (3 Exhibitionisten, 4 Pädophile und 1 Fetischist). Am anderen Ende stehen die beiden den zivilen Ersatzdienst verweigernden Zeugen Jehovas: Bei ihnen kam es aus völliger sozialer Unauffälligkeit zum Delikt, wenngleich nicht zufällig, sondern aufgrund einer rationalen, an ganz bestimmten ethischen Vorstellungen orientierten Entscheidung.

Die Kernzone dieses weitgefächerten Spektrums von Lebenssituationen und Geschehensabläufen bilden die hier im einzelnen beschriebenen vier „typischen" Erscheinungsbilder, denen sich die meisten (84%) der „letzten" Taten zuordnen ließen. Bei ihnen führten entweder eher eine äußere – selbst verschuldete – Zwangslage, eine noch nicht abgeschlossene und daher noch unbefriedigende (Gemeinschafts-)Situation am Tatabend, eine für die Probanden „verführerische" Gelegenheit im sozialen Nahraum oder aber unrealistische Lebensansprüche zur Tat. Allen diesen Taten gemeinsam ist jedoch der enge Zusammenhang mit dem *besonderen Lebensstil der Probanden;* teilweise sind sie für diesen geradezu typisch (zu einer übergreifenden Betrachtung des Täters in seinen sozialen Bezügen s. u. Kap. III.). So wird auch in vielen ihrer Straftaten das in den übrigen Bereichen festgestellte „ungebremste Leben im Augenblick" deutlich, das Bestreben, spontane Wünsche und sich aus dem Augenblick ergebende Bedürfnisse ohne Rücksicht auf schädliche Folgen unmittelbar zu befriedigen (s. o. 3.4.4.). Demgegenüber hätten vermutlich andere Menschen mit einem sozial üblichen Lebensstil und einer entsprechenden Wertorientierung beispielsweise die „günstige" Situation als solche überhaupt nicht wahrgenomen, ebenso wie für sie ein krimineller Abschluß einer unbefriedigenden Feierabendsituation oder die Anspruchsverwirklichung mit Hilfe von Straftaten genausowenig in Frage gekommen wäre wie etwa ein Lebenszuschnitt, der zu einer deliktsträchtigen Zwangslage geführt hätte (s. dazu auch u. Kap. III, 4.3.).

4.7. Die registrierte Delinquenz der V-Probanden

4.7.1. Delikte und Sanktionen

Bis zum Untersuchungszeitpunkt waren insgesamt 47 V-Probanden vorbestraft. Damit lag die Vorstrafenbelastung der V-Gruppe mit 23,5% wohl etwas unter jener der entsprechenden Population, die nach KESKE (1979) im Bundesdurchschnitt bei 25 bis 30% liegen soll (zu den möglichen Gründen hierfür s. o. Kap. I, 2.3.). 32 dieser V-Probanden waren ausschließlich wegen Straßenverkehrsdelikten, 15 V-Probanden wegen „klassischer" Delikte (5 dieser Probanden zusätzlich wegen Verkehrsstraftaten) verurteilt worden.

Bei den „*klassischen" Straftaten* handelte es sich überwiegend um Eigentumsdelinquenz (in 6 Fällen um einfachen, in einem Fall um schweren Diebstahl sowie um eine erschwerte Unterschlagung); weiterhin fanden sich 2 Fälle der gefährlichen Körperverletzung, ein Versuch der schweren Unzucht mit Kindern, 2 Vergehen des Hausfriedensbruchs sowie 2 Beleidigungsdelikte.

6 der wegen „klassischer" Delikte vorbestraften V-Probanden waren bereits zuvor strafrechtlich in Erscheinung getreten: 1 Proband mit einem „klassischen" Delikt, 5 Probanden mit Verkehrsstraftaten, davon 3 mehrfach (bis zu viermal), wobei die Verkehrsstraftaten jedoch in keinem Fall in unmittelbarem Zusammenhang mit der Begehung eines „klassischen" Delikts standen.

Zum *kriminologischen Tatbild* dieser „klassischen" Delikte konnte festgestellt werden, daß knapp die Hälfte der Taten *gemeinschaftlich* begangen wurde, teilweise nur mit einem Tatgenossen, teilweise aber auch in einer Clique, wobei die betreffenden V-Probanden innerhalb der jeweiligen Gruppe ausnahmslos eine untergeordnete Rolle spielten bzw. Mitläufer waren. Bemerkenswert erscheint auch, daß das durchschnittliche *Tatalter* der V-Probanden mit gemeinschaftlicher Tatbegehung bei 18 Jahren lag, das der alleinhandelnden V-Probanden dagegen bei 22 Jahren.

Die Delikte dieser V-Probanden waren überwiegend nicht einmal in groben Zügen *geplant.* Die Probanden nutzten in der Regel „günstige Gelegenheiten" aus (dies gilt vor allem für die Eigentumsdelikte), handelten spontan (bei den Aggressionsdelikten z. B. in Form von Wirtshausschlägereien, Beleidigung von Polizeibeamten bei Fahrzeugkontrollen, Weigerung, eine Gaststätte zu verlassen) oder beteiligten sich an einem von einem Dritten organisierten Delikt (Zigarettendiebstahl aus Automaten, Einbruch in Garten- und Wochenendhäuschen, jeweils unter Einfluß einer Clique). Die *Tatausführung* war eher ungeschickt als raffiniert. Nicht zuletzt aus diesem Grund konnten die Probanden in sämtlichen Fällen – soweit sie nicht unmittelbar am Tatort angetroffen worden waren – bereits kurze Zeit nach der Tat von der Polizei ermittelt werden. Der Wert der durch die Eigentumsdelikte erlangten *Beute* lag zwischen 3 DM und 400 DM, nur in einem Fall bei 1 200 DM (Unterschlagung von unter Eigentumsvorbehalt gekauften Musikinstrumenten). Die Beute wurde überwiegend unmittelbar verbraucht. Außer bei zwei am Arbeitsplatz begangenen Diebstählen war den Probanden das jeweilige *Opfer* der Straftat nicht bekannt gewesen.

Die *Sanktionen* für diese Straftaten wurden bei 7 dieser V-Probanden dem Jugendstrafrecht entnommen (in je 2 Fällen Verwarnungen, Geldbußen bzw. Freizeitarreste sowie in einem Fall die Weisung, eine Arbeitsleistung zu erbringen); 6 der Probanden wurden nach allgemeinem Strafrecht zu einer Geldstrafe (durchschnittlich 270 DM) und 2 Probanden zu Freiheitsstrafen mit Bewährung verurteilt.

Die Delinquenz jener V-Probanden, die *ausschließlich* wegen Straftaten im Zusammenhang mit dem *Straßenverkehr* verurteilt worden waren, setzte sich wie folgt zusammen: 18 Fälle der fahrlässigen Körperverletzung, 6 Trunkenheitsdelikte, 5 Fälle des unerlaubten Entfernens vom Unfallort, 2 Fälle des Fahrens ohne Fahrerlaubnis und insgesamt 6 Verurteilungen wegen sonstiger Verkehrsdelikte. 4 der Probanden waren bei der letzten Tat einmal, 2 weitere Probanden bereits zweimal einschlägig vorbestraft. Das durchschnittliche Tatalter betrug bei diesen „Straßenverkehrsdelinquenten" 21,6 Jahre, wohingegen das der Probanden mit „klassischen" Straftaten bei 20 Jahren lag.

4.7.2. Soziale Auffälligkeiten der vorbestraften V-Probanden

Da in der H-Gruppe (wiederholte) Straffälligkeit in der Regel mit massiver sozialer Auffälligkeit einherging, war anzunehmen, daß dies – mit Abschwächung – auch bei der V-Gruppe der Fall sei. Zunächst erschienen die V-Probanden im Hinblick auf die extremen Ausprägungen der H-Probanden als relativ homogene Gruppe: Nur 4 von 47 vorbestraften und 3 von 153 nicht vorbestraften V-Probanden wiesen jeweils eines der Syndrome sozialer Auffälligkeit auf (s. o. 2.1.4., 2.3.4.6., 2.4.7. und 2.5.7.). Wenngleich also auch bei den vorbestraften V-Probanden in der Regel das Lebensgesamt durch keine durchgehenden sozialen Auffälligkeiten geprägt war, zeigten sich im Zeitraum der Tatbegehung doch gewisse Auffälligkeiten in den einzelnen Lebensbereichen. Dabei ergaben sich weitere Differenzierungen:

Die „*Straßenverkehrsdelinquenten*", d. h. jene Probanden, die ausschließlich wegen Straftaten im Zusammenhang mit dem Straßenverkehr verurteilt worden waren, unterschieden sich insoweit nicht von der Gesamtgruppe der V-Probanden; die Delikte wurden also bei einem ansonsten weitgehend sozial unauffälligen Lebenszuschnitt begangen (zur Kriminologie der Verkehrsdelikte vgl. auch GÖPPINGER 1960).

Bei einigen der „*klassisch*" *vorbestraften* V-Probanden – und hier besonders bei den *Eigentumsdelinquenten* – konnten dagegen zumindest vorübergehend Verhaltensweisen festgestellt werden, wie sie für die Gruppe der H-Probanden charakteristisch sind. Freilich waren diese Störungen überwiegend weniger intensiv und auch nicht so umfassend

wie bei der Mehrzahl der wiederholt (wegen Eigentums- und Vermögensdelikten) vorbestraften H-Probanden: Bei 3 der insgesamt 8 wegen eines Eigentumsdelikts bestraften
V-Probanden waren im Tatzeitraum sowohl Auffälligkeiten im Leistungsbereich als
auch im Freizeit- und Kontaktbereich zu beobachten.

Die Probanden hatten sich während jener Zeit in ihrer Freizeit vorwiegend mit vorbestraften
„Kumpeln" bzw. mit Halbstarkencliquen herumgetrieben und vermehrt dem Alkohol zugesprochen; in der Folgezeit war einer der Probanden häufiger unentschuldigt der Arbeit ferngeblieben,
ein zweiter war oft zu spät am Arbeitsplatz erschienen, der dritte hatte seinen Arbeitsplatz gekündigt, ohne eine neue Arbeitsstelle in Aussicht zu haben. Das Delikt wurde jeweils unter dem Einfluß der Halbstarkencliquen bzw. der „Kumpel" begangen.

Bei weiteren 3 wegen eines Eigentumsdelikts und 2 wegen eines Gewaltdelikts verurteilten V-Probanden beschränkten sich die Auffälligkeiten auf den Freizeit- und den
Kontaktbereich (insbesondere in Form von übermäßigem Alkoholkonsum und häufi-
geren „Milieu"-Kontakten). Diese „klassisch" vorbestraften V-Probanden, die im Tatzeitraum Kontakte zu vorbestraften oder sonst sozial auffälligen Personen hatten, waren eher zufällig zusammen mit anderen (zum Beispiel Arbeitskollegen) mit dem „Milieu" in Berührung gekommen. Bemerkenswert erscheint, daß sich jene 4 V-Probanden,
die sich einer Halbstarkenclique angeschlossen hatten, nach der Straftat bzw. nach der
Verurteilung von diesen Gruppen endgültig lösten. Auch ansonsten konnte bei den delinquenten V-Probanden nach Begehen der Straftat bzw. nach der Gerichtsverhandlung überwiegend eine recht deutliche Stabilisierung ihres Sozialverhaltens festgestellt
werden.

4.8. Zusammenfassung

Schon aufgrund der Auswahlkriterien der H-Gruppe war zu erwarten, daß die H-Probanden – abgesehen von der zur Aufnahme in die Untersuchungsgruppe führenden
Straftat – in größerem Umfang mit Delinquenz belastet sein würden als die V-Probanden. Dies bestätigte sich zum einen insofern, als fast zwei Drittel der H-Probanden mit
ihrer „kriminellen Karriere" bereits im Jugend- bzw. Heranwachsendenalter begonnen
hatten und wegen zahlreicher Delikte wiederholt verurteilt worden waren. Zum anderen konnte aufgrund einer Zusatzuntersuchung davon ausgegangen werden, daß unabhängig von der registrierten Delinquenz auch die *tatsächliche Delinquenzbelastung* (also
registrierte und nicht registrierte Straftaten zusammengenommen) im Hinblick auf
Schwere und Häufigkeit der Delikte bei den H-Probanden um ein Vielfaches über jener
der V-Probanden bzw. der Durchschnittspopulation lag. Zudem zeigte sich, daß die H-
Probanden, insbesondere die H_1-Probanden, bereits im Kindesalter, also gewissermaßen im Vorfeld der Delinquenz, in schwerwiegenderer Weise durch „deliktische" Handlungen bzw. soziale Auffälligkeiten in Erscheinung getreten waren als die V-Probanden.

Bei der *registrierten Delinquenz* der H-Probanden stellte die Eigentumsdelinquenz
in Form von einfachen und schweren Diebstählen die für die H-Gruppe typische Deliktsart dar, gefolgt von Verkehrsdelikten sowie Vermögens-, Aggressions- und Sittlichkeitsdelikten. Einen besonderen Raum innerhalb der Gesamtdelinquenz nahmen die
Delikte in Verbindung mit einem Kraftfahrzeug ein, wobei die betreffenden Probanden

allerdings nicht nur sogenannte „joy-rider"-Delikte, sondern durchweg auch „klassische" Straftaten begangen hatten. Trotz deutlicher Deliktsschwerpunkte zeichnete sich das Delinquenzspektrum der H-Probanden insgesamt aber eher durch eine gewisse Variationsbreite aus; die Beschränkung eines Probanden ausschließlich auf Straftaten gegen ein bestimmtes Rechtsgut stellte die Ausnahme dar.

Die zahlreichen Straftaten (auf jeden H-Probanden entfielen durchschnittlich 4 Taten pro Jahr in Freiheit) wogen im einzelnen zumeist nicht schwer, summierten sich aber zu einem beträchtlichen Gesamtschaden. Sie erfolgten überwiegend mit einer gewissen Beliebigkeit aus der Situation heraus und ohne größere Planung; nicht selten wurden lediglich günstige Gelegenheiten ausgenutzt. Von weit größerer Bedeutung für das Zustandekommen der Taten waren der Umgang mit bestimmten Personen im unmittelbaren Vorfeld der Tat und insbesondere der vorangegangene Alkoholkonsum. Die Taten selbst geschahen – räumlich gesehen – meist im sozialen Nahraum, eher beiläufig und ohne große Raffinesse. Die Opfer waren überwiegend beliebig auswechselbar; der Ertrag der Tat diente bei den Eigentums- und Vermögensdelikten meist der Befriedigung unmittelbarer Bedürfnisse.

Im Verlauf der kriminellen Karriere veränderte sich die Struktur der Delinquenz der H-Probanden vor allem im Sinne einer Zunahme der Eigentumsdelikte. Aber auch die Sittlichkeitsdelikte nahmen zuletzt im Vergleich zu den ersten Verurteilungen der Probanden einen deutlich größeren Raum innerhalb der Gesamtdelinquenz ein. Die Mehrzahl der H-Probanden wies insbesondere im Erwachsenenalter eine zunehmende Tatendichte und Deliktsschwere auf. Diese Entwicklungen erfolgten jedoch nicht stetig und kontinuierlich, sondern es fanden sich bei den Probanden immer wieder längere Zeiträume ohne registrierte Delinquenz: Fast alle H-Probanden wiesen länger anhaltende deliktsfreie Intervalle auf, in denen auch Veränderungen in den anderen Lebensbereichen festzustellen waren.

Der *Zusammenhang zwischen Delinquenz und sozialer Auffälligkeit* zeigte sich aber auch anderweitig: So erbrachte bereits die Differenzierung der H-Gruppe nach Früh- und Spätdelinquenten in allen Lebensbereichen deutliche Unterschiede. Eine weitere Differenzierung nach dem Alter bei der ersten Straftat zeigte, daß Auffälligkeiten im Leistungsbereich, wie sie im Leistungs-Syndrom zum Ausdruck kommen, sowie „deliktische Handlungen" im Kindesalter um so stärker ausgeprägt waren, je früher die erste Straftat begangen worden war. Nicht ganz so deutlich war demgegenüber die Beziehung zwischen dem Freizeit- bzw. dem Kontakt-Syndrom und dem Alter bei der ersten Straftat. Probanden ohne Eigentums- und Vermögensdelinquenz waren insgesamt meist weniger mit Auffälligkeiten belastet, Probanden mit „Kraftfahrzeugdelinquenz" dagegen besonders stark.

Noch klarer kam vielfach der Zusammenhang von sozialer Auffälligkeit und Delinquenz bei der Analyse jener Lebenssituationen zum Ausdruck, aus denen heraus es zum Delikt gekommen war: Abgesehen von einigen Ausnahmen war der Tatzeitraum in der Mehrzahl der Fälle gekennzeichnet durch – im Vergleich zum vorangegangenen Zeitabschnitt – deutlicher ausgeprägte soziale Auffälligkeiten in einem oder auch mehreren Lebensbereichen. Im wesentlichen ließen sich vier „typische" Geschehensabläufe feststellen, denen 84% der „letzten" Taten zugeordnet werden konnten: Im einen Fall war es die aufgrund eines bestimmten Lebensstils selbst herbeigeführte soziale Zwangslage, die von den betreffenden Probanden, da sie an diesem spezifischen Lebensstil und an ihrer Wertorientierung festhielten, letztlich nur durch ein Delikt bewältigt werden konnte. In anderen Fällen waren es entweder der „angebrochene" und bisher noch nicht uneingeschränkt zufriedenstellende Ablauf des Abends, an dem – nach Alkoholkonsum, häufig im Kreise der „Kumpel" – noch „irgend etwas" passieren mußte, oder die unrealistischen Lebensansprüche oder aber die „verführerische" Gelegenheit im sozialen Nahraum. Entscheidend ist dabei, daß alle diese Lebenslagen von anderen Menschen mit einem anderen Lebensstil und einer anderen Wertorientierung vermutlich anders und nicht in Form einer Straftat bewältigt worden wären.

Die Delikte der H-Probanden spiegeln überwiegend ähnliche Verhaltensmuster wider, wie sie hinsichtlich ihres Verhaltens in den übrigen Lebensbereichen festgestellt werden konnten (s. o. 3.4.4.): Auch in vielen ihrer Taten wurde das „ungebremste Leben im Augenblick" deutlich, die kurze Zeitperspektive und die geringe Ausdauer und Belastbarkeit. Darüber hinaus konnte bei einer Teilgruppe der Eigentums- und Vermögensdelinquenten das Delikt geradezu in einen unmittelbaren Zusammenhang mit ihrem als „inadäquat" anzusehenden Anspruchsniveau gebracht werden. Insgesamt entstand so der Eindruck, daß bei vielen (jedoch nicht bei allen) H-Probanden die Straftaten eigentlich keinen Fremdkörper in ihrem Leben darstellten, sondern für sie durchaus „normal" waren und ebenso zu ihrer spezifischen Lebensweise gehörten wie ihre sonstigen (sozial auffälligen) Verhaltensweisen.

Demgegenüber fügten sich bei den vorbestraften V-Probanden (insgesamt 23,5%) die Straftaten nicht in ähnlicher Weise in ihr Lebensgesamt ein. Obgleich die 15 wegen „klassischer" Delikte vorbestraften Probanden im Tatzeitraum teilweise erhebliche soziale Auffälligkeiten in einem oder auch mehreren Lebensbereichen aufwiesen, waren diese und die Straftat selbst in ihrem Lebensgesamt eher eine Episode. Die Tat bzw. deren Sanktionierung markierte überwiegend insofern einen gewissen Einschnitt, als sich das Verhalten der Probanden im Zeitraum danach wieder weitgehend konsolidierte. Jene V-Probanden, deren Delikte ausschließlich im Zusammenhang mit dem Straßenverkehr standen, unterschieden sich demgegenüber in ihrem Verhalten in keiner Weise von der Gesamtgruppe der V-Probanden, zeigten also weder im Tatzeitraum noch davor oder danach gravierende soziale Auffälligkeiten.

Schon aufgrund der spezifischen Auswahl der Untersuchungsgruppen, die bei den H-Probanden durch die Höhe des Strafmaßes mittelbar mit ihrer Delinquenz zusammenhängt, verbietet sich ein unmittelbarer Vergleich der Ergebnisse zum Delinquenzbereich der H-Probanden mit entsprechenden Ergebnissen anderer multifaktorieller Untersuchungen. Insbesondere stellt sich hier das Problem mangelnder Vergleichbarkeit von Straftatbeständen und Sanktionen aus verschiedenen Rechtssystemen, was schon am angloamerikanischen Begriff der „delinquency" deutlich wird. In der *Literatur* gehen die Angaben meist kaum über die Darstellung der (delinquenzspezifischen) Auswahlkriterien und einiger Einzelaspekte zum kriminologischen Tatbild hinaus; und auch den hier dargestellten Lebenssituationen und Geschehensabläufen vergleichbare Aspekte werden nur selten berücksichtigt. Eingehender befaßt sich beispielsweise WEST (1982, S. 24 f.) damit und nennt als Gründe für die Tatbegehung unter anderem den Reiz der Tat, den Gruppendruck und das Streben, in irgendeiner Form zu Geld zu kommen. Die unter Umständen hinter den Straftaten stehenden allgemeinen, mit der spezifischen Lebensweise verbundenen Haltungen finden zum Beispiel bei Statens offentliga utredningar (1971, S. 154 ff.) Berücksichtigung, wo darauf hingewiesen wird, daß die meisten Taten Spuren der Unreife und der Unfähigkeit, Impulse und Wünsche zu kontrollieren, getragen hätten.

5. Die Einzelbefunde im Überblick

Eine komplexe Betrachtung, die die Einzelergebnisse dieses Kapitels in einen *übergreifenden Zusammenhang* bringen will, stößt auf der statistischen Ebene schnell an ihre Grenzen. Wollte man nur jeweils wenige Merkmale aus allen Teilbereichen miteinander verknüpfen und auf ihr gemeinsames Vorliegen bei den je einzelnen Probanden hin überprüfen, erhielte man sogleich sehr gering besetzte Untergruppen und letztlich sogar lauter Einzelfälle. Dieses Dilemma betrifft prinzipiell auch Untersuchungen mit einer wesentlich größeren Anzahl von Probanden. Der Ausweg, den multivariate Verfahren, wie z. B. die Faktorenanalyse, eröffnen, indem sie statistisch zusammenhängende Merkmale rechnerisch zu „Faktoren" zusammenfassen – unabhängig davon, ob diese *tatsächlich* bei den je einzelnen Probanden zusammentreffen, wurde hier aus prinzipiellen (s. u. Kap. III, 1.) und methodischen (s. o. Kap. I, 4.) Gründen nicht gewählt. Statt dessen werden einige Verbindungslinien zwischen den einzelnen Bereichen gezogen, wie dies zum Teil schon (s. o. 2.) geschehen ist, und *das Zusammentreffen besonders bedeutsamer Kriterien* wird bereichsübergreifend betrachtet (s. Schaubild).

Die **Untersuchungen zur Person**, die keineswegs den Anspruch auf eine umfassende Forschung erheben wollen und können, erbrachten insgesamt nur wenig trennkräftige Befunde. Im *somatischen Bereich* (s. o. 3.2. und 3.3.) fanden sich zwar Schäden an Extremitäten und Rumpf deutlich häufiger in der Vergleichs-(V-)Gruppe, dagegen lagen in der Häftlings-(H-)Gruppe aufgrund der (unüberprüfbaren) Angaben der Probanden häufiger innere Krankheiten und Kopfverletzungen sowie äußerlich sichtbare körperliche Auffälligkeiten vor; jedoch war die Anzahl der betroffenen Probanden zum Teil sehr klein. Bei einer Interpretation dieser Befunde muß man zudem an die insgesamt völlig verschiedenartige – bei den H-Probanden mit erheblich größeren Risiken verbundene – Lebensweise der beiden Gruppen denken, die sich auch im Körperlichen (z. B. Kopfverletzungen) auswirken kann. Jedenfalls ergaben die Erhebungen im somatischen Bereich keinen Hinweis auf einen Zusammenhang zwischen den erhobenen Auffälligkeiten und Kriminalität. Auch die EEG-Untersuchungen und die zytogenetische Analyse kamen insoweit zu keinem aussagekräftigen Ergebnis. Ebensowenig führten die *psychopathologischen Untersuchungen* (s. o. 3.4.) zu einer wissenschaftlich verwertbaren Differenzierung zwischen H- und V-Probanden. Als *Sucht*problem war der Alkoholkonsum (wie übrigens auch der Drogenkonsum) kaum von Bedeutung; jedoch unterschieden sich H- und V-Probanden stark in den Formen und dem Ausmaß des Trinkens, was mit ihrem übrigen Sozialverhalten, teilweise auch mit der Begehung von Straftaten, in enger Verbindung steht (s. dazu o. 4.6.). Eine gewisse Sonderstellung nehmen die sogenannten endoreaktiven Drangzustände ein, die gehäuft bei den H-Probanden auftraten, deren Genese aber ungeklärt ist.

Bei den *testpsychologischen Untersuchungen* konnte zwar in der Persönlichkeitsdiagnostik vereinzelt zwischen H- und V-Probanden getrennt werden; jedoch waren die festgestellten Unterschiede uneinheitlich und auch widersprüchlich, so daß sie ebenfalls nicht weiterführten. Hingegen ergaben sich bei der Intelligenzdiagnostik eindeutige

Unterschiede: Die H-Probanden wiesen gegenüber der Vergleichsgruppe eine im Durchschnitt deutlich geringere Intelligenz auf, was vor allem auf die Überrepräsentation von Probanden mit IQ unter 90 zurückzuführen ist. Dagegen war der mittlere Bereich (91–110) in beiden Gruppen etwa gleich stark besetzt. Daß gerade diese Probanden mit mittlerer Intelligenz in der H- und V-Gruppe in der Schule völlig unterschiedlich abgeschnitten hatten, zeigt aber, wie wenig aussagekräftig Intelligenz für sich genommen ist.

Wenn auch die testpsychologischen und psychopathologischen Untersuchungen wenig Belangvolles erbrachten, so bedeutet dies zunächst nur, daß mit den gegebenen Methoden *in der Untersuchungssituation selbst* keine wesentlichen Persönlichkeitsunterschiede festgestellt werden konnten. Indessen ließen sich aus immer wiederkehrenden Verhaltensweisen der H-Probanden in bestimmten sozialen Situationen *spezifische Haltungen* erschließen, die deren sozial auffälliges Verhalten begleiteten bzw. ihm zugrunde lagen. In ausgeprägter Form äußerten sich diese Auffälligkeiten letztlich in einem *ungebremsten Leben im Augenblick*, das keinerlei Struktur und Planung besaß und von unmittelbarer Bedürfnisbefriedigung und entsprechenden Haltungen und Einstellungen bestimmt wurde (s. o. 3.4.4.). Freilich lassen sich damit längst nicht alle H-Probanden charakterisieren; jedoch waren diese Erscheinungsformen mit wachsendem Alter stärker ausgeprägt und betrafen bei einer steigenden Anzahl von H-Probanden zunehmend mehr Lebensbereiche, so daß schließlich die Mehrzahl davon betroffen war.

Dementsprechend fügen sich die Befunde quer durch die *sozialen Bereiche* zu einem relativ einheitlichen Bild zusammen. Die H-Probanden fielen – gemessen an der Durchschnitts(V-)population – in allen Bereichen stark auf, und zwar im Laufe des Heranwachsens in zunehmendem Maße. Dabei fanden sich die Auffälligkeiten um so früher und waren um so stärker ausgeprägt, je früher Delinquenz auftrat.

Im **Bereich der Herkunftsfamilie** (s. o. 2.1.) waren die H-Probanden überwiegend in den Außen- und Innenverhältnissen stärkeren Belastungen ausgesetzt. Ihre Familien hatten durchschnittlich einen geringeren sozioökonomischen Status und waren häufiger und stärker mit verschiedensten Anpassungsproblemen belastet: Fast die Hälfte der H-Probanden hatte eine Erziehungsperson mit sozialer bzw. strafrechtlicher Auffälligkeit, und knapp 30% lebten länger als 6 Jahre in unzureichenden Wohnverhältnissen. Auch bezüglich der Innenverhältnisse, bei denen den funktionalen Aspekten weit mehr Bedeutung zukam als den strukturell-formalen, waren die H-Probanden häufiger von ungünstigen Bedingungen betroffen; so erhielten die meisten eine inkonsistente Erziehung, und bei jeweils etwas weniger als der Hälfte bestand eine gestörte elterliche Beziehung und war keine ausreichende Kontrolle vorhanden, wobei sich freilich ein Teil der Probanden den Kontrollversuchen von Erziehungspersonen aktiv entzog.

Wenngleich sich diese belastenden äußeren und inneren familiären Bedingungen bei den H-Probanden aus der Unterschicht häuften, können sie *nicht als (unter-)schichtspezifisch* interpretiert werden; denn in der V-Gruppe verteilten sich dieselben Belastungen weitgehend schichtunabhängig (s. o. 2.1.3.4.), wie sich überhaupt die Schichtvariable als solche durchweg in allen Bereichen als *kriminologisch unspezifisch* herausstellte. Aber auch die Sozialisationsbedingungen selbst sind in ihrer Bedeutung für (spätere) Straffälligkeit im allgemeinen zu unspezifisch: Zum einen wuchs eine beachtliche Zahl von H-Probanden in geordneten familiären Verhältnissen auf; insbesondere die Spätdelinquenten (H_2-Probanden, s. o. 1.3.), die erst nach dem 18. Lebensjahr straffällig wurden, waren überwiegend nicht von solchen ungünstigen Bedingungen betroffen. Zum anderen waren die V-Probanden jeweils zu einem nicht unerheblichen Teil ebenfalls solchen Belastungen ausgesetzt.

Indessen ist das Zusammentreffen von spezifischen Faktoren, die sich sowohl als sachlich bedeutsam wie als statistisch trennkräftig erwiesen haben, von erheblichem Gewicht. Dies zeigte sich am *Syndrom familiärer Belastungen* (s. o. 2.1.4.), gebildet aus schwierigen äußeren (sozio-)ökonomischen Bedingungen, sozialer bzw. strafrechtlicher Auffälligkeit einer Erziehungsperson sowie mangelnder Kontrolle des Probanden. Da nur rund ein Fünftel der H-Probanden von diesem Syndrom betroffen war, verbietet es sich, von einem für diese Gruppe insgesamt typischen Zusammentreffen zu sprechen; jedoch läßt die geringe Zahl von 2 (1%) betroffenen V-Probanden immerhin den Schluß zu, daß bei Vorliegen dieses Syndroms das Ausbleiben von mehrfacher Straffälligkeit als Ausnahme angesehen werden muß.

Im **Aufenthaltsbereich** (s. o. 2.2.) zeigte sich zunächst, daß zwar die H-Probanden deutlich mehr in Heimen bzw. bei anderen Erziehungspersonen untergebracht waren, die Mehrzahl der Probanden beider Gruppen jedoch in der Herkunftsfamilie aufwuchs. Allerdings verlor die Herkunftsfamilie bei den H-Probanden sehr viel früher an Relevanz, da von den Frühdelinquenten (H_1-Probanden, s. o. 1.3.) etwas mehr, von den Spätdelinquenten (H_2-Probanden) etwas weniger als die Hälfte vor dem 18. Lebensjahr das Elternhaus endgültig verließen. Während bis zum Ende der Schulzeit die H-Probanden nicht wesentlich häufiger den Aufenthaltsort gewechselt hatten als die V-Probanden, ergab sich in der Zeit danach, insbesondere im Anschluß an den Auszug von zu Hause, eine verstärkte Mobilität, die bei einem beträchtlichen Teil der H-Probanden sogar zu zeitweiliger Wohnsitzlosigkeit führte. So war auch der eigene Wohnbereich kaum auf Dauer und häufig unzureichend eingerichtet. Die Zielrichtung dieser erhöhten Mobilität wies in Richtung Großstadt, insbesondere bei den H-Probanden, die ihren Aufenthaltsort nicht am formalen Wohnsitz hatten bzw. wohnsitzlos waren; auch die übrigen H-Probanden wählten ihre Aufenthaltsorte in der Freizeit vorzugsweise in größeren Städten.

Diese zunehmende Unstetigkeit im Aufenthaltsbereich bei den H-Probanden entspricht weitgehend der wachsenden Unbeständigkeit in anderen Lebensbereichen. Ihr steht eine hohe örtliche Beständigkeit der V-Probanden mit vielfältigen sozialen Einbindungen gegenüber.

Schon während der *Schulzeit* (s. o. 2.3.2.) war der **Leistungsbereich** der H-Probanden von Auffälligkeiten gekennzeichnet. Von schulischen Verhaltensauffälligkeiten, zu denen auch erhebliches Schwänzen und Delikte innerhalb der Schule gerechnet wurden, war die Mehrzahl der H-Probanden, jedoch nur knapp ein Fünftel der V-Probanden betroffen, wobei sich dieser Unterschied bei den schwerwiegenderen Formen noch vergrößerte. Die Verhaltensauffälligkeiten der H-Probanden standen auch im Zusammenhang mit ihrem mangelnden Schulerfolg (über die Hälfte der H-Probanden gegenüber einem Zehntel der V-Probanden schaffte keinen Hauptschulabschluß), und zwar waren Mißerfolge um so häufiger, je früher die erste Auffälligkeit aufgetreten war. Zugleich bestand ein gewisser Zusammenhang mit den häuslichen Verhältnissen: Die in der Schule auffälligen H-Probanden wurden überwiegend nicht ausreichend durch Erziehungspersonen kontrolliert bzw. entzogen sich dieser Kontrolle. Von besonderer Bedeutung war das aus schwerwiegenden inner- und außerschulischen Auffälligkeiten gebildete *sozioscolare Syndrom* (s. o. 2.3.2.3.), von dem kein V-Proband, freilich aber auch nur 15% der H-Probanden betroffen waren.

Im *Berufsleben* (s. o. 2.3.3. und 2.3.4.) wiesen die H-Probanden im Vergleich zur Durchschnittspopulation noch erheblichere Mängel als schon zuvor während der Schulzeit auf, zum Teil in Fortsetzung der schulischen Schwierigkeiten, zum Teil als Folge eines beruflichen Abstiegs. Zwar begann zunächst ein hoher Anteil der H-Probanden eine Berufsausbildung, die jedoch überwiegend abgebrochen wurde – zumeist schon innerhalb des ersten Jahres; weiterer beruflicher Abstieg folgte, so daß zum Untersuchungszeitpunkt drei Viertel die Berufsposition eines Ungelernten innehatten. Dieser – schichtunabhängige – berufliche Abstieg bzw. mangelnde berufliche Erfolg waren Ausdruck einer fehlenden Beständigkeit, die sich durch den gesamten Leistungsbereich zog; sie waren regelmäßig begleitet von raschem Arbeitsplatzwechsel, unregelmäßiger Berufstätigkeit bzw. Zeiten beruflicher Untätigkeit und schlechtem Arbeits- bzw. Ausbildungsverhalten, wobei zumeist schon negativ auffälliges schulisches Verhalten vorausgegangen war. Eben diese beruflichen Auffälligkeiten bilden die Kriterien eines *Syndroms mangelnder beruflicher Angepaßtheit* (Leistungs-Syndrom, s. o. 2.3.4.6.), das – da es außer einem einzigen V-Probanden nur H-Probanden betraf – als spezifisch für die H-Gruppe gelten kann. Wie schon im Familienbereich, wo die Spätdelinquenten überwiegend aus geordneten familiären Verhältnissen stammten, hoben sie sich auch im Leistungsbereich zunächst positiv von den Frühdelinquenten ab. Nach überwiegend unauffälligem Schulverhalten und einem erfolgreichen Schulabschluß waren sie auch in der Berufsausbildung erfolgreicher, fielen insgesamt weniger durch negative berufliche Verhaltensweisen auf und hatten noch zuletzt eine etwas höhere Berufsposition inne. Im Zeitraum vor der Untersuchung näherte sich ihr Verhalten allerdings in zunehmendem Maße dem negativen Bild, das sich bei den Frühdelinquenten in diesem Bereich ergeben hatte. Freilich muß mit (massiver) Straffälligkeit nicht notwendig mangelnde berufliche Angepaßtheit über den *gesamten* Leistungsbereich hinweg einhergehen; denn nur 58% der Frühdelinquenten und sogar nur 31% der Spätdelinquenten wiesen *sämtliche* negativen Extremausprägungen dieses Syndroms auf (ungleich stärker ist allerdings die Belastung mit beruflichen Auffälligkeiten unmittelbar vor der „letzten" Tat; s. o. 4.6.). Umgekehrt dürften indessen die beschriebenen Symptome ein sehr starkes Indiz für das Auftreten von (wiederholter) Straffälligkeit sein, da sie in der Durchschnitts(V-)population praktisch nicht vorkommen.

Mit dem geschilderten Verlauf im Leistungsbereich korrespondierte weitgehend die Entwicklung im **Freizeitbereich** (s. o. 2.4.): Das Freizeitverhalten der H-Probanden verlor zunehmend an Kontinuität und Struktur. Während bei den V-Probanden ein Freizeitverhalten vorherrschte, das durch eine häufige Einschränkung der Freizeit infolge der Übernahme verschiedenster Verpflichtungen sowie durch innerhäusige bzw. gleichermaßen inner- wie außerhäusige Freizeitaktivitäten mit feststehenden, bestimmte Grenzen nicht überschreitenden Abläufen gekennzeichnet war, tendierten die H-Probanden in zunehmender Ausprägung vom Schulalter über das Ausbildungsalter bis hin in die Untersuchungszeit zu einer Ausweitung der Freizeit zu Lasten einer geregelten Arbeit sowie zu überwiegend außerhäusiger Freizeitgestaltung mit inhaltlich völlig offenen Abläufen. Dabei hoben sich die Spätdelinquenten anfänglich noch von den Frühdelinquenten positiv ab, näherten sich aber im Zeitraum vor der Untersuchung deren Freizeitverhalten an. Zu dieser Zeit wiesen drei Viertel der H-Probanden ein Freizeit-Syndrom (s. o. 2.4.7.) auf, das aus den negativen Extremausprägungen der zwei Kriterien Verfügbarkeit der Freizeit sowie Struktur und Verlauf der Freizeittätigkeiten gebildet wurde. Dieses Syndrom kann, da es praktisch in der Durchschnitts(V-)population nicht vorkam, als spezifisch und typisch für die H-Probanden gelten.

Auch den **Kontakten** (s. o. 2.5.) der H-Probanden fehlte es an Beständigkeit und Dauerhaftigkeit. Die schicksalhaft vorgegebenen Kontakte zur Familie wichen früher und in stärkerem Maße als bei der Vergleichsgruppe selbstgewählten Beziehungen, die in der Regel häufiger wechselten, eher von utilitaristischer, oberflächlicher Natur waren und sich zunehmend am „Milieu" orientierten. Auch in bezug auf die Sexualpartnerinnen waren die Kontakte der H-Probanden eher unverbindlich; der erste Geschlechtsverkehr lag früher und die Anzahl der Partnerinnen war größer als bei den V-Probanden. Schließlich waren bis zum Untersuchungszeitpunkt weniger H- als V-Probanden eine eheliche Bindung eingegangen, die bei ihnen auch öfter gestört war bzw. scheiterte. Dabei hoben sich wiederum die Spätdelinquenten ab, indem sie sich im allgemeinen später vom Elternhaus lösten sowie weniger wechselnde Beziehungen und „Milieu"-Kontakte hatten. Besondere Bedeutung kommt der Zusammenfassung der wichtigsten Kriterien des Kontaktverhaltens zu, deren negative Extremausprägungen ein *Kontakt-Syndrom* (s. o. 2.5.7.) bilden, das als spezifisch für die H-Gruppe gelten kann; denn es lag bei 67% der H_1-Probanden und 46% der H_2-Probanden, jedoch nur bei 1,5% der V-Probanden vor.

Nach alledem erwiesen sich die *H-Probanden als Extremgruppe*, die gegenüber der Durchschnitts(V-)population in ihrer Gesamtheit einen starken Kontrast bildet. Dabei ist die V-Gruppe, wie es nach den im Vergleich mit den H-Probanden angelegten Kriterien erscheinen könnte, keineswegs homogen; vielmehr spiegelt sie – als „Normalpopulation" – durchaus eine breite Palette von (auch auffälligem) sozialem Verhalten wider: So war selbst von den die H-Gruppe kennzeichnenden gravierenden Verhaltensauffälligkeiten jeweils ein zwar kleiner, aber nicht zu vernachlässigender Anteil von V-Probanden betroffen. Etwas anderes gilt erst für die **spezifischen Syndrome** in den einzelnen sozialen Bereichen. Sie sind gerade so gebildet, daß in ihnen jeweils die trennkräftigsten und sachlich bedeutsamsten Befunde der verschiedenen Bereiche zusammentreffen. Von diesen Syndromen waren jeweils keine oder höchstens 1,5% der V-Probanden (die übrigens überwiegend ebenfalls straffällig wurden), aber stets ein bedeutender Anteil der H-Probanden betroffen. Diese Syndrome sind freilich nicht isoliert zu betrachten. Ebenso wie die sozialen Bereiche, die hier nur zu analytischen Zwecken aufgeteilt wurden, einen einheitlichen Lebenszusammenhang bilden (s. o. 1.1.), hängen die von den Syndromen erfaßten bereichsbezogenen Kriterien miteinander zusammen.

Das folgende Schaubild versucht, graphisch sichtbar zu machen, wie im Verlauf der Lebensentwicklung in den jeweiligen Abschnitten und Bereichen immer mehr Probanden hinzukommen, bis schließlich vom Freizeit-Syndrom, das im Unterschied zum Leistungs- und Kontakt-Syndrom nur auf die letzte Zeit vor der Untersuchung bezogen ist, 75% aller H-Probanden (80% der H_1- und 69% der H_2-Probanden) betroffen sind. Hierbei ist insbesondere die unterschiedliche Entwicklung von H_1 und H_2 bemerkenswert.

Untersucht man, wie sich die einzelnen Syndrome „überlappen", d. h. in welchem Maß die Probanden von mehreren Syndromen betroffen sind, wird deutlich, daß es nur

Schaubild. *Übersicht zu den Syndromen aus den einzelnen Lebensbereichen*

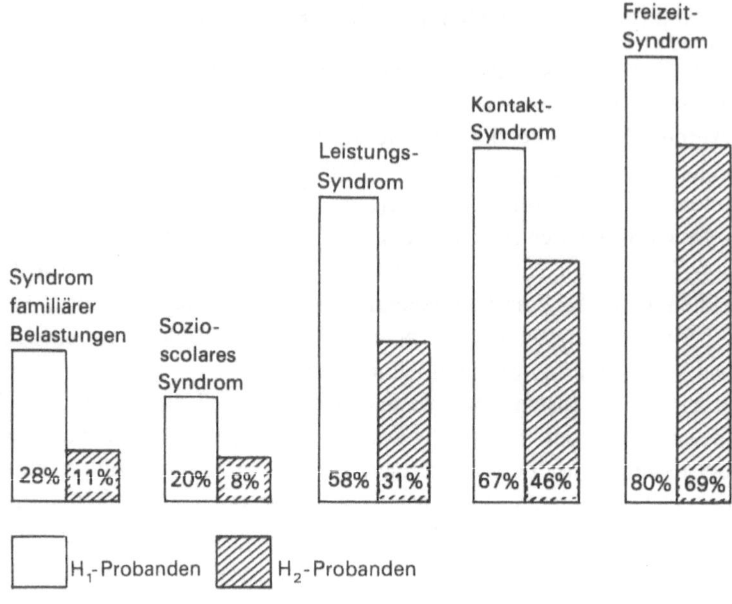

einen sehr kleinen „harten Kern" von Probanden (11% H₁-Probanden und kein H₂-Proband) gibt, der – angefangen vom Syndrom familiärer Belastungen über das sozioscolare Syndrom bis zu den Syndromen des Leistungs-, Kontakt- und Freizeitbereichs – durchgängig aufgefallen ist.

Die einzelnen Syndrome hängen in unterschiedlicher Weise miteinander zusammen. Eine besonders starke Korrelation besteht zwischen dem Leistungs-Syndrom und dem Freizeit-Syndrom sowie zwischen dem Kontakt-Syndrom und dem Freizeit-Syndrom: 93% der vom Leistungs-Syndrom betroffenen und 92% der mit einem Kontakt-Syndrom belasteten Probanden wiesen auch das Freizeit-Syndrom auf. Umgekehrt gibt es freilich einen gewissen Anteil (17,5%) der Probanden mit einem Freizeit-Syndrom, bei denen darüber hinaus keine weiteren Syndrome im Leistungs- oder Kontaktbereich festzustellen waren. Auch im Längsschnitt zeigt sich ein Zusammenhang: So lag bei 60% der Probanden mit einem sozioscolaren Syndrom später auch ein Leistungs-Syndrom vor.

Im **Delinquenzbereich** (s. o. 4.) wurde ein direkter Vergleich zwischen der H- und der V-Gruppe nur in bezug auf die „deliktischen" Handlungen im Kindesalter gezogen, mit denen die H₁-Probanden zu 66%, die H₂-Probanden noch zu 28% und die V-Probanden nur zu rund 11% belastet waren (s. o. 4.2.1.). Für die registrierte Delinquenz (die nicht registrierte Delinquenz, bei der sich gleichfalls gravierende Unterschiede zwischen H- und V-Probanden ergeben hatten, blieb außer acht, s. o. 4.2.2.) wurden die *H-Probanden gesondert* betrachtet. Dabei zeigte sich, daß auch die H-Gruppe in bezug auf soziale Auffälligkeiten keine homogene Gruppe darstellt. Schon in den sozialen Bereichen hatte die Zweiteilung der H-Gruppe nach frühem (vor dem 18. Lebensjahr) und spätem (nach dem 18. Lebensjahr) Delinquenzbeginn deutliche Unterschiede ergeben. Diese

Ergebnisse wurden bestätigt bei noch stärkerer Differenzierung nach Alter des Delinquenzbeginns: Je früher die Probanden erstmals straffällig geworden waren, desto früher und ausgeprägter waren ihre sozialen Auffälligkeiten. Je nach Beginn der „kriminellen Karriere" unterschieden sich auch Struktur und Entwicklung der Delinquenz, insbesondere die Tatendichte. Dagegen erbrachte die Differenzierung der H-Gruppe nach der Art der begangenen Delikte wenig. Abgesehen von wenigen „monotropen" Tätern, insbesondere Vermögens- und Sittlichkeitstätern, die sich auch in ihrem Sozialverhalten deutlich (positiv) abhoben, herrschten die *polytropen Vielfachtäter* vor, wobei Eigentumsdelinquenz, gefolgt von Vermögens- und Verkehrsdelinquenz, dominierte. Die vielen Taten (durchschnittlich 4 pro Jahr) wogen einzeln zumeist nicht schwer, summierten sich aber zu einem beträchtlichen Gesamtschaden. Sie geschahen in der Regel eher planlos, oft aus der Situation heraus, etwa im Anschluß an einen Kneipenbesuch mit erheblichem Alkoholkonsum, und richteten sich auf beliebige Objekte. Dementsprechend kam es, wenn überhaupt, im allgemeinen nur zu zufälligen Tatgemeinschaften, und die Opfer waren auswechselbar. Mit dieser vorherrschenden Planlosigkeit und Beliebigkeit der begangenen Straftaten fügte sich der Delinquenzbereich der H-Probanden in das Bild der übrigen sozialen Bereiche ein. Noch deutlicher konnte das konkrete Zusammenspiel von sozialen Auffälligkeiten und der Straffälligkeit bei der Analyse der Lebenssituation, aus der die „letzte" Straftat entstanden war, gemacht werden (s. o. 4.6.). Dabei ließen sich einige (typische) Erscheinungsformen herausschälen. Während einmal die Straftat aus dem gesamten Lebenszuschnitt mit einer gewissen Folgerichtigkeit hervorging, war es in anderen Fällen die spezifische Situation vor der Tat, sei es eine „Gelegenheit" im sozialen Nahraum, sei es die Gesellschaft von "Kumpeln" und Alkoholkonsum in Lokalen, oder aber (seltener) eine rationale Überlegung zur Geldbeschaffung, die für die Tatbegehung ausschlaggebend war.

Da in der H-Gruppe wiederholte Kriminalität in der Regel mit massiver sozialer Auffälligkeit einherging, war anzunehmen, daß dies – mit Abschwächung – auch bei der *V-Gruppe* der Fall sein müßte. Zunächst erschienen die V-Probanden im Hinblick auf die extremen Ausprägungen der H-Probanden als relativ homogene Gruppe; jedoch zeigte sich bei einer Differenzierung – allerdings auf einem anderen Niveau – durchaus eine große Variationsbreite. Beim Vergleich der nichtvorbestraften mit den nur wegen Verkehrsdelikten vorbestraften V-Probanden offenbarten sich keine Unterschiede. Stärker unterschieden sich die *wegen „klassischer Delinquenz" Vorbestraften:* Im einzelnen zeigte sich, daß Straftaten im Jugendalter (abgesehen von einem Probanden mit einem Leistungs-Syndrom) vorwiegend mit (vorübergehenden) Auffälligkeiten im Freizeit- und Kontaktbereich einhergingen und Straftaten im Erwachsenenalter zumeist bei ansonsten relativ unauffälligem sozialem Verhalten erfolgten.

Auf dieser Ebene der Analyse kann man als *Ergebnis* festhalten, daß (erhebliche) soziale Auffälligkeiten ein guter *Indikator* für Grad und Ausmaß der kriminellen Entwicklung sind. In pauschaler und damit notwendigerweise verkürzter Form läßt sich sagen:

Frühdelinquente, die vergleichsweise häufig aus ungeordneten häuslichen Verhältnissen stammten, fielen in der Regel schon früh im Schulalter auf und wichen mit zunehmendem Alter in wachsendem Maße vom – gemessen an der Durchschnitts(V-)population – normalen Sozialverhalten ab, bis hin zu einem sich durch sämtliche Lebensbereiche hindurchziehenden sozial auffälligen Lebensstil (s. auch u. „Die kontinuierliche Hinentwicklung zur Kriminalität mit Beginn in der frühen Jugend", Kap. III, 4.4.2.).

Bei *Spätdelinquenten,* die überwiegend in geordneten familiären Verhältnissen aufwuchsen, setzte die sozial auffällige Entwicklung erst später ein und verstärkte sich bei einem beträchtlichen Teil erst im Heranwachsenden- und Erwachsenenalter (s. auch u. „Die kontinuierliche Hinentwicklung zur Kriminalität mit Beginn im Heranwachsenden- bzw. Erwachsenenalter", Kap. III, 4.4.3.).

Die vorbestraften *Vergleichsprobanden* (sowie einige „atypische" H-Probanden) blieben zumeist entsprechend dem Charakter ihrer Kriminalität sozial unauffällig oder fielen nur vorübergehend und teilweise, insbesondere im Freizeitbereich, kaum jedoch im Leistungsbereich, auf (s. auch u. „Der kriminelle Übersprung", „Kriminalität im Rahmen der Persönlichkeitsreifung" und „Kriminalität bei sonstiger Unauffälligkeit"; Kap. III, 4.4.3., 4.4.4. und 4.4.6.).

III. Übergreifende Gesamtbetrachtung

1. Methodologische Vorklärungen

1.1. Grenzen der statistischen Auswertung

Die Einschränkungen, denen die statistische Auswertung prinzipiell unterliegt, wurden jedem deutlich, der sich mit den Einzelfallerhebungen befaßte, die das Ausgangsmaterial der vorliegenden Untersuchung bildeten. Weil mit jeder statistischen Analyse ein bestimmter Verlust an Wirklichkeitsnähe verbunden ist, konnte diese eben nur *ein* Erkenntnismittel unter anderen sein. Ähnliche Vorbehalte finden sich bereits bei HEALY/ BRONNER (1926, S. 209; 1936, S. 33), die ebenfalls auf Einzelfallerhebungen aufbauten.

Nicht erst bei der Suche nach übergreifenden Zusammenhängen, sondern schon bei den Korrelationen zwischen bestimmten Variablen und Kriminalität zeigen sich die den statistischen Verfahren immanenten Grenzen: Lediglich das überzufällige Zusammentreffen zweier Variablen kann festgestellt werden, alle weiteren Interpretationsmöglichkeiten bleiben offen. Selbst statistisch als gesichert geltende Zusammenhänge lassen, von rein theoretisch möglichen Ausnahmen abgesehen, stets eine gewisse, meist erhebliche Anzahl von Fällen offen, die dieselben „Merkmale" aufweisen, ohne daß die Probanden wiederholt straffällig geworden sind (vgl. hierzu etwa BUIKHUISEN 1979, S. 37). So besagt die zwar statistisch richtige Aussage, ein bestimmtes Merkmal sei überzufällig mit Kriminalität verbunden, gleichwohl wenig; sie kann sogar trivial oder irreführend sein, wenn dieses „Merkmal" sich grundverschieden, ja inhaltlich gegensätzlich auswirkt – je nach sonstiger individueller Lage.

Ein Teil der Mängel, die sich bei der Analyse von Zusammenhängen zwischen lediglich zwei Variablen ergeben, soll durch die aufwendigeren statistischen Verfahren, bei denen eine Vielzahl von Variablen berücksichtigt werden kann, ausgeglichen werden. Auf diese Weise versuchten insbesondere die großen multifaktoriellen Studien Zusammenhänge zwischen den erhobenen Fakten sichtbar zu machen (vgl. etwa WEST/ FARRINGTON 1977, S. 146; GLUECK/GLUECK 1974; CONGER/MILLER 1966; FERRACUTI et al. 1975, S. 129 ff.). Jedoch sind gerade für diesen Zweck die Mittel der Statistik unzureichend. Sowohl bei einfachen additiven oder zahlenmäßig gewichteten Indizes (oder Prognosetafeln) als auch bei klassischen multivariaten Verfahren, wie etwa der Faktorenanalyse, werden stets Annahmen über den Gegenstand zugrunde gelegt, die ihn der Form des statistischen Instruments künstlich anpassen. Faßt man beispielsweise verschiedene Variablen zu einem Index zusammen und verwertet diesen dann seinerseits als Maß der „Gefährdung" oder „Anfälligkeit" für Delinquenz (im Sinne einer Prognosetafel), so wird im einfachsten – und zugleich häufigsten – Fall zunächst vorausgesetzt, daß die Einzelvariablen in einem additiven Zusammenhang stehen (je mehr Merkmale vorhanden, desto größer die Gefährdung). Weiterhin wird stillschweigend unterstellt, daß schon allein das Vorliegen jedes einzelnen Merkmals für sich von Bedeutung ist. Schließlich geht man davon aus, daß die Wirkungs*richtung* aller Variablen entsprechend ihrer Korrelation mit Delinquenz gleich*sinnig* ist. Ähnliche Vorannahmen liegen auch anderen statistischen Verfahren zugrunde. Die dem Additionsmodell ohnehin anhaftende *statische* Betrachtungsweise wird nicht überwunden. Wo man die Dynamik des zeitlichen Ablaufs erfassen will, wie etwa bei der Pfadanalyse, müssen die Einzelvariablen vorher in ihrer zeitlichen Priorität festgelegt werden; d. h. man benötigt als entscheidende Vorgabe wiederum empirisch ungesicherte, theoretische Annahmen, die selbst nicht überprüft werden.

Wesentlich bescheidener, dafür aber auch wesentlich unproblematischer, sind jene statistischen Verfahren, bei denen nicht Zusammenhänge von Variablen gemessen, sondern – vereinfacht gesprochen – Personen (Probanden) gezählt werden, die bestimmte Kombinationen von Merkmalen aufweisen. Diese Verfahren ermöglichen zu prüfen, ob Variablen, die jeweils für sich in einem Zusammenhang mit Delinquenz stehen, auch bei denselben Probanden zusammen auftreten oder zufällig über diese verteilt sind. Freilich ist damit über die Art der Wirkungszusammenhänge der Variablen untereinander nichts gesagt. Unter diesem Vorbehalt stehen auch die in Kapitel II gebildeten Syndrome (s. besonders o. Kap. II, 5.).

Insgesamt sind also der statistischen Analyse sehr enge Grenzen gesetzt, sobald über die Häufigkeitsverhältnisse hinaus Fragen nach der Gewichtung, der Bedeutung und dem *konkreten Zusammenspiel* verschiedener Variablen anstehen. Es fehlt die Möglichkeit, die Einzelvariablen anders zu gewichten als nach der Stärke des statistischen Zusammenhangs oder nach einem zuvor festgelegten generellen Maß. Dies gilt auch für alle denkbaren technischen Modelle, etwa mit Hilfe von sogenannten Moderatorvariablen die Aussagen über das Zusammenspiel der Einzelvariablen zu differenzieren. Dementsprechend muß letztlich offenbleiben, ob nicht im *Einzelfall* eine einzige Variable ein ganzes Bündel anderer völlig bedeutungslos machen kann oder ob eine Reihe jeweils für sich bedeutungsloser Variablen bei einer bestimmten Art ihres Zusammentreffens entscheidendes Gewicht zu erlangen vermag. Entsprechende Hinweise ergaben sich wiederholt bei den Einzelfalluntersuchungen; sie fanden Eingang in die übergreifende Gesamtbetrachtung, die in diesem Kapitel vorgelegt wird.

1.2. Grenzen der Einzelfalluntersuchungen

Im Rahmen von Einzelfalluntersuchungen läßt sich ein Maß an Wirklichkeitsnähe bewahren, das bei einer Aufbereitung von Informationsmaterial unter statistischen Gesichtspunkten notwendigerweise verlorengeht.

Es handelt sich hierbei nicht nur um die Vorzüge größerer Detailtreue und Lebensnähe, die von Einzelfalluntersuchungen üblicherweise in der empirischen Sozialforschung erwartet werden. Ihr Einsatz als methodisches Hilfsmittel soll dort einerseits in den sogenannten „explorativen" Vorphasen gewährleisten, daß die eigentliche Erhebung nicht an der Wirklichkeit vorbeigeht, und sie sollen andererseits die bei statistischen Analysen klaffenden Interpretationslücken durch „illustrierende" Beschreibung füllen und zeigen, wie man sich die tatsächlichen Zusammenhänge vorstellen könnte (vgl. hierzu die sogenannten „illustrative cases" bei GLUECK/GLUECK 1974, S. 250ff.; POWERS/WITMER 1951, S. 189ff.; FERGUSON 1952, S. 67ff., 83ff., 96ff.; ROSENQUIST/ MEGARGEE 1969, S. 470ff.; McCORD/McCORD 1959, S. 41ff., 118ff.; HEALY/BRONNER 1936, S. 92ff.).

So sinnvoll diese Funktion von Einzelfalluntersuchungen als Ergänzung statistischer Analysen auch sein mag, so wenig wird jedoch ihre spezifische Art von Erkenntnis für die eigentlichen wissenschaftlichen Ergebnisse genutzt. Anders als bei den Wahrscheinlichkeitsaussagen statistischer Analysen kann hier nämlich die *innere Folgerichtigkeit* eines Geschehens verstehbar gemacht werden. Verstehen heißt dabei nicht einfach nur Berücksichtigung des „subjektiven Sinnes", womöglich noch begrenzt auf die Zeit unmittelbar vor der Tat, sondern eine objektivierte Betrachtung über die Tat in ihrem Verhältnis zum Täter in seinen sozialen Bezügen. Dies bedeutet mit anderen Worten, die Tat als „sinngemäß zusammenhängend mit der inneren und äußeren Lage des Täters" (Exner 1939, S. 16 f.) zu erfassen. In dieser Weise ist es im Rahmen einer Einzelfalluntersuchung – bei Kenntnis der erforderlichen Tatsachen und der nötigen Erfahrung mit dem Gegenstand – möglich, konkrete Aussagen über die Bedeutung einzelner Umstände für das Gesamtgeschehen zu treffen.

Trotz der großen Relevanz, die die Einzelfalluntersuchung aufgrund dieser Erkenntnismöglichkeit besitzt, darf freilich nicht außer acht gelassen werden, daß *einzelne* Einzelfalluntersuchungen in ihrem Aussagewert letztlich unverbindlich bleiben. Deutlich sichtbar ist dies ja auch bei den „illustrative cases" der multifaktoriellen Vergleichsuntersuchungen, die völlig losgelöst vom Hauptkomplex der statistischen Auswertung stehen (bezeichnend hierfür etwa Rosenquist/Megargee 1969, S. 470 ff.; Ferracuti et al. 1975, S. 138 ff.).

Solange diese Unverbindlichkeit nicht überwunden wird, bleibt also das Problem eines isolierten Nebeneinanders verschiedener Erkenntnismittel erhalten, die in einem reziproken Verhältnis von Leistung und Mangel zueinander stehen: Auf der Seite der statistischen Analyse wird Objektivität und Verallgemeinerungsfähigkeit mit mangelnder Realitätsnähe oder gar Trivialität erkauft, auf der anderen Seite können konkrete und wesentliche Einzelfalluntersuchungen nicht über eine gewisse Beliebigkeit hinausgehoben werden.

1.3. Zur idealtypischen Begriffsbildung

Bei der vorliegenden Untersuchung waren für jeden einzelnen aller 400 Probanden umfassende und differenzierte Erhebungen vorgenommen worden. Daher mußten zur Interpretation der Häufigkeitsverhältnisse hier weder theoretische Annahmen noch einzelne illustrative Fall„geschichten" herangezogen werden, sondern man konnte auf das aus der Kenntnis sämtlicher Einzelfalluntersuchungen resultierende Erfahrungswissen zurückgreifen. Mit Ausnahme der ohnehin einfachen statistischen Berechnung selbst waren die gesamten Schritte der Indikatorenbildung, Klassifikation usw. und überhaupt die ganze „Aufbereitung" der Einzelbefunde durch dieses Erfahrungswissen mitgeprägt. Insofern war das Dilemma zwischen Wirklichkeitsnähe und Verallgemeinerungsfähigkeit von vornherein weniger groß, als die sozialwissenschaftliche Methodologie gemeinhin annimmt. Jedoch konnte auch hier die statistische Analyse die prinzipiellen Schranken dieser Art der Auswertung nicht überwinden.

Es kam deshalb entscheidend darauf an, das *Erfahrungswissen über Zusammenhänge,* die in ihrer inneren Folgerichtigkeit bei der Einzelfalluntersuchung verstehbar waren, in eine Form zu bringen, in der den Kriterien der Wirklichkeitsnähe *und* Gültigkeit gleichermaßen Rechnung getragen werden konnte. Dies wurde dadurch angestrebt, daß die Informationsfülle der Einzelfalluntersuchungen zu einer besonderen Art von Erfahrungsregeln „verdichtet" wurde. Erste Schritte zu dieser „Verdichtung" waren zunächst ganz bestimmte Vergleiche von H- und V-Probanden, durch die versucht wurde, auf die für Straffälligkeit wesentlichen Kriterien zu stoßen. Diese Vergleiche wurden in ganz verschiedener Breite und Tiefe angelegt: Einmal als winziger Ausschnitt des Lebenszuschnitts, ein andermal als komplexer Vergleich von Lebenslängs- oder -querschnitt. Befunde, die durch eine statistische Gesamtaussage nivelliert worden wären (wie etwa die Tatsache, daß nicht wenige V-Probanden gleichfalls soziale Auffälligkeiten – und auch Delinquenz – aufwiesen, viele Spätdelinquente zunächst dagegen nicht), wurden so zum fruchtbaren Ausgangspunkt für neue weiterführende Vergleiche, z. B. zwischen H- und V-Probanden mit äußerlich ähnlichem Schicksal und unterschiedlicher Entwicklung usw. Diese Vergleichsmöglichkeiten überhaupt als solche zu erkennen, wäre jedoch ohne die Kenntnis der Einzelfälle in ihrem jeweiligen Gesamtzusammenhang gar nicht möglich gewesen.

Zunächst wurde systematisch eine kontrastierende Beschreibung von Verhaltensweisen der H- und V-Probanden, aufgegliedert nach den verschiedenen Bereichen, vorgenommen (s. u. 2.). Im *Querschnitt* wurde dieser Vergleich noch weiter „verdichtet" bei der Erarbeitung von (kriminorelevanten) Konstellationen (s. u. 3.3.). Bezüglich des Längsschnitts wurden zuerst Übersichtsbogen von den einzelnen Probanden erstellt, in denen die verschiedenen Ereignisse im Laufe des Lebens zeitlich geordnet schematisch festgehalten wurden. Ein wichtiger Zwischenschritt auf der Suche nach Entwicklungsverläufen im ganzen (s. u. 4.4.) war die Bildung von „Zwillings"paaren, wodurch das unterschiedliche Reagieren von H- und V-Probanden auf ähnliche Situationen herausgearbeitet werden sollte (s. u. 4.3.). Hierbei zeigte sich immer deutlicher, wie notwendig es ist, trotz erheblicher Unsicherheit hinsichtlich ihrer Feststellung die Relevanzbezüge und die Wertorientierung als wesentliche *innere Fakten* in die Überlegungen einzubeziehen (s. u. 5.).

Die Darlegung der diesbezüglichen Ergebnisse bringt den eigentlichen Erkenntnisvorgang nur unzureichend zum Ausdruck. Der äußerst langwierige Prozeß des Vertiefens in die Einzelfälle, der Versuche zur Systematisierung, der kritischen Auseinandersetzungen im Team der Mitarbeiter und des erneuten Überprüfens durch Rückfragen in die Einzelfallerhebungen läßt sich im einzelnen gerade nicht so beschreiben, daß die eigentlich kreativen Elemente sichtbar werden.

Versucht man, die auf diese Weise entstandenen Erfahrungsregeln methodologisch einzuordnen, so bietet sich am ehesten die *idealtypische Begriffsbildung* an, wie sie von Max WEBER in seinen Aufsätzen zur Wissenschaftslehre ausgebreitet (1973, zuerst 1922; vgl. hierzu auch BOCK 1983) und insbesondere von Karl JASPERS übernommen wurde. Denn das Grunddilemma, das sich hier in den jeweiligen Grenzen der statistischen Analyse (s. o. 1.1.) und der Einzelfalluntersuchung (s. o. 1.2.) zeigte, war auch für WEBER Ausgangspunkt für seine methodologischen Überlegungen zur Bildung von Idealtypen. Wenn er von einer „Konkordanz von Sinnadäquanz und Erfahrungsprobe" (1973, S. 549 f.) spricht, so bringt er damit zum Ausdruck, daß bei der angestrebten Begriffsbildung weder die Sinnadäquanz, d. h. die innere Folgerichtigkeit eines Zusammenhangs, noch die erfahrungswissenschaftliche Gültigkeit, d. h. Verallgemeinerungsfähigkeit, in Frage gestellt werden darf. Eben dies war auch die Absicht der hier vorgenommenen „Verdichtungen" zu Erfahrungsregeln. Diesen sollte der entscheidende Vorteil der Einzelfalluntersuchungen erhalten bleiben, nämlich Erkenntnismöglichkeit über in ihrer inneren Folgerichtigkeit *verstehbare* Geschehensabläufe. Zugleich sollten sie aber auch aufgrund ihrer Entstehung *aus* und der Überprüfung *an* sämtlichen Einzelfalluntersuchungen als Erfahrungs*regel* gültig sein.

Die Benennung dieser Erfahrungsregeln als „Idealtypen" oder „idealtypisch" bedeutet also *keinesfalls*, daß es sich hier einfach *nur* um *einleuchtende Konstruktionen* von Zusammenhängen handelt. Vielmehr konnte anhand der *tatsächlichen* Geschehensabläufe in den Einzelfalluntersuchungen stets überprüft werden, ob die Zusammenhänge, deren innere Folgerichtigkeit unmittelbar einleuchtete, tatsächlich auch vorlagen.

Freilich gilt es dabei zu beachten, daß *Idealtypen notwendig Abstraktionen* sind, wenn auch *besonderer Art:* Sie bringen den charakteristischen Kern einer Erscheinung auf den Begriff, indem sie all das (andere) weglassen, was im realen Leben (regelmäßig) mehr oder minder zugleich *mit* gegeben ist. Das heißt mit anderen Worten: *Im Idealtypus sind die wesentlichen Züge des Geschehens gewissermaßen zur reinen, idealen Form gesteigert, so daß er in der Wirklichkeit allenfalls als Grenzfall vorkommt.* Dadurch wird er gleichsam ein „absoluter" Maßstab zur Bestimmung des je konkreten Ausprägungsgrades einer Erscheinung. Dies bedeutet aber, daß zwangsläufig *jede* Prüfung *faktisch* vorliegender Verhältnisse nur dazu führen kann, Grade der *Annäherung* der beobachteten Phänomene an den (gedachten) Idealtypus anzugeben. Idealtypen haben also einen *doppelten Aspekt*; darauf zielt J ASPERS ab, wenn er sagt, sie hätten „ihre Wahrheit... durch den Zusammenhang des verstehbaren Ganzen in sich, ihre Wirklichkeit... in dem bruchstückhaften Erscheinen des Typus, der in der Wirklichkeit durch andere aus dem Typus selbst nicht verständliche Faktoren beschränkt wird und daher nicht allseitig zur Auswirkung kommt" (1948, S. 362).

Wann immer also in der vorliegenden Untersuchung jene für eine Erfahrungswissenschaft unerläßliche Prüfung der faktischen Verhältnisse anstand, konnte ebenfalls nicht die reine, gewissermaßen extreme Ausprägung gemeint sein. Dies gilt insbesondere dort, wo im Rahmen einer solchen Überprüfung vom „Vorliegen" dieser oder jener Kriterien gesprochen wird (s. dazu näher u. 3.3.2.).

Umgekehrt verhält es sich freilich, wenn der Idealtypus nun seinerseits als *methodisches* Hilfsmittel gebraucht wird, um die spezifische Ausprägung der entsprechenden Kriterien in einem *Einzelfall* zu erfassen, wie das bei der Angewandten Kriminologie der Fall ist (vgl. dazu G ÖPPINGER 1983 b). Dann ist stets die reine, ideale Form gemeint; denn der Vergleich des Einzelfalls mit dem Extrem dient gerade dazu, das Maß der Annäherung bzw. der Abweichung zu bestimmen. Dies bedeutet zugleich, daß der Einzelfall nicht durch Deduktion oder Subsumtion zu dem „Idealtypus" in Beziehung gesetzt wird, sondern daß zwischen ihnen eine mehr oder weniger große Differenz besteht, die erst durch eine jeweils individuelle Prüfung festgestellt werden kann.

In engem Zusammenhang mit jenem doppelten Aspekt idealtypischer Begriffe sind zunächst einmal alle *Aussagen über Zusammenhänge zwischen bestimmten Formen des Sozialverhaltens und Straffälligkeit* zu sehen. Sie beziehen sich stets auf die Überprüfung der faktischen Verhältnisse und nicht auf die (bloß psychologische) Evidenz der inneren Folgerichtigkeit des Zusammenhangs.

Mit Aussagen dieser Art ist freilich *keinesfalls ein deterministischer Ursachenbegriff* verbunden. Ein Phänomen wie die mehrfache Straffälligkeit (etwa der H-Probanden) steht in einem potentiell unbegrenzten Geflecht von Bedingungen und Folgen. Überall, wo nach *der* Ursache *des* Verbrechens gefragt wird, wie z. B. bei den monokausalen Kriminalitätstheorien, werden „letzte" Punkte, etwa in den sozialen oder biologischen Strukturen, gesucht, von denen aus sich Straffälligkeit erklären läßt. Die Frage nach solchen „letzten" Ursachen wird hier bewußt offen gelassen. Statt dessen wird von der Tatsache der Straffälligkeit aus rückwärts gefragt: Gibt es in diesem potentiell unendlichen Komplex von Bedingungszusammenhängen solche Kriterien oder Konstellationen (des Sozialverhaltens), die kausal wesentlich oder bedeutsam sind, und solche, die kausal mehr oder weniger irrelevant sind? Eine Antwort auf diese Frage erscheint immer dann möglich, wenn bestimmte Erscheinungsformen (fast) ausschließlich nur bei solchen Verläufen vorkommen, die zu (wiederholter) Straffälligkeit führen. Wenn darüber hinaus Feststellungen gelingen, die nicht nur die Tatsache des Vorhandenseins einer solchen kausalen Beziehung beinhalten, sondern gleichzeitig einen verständlichen Sinnzusammenhang zwischen jenen kausal bedeutenden Kriterien des Sozialverhaltens und der Straffälligkeit herstellen, so sind dies jene Fälle, in denen tatsächlich eine „Konkordanz von Sinnadäquanz und Erfahrungsprobe" (s. o.) besteht; sie werden hier insbesondere mit den kriminorelevanten Konstellationen (s. u. 3.3.) vorgelegt.

Doch auch mit der Feststellung eines derartigen Zusammenhangs ist letztlich nichts zu der Frage ausgesagt, aufgrund welcher dahinterliegenden Ursachen es überhaupt dazu kommt, daß etwa jene Konstellationen oder Entwicklungsverläufe bei dem einen Probanden vorliegen, bei dem andern dagegen nicht. Der – theoretisch unbegrenzte – kausale Regreß *muß dort enden,* wo die spezifisch *kriminologische* Bedeutung einzelner Fakten sich nicht mehr fassen läßt; und dies ist gerade in dem Maße der Fall, in dem man sich zeitlich von der Straffälligkeit entfernt und auf die schicksalhaften sozialen Verhältnisse oder gar das psychisch bzw. somatisch Vorgegebene zurückgeht. *Über „Ursachen" in jenem Sinne werden in der vorliegenden Untersuchung jedoch keinerlei Aussagen getroffen.*

2. Vergleich des idealtypischen Verhaltens von H- und V-Probanden

2.1. Vorbemerkung

Der Versuch, idealtypische Verhaltensweisen von H- und V-Probanden zu kontrastieren, kann zu erheblichen Mißverständnissen führen: Gerade hier ist die Gefahr besonders groß, die sich ergebenden Unterschiede so zu sehen, als seien sie normativer Art. Danach wäre das Verhalten der V-Probanden aus der Durchschnittspopulation „ideal" im Sinne von „gut" und das Verhalten der Häftlinge (H-Probanden) „ideal" im Sinne von „schlecht". Solche Fehlinterpretationen sind um so wahrscheinlicher, als die konkreten Verhaltensweisen, um die es hier geht, gesellschaftlich-kulturell *tatsächlich* als „gut" und „schlecht" *bewertet* werden. *Mit allem Nachdruck muß deshalb betont werden, daß die diesem Vergleich zugrunde liegenden Feststellungen nicht normativ, sondern erfahrungswissenschaftlich (empirisch) erfolgten und auch nur so gemeint sind.*

Die nachfolgenden Gegenüberstellungen sind insofern „idealtypisch" zu nennen, als sie gewissermaßen die beiden extremen Pole kriminorelevanten Verhaltens bezeichnen, zwischen denen eine breite Palette von Verhaltensweisen der Probanden liegt, und zwar bei der Mehrzahl der Probanden in der Nähe der einen oder der anderen Extremform. Von den „Zwischenformen" wird bewußt abgesehen; d. h., es bleibt unberücksichtigt, daß nicht jeweils alle Probanden von einer mehr oder weniger großen Anzahl der dargestellten „extremen" Verhaltensweisen unmittelbar oder doch annäherungsweise betroffen waren. Dies gilt nicht nur für diejenigen Verhaltensweisen, die sich auch in Kapitel II als wesentlich (trennkräftig) erwiesen hatten, sondern erst recht für solche Fakten, die bei der statistischen Auswertung deshalb unberücksichtigt bleiben mußten, weil die Mehrzahl der Probanden gar nicht betroffen war, die aber doch, wenn sie vorlagen, für eine Beurteilung des entsprechenden Bereichs aufschlußreich waren, weil sie sich gewissermaßen in das allgemeine Bild einfügten.

Dies bedeutet, daß bei den einzelnen Probanden *keinesfalls*, auch nicht in abgeschwächter Form, *sämtliche* dieser Verhaltensweisen vorlagen. Bezüglich der H-Gruppe wird dies in ganz besonderem Maße bei den Spätdelinquenten (H_2-Probanden) sichtbar, die überwiegend in der Jugend noch weitgehend unauffällig geblieben waren; denn die H-idealtypischen Verhaltensweisen sind gerade durch die frühestmöglichen und ausgeprägtesten sozialen Auffälligkeiten gekennzeichnet. Umgekehrt fand sich auch in der V-Gruppe kein Proband, der in allen Punkten dem V-idealtypischen Verhalten entsprochen hätte. Zudem gab es, wie schon aus den in Kapitel II dargestellten Häufigkeitsverhältnissen hervorgeht, einige V-Probanden, die teilweise „H-spezifische", wie umgekehrt auch einige H-Probanden, die manche „V-spezifischen" Verhaltensweisen aufwiesen. Von diesen faktischen Gegebenheiten abstrahiert der folgende Vergleich bewußt.

Der eigentliche Wert dieser idealtypischen Verhaltensweisen besteht im Hinblick auf ihren (methodischen) Einsatz bei der Einzelfallanalyse (vgl. näher GÖPPINGER 1983b). Indem das konkrete Verhalten jeweils in seiner Stellung zwischen den beiden extremen Polen bestimmt werden kann, erhält man gleichsam ein differenziertes (freilich nicht – wie etwa in der Psychologie üblich – quantifiziertes) Profil des individuellen Sozialverhaltens.

2.2 Synopse idealtypischer Verhaltensweisen

2.2.1. Verhalten des Probanden
im Zusammenhang mit der (elterlichen) Erziehung im Kindesalter

H-idealtypisch

Aktives sich der elterlichen Kontrolle Entziehen
oder
Ausnutzen des Fehlens einer Kontrolle in jedweder Hinsicht

Täuschen und Übervorteilen der Erziehungspersonen bzw. Verstärken einer inkonsistenten Erziehung durch geschicktes Taktieren und durch gegenseitiges Ausspielen der Erziehungspersonen (diese werden mit dem Probanden „nicht fertig")

Konsequente Ablehnung der Übernahme bestimmter (altersgemäßer) Aufgaben und Pflichten

V-idealtypisch

Akzeptieren der elterlichen Kontrolle
oder
bei Fehlen eines geordneten Familienbereichs Suche nach Anschluß an (geordnete) Familie (z. B. die eines Freundes)

Grundsätzliche Offenheit gegenüber den Erziehungspersonen und auch kein Ausnutzen einer inkonsistenten Erziehung

Freiwillige und bereitwillige Übernahme altersgemäßer Aufgaben und Pflichten
oder
Suche nach einem eigenen Aufgabenbereich, für den man sich verantwortlich fühlt

2.2.2. Aufenthaltsbereich

H-idealtypisch

Schon in der Kindheit (zusammen mit der Familie) häufiger Wechsel des Aufenthaltsortes
oder
Hin- und Herpendeln zwischen Elternhaus, Verwandten, Pflegeeltern und Heimen

Frühzeitige Heimunterbringung wegen untragbaren Verhaltens und/oder Verwahrlosungserscheinungen

Wiederholtes Ausreißen aus den Heimen, Herumstreunen verbunden mit der Begehung von Straftaten und daher im Laufe der Zeit Unterbringung in verschiedenen, immer strenger geführten Heimen

V-idealtypisch

Aufwachsen im Elternhaus und in der Kindheit keine längerfristige Abwesenheit von zu Hause

Frühe Betonung von Selbständigkeit; elterlicher Wohnbereich wird zunehmend nicht mehr als Zuhause, sondern nur noch als Schlafstelle angesehen

Frühzeitiges Verlassen des Elternhauses, ohne in der Lage zu sein, sich einen eigenen Wohnbereich zu schaffen; statt dessen Unterschlupf bei irgendwelchen Bekannten, in zweifelhaftem „Milieu", bei Prostituierten usw.

In der Folgezeit häufiger Wechsel des Aufenthaltsortes und keinerlei Interesse an einer einigermaßen beständigen Wohnung, sondern Unterkunft in kurzfristigen Untermietverhältnissen, in wechselnden Firmenunterkünften, in Männerwohnheimen bzw. Wohngelegenheiten bei Bekannten

Immer wieder zeitweilige Wohnsitzlosigkeit verbunden mit Herumstreunen und Übernachten auf der Straße, im Asyl, in Scheunen, in Gartenhäuschen oder ähnlichem

Insgesamt mit dem Verlassen des Elternhauses zunehmende Tendenz, sich vom sozialen Nahraum weg in „anonymere", vor allem großstädtische Bereiche zu begeben

Keinerlei soziale Einbindung am jeweiligen Aufenthaltsort; ein Ortswechsel bedeutet praktisch nur den Wechsel von ohnehin austauschbaren personellen und sachlichen Kontakten

Keinerlei Interesse, den Wohnort bzw. die Wohngegend nach bestimmten Gesichtspunkten auszuwählen; statt dessen findet man sich mit dem ab, was ohne größere Mühe zu bekommen ist bzw. was einem (z. B. vom Sozialamt) zugewiesen wird, und nimmt auch mit einer Unterkunft in „asozialen" Verhältnissen vorlieb

Auch in der Jugendzeit uneingeschränkte Integration im Elternhaus, wobei die elterliche Wohnung als das Zuhause angesehen wird

Verlassen des Elternhauses erfolgt erst im Zusammenhang mit einer auswärtigen Berufsausbildung oder zur Ableistung des Wehrdienstes; zu einer „endgültigen" Loslösung im Sinne des Selbständigwerdens kommt es jedoch erst nach der Heirat

Sehr seltener Wechsel des Aufenthaltsortes; wenn, dann aus beruflichen Gründen oder wegen der Heirat, wobei der Wechsel ausschließlich geplant und geordnet erfolgt

Stets ordnungsgemäß angemeldeter Wohnsitz, der beständig als solcher genutzt wird

Vielfältige soziale Einbindung in die örtliche Gemeinschaft durch Beruf, Vereinsmitgliedschaften, Bekanntenkreis, Familie und Verwandtschaft; ein Ortswechsel erscheint aufgrund dieser Einbettung nicht wünschenswert

Kritische Auswahl des Wohnortes und der Wohngegend im Hinblick auf die Arbeitsstätte, auf die (künftigen) Ausbildungsmöglichkeiten für die Kinder sowie unter vielfältigen sozialen Gesichtspunkten (ordentliche Gegend, Nachbarschaft, Atmosphäre, Freizeiteinrichtungen usw.); vorübergehend werden auch nicht zusagende Verhältnisse hingenommen, es zeigt sich dann jedoch ein nachdrückliches Bestreben, in eine Wohnung oder Umgebung zu kommen, die den eigenen Vorstellungen entspricht

Keinerlei Interesse an der eigenen Wohnung oder Unterkunft und an deren Ausgestaltung; Wohnung und Unterkunft dienen nur als Schlafstelle und nicht als Zuhause

Großes Interesse am eigenen Wohnbereich und Bestreben, der Unterkunft – unter erheblichem Zeitaufwand – individuellen und dem eigenen Wohlbefinden entgegenkommenden Charakter zu verleihen; Wohnung dient als Zuhause

2.2.3. Leistungsbereich

2.2.3.1. Schule

H-idealtypisch

Aus Desinteresse bzw. wegen Faulheit, Bummelns oder häufigen Schwänzens schlechte Leistungen in der Schule

Deswegen mehrfaches Sitzenbleiben in der Grund- und Hauptschule
oder
Besuch der Sonderschule

Kein erfolgreicher Schulabschluß

Häufiges und hartnäckiges oder zeitweilig auch dauerndes Schwänzen der Schule, dabei Herumstreunen, (kleinere) (Eigentums-)Delikte und Sachbeschädigungen sowie Versuche, das Verhalten durch raffinierte Täuschungen und Lügnereien zu verbergen

Stören des Unterrichts durch lästiges (albernes, großsprecherisches) Verhalten und ständige Unruhe

Ungehorsam, aufsässiges und aggressives Verhalten gegenüber dem Lehrer

Rücksichtsloses und brutales Verhalten gegenüber Mitschülern führt bei Raufereien zu ernsthaften Verletzungen der anderen

Keinerlei Interesse an (schulischen) Fort- und Weiterbildungsmöglichkeiten

V-idealtypisch

Interesse an der Schule und Versuch, die gestellten Leistungs- und Verhaltensanforderungen zu erfüllen

Erfolgreicher Hauptschulabschluß bzw. Besuch einer weiterführenden Schule

Kein Schwänzen
oder
Schwänzen nur als Ausnahmeerscheinung

Gute Mitarbeit und ordentliches Betragen

Gutes Verhältnis zum Lehrer

Auch bei Raufereien gewisse Zurückhaltung, so daß es nicht zu ernsthaften Verletzungen kommt

Teilnahme an (schulischen) Fort- und Weiterbildungsmöglichkeiten
oder
Versuche, versäumte Ausbildungsmöglichkeiten über den 2. Bildungsweg, Fernstudien usw.) nachzuholen

2.2.3.2. Berufliche Ausbildung

H-idealtypisch	*V-idealtypisch*
Nach Beendigung der Schule kein Interesse an Lehre und Ausbildung	Bei Schulabschluß konkretes Berufsziel vor Augen; Lehre und Ausbildung werden als Voraussetzung eines befriedigenden Berufes und dieser als wichtiger Bestandteil des eigenen Lebens angesehen
Keine erfolgreich abgeschlossene Lehre oder Ausbildung; vielmehr wird der Möglichkeit, sofort als Ungelernter bzw. Hilfsarbeiter Geld zu verdienen, der Vorzug gegenüber einer soliden Ausbildung gegeben und deshalb keine Lehre angetreten oder zwar eine Lehre begonnen, diese jedoch abgebrochen, oder (wiederholt) die Lehrstelle (und auch der Lehrberuf) gewechselt, ohne letztlich einen Abschluß zu erreichen	Mindestens eine abgeschlossene Lehre oder Ausbildung; hiermit soll eine solide Basis für den späteren Beruf geschaffen werden; auch bei auftretenden Schwierigkeiten oder bei nicht zusagender Berufswahl wird auf jeden Fall ein Lehrabschluß angestrebt und die Lehre nicht abgebrochen
Gründe für den Abbruch der Lehre sind: Keine Lust („alles gestunken"), kein Interesse, Auseinandersetzungen mit Vorgesetzten und Kollegen, mehr Geld verdienen wollen	
Schlechte Arbeitsleistungen, häufiges „Blaumachen" an der Lehrstelle und Schwänzen der Berufsschule	Gute und ordentliche Arbeitsleistungen, Interesse an der Arbeit, zuverlässige und pünktliche Erfüllung der Arbeitspflicht, regelmäßiger Besuch der Berufsschule
Häufige Schwierigkeiten mit dem Lehrherrn, den Vorgesetzten und den Arbeitskollegen	Keine gravierenden Schwierigkeiten mit Vorgesetzten und Kollegen oder Schwierigkeiten werden auf jeden Fall irgendwie durchgestanden und bereinigt
Bei Schwierigkeiten Lehrabbruch oder Kündigung, wobei durchweg anderen (Vorgesetzten, Kollegen, „Umständen") die Schuld zugeschrieben wird	Bei Schwierigkeiten wird die Schuld auch bei sich selbst gesucht und der eigene Anteil an den Problemen gesehen
Auch Lehrversuche, die während Heim- oder Haftaufenthalten begonnen wurden, werden nicht erfolgreich zu Ende geführt	

Keinerlei Interesse an beruflicher Spezialisierung oder Fortbildung	Erfolgreicher Abschluß weiterer Zusatzausbildungen und Spezialisierungen (z. B. in Form von Kursen)

2.2.3.3. Berufstätigkeit

H-idealtypisch	*V-idealtypisch*
Das vorrangige Anliegen der Berufstätigkeit wird darin gesehen, rasch und mit möglichst geringem Aufwand zu Geld zu kommen	Bei der Berufstätigkeit Bevorzugung eines wohl langsamen, jedoch fundierten und gesicherten Aufstiegs gegenüber einem zunächst zwar schnellen Geldverdienen, aber ohne die Chance eines späteren Aufstiegs oder beruflichen Weiterkommens
Grundsätzliche Bereitschaft, jederzeit die Stelle zugunsten vermeintlich besserer und bequemerer Möglichkeiten des Gelderwerbs zu wechseln	Ausschließlich langjährige Arbeitsverhältnisse
Bevorzugung abwechslungsreicher und ungebundener Tätigkeiten ohne direkte Aufsicht und Kontrolle und ohne zeitliche und örtliche Begrenzung (z. B. als Hilfskraft bei Schaustellern, Zeitschriftenwerber oder „selbständige" Tätigkeiten wie „Vertreter" bzw. – von Anfang an unrealistische – Versuche, einen eigenen Betrieb zu eröffnen); im Laufe der Zeit erfolgt nicht nur ein Abstieg in niedrigere Berufspositionen, sondern auch eine Zunahme von ungeordneten Tätigkeiten in Form von Gelegenheitsarbeiten (ohne Sozialversicherung) und ähnlichem	Neben beruflichem Vorwärtskommen und Aufstieg sind vor allem die Stabilität und die Sicherheit des Arbeitsplatzes sowie eine befriedigende Tätigkeit und ein gutes Betriebsklima von entscheidender Bedeutung
Grundsätzliche Bereitschaft, jederzeit „blauzumachen" und bei geringsten Schwierigkeiten oder auch nur aus Unlust und aus momentanen Stimmungen heraus von der Arbeit wegzulaufen und zu kündigen	Die eigene Person und Arbeitskraft werden als unentbehrlich für den Betrieb angesehen, und man ist der Meinung, es dem Betrieb, den Vorgesetzten und den Kollegen „nicht antun zu können", schlechte Arbeit zu erbringen oder zu fehlen; auftretende Probleme werden durchgestanden
Häufiger Wechsel des Arbeitsplatzes, der ungeplant und spontan erfolgt, ohne daß ein konkreter neuer Arbeitsplatz in Aussicht wäre	Kaum Wechsel des Arbeitsplatzes, und wenn, dann erst nach reiflicher Überlegung und nach sicherer Zusage eines neuen Arbeitsplatzes

Kein nahtloser Übergang zwischen den einzelnen Arbeitsverhältnissen, sondern immer wieder längerfristige, teilweise monatelange berufliche Untätigkeit ohne jegliches Bemühen, einen neuen Arbeitsplatz zu finden

Stets nahtloser Übergang der einzelnen Arbeitsverhältnisse ineinander

Anlaß für einen Arbeitsplatzwechsel sind Auseinandersetzungen mit Vorgesetzten und Kollegen oder vermeintlich (stets nur momentane und kurzfristige) bessere Verdienstmöglichkeiten; im Laufe des Berufslebens immer wieder fristlose Kündigungen durch den Arbeitgeber wegen schlechter Arbeitsleistungen, Streitigkeiten mit Kollegen oder ähnlichem

Gründe für den Arbeitsplatzwechsel sind berufliches Vorwärtskommen und beruflicher Aufstieg sowie – auch auf längere Sicht bestehende – finanzielle Verbesserungsmöglichkeiten

Von Desinteresse und Unlust geprägte Arbeitshaltung, die innerhalb kürzester Zeit an jeder Arbeitsstelle zu Klagen wegen schlechter Arbeitsleistung, Trunkenheit, Streitlust, Unverträglichkeiten und Unzuverlässigkeit führt

Von ausgeprägtem Verantwortungsgefühl gegenüber Betrieb, Vorgesetzten und Kollegen gekennzeichnete Arbeitshaltung; große Betriebsverbundenheit sowie Bereitschaft, Verantwortung zu tragen

Keinerlei Interesse an einer beruflichen Weiterbildung; allenfalls während Haftaufenthalten werden aus sachfremden Erwägungen heraus irgendwelche Kurse belegt, auf denen aber später nicht mehr aufgebaut wird

Erhebliches Interesse an beruflicher Qualifizierung, das durch den erfolgreichen Abschluß von Fort- und Weiterbildungskursen, Lehrgängen usw. in die Tat umgesetzt wird

Ungeordnete finanzielle Verhältnisse; man lebt „von der Hand in den Mund"; das Geld wird verschleudert, wie es hereinkommt; es bestehen eine Vielzahl von Abzahlungsverpflichtungen und unübersehbare Schulden

Solide und geordnete finanzielle Verhältnisse; das Geld wird geplant und überlegt ausgegeben; es bestehen Sparverträge, Bausparverträge, Lebensversicherungen usw.; die finanziellen Verpflichtungen sind stets überschaubar und hinsichtlich der Tilgung von Schulden realistisch

Insgesamt keinerlei Vorsorge, sei es, daß Gelegenheitsarbeiten nachgegangen oder in dubiosen Betrieben ohne korrekte Anmeldung und ohne sozialversicherungsrechtliche Absicherung gearbeitet wird, sei es, daß in keiner Weise, etwa durch Sparen, für Notlagen vorgesorgt wird

Umfassende und gediegene Vorsorgemaßnahmen: Neben der als selbstverständlich angesehenen Sozialversicherung wird zusätzlich durch Lebensversicherungen, Haftpflichtversicherungen usw. private Vorsorge getroffen

2.2.4. Freizeitbereich

2.2.4.1. Verfügbarkeit der Freizeit

H-idealtypisch

Im Laufe der Jahre zunehmende und ständige Ausweitung der Freizeit, vor allem (auch) zu Lasten des Leistungsbereichs durch „Blaumachen", Zuspätkommen am Arbeitsplatz oder Aufgabe jeglicher geregelter Arbeitstätigkeit, einhergehend mit völliger Unordnung des Tagesablaufes (Tagesablaufverschiebung: Der Tag beginnt erst nachmittags und endet am nächsten Morgen)

Allenfalls nach Haftentlassungen vorübergehend Ausweitung der Freizeit nur auf Kosten des Schlafes oder auch gewisse Einschränkung der Freizeit, wobei es jedoch alsbald wieder zu erheblichen Ausweitungen zu Lasten des Leistungsbereichs kommt

V-idealtypisch

Von Kindheit an zunehmende, erhebliche Einschränkung der Freizeit durch eine Vielzahl selbstgewählter, teilweise ausgesprochen leistungsorientierter Verpflichtungen (z. B. Überstunden, Nebenarbeiten, Fortbildung, Ehrenamt oder ähnliches)

Allenfalls gelegentlich Ausweitungen der Freizeit zu Lasten des Schlafes, nie aber auf Kosten des Leistungsbereichs

2.2.4.2. Struktur und Verlauf der Freizeittätigkeiten

H-idealtypisch

Der überwiegende Teil der Freizeit wird mit Tätigkeiten verbracht, die inhaltlich nicht vorhersehbare, völlig offene Abläufe aufweisen, bei denen weder der Ort noch die Verweildauer oder die möglichen Kontaktpersonen vorher genauer bekannt sind und denen jegliche Planung und Vorbereitung fehlt.
Es handelt sich um Gaststättentouren, um Aufenthalte in schlecht beleumundeten Lokalen, um das Aufsuchen von Treffpunkten im kriminell gefährdenden, vorzugsweise großstädtischen Bahnhofs-, Spielhallen- und Altstadt-„Milieu" mit dem entsprechenden Kontakt zu sozial auffälligen oder auch straffälligen Personen usw.

V-idealtypisch

Die Freizeit ist von Kindheit an zunehmend mit langfristig angelegten, systematisch betriebenen und/oder formal organisierten Freizeittätigkeiten mit feststehenden Abläufen ausgefüllt. Neben leistungsorientierten Tätigkeiten (Nebenerwerb, Weiterbildung usw.) wird mit großer Ausdauer und erheblichem Engagement vor allem regelmäßigen sportlichen Aktivitäten, Hobbys oder ehrenamtlichen Verpflichtungen nachgegangen

und/oder
um plan- und zielloses Umherfahren mit Moped, Motorrad oder Auto, stets auf der Suche nach Reizsituationen, nach „Abenteuer" usw.
Dabei wird die Freizeit zu einem erheblichen Teil durch „Ausschweifungen", wie übermäßigen Alkoholgenuß, unkontrolliertes Geldausgeben oder auch gewalttätige Auseinandersetzungen, bestimmt

Auch bei Freizeittätigkeiten mit übersehbaren, bestimmte Grenzen nicht überschreitenden Abläufen (z. B. Fernsehen, Musikhören, Tanzen, Kinobesuch usw.) werden solche bevorzugt, die eine gewisse Unruhe, Abwechslung und Betriebsamkeit mit sich bringen

In Freizeittätigkeiten mit übersehbaren, bestimmte Grenzen nicht überschreitenden Abläufen wird vorrangig eine Möglichkeit zur Erholung und Entspannung gesehen und daher eher geruhsamen Tätigkeiten, die eine gewisse Muße erfordern, der Vorzug gegeben (z. B. Lesen, Basteln, Wandern und ähnliches)

Kein Engagement oder persönlicher Einsatz für langfristig angelegte, systematisch betriebene und/oder formal organisierte Freizeittätigkeiten mit feststehenden Abläufen; selbst wenn während Haftaufenthalten bestimmten Hobbys nachgegangen oder Fort- und Weiterbildungsmöglichkeiten wahrgenommen wurden, werden diese nach der Haftentlassung nicht weitergeführt

Keinerlei Interesse an Freizeittätigkeiten mit inhaltlich nicht vorhersehbaren, völlig offenen Abläufen; allenfalls in einer Reifungsphase kann es einmal vorübergehend zu einem solchen Freizeitverhalten kommen, das aber auch in dieser Phase für die Freizeit insgesamt nicht bestimmend ist

2.2.4.3. Freizeitaufenthalt

H-idealtypisch

Nahezu ausschließlich außerhäusiger und „milieu"-orientierter Freizeitaufenthalt; die elterliche oder eigene Wohnung dient nur als Schlafstelle, nicht aber als Möglichkeit zur Freizeitgestaltung

Innerhäusige Freizeitgestaltung wird als langweilig empfunden und stellt die Ausnahme dar

V-idealtypisch

Vorzugsweise innerhäusiger Freizeitaufenthalt, bei dem der eigene, individuell gestaltete Wohnbereich, das Zusammensein mit der eigenen Familie und eine gewisse „Einbettung" eine zentrale Rolle spielen

Bei außerhäusigem Freizeitaufenthalt, der insgesamt von untergeordneter Bedeutung ist, erfolgt eine Beschränkung auf einen oder einige wenige bestimmte Orte und auf geplante Unternehmungen, häufig zusammen mit der eigenen Familie

2.2.5. Kontaktbereich

2.2.5.1. Schicksalhaft vorgegebene Kontakte

H-idealtypisch

Schon im Kindesalter führt das Verhalten und Taktieren des Probanden zu Konflikten zwischen den Erziehungspersonen mit der Folge gestörter familiärer Beziehungen auch unter den anderen Familienmitgliedern

Keinerlei Einordnung in die Familiengemeinschaft

Ablehnung oder Indifferenz gegenüber der Elternfamilie
oder
je nach Gutdünken oder auch zur Rechtfertigung des eigenen Verhaltens Wechsel zwischen Anschwärzen der Familie und (insbesondere wenn es sich um „asoziale" Verhältnisse handelt) völlig unkritischer Einstellung gegenüber der Familie (und den Verhältnissen) sowie uneingeschränkter Identifizierung mit einzelnen Familienmitgliedern und gegebenenfalls auch mit deren kriminellen Praktiken

Frühzeitige Loslösung von den Eltern und Geschwistern und in der Folgezeit keine engeren Kontakte mehr zur Herkunftsfamilie

In späteren Jahren in (finanziellen) Notsituationen (rücksichtsloses) Ausnutzen der Herkunftsfamilie um eigener (materieller) Vorteile willen

V-idealtypisch

Schon im Kindesalter werden Zugehörigkeit der eigenen Person zur Herkunftsfamilie und (altersgemäße) Verantwortung für die Familie erkannt

Selbstverständliche Einordnung in die Familiengemeinschaft, wobei es geradezu ein Bedürfnis ist, mit der Familie zusammen zu sein

Inschutznehmen und Verteidigen der Elternfamilie und der Familienehre sowie Abschirmen der Familie nach außen

Auch nach Auszug aus dem Elternhaus und äußerlicher Loslösung von der Herkunftsfamilie wird die Verbindung zu ihr und zur weiteren Verwandtschaft mehr oder weniger intensiv durchgängig aufrechterhalten, zu einzelnen Personen bestehen weiterhin ausgesprochen tragende Bindungen

Auch in späteren Jahren werden Füreinandereinstehen und gegenseitige Hilfeleistung als selbstverständlich angesehen

2.2.5.2. *Selbstgewählte Kontakte zu Freunden und Bekannten*

H-idealtypisch

Vielzahl oberflächlicher Kontakte zu irgendwelchen „Kumpeln" und Bekannten, jedoch keine echten Freundschaften und keine tragfähige Bindung zu einer bestimmten Person

Kein Interesse an der individuellen Persönlichkeit der Kontaktpersonen; die Aufnahme von Kontakten dient zur Befriedigung unmittelbarer Bedürfnisse und ist zweckgerichtet (utilitaristische Kontakte); die einzelnen Personen sind demzufolge auf der entsprechenden Ebene beliebig auswechselbar

Bevorzugung von „Milieu"-Kontakten zu einem lockeren Kreis von „Kumpeln" ohne Vertrauensbasis und mit wechselseitiger Übervorteilung, wobei gegenüber den Bekannten und deren Eigenarten übergroße „Toleranz" und geradezu Unempfindlichkeit bestehen

V-idealtypisch

Einige wenige Freunde und Bekannte; nach der Trennung vom Elternhaus Aufrechterhalten des Kontaktes zur Herkunftsfamilie oder zu einzelnen Familienmitgliedern (nunmehr als selbstgewählter Kontakt)

Auswahl des Bekanntenkreises erfolgt im Hinblick auf die jeweilige Person und auf gemeinsame, langfristige Interessen, auf Zuverlässigkeit usw.; es bestehen langjährige, tragende Freundschaften mit einer gewissen Vertrauensbasis und ein relativ kleiner, fester Bekanntenkreis, dessen Personen nicht beliebig auswechselbar sind

Keinerlei Tendenzen zu „Milieu"-Kontakten und alsbaldige Aufgabe von „schlechtem Umgang" – sofern es (vor allem in der Jugendzeit) überhaupt dazu kommt

2.2.5.3. *Sexuelle Kontakte*

H-idealtypisch

Schon im Schulalter erster Geschlechtsverkehr mit wesentlich älterer, sexuell verwahrloster Partnerin

Häufiger Wechsel der GV-Partnerinnen und häufigere Kontakte zu Prostituierten

Auswahl der Sexualpartnerinnen vorrangig nach „äußeren" Qualitäten und Bevorzugung dieser Eigenschaften gegenüber „inneren", menschlichen Qualitäten. Im Vordergrund steht die Möglichkeit des Sexualkontakts, nicht die individuelle Persönlichkeit; die Partnerin ist dementsprechend beliebig austauschbar

V-idealtypisch

Erster Geschlechtsverkehr erst als Heranwachsender oder Erwachsener und mit gleichaltriger, sozial unauffälliger Partnerin

Beschränkung auf eine oder einige wenige GV-Partnerinnen

Auswahl der Partnerin im Hinblick auf die individuelle Persönlichkeit; diese ist daher nicht beliebig auswechselbar; im Vordergrund stehen tragfähige menschliche Bindungen, keine reinen Sexualbekanntschaften

2.2.5.4. Eigene (Prokreations-)Familie

H-idealtypisch

Entsprechend der grundsätzlich ablehnenden Haltung gegenüber einer festen Bindung auch nur geringe Bereitschaft, eine Ehe einzugehen
oder
falls dennoch Heirat erfolgt, dann in jungem Alter (als Heranwachsender) und schon wenige Wochen nach dem Kennenlernen

Entschluß zur Eheschließung (fast) ausschließlich aufgrund einer nicht geplanten Schwangerschaft

Wesentlich jüngere, ebenfalls sozial auffällige Ehefrau

Beide Ehepartner bringen Kind mit in die Ehe bzw. sind einem nicht aus der Ehe stammenden Kind unterhaltspflichtig

Keinerlei (materielle) Vorbereitungen für die Ehe; beide Partner bringen bereits Schulden in die Ehe ein; eine Absicherung durch regelmäßige Berufstätigkeit besteht nicht, ebensowenig sind Wohnung, Wohnungseinrichtung und Aussteuer vorhanden

Auch nach der Eheschließung keine Änderung des früheren Verhaltens in den einzelnen Lebensbereichen; jeder der Ehepartner geht seinen eigenen Weg; keinerlei Gemeinsamkeiten; keine Verantwortung für Partnerin bzw. für die Kinder; die eigenen Bedürfnisse stehen bei beiden Ehepartnern weiterhin im Vordergrund zu Lasten der Versorgung gemeinsamer Kinder; Beibehalten des spezifischen Lebensstils mit unregelmäßiger Arbeitsleistung,

V-idealtypisch

Grundsätzliche Bereitschaft, eine feste Bindung einzugehen und entsprechende Verantwortung zu übernehmen; Heirat jedoch erst nach längerer Bekanntschaft der Partner oder nach längerer Verlobungszeit in einem Alter, in dem auch aufgrund einer gewissen Reife und der beruflichen Absicherung die mit einer Heirat verbundenen Verpflichtungen erfüllt werden können

Auch bei ungeplanter Schwangerschaft bestanden bereits zuvor Heiratsabsichten, wenngleich für einen späteren Zeitpunkt

Sozial unauffällige, etwa gleichaltrige Ehefrau

Vor der Eheschließung keine Kinder von anderen Partnern

Ehe wird erst nach Erfüllung einer ganzen Anzahl von Bedingungen und nach intensiven Vorbereitungen geschlossen; abgesehen von gegenseitiger Zuneigung, gemeinsamen Interessen usw. wird Wert darauf gelegt, daß der Ehepartner von der Familie akzeptiert wird; daneben haben materielle Absicherung der Ehe in Form einer abgeschlossenen Ausbildung im Hinblick auf berufliche und finanzielle Sicherheit sowie das Vorhandensein einer Wohnung usw. große Bedeutung

Heirat stellt einen deutlichen Einschnitt in das Leben dar; die eigenen Ansprüche werden in der Folgezeit zugunsten der Familie eingeschränkt und das gesamte Leben wird auf die Familie ausgerichtet; für Partnerin und Kinder wird Verantwortung übernommen und durch entsprechenden Arbeitseinsatz für den Unterhalt der Familie Sorge getragen; die Freizeit konzentriert sich auf die Familie und wird zusammen mit ihr verbracht; der jeweilige

Ausweitung der Freizeit durch außerhäusige, unstrukturierte, „milieu"-orientierte Freizeitgestaltung einschließlich außerehelicher Sexualkontakte

Schon wenige Monate nach der Eheschließung wird die Scheidung betrieben, nachdem bereits zuvor häufige, lautstarke, auch tätlich und öffentlich (d. h. vor der gesamten Nachbarschaft) ausgetragene Auseinandersetzungen – insbesondere unter Alkoholeinfluß beider Ehepartner – an der Tagesordnung waren

Bekanntenkreis des einzelnen Ehepartners wird weiter eingeschränkt bzw. verändert sich zugunsten eines gemeinsamen (neuen) Bekanntenkreises

Keine gravierenderen Meinungsverschiedenheiten der Ehepartner und keine größeren Auseinandersetzungen, insbesondere aber keine Tätlichkeiten und kein Hinaustragen von Problemen zu irgendwelchen Dritten, sondern Errichten eines gewissen „Schutzwalls" um die Familie

3. Vergleiche im Querschnitt

3.1. Vorbemerkung

Sowohl die statistische Auswertung der Verteilung von Merkmalen als auch die Beschreibung von idealtypischen Verhaltensweisen der H- und V-Probanden in den verschiedenen Lebensbereichen lieferten wichtige Antworten auf Fragen solcher Art: Wie sieht das Verhalten von mehrfach Straffälligen aus? In welchen Punkten unterscheiden sich mehrfach Straffällige von der Durchschnittspopulation? Allgemeines Erfahrungswissen zu diesen und ähnlichen, gewissermaßen naiven Fragen ist von grundlegender Bedeutung für jede weitere Art von kriminologischer Erkenntnis, da nur darauf aufbauend weitere Tatsachen, Beobachtungen und Feststellungen in einem groben Rahmen dessen, „was überhaupt zu erwarten ist", verwertet werden können. Freilich bleiben derartige Erkenntnisse insofern noch unbefriedigend, als man zwar weiß, *daß* diese Merkmale in einem Zusammenhang mit Straffälligkeit stehen, nicht aber, *wie* und auf welche Weise sich diese Merkmale „auswirken", so daß es letztlich zur Straffälligkeit kommt.

Betrachtete man dagegen die Einzelfallerhebungen jeweils für sich, so stieß man bei intensiver Analyse immer wieder auf bestimmte Ausgangslagen, aus denen heraus die Begehung der Straftat(en) unmittelbar verständlich wurde. Die hierbei gewonnene Erkenntnis ist qualitativ verschieden von der bloßen Feststellung, *daß* Straffälligkeit mit diesen oder jenen Fakten zusammenhängt (s. o. 1.2.). Es kam nun darauf an, diese Art von Erkenntnis, die beim Einzelfall zu erzielen war, in allgemeinen Erfahrungs*regeln* zu „verdichten". Dazu wurden Ausgangslagen bzw. Konstellationen gebildet, aus denen das Delikt gewissermaßen selbst-„verständlich" folgt, und umgekehrt solche, bei deren Vorliegen die Begehung einer Straftat völlig un-„verständlich" bleibt (s. u. 3.3.). Eine wichtige Vorstufe dazu bildete die Erstellung von Tageslaufanalysen, die die Verzahnung der einzelnen Lebensbereiche in einem spezifischen Lebenszuschnitt erkennen ließen und so einen ersten Schritt zu einer übergreifenden Betrachtung im Querschnitt ermöglichten.

3.2. Tageslaufanalysen

Aus dem Zeitraum unmittelbar vor der Tat (bei den V-Probanden entsprechend vor der Untersuchung) wurde jeweils für einen Arbeitstag und einen freien Tag (Sonntag) eine Beschreibung des Tageslaufes erstellt. Durch die genaue Betrachtung eines solchen Tages wurde die Verzahnung der einzelnen Bereiche im Querschnitt sichtbar. Als eine wichtige Frucht dieser Analysen ergab sich beispielsweise das schon oben dargestellte (s. o. Kap. II, 2.4.2.) Kriterium „Ausweitung der Freizeit", das nur als Verschiebung im *täglichen* Zeitbudget festgestellt werden kann.

Die Beschreibung wurde möglichst detailliert durchgeführt, um nicht über scheinbar unwesentliche Zeitabschnitte hinwegzuspringen. So wurde z. B. größter Wert auf eine exakte Wiedergabe der Abläufe nach dem Ende der Arbeitszeit gelegt. Dabei ergab sich etwa, daß viele H-Probanden nach der Arbeit zunächst ein oder auch mehrere Lokale aufsuchten, d. h. sich *sofort* ihren spezifischen Freizeitkontakten, -aktivitäten und -aufenthalten zuwandten, selbst wenn sie später noch nach Hause gingen, um sich umzuziehen und evtl. zu essen. Wenn dagegen V-Probanden angaben, nach der Arbeit nach Hause zu gehen, geschah es regelmäßig im unmittelbaren Anschluß an die Arbeit, ohne daß ein – verschieden lang ausgedehntes – Intervall unstrukturierter Freizeit dazwischenlag. Im Einzelfall ließ sich auch die Ermittlung der jeweils *aufgewendeten Zeit*, teilweise auch der *Reihenfolge des Ablaufs*, für die Feststellung des Gewichts einzelner Fakten bei den Probanden heranziehen. Wenngleich das Zeitbudget als solches nur ein äußerlicher Indikator für die Bedeutsamkeit bestimmter Beschäftigungen sein kann, war dies zugleich ein Weg, die „Relevanzbezüge" (s. u. 5.) der Probanden herauszuarbeiten; denn stets wird für die Aktivitäten, in denen sich die Relevanzbezüge konkretisieren, ein erhebliches Maß an Zeit aufgewendet. Häufig konnten auf diese Weise pauschale Angaben über „Feierabende zu Hause" oder „das ganze Wochenende auf dem Sportplatz" objektiviert bzw. korrigiert werden.

Für *Generalisierungen* boten sich diese Tageslaufanalysen um so weniger an, als auf die minutiöse Beschreibung gerade der individuellen Abläufe geachtet wurde. Sie waren – ähnlich wie die Übersichtsbogen im Längsschnitt (s. u. 4.2.) – ein Mittel der vorläufigen Erfassung des *einzelnen Falles* im Querschnitt. Dennoch verdient eine allgemeine Beobachtung festgehalten zu werden: Für die V-Probanden war es in der Regel wesentlich leichter, Angaben über einen *typischen* Tagesablauf zu machen, weil die gesamte Zeit (auch an Feiertagen) weitaus planvoller ausgefüllt und durch feststehende zeitliche und örtliche Einschnitte (etwa die Mahlzeiten) strukturiert war. Die H-Probanden standen teilweise entsprechenden Fragen geradezu ratlos gegenüber, weil für sie ein typischer, d. h. erwartbarer und vorhersehbarer Ablauf nicht (mehr) der Realität ihres Lebenszuschnitts entsprach, der oft schon weitgehend jeder Struktur entbehrte. Bei einigen H-Probanden konnte ja von einem „Arbeitstag" zuletzt gar keine Rede mehr sein. So waren die Äußerungen unbestimmter, unsicherer und pauschaler: Antworten wie „mal so, mal so", „es konnte auch sein, daß" usw. waren häufig. Gerade deshalb ließ sich in solchen Fällen ein zutreffendes Bild *des* typischen Ablaufs nicht gewinnen.

Insgesamt bildeten die Tageslaufanalysen eine geradezu notwendige Voraussetzung, um den Lebenszuschnitt mit seiner je spezifischen Verzahnung der einzelnen Lebensbereiche zu erkennen.

3.3. Kriminorelevante Konstellationen und „sonstige Kriterien"

3.3.1. Entstehung der Konstellationen

Wie sich bei den intensiven Einzelfalluntersuchungen zeigte, brauchte das Vorliegen einzelner Fakten je für sich allein nichts zu besagen, jedoch konnten sie in einer Kombination zu Syndromen oder Konstellationen eine kausale Bedeutung erhalten, die die Summe der einzelnen Fakten bei weitem überstieg. Im einen Fall hatten solche Fakten also gar keine Auswirkung im Hinblick auf Straffälligkeit; in anderen Fällen fügten sie sich jedoch in mehr oder weniger durchgehende sonstige soziale Auffälligkeiten ein, innerhalb derer sie erst voll zur Wirkung kamen. Wollte man bezüglich dieser, im Einzelfall sehr heterogen gelagerten Zusammenhänge überhaupt zu allgemeinen Aussagen kommen, war eine weitergehende „Verdichtung" erforderlich. Ein Vergleichen von einfachen Merkmalen oder konkreten Verhaltensweisen genügte nicht. Statt dessen wurden Kriterien gebildet, die nicht mehr unmittelbar erhebbar waren, sondern deren „Vorliegen" für jeden einzelnen Probanden im Rahmen der Einzelfalluntersuchungen aus einer Gesamtbetrachtung seines Sozialverhaltens erschlossen werden mußte.

Das Fortschreiten zu solchen Kriterien erwies sich als unumgänglich, denn die konkreten äußeren Lebensumstände variierten vielfach so stark, daß bei allen Versuchen, streng zu operationalisieren, die Zahl der betroffenen Probanden sehr gering gewesen wäre. Wollte man zu Kriterien gelangen, die überhaupt erst eine Vergleichbarkeit der *Bedeutung* der jeweiligen Lebensumstände für die Probanden ermöglichten, mußte man *Relationsbegriffe* bilden, in denen das Verhalten des Probanden in der *Bezogenheit auf seine Lebensumstände* zum Ausdruck kam. Die fehlende Operationalisierbarkeit hatte also einen systematischen Grund. Da die Zuordnung der Probanden zu den Kriterien nur auf der Grundlage der Kenntnis der gesamten Einzelfallerhebungen möglich war, blieben Urteilskraft *und* Erfahrung erforderlich, um im Einzelfall festzuhalten, ob etwa eine „Vernachlässigung des Arbeits- und Leistungsbereichs sowie familiärer und sonstiger sozialer Pflichten" (s. u. 3.3.3.) vorlag. Deshalb bedurfte es auch einigen Aufwandes, die in tastenden Versuchen formulierten Konstellationen immer wieder auf ihr tatsächliches „Vorliegen" in den Probandengruppen zu überprüfen, da hierzu stets mindestens die Übersichtsbogen (s. dazu u. 4.2.) für jeden Probanden eingesehen werden mußten, in der Regel jedoch die gesamten Erhebungen zum betreffenden Einzelfall.

Als Ergebnis dieser Bemühungen kristallisierten sich für die H- und für die V-Gruppe jeweils eine größere Anzahl spezifischer Kriterien heraus. Bei den *einzelnen* Kriterien waren zwar stets noch – freilich sehr wenige – Probanden der anderen Gruppe betroffen, jedoch trafen sie in ihrer *Gesamtheit* ausschließlich auf die eine *oder* die andere Gruppe zu. Da es indessen nur eine relativ kleine Zahl der H- und V-Probanden war, die *sämtliche* der je spezifischen Kriterien aufwiesen, wurden daraufhin für beide Gruppen mehrere Bündel aus diesen Kriterien gebildet (vgl. GÖPPINGER 1970, S. 88 ff.). Bei einer Überprüfung des so gewonnenen Materials ergab sich schließlich, daß die beiden folgenden Konstellationen, bei deren Vorhandensein Straffälligkeit geradezu als einzig „sinnvolle" Konsequenz erscheint bzw. bei deren Vorliegen nicht mit Straffälligkeit gerechnet werden muß, die Probanden am besten „repräsentierten":

a) **Als kriminovalente Konstellation:**
   1) Vernachlässigung des Arbeits- und Leistungsbereichs sowie familiärer und sonstiger sozialer Pflichten, zusammen mit
   2) fehlendem Verhältnis zu Geld und Eigentum,
   3) unstrukturiertem Freizeitverhalten und
   4) fehlender Lebensplanung.

b) **Als kriminoresistente Konstellation:**
   1) Erfüllung der sozialen Pflichten zusammen mit
   2) adäquatem Anspruchsniveau,
   3) Gebundenheit an eine geordnete Häuslichkeit (und an ein Familienleben) sowie
   4) realem Verhältnis zu Geld und Eigentum.

3.3.2. Überprüfung der Konstellationen

Das Mittel, sich des *faktisch* gleichzeitigen Vorkommens mehrerer Kriterien zu vergewissern, die einen „sinnvollen" Zusammenhang mit Straffälligkeit im Sinn einer inneren Folgerichtigkeit bildeten, war wiederum der Vergleich von H- und V-Probanden. Dabei wurde in eindrucksvoller Weise deutlich, wie verfehlt es ist, von Auffälligkeiten, die bestimmten „bürgerlichen" Vorstellungen nicht entsprechen, gleich auf eine Gefährdung bezüglich Straffälligkeit schließen zu wollen. Denn offenbar haben Verhaltensweisen und Formen der Lebensführung, die derartigen Wertvorstellungen widersprechen, eine große Variationsbreite, innerhalb derer der spezifische Lebenszuschnitt der H-Probanden nur einen Ausschnitt darstellt. Von derartigen Bewertungen mußte man sich gerade freihalten, um die für Straffälligkeit wesentlichen Zusammenhänge zu sehen.

So wurde bei einigen V-Probanden ein sozial auffälliges Verhalten festgestellt, das in mangelnder Anpassungsbereitschaft und Indifferenz bis hin zu Rücksichtslosigkeit der Familie gegenüber zum Ausdruck kam. Kriminologische Bedeutung hatten diese Kriterien, obgleich sie in der gleichen Weise „vorlagen" wie bei H- Probanden, jedoch nicht, wenn der gesamte Lebenszuschnitt von der Verfolgung beispielsweise einer beruflichen Karriere geprägt war. Von „fehlender Lebensplanung" konnte hier nicht die Rede sein und damit eben nicht von einer *krimino*valenten „Konstellation", welche „negativen" Folgen auch ansonsten aufgetreten sein mochten. Ebenso zeigten manche Studenten aus der V-Gruppe teilweise massive Auffälligkeiten im Leistungs-, Freizeit- und Kontaktbereich. Diese hielten jedoch zum einen nicht so lange an, daß dadurch die Lebensplanung ernsthaft gefährdet worden wäre, zum andern blieb in der Regel ein reales Verhältnis zu Geld und Eigentum erhalten. Auch hier kam es also nicht zu einer *krimino*valenten Konstellation.

Bei den H-Probanden dagegen, die durchaus vergleichbare Auffälligkeiten im Leistungs- und Freizeitbereich aufwiesen, potenzierte sich deren Gewicht oft durch weitere Kriterien. Eine *Vernachlässigung sozialer Pflichten,* insbesondere die völlige *Vernachlässigung des Leistungsbereichs,* die finanzielle Einbußen mit sich bringt, ist dann in ihren Auswirkungen viel gravierender, wenn sie *bei fehlendem Verhältnis zu Geld und Eigentum* vorliegt, wohingegen ein wirtschaftlich zweckrationales Verhalten hier Entlastungen schaffen kann. Kommen schließlich aufgrund eines *unstrukturierten Freizeitverhaltens* ständig Gelegenheiten hinzu, „unvernünftig" Geld auszugeben, so verstärkt dies wiederum die Bedeutung der anderen Kriterien, und zwar gleichsinnig in Richtung auf die Begehung von (Eigentums- bzw. Vermögens-)Delikten als der – jedenfalls bei *fehlemder Lebensplanung* – einzigen Möglichkeit, den diesen Kriterien zugrunde liegenden Lebensstil aufrechtzuerhalten. Denn ein solcher Lebensstil ist allenfalls dann ohne illegale Mittel zu führen, wenn es sich nur um ein vorübergehendes „Aussteigen" aus den zur Existenzsicherung notwendigen Lebensformen handelt, das jedoch eingebettet bleibt in einen längerfristigen Rahmen der Lebensplanung und so etwa ein zeitweiliges Schuldenmachen ermöglicht. Hier schließen sich die verschiedenen Einzelkriterien *zu einer Konstellation zusammen, bei der das Geschehen förmlich zur Straffälligkeit hindrängt.*

Die Entscheidung für die bis heute in der Angewandten Kriminologie (vgl. GÖPPINGER 1983 b) verwendeten beiden Konstellationen beruhte nicht nur darauf, daß hierbei ein *innerer Zusammenhang* im Sinne jener Folgerichtigkeit, mit der aus einem bestimmten Lebensquerschnitt heraus Straffälligkeit resultiert, sichtbar wurde; vielmehr war diese Entscheidung auch Ergebnis einer Prüfung des *faktischen Vorkommens* der Konstellationen bei den Probanden.

Bei dieser Prüfung war jedoch, was die Feststellung des „Vorliegens" der Einzelkriterien betrifft, immer nur ein hoher Grad der Annäherung gemeint, nicht die stets denkbare ideale Ausprägung. So ist etwa beim einzelnen Probanden grundsätzlich eine noch weitergehende Vernachlässigung sozialer Pflichten oder ein noch ausgeprägteres Fehlen von Lebensplanung denkbar, als sie tatsächlich jeweils vorlagen. Freilich kann man die ideale Ausprägung all dieser Kriterien nur zur Anschauung und zur Darstellung bringen, wenn man sie auf konkrete Lebensumstände bezieht. Dies folgt aus dem „relationalen" Charakter dieser Kriterien und der daraus resultierenden Unmöglichkeit einer strengen Operationalisierung. Insofern ist es nur *innerhalb des Bezugsrahmens der jeweils vorliegenden Lebensumstände* möglich, sich den Idealtypus in seiner *reinen* Form gedanklich vorzustellen. Die Differenz zwischen Idealtypus und faktischer Ausprägung entsteht durch die Vorstellung der *denkbar* reinsten „Vernachlässigung" oder des denkbar vollkommensten „Fehlens", das in der konkreten Lage des jeweiligen Probanden überhaupt möglich gewesen wäre.

Bei der vorliegenden Untersuchung schien sich diese Differenz deshalb zu verwischen, weil sie bei vielen H-Probanden in der Tat sehr gering war, so daß über das faktisch Vorliegende hinaus oft kaum noch weitere Steigerungen denkbar waren. Dennoch gilt es auch hier, diesen Doppelaspekt idealtypischer Begriffe zu beachten (s. o. 1.3.).

Es konnte nun konsequenterweise keine *allgemeine* Grenze angegeben werden, ab welchem Grad der Annäherung die Feststellung des „Vorliegens" getroffen wurde. Gewisse Anhaltspunkte dafür, nach welchen Gesichtspunkten hier verfahren wurde, findet man in den Versuchen, den Bedeutungsgehalt der Kriterien noch etwas breiter darzustellen (s. u. 3.3.3.), doch müssen auch diese notwendigerweise exemplarisch bleiben. Deshalb erfordert die Entscheidung über das „Vorliegen" der einzelnen Kriterien, ähnlich wie bei entsprechenden Feststellungen in der medizinischen Diagnostik, letztlich ein bestimmtes Maß an Erfahrung.

Ganz anders verhält es sich dagegen bei der Feststellung, ob die Konstellation als Ganzes gegeben ist oder nicht. Hier gibt es nur ein klares Entweder-Oder. Denn erst aus dem Zusammenwirken *aller* Kriterien ergibt sich die *Krimino*relevanz der Konstellationen. Deshalb wäre es völlig falsch, wenn nur drei statt vier Einzelkriterien gegeben sind, von einem Grad der Annäherung im obigen Sinn zu sprechen.

Als Ergebnis der auf diese Weise vorgenommenen Überprüfung zeigte sich, daß die kriminovalente Konstellation bei 60,5% der H- und keinem der V-Probanden „vorlag", die kriminoresistente Konstellation fand sich sogar bei 79,5% der V-Probanden und außerdem bei einigen (6) H-Probanden, die ohnehin von ihrem ganzen Lebenszuschnitt her völlig aus der H-Population herausfielen. Bei deren Delikten handelte es sich z. B. um fahrlässige Tötung im Straßenverkehr, um Zivildienstverweigerung und um betrügerischen Konkurs (verzweifelter Versuch eines hervorragenden Handwerkers, seinen Betrieb zu retten). Diese Quoten bestätigen, daß das in den Konstellationen „verdichtete" Erfahrungswissen nicht nur einen in seiner inneren Folgerichtigkeit einsichtigen Zusammenhang einschließt, sondern auch als Erfahrungsregel anzusehen ist. Noch überzeugender kam die innere Folgerichtigkeit zwischen dem der kriminovalenten Konstellation zugrundeliegenden Verhalten und der Straffälligkeit bei einer gesonderten Betrachtung jener H-Probanden zum Ausdruck, die zuletzt ein Eigentums- oder Vermögensdelikt begangen hatten (s. o. Kap. II, 4.5. und 4.6.): 81% dieser Probanden wiesen im Zeitraum unmittelbar vor der Begehung des (Eigentums- oder Vermögens-)Delikts die kriminovalente Konstellation auf.

Es sei jedoch darauf hingewiesen, daß es sich hier um einen ersten Versuch handelt. Bei einer Fortführung entsprechender Forschungen dürften sich differenziertere Bilder ergeben, etwa nach spezifischen Täter- oder Deliktsgruppen aufgefächert, so daß letztlich ein noch erheblich höherer Prozentsatz von Delinquenz erfaßbar wäre (s. auch u. Kap. IV, 1.).

Anhaltspunkte für die Forschung nach weiteren Konstellationen bieten diejenigen „sonstigen Kriterien", die als wesentlich herauskristallisiert wurden, jedoch letztendlich nicht in den beiden Konstellationen enthalten waren. Dazu zählen vor allem auch jene schwer zu fassenden, mit der spezifischen Lebensweise verbundenen „Haltungen", die nicht unmittelbar erhebbar, sondern nur aufgrund ihrer konkreten Bedeutung aus dem Sozialverhalten erschließbar waren (s. o. Kap. II, 3.4.4.). Bei ihnen drückt sich ebenfalls eine Bezogenheit auf die jeweiligen Lebensumstände aus; dies geht aus Bezeichnungen wie „inadäquates Anspruchsniveau" unmittelbar hervor. Im einzelnen konnten folgende nicht abschließend zu verstehende *H-spezifische* Kriterien herausgeschält werden: Inadäquat hohes Anspruchsniveau (60,5% H; 0,5% V), mangelnde Realitätskontrolle (74,5% H; 6,5% V), geringe Belastbarkeit (77% H; 12% V), paradoxe Anpassungserwartung (37% H; 2,5% V), Forderung nach Ungebundenheit (70,5% H; 10% V) sowie erheblicher Alkoholkonsum (68,5% H; 4,5% V), dem insbesondere in seiner Hintergrundwirkung große kriminologische Relevanz zukommt. Als *V-spezifisch* konnten demgegenüber die folgenden Kriterien angesehen werden: Arbeitseinsatz und Befriedigung bei der Berufstätigkeit (91% V; 24% H), produktive Freizeitgestaltung (82,5% V; 13% H), persönliches Engagement für personale und Sachinteressen (35,5% V; 3,5% H), Anpassungsbereitschaft (45% V; 16,5% H), tragende menschliche Bindungen (93% V; 21% H), hohe Belastbarkeit bei großer Ausdauer (45,5% V; 4% H), Verantwortungsbereitschaft und Eigenverantwortung (61,5% V; 3,5% H), gute Realitäts- und Selbstkontrolle (57,5% V; 3% H) sowie Lebensplanung und Zielstrebigkeit (61% V; 3,5% H).

3.3.3. Zum Bedeutungsgehalt der einzelnen Faktoren und „sonstigen Kriterien"

Die Einzelkriterien der kriminorelevanten Konstellationen sowie die „sonstigen Kriterien" entziehen sich als Relationsbegriffe notwendigerweise einer strengen Operationalisierung (s. o. 3.3.1.). Dennoch ist es möglich, durch konkretisierende Beschreibungen den Bedeutungsgehalt der Kriterien zu umreißen. Freilich erlaubt auch dies kein einfaches Zuordnen von Begriff und Fall, denn diese „Konkretisierungen" machen die erforderliche Bezogenheit auf die Verhältnisse des Einzelfalles nicht überflüssig. So müssen in der folgenden Darstellung Formulierungen wie „entsprechend der Lage des Probanden", „angemessen", „vergleichsweise" usw. jeweils gedanklich ergänzt werden.

3.3.3.1. Die Faktoren der kriminovalenten Konstellation

Eine **Vernachlässigung des Arbeits- und Leistungsbereichs sowie familiärer und sonstiger sozialer Pflichten** wurde hinsichtlich des ersten Teils dieses Faktors angenommen, wenn der Proband keiner geregelten oder überhaupt keiner Arbeit nachging, obwohl er dazu grundsätzlich in der Lage gewesen wäre (also nicht krank war), grundsätzlich Arbeitsmöglichkeiten bestanden (was in der Untersuchungszeit meist kein Problem darstellte) und der Proband zum Bestreiten seines Lebensunterhalts (bzw. dem seiner Angehörigen) auf solche Einkünfte angewiesen war. Soweit dem Probanden überhaupt eine unmittelbare Verantwortung für andere Menschen (z. B. Ehefrau, Kind, bedürftige Eltern usw.) zukam, ging damit auch eine gravierende Vernachlässigung familiärer und sonstiger sozialer Pflichten einher (zu den „sozialen Pflichten" s. auch u. 3.3.3.2.).

Bei den betreffenden Probanden fehlte beispielsweise von vornherein die Absicht und die Bereitschaft, längerfristig ein festes Arbeitsverhältnis mit all seinen Verpflichtungen einzugehen und diesen nachzukommen. Sie hielten sich nicht an Arbeitszeiten, „machten blau" oder feierten krank und erbrachten schlechte Arbeitsleistungen. Falls sie nicht schon aus diesen Gründen vom Arbeitgeber entlassen wurden, kündigten sie nach kurzer Zeit selbst, ohne bereits eine neue Arbeitsstelle in Aussicht zu haben. Es folgten dann mehr oder weniger lange Zeiten beruflicher Untätigkeit, während derer die Probanden sich auch nicht um einen neuen Arbeitsplatz bemühten, sondern allenfalls Gelegenheitsarbeiten nachgingen. In der Regel wurde auch in keiner Weise mehr zum Lebensunterhalt der Familie beigetragen. Die Probanden verbrauchten die geringen Einkünfte zur Befriedigung eigener Ansprüche oder ließen sich letztlich von der Familie oder der Ehefrau aushalten, ohne aber zu entsprechenden Gegenleistungen (beispielsweise in Form der Übernahme häuslicher Pflichten) bereit zu sein.

Bei der Beurteilung des **fehlenden Verhältnisses zu Geld und Eigentum** ging es vor allem um den Umgang des Probanden mit seinem *eigenen* Geld und Eigentum. Daneben wurde zwar auch der Umgang mit fremdem Eigentum berücksichtigt; allerdings blieb dabei das Verhältnis zum abstrakten Rechtsgut (fremdes) Eigentum insofern stets außer acht, als allein aus der Tatsache der Begehung eines Eigentumsdeliktes in keinem Fall auf die hier in Frage stehende Beziehung geschlossen wurde. Im Vordergrund standen vielmehr solche Fälle, in denen der Proband gewissermaßen „von der Hand in den Mund" lebte, sein *Geld* also ausgab, wie es hereinkam, und in keiner Weise zu „wirtschaften" vermochte. Auf ein fehlendes Verhältnis zum (eigenen) *Eigentum* wurde dann geschlossen, wenn der Proband im Umgang mit *seinen* Sachen jegliche Sorgfalt vermissen ließ und sich nicht um sein Hab und Gut kümmerte.

Bezüglich des *fehlenden Verhältnisses zu Geld* konnte z. B. festgestellt werden, daß die betreffenden Probanden den gesamten Wochenlohn bereits am Wochenende, nicht selten sogar schon am Freitagabend, wieder ausgaben, etwa durch großzügige Einladungen an „Kumpel", durch Rundenspendieren in der Gaststätte oder für ausgiebige Taxifahrten (im Extremfall über größere Strecken hinweg in eine Großstadt, wo „etwas los ist"), für Barbesuche oder Glücksspiel, ohne daß sie wußten, wovon sie in der kommenden Woche leben sollten. Selbst größere Summen, die etwa durch eine Erbschaft erlangt worden waren, wurden innerhalb kürzester Zeit auf ähnliche Weise verbraucht. Darüber hinaus bestanden unübersehbare Ratenzahlungsverpflichtungen für Auto, Fernsehgerät, Wohnungseinrichtung usw., die von vornherein in keinem Verhältnis zu den zu erwartenden Einkünften standen und demzufolge meist nicht eingehalten wurden bzw. von Anfang an gar nicht eingehalten werden konnten. Insgesamt waren in diesen Fällen kaum einmal ein gewisser Überblick der Probanden über ihre finanzielle Situation oder gar Ansätze einer Planung in finanziellen Angelegenheiten vorzufinden; kaum einer dieser Probanden hatte beispielsweise jemals in seinem Leben in nennenswerter Weise Geld angespart oder war im Besitz eines Sparbuches gewesen.

Das *fehlende Verhältnis zum Eigentum* zeigte sich etwa darin, daß auf die neue Wohnungseinrichtung in keiner Weise geachtet wurde, so daß diese in kürzester Zeit beschädigt oder gar zerstört war. Notwendige Reparaturen – auch kleinere, die von den Probanden ohne weiteres selbst zu bewerkstelligen gewesen wären – wurden nicht durchgeführt, mit der Folge, daß sich die Schäden vergrößerten und schließlich zu (in der Regel nicht finanzierbaren) Neuanschaffungen zwangen. Ein Extremfall war beispielsweise, daß getragene Wäsche und Kleidung nicht gewaschen wurde, sondern liegenblieb, schließlich weggeworfen und neue Kleidung angeschafft wurde. Nicht selten wurden auch die eigenen Sachen in Schließfächern oder (Gaststätten-)Unterkünften einfach zurückgelassen, ohne daß sich die Probanden weiter darum kümmerten, oder es wurde die letzte Habe in die Pfandleihe getragen ohne die Absicht, sie jemals wieder auszulösen.

Ähnlich nachlässig und sorglos wie mit dem eigenen Eigentum gingen die betreffenden Probanden auch mit fremdem Eigentum um, etwa dem des Arbeitgebers oder des Vermieters. Dies führte meist zu weiteren Problemen und Schwierigkeiten.

Das gewichtigste Indiz für ein **unstrukturiertes Freizeitverhalten** waren Freizeittätigkeiten mit völlig offenen Abläufen, also beispielsweise das Aufsuchen von Treffpunkten, „Milieu"-Aufenthalte oder plan- und zielloses Umherfahren auf der Suche nach Abenteuer und Reizsituationen usw. Diese Tätigkeiten mußten den überwiegenden Teil der Freizeit ausfüllen; meist kam es dadurch bei den betreffenden Probanden darüber hinaus fast zwangsläufig zu Ausweitungen der Freizeit zu Lasten des Leistungsbereichs, manchmal auch nur auf Kosten des Schlafes.

Kennzeichnend für ein solches Freizeitverhalten war, daß in der Regel weder der bzw. die jeweiligen Aufenthaltsorte noch die Verweildauer dort noch die möglichen Kontaktpersonen zu Beginn der „Freizeitunternehmungen" konkret genannt werden konnten. Meist bestand ein üblicher Treffpunkt als Ausgangspunkt für die weiteren Aktionen, wobei jegliche, selbst nur kurzfristige, etwa auf den konkreten Abend bezogene, Planung und Vorbereitung fehlten. Die Probanden warteten vielmehr ab, welche Möglichkeiten sich für sie auftaten, und nahmen diese mehr oder weniger spontan wahr. Damit war in aller Regel eine zumindest latente, oft aber auch recht aktuelle Bereitschaft zu „Ausschweifungen" verbunden, sei es in Form von übermäßigem Alkoholkonsum (etwa im Zusammenhang mit dem Aufsuchen einer Vielzahl von Lokalen im Laufe des Abends bei sogenannten „Gaststättentouren") oder von unkontrolliertem Geldausgeben (Vertrinken des Wochenlohns, Rundenspendieren, weite Taxifahrten oder ähnliches), sei es in Form von Streitigkeiten oder gewalttätigen Auseinandersetzungen. Falls sich nicht die Treffpunkte schon dort befanden, so endeten solche Aktionen doch nahezu regelmäßig in „einschlägig bekannten" Bars, Gaststätten und Vergnügungslokalen des (groß-)städtischen „Milieus", jenem Bereich, zu dem sich sozial Auffällige und Straffällige unterschiedlichster Art hingezogen fühlen, in dem sie andere Personen mit vergleichbarem Lebensstil finden und wo sie sich wohlfühlen.

Eine **fehlende Lebensplanung** wurde angenommen, wenn aus dem bisherigen Verhalten des Probanden in den einzelnen Lebensbereichen auf keinerlei Vorausschau im Hinblick auf die Lebensgestaltung, auf kein (längerfristig) anhaltendes Streben nach irgendeinem konkreten Ziel, etwa in beruflicher Hinsicht, geschlossen werden konnte und auch im gegenwärtigen Verhalten keinerlei Vorkehrungen für die Zukunft festgestellt werden konnten. Es wurde also keineswegs vorausgesetzt, daß der Proband genaue und konkrete Vorstellungen von seinem Leben hatte oder gar über ein mehr oder weniger geschlossenes Lebenskonzept verfügte. Andererseits reichten aktuelle Zukunftsüberlegungen ohne konkrete Ansätze ihrer Realisierung nicht aus, um den Faktor zu verneinen.

Im einzelnen konnte sich die fehlende Lebensplanung beispielsweise im Leistungsbereich in der wiederholten unüberlegten und spontanen Aufgabe des Arbeitsplatzes mit anschließendem häufigen Wechsel, meist einhergehend mit beruflichem Abstieg, zeigen. Ebenso konnte sie ihren Ausdruck etwa in der unvorbereiteten Heirat finden, die – abgesehen von der Kürze der Bekanntschaft – allein schon mangels einer gewissen materiellen Absicherung zu (weiteren) Problemen und Schwierigkeiten führen mußte. Darüberhinaus fand sich bei den betreffenden Probanden generell keinerlei Vorsorge für Krankheits- und sonstige Notfälle. Im übrigen zeigte sich immer wieder, daß sich diese Probanden bisher kaum Gedanken über ihre Vergangenheit und Zukunft gemacht hatten. So fehlten etwa konkrete (und realistische) Vorstellungen für die Zeit nach der Haftentlassung, und es wurden keinerlei konkrete Vorbereitungen in Angriff genommen. Insgesamt entstand immer wieder der Eindruck, daß sie mehr oder weniger „im Augenblick" lebten, sich „treiben" ließen, „in den Tag hinein lebten" und stets offen waren für alle von außen auf sie eindringenden Impulse, für momentane Lust- oder Unlustgefühle, für Stimmungen usw., denen widerstandslos nachgegeben wurde.

3.3.3.2. *Die Faktoren der kriminoresistenten Konstellation*

Das Kriterium **Erfüllung der sozialen Pflichten** läßt sich kaum in allgemeingültiger Weise beschreiben, da der einzelne Mensch in seiner individuellen Umgebung mit einer Vielzahl sozialer Pflichten unterschiedlicher Art konfrontiert wird, die beispielsweise weit über die rechtlich festgelegten Verpflichtungen hinausgehen. Sie sind unter anderem gekennzeichnet durch das Erfordernis einer gewissen Rücksichtnahme auf Dritte und einer grundsätzlichen Bereitschaft, im alltäglichen Leben zugunsten der unmittelbaren Umgebung auf eigene Wünsche und Annehmlichkeiten entweder ganz zu verzichten oder sie zurückzustellen. Eine Erfüllung sozialer Pflichten wurde dann angenommen, wenn sich keine Anzeichen fanden, daß der Proband in seinem spezifischen Umfeld irgendwelche wesentlichen Pflichten vernachlässigte.

Solche wesentlichen Pflichten konnten beispielsweise ebenso in der Sorge für den Lebensunterhalt der Angehörigen (vor allem der Ehefrau und der Kinder) bestehen wie in der (finanziellen) Unterstützung bedürftiger Eltern oder Geschwister, in der Kostgeldabgabe zu Hause, in der Mithilfe im Haushalt oder im (elterlichen) Betrieb oder in der Nachbarschaftshilfe. Über diesen häuslich-familiären Bereich hinaus ergaben sich auch in anderen Lebensbereichen soziale Pflichten, etwa am Arbeitsplatz gegenüber den Kollegen und Vorgesetzten, bei der Freizeitgestaltung und im Umgang mit Freunden und Bekannten. Obgleich die sozialen Pflichten nicht abschließend definiert und auch nicht im einzelnen dargestellt werden können, war charakteristisch für sie, daß die betreffenden Probanden durchweg die diesbezüglichen Erwartungen und Anforderungen ihrer Umgebung klar erkannten und als selbstverständlich akzeptierten. Bezeichnend waren hierfür auch Äußerungen wie „das hätte ich meinen Eltern nicht antun können", „das war selbstverständlich", „das wurde einfach erwartet".

Das **adäquate Anspruchsniveau** zeigte sich in einer – auch vom Außenstehenden als im wesentlichen richtig angesehenen – realistischen Einschätzung der eigenen Möglichkeiten, an denen die Ansprüche ausgerichtet wurden. Das adäquate Anspruchsniveau ging in der Regel einher mit einer gewissen Zufriedenheit des Probanden mit seiner Lage, selbst dann, wenn er in recht bescheidenen Verhältnissen lebte. Streng zu trennen von adäquatem Anspruchsniveau in diesem Sinne sind manche hohen Ansprüche, die ein Proband an sich selbst oder an ein etwaiges Lebensziel stellte. Beides schließt sich nicht gegenseitig aus. Sofern bei einem Probanden – trotz hoher, vorläufig (noch) nicht realisierbarer Lebensziele – seine gegenwärtigen Ansprüche seinen derzeitigen Möglichkeiten entsprachen, war das Kriterium „adäquates Anspruchsniveau" durchaus gegeben.

Bemerkenswert erscheint, daß gerade die Probanden mit adäquatem Anspruchsniveau weit geringere Ansprüche an das Leben und an ihre Umwelt stellten, als ihnen aufgrund ihrer beruflichen Leistungen und finanziellen Situation usw. eigentlich möglich gewesen wäre; bei ihnen war insoweit häufig eine gewisse Bescheidenheit festzustellen.

Gebundenheit an eine geordnete Häuslichkeit (und an ein Familienleben) lag vor, wenn das Zuhause, sei es die Elternfamilie, die Prokreationsfamilie oder die eigene Wohnung des Alleinstehenden, von unmittelbarem Interesse für den Probanden war. Als ein gewisses Indiz für die Bedeutung des Zuhauses und der Familie im alltäglichen Leben des Probanden konnte dabei der Umfang der daheim bzw. gemeinsam mit der Familie verbrachten Freizeit angesehen werden; im Extremfall konzentrierten sich die Probanden in ihrer Freizeit ausschließlich auf innerhäusige Freizeitgestaltung bzw. auf das Zusammensein mit ihrer Familie. Dabei hatte man in der Regel den Eindruck, daß sie sich keineswegs nur notgedrungen in die damit verbundene Ordnung einfügten, sondern daß ihnen dieses in gewisser Weise „Eingebettetsein" in die häusliche Umgebung und in das Familienleben ein echtes Bedürfnis war.

Ein **reales Verhältnis zu Geld und Eigentum** wurde angenommen, wenn der Proband mit seinem Geld „umgehen" und haushalten konnte, also keine unübersehbaren, aufgrund seiner Einkommenssituation voraussichtlich nicht zu tilgenden Schulden hatte, und der Umgang mit seinem Eigentum (aber auch mit dem Dritter) auf pflegliche, sorgsame und schonende Behandlung der Gegenstände abzielte.

Freilich beschränkte sich das (reale) Verhältnis zu *Geld* in aller Regel nicht auf das Fehlen von Schulden. Die betreffenden Probanden verfügten vielmehr meist über (unter Umständen mehrere) Bausparverträge, Sparkonten und ähnliches, auf die sie regelmäßig Einzahlungen leisteten. Anschaffungen erfolgten nur nach eingehendem Abwägen der Vor- und Nachteile und zielten darauf ab, auch auf lange Sicht einen möglichst hohen Gegenwert zu erhalten, wurden also nicht nur für den Augenblick getätigt. Der schonende Umgang mit dem eigenen *Eigentum* zeigte sich im Extremfall beispielsweise darin, daß etwa ein Zimmer der Wohnung nur „für den Besuch" oder „für sonntags" reserviert war. Insgesamt konnte bei diesen Probanden ein gewisses Streben festgestellt werden, das eigene Hab und Gut zu erhalten, aber auch fremdes Eigentum nicht zu beeinträchtigen.

3.3.3.3. *„Sonstige Kriterien"*

H-spezifische Kriterien

Das *inadäquat hohe Anspruchsniveau* bezog sich bei den betreffenden Probanden praktisch ausschließlich auf rein materielle Ansprüche (etwa viel zu verdienen, sich einen in materieller Hinsicht hohen Lebensstandard zu leisten usw.), die in keinem Verhältnis standen zu den eigenen (wirtschaftlichen) Voraussetzungen und den eigenen Möglichkeiten und (beruflichen) Fähigkeiten. In der Regel fand sich nicht einmal die grundsätzliche Bereitschaft, die entsprechenden Voraussetzungen durch eigene (sozial adäquate) Leistungen (also nicht durch Delikte, Glücksspiel usw.) zu schaffen.

So waren die betreffenden Probanden mit jeder Arbeit und jeder Bezahlung unzufrieden, ohne einzusehen, daß andere, an deren beruflicher Position und deren Lebensstandard sie sich orientierten, andere Qualifizierungen aufwiesen, andere Voraussetzungen erfüllt hatten und weit mehr Leistung erbrachten, als die betreffenden Probanden zu erfüllen bereit waren. Geradezu bezeichnend war in diesen Fällen, daß diesen inadäquat hohen materiellen Ansprüchen durchweg recht dürftige immaterielle Ansprüche an das Leben gegenüberstanden.

Von *mangelnder Realitätskontrolle* wurde ausgegangen, wenn sich der betreffende Proband weitgehend von Wunschvorstellungen leiten ließ, die in einem Mißverhältnis zu seiner konkreten Situation, zu seinen Fähigkeiten und Möglichkeiten standen. Charakteristisch war dafür, daß den Probanden Ziele vorschwebten, die für sie nur schwer erreichbar, nicht selten aber auch unerreichbar waren, schon deshalb, weil sie (vorübergehende) Entbehrungen, die zum Erreichen dieser Ziele notwendig gewesen wären, ebenso ablehnten wie einen zähen und kontinuierlichen Einsatz um dieser Ziele willen. Dennoch sahen sie häufig solche Ziele als ohne weiteres realisierbar an, wenn ihnen das Glück zu Hilfe käme.

Dieses Kriterium kam insbesondere in dem Wunsch nach dem „Traumjob" mit hohem Prestige und vor allem mit hohem Einkommen zum Ausdruck, wobei ohne jegliche kritische Distanz jede Idee aufgegriffen wurde, die von irgendeiner Seite an die Probanden herangetragen wurde. Ihnen schwebten dabei vor allem (vermeintlich) unabhängige Berufe (z. B. „Vertreter") oder die Eröffnung eines eigenen Betriebes („Selbständiger") vor, wobei sie nur die Annehmlichkeiten dieser Position, nicht aber die Voraussetzungen, Anforderungen und Risiken sowie die vielfältigen weitergehenden Belastungen und Schwierigkeiten sahen, die mit einer entsprechenden Position zwangsläufig verbunden sind. Mit der gleichen unkritischen Einstellung wurde beispielsweise auch darauf vertraut, daß nach der Haftentlassung, nach einer Heirat usw. grundsätzlich alles anders sein werde. Geradezu bezeichnend für die betreffenden Probanden war, daß sie selbst aus früheren Rückschlägen bei der versuchten Realisierung vergleichbarer Wünsche und aus dem Scheitern ähnlich überzogener Pläne keine Lehre im Hinblick auf eine realistischere Einschätzung ihrer eigenen Möglichkeiten zogen, sondern in aller Regel die Schuld am Scheitern ihrer Vorstellungen anderweitig suchten.

Geringe Belastbarkeit kam vor allem im zwischenmenschlichen Umgang zum Ausdruck, insbesondere bei ganz „normalen" und üblichen Anforderungen im Arbeits- und Alltagsleben: Die betreffenden Probanden vertrugen z. B. keinerlei Kritik an ihrer Person, ihrem Verhalten, ihren Arbeitsleistungen usw. und reagierten darauf in gewisser Weise überschießend.

So legten sie beispielsweise wegen einer unbedeutenden Auseinandersetzung mit dem Meister die Arbeit nieder, kündigten wegen einer geringfügigen Rüge den Arbeitsplatz oder liefen nach einem belanglosen Streit mit den Eltern von zu Hause weg. Teilweise sahen sie sich auch außerstande, einen normalen 8-Stunden-Tag im Betrieb durchzustehen oder konkreten Leistungsanforderungen einigermaßen konsequent zu entsprechen. Insgesamt war für die betreffenden Probanden kennzeichnend, daß sie vor Problemen und belastenden Situationen jedweder Art im wahrsten Sinne des Wortes davonliefen und damit letztlich eine weitere Verschlechterung ihrer Lage herbeiführten.

Unter *paradoxer Anpassungserwartung* wurde die Ablehnung jeglicher eigener Anpassung an die Umgebung bei gleichzeitigem Anspruch des Probanden auf weitgehende Anpassung der Umwelt an ihn verstanden. Als ein gewisses Indiz für das Bestehen einer paradoxen Anpassungserwartung konnte gelten, wenn – wie fast stets – die betreffenden Probanden für ihre als unbefriedigend empfundene Lage durchweg anderen (Personen oder „Umständen") die Schuld zuschrieben.

Diese Probanden hatten in der Regel – wo immer sie im Laufe ihres Lebens hingekommen waren – wegen ihres Verhaltens ständig Probleme und Schwierigkeiten mit ihrer Umgebung, z. B. mit Eltern, Mitschülern, Kollegen oder Lehrern und Vorgesetzten. Bei den vielfältigen Konflikten waren – nach Meinung der Probanden – für vermeintliche Benachteiligungen ihrer Person *die anderen* ebenso selbstverständlich verantwortlich, wie die Probanden die Möglichkeit, auch nur ansatzweise selbst einen Teil zu den Problemen beigetragen zu haben, weit von sich wiesen.

Von einer *Forderung nach Ungebundenheit* wurde in jenen Fällen ausgegangen, in denen sich die Probanden Verpflichtungen jeglicher Art und der Einordnung in einen bestimmten Bereich möglichst zu entziehen versuchten, um – wie sie es nannten – ihre „Selbständigkeit", „Unabhängigkeit" und „Freiheit" zu bewahren.

Diese Forderung nach Ungebundenheit kam im allgemeinen schon früh in der fehlenden Einordnung in die Herkunftsfamilie zum Ausdruck, insbesondere aber auch in der frühzeitigen Loslösung vom Elternhaus. Sie setzte sich im weiteren Leben zum einen in der Unbeständigkeit des Aufenthaltsbereichs (häufiger Wechsel, „Unterschlupfmöglichkeiten", „Herumstreunen") fort und fand zum anderen auch im Freizeit- und Kontaktverhalten (keine in irgendeiner Form verpflichtenden Freizeittätigkeiten, keine festen Kontakte, insbesondere keine Heirat) sowie im Leistungsbereich (Sträuben gegen jegliche Einbindung in einen bestimmten Arbeitsplatz) ihren Ausdruck. Meist waren es jene Probanden, bei denen auch eine gewisse Abenteuerlust, Erlebnishunger und verstärkte Suche nach Reizsituationen und Abwechslung festzustellen waren. Im einen Extremfall führte dies beispielsweise zu (hinsichtlich der damit vermeintlich verbundenen „Unabhängigkeit" und „Freiheit" sicher verfehlten) Versuchen, in die Fremdenlegion aufgenommen zu werden, oder im anderen Extremfall zu mehr oder weniger ständigem wohnsitzlosen Umherstreunen und „Gammeln".

Von besonderer kriminologischer Relevanz war schließlich der *Alkoholkonsum.* Dabei ging es aber nicht um die akuten Auswirkungen der Alkoholsucht oder um den Alkoholkonsum an sich; von zentraler Bedeutung war vielmehr die letztlich alle Lebensbereiche durchziehende *Hintergrundwirkung* des (regelmäßigen) starken Alkoholkonsums, der die H-spezifischen Verhaltensweisen in den einzelnen Lebensbereichen in aller Regel verstärkte.

Abgesehen von der Bedeutung des Alkohols im unmittelbaren Vorfeld der Tat (s. o. Kap. II, 4.5.2. und 4.6.) äußerten sich die kriminologisch relevanten Wirkungen des Alkohols beispielsweise darin, daß er die Vernachlässigung zwischenmenschlicher Beziehungen vertiefte, das Freizeitverhalten vermehrt in Richtung offener Abläufe drängte und zu (weiteren) Auffälligkeiten im Leistungsbereich führte. Zugleich zeigte sich hier besonders deutlich, daß für eine etwaige kriminologische Relevanz das Kriterium nicht isoliert, sondern in bezug auf die konkreten Lebensumstände und Verhaltensweisen eines Probanden betrachtet werden mußte: Während etwa der regelmäßige (auch starke) Alkoholkonsum in der Arbeitszeit für einen Bauarbeiter sozial „üblich" war und kriminologisch ohne Bedeutung blieb, konnte ähnlicher Alkoholkonsum an einer anderen Arbeitsstelle zu erheblichen Schwierigkeiten führen und so bei an sich schon geringer Leistungsbereitschaft des betreffenden Probanden zu einer weiteren Vernachlässigung des Leistungsbereichs beitragen, insbesondere dann, wenn auch der übrige Lebenszuschnitt erhebliche soziale Auffälligkeiten aufwies. Ähnliches gilt für alle anderen Lebensbereiche, bei denen eine ohnehin vorhandene Bereitschaft zu H-spezifischen Verhaltensweisen durch den Alkohol stets verstärkt oder bestehende sozial auffällige Verhaltensweisen verfestigt wurden: Als weiteres Beispiel sei auf das für die Mehrzahl der H-Probanden spezifische Freizeitverhalten mit offenen Abläufen, verbunden mit der grundsätzlichen Bereitschaft zu „Ausschweifungen" jeglicher Art, verwiesen. Dieses Verhalten ging fast notwendigerweise einher mit (übermäßigem) Alkoholkonsum, wurde andererseits aber durch diesen noch weiter in Richtung auf einen völlig offenen Ablauf gedrängt. Demgegenüber blieb ein ähnlicher, regelmäßiger Alkoholkonsum etwa am Stammtisch, der in ein teilstrukturiertes Freizeitverhalten eingebettet war, bei dem Ort, Zeitdauer und Kontaktpersonen im wesentlichen feststanden, sozial völlig unauffällig und war kriminologisch irrelevant.

V-spezifische Kriterien

Das Kriterium *Arbeitseinsatz und Befriedigung bei der Berufstätigkeit* wurde angenommen, wenn Arbeit und Beruf für die Probanden ein wesentliches Element ihrer (auch ideellen) Daseinsgestaltung ausmachten und in gewisser Weise der Selbstverwirklichung dienten, also nicht nur als „Job" und (beliebig austauschbare) Gelderwerbsquelle angesehen wurden. Die betreffenden Probanden waren mit Arbeit und Beruf zufrieden, erbrachten gute Leistungen, machten Überstunden oder gingen häufig noch einer Nebentätigkeit nach, die sie ebenfalls befriedigte. Sie zeigten durchweg ein ausgeprägtes Verantwortungsgefühl am Arbeitsplatz, große Betriebsverbundenheit und fühlten sich für den Betrieb mehr oder weniger unentbehrlich.

Von einer *produktiven Freizeitgestaltung* wurde ausgegangen, wenn die Freizeit des Probanden zu einem erheblichen Teil von leistungsorientierten Tätigkeiten mit feststehenden Abläufen gekennzeichnet war. Es erfolgte also eine klare Abgrenzung sowohl gegenüber teilstrukturierten Tätigkeiten als auch gegenüber solchen mit offenen Abläufen (s. o. Kap. II, 2.4.3.2. und Kap. II, 2.4.3.3.). Im einzelnen konnte sich diese produktive Freizeitgestaltung sowohl in Überstunden und Nebentätigkeiten, in „Schwarzarbeit", in der Mithilfe zu Hause, in Fort- und Weiterbildung, in ehrenamtlichen Tätigkeiten, im aktiven Sporttreiben als auch im (bisweilen ausgesprochen schöpferischen) Hobby äußern.

Persönliches Engagement für personale und Sachinteressen war in der Regel verbunden mit entsprechenden Stellungen und Funktionen in Vereinen, in der Gemeinde, in politischen, karitativen oder kirchlichen Organisationen, häufig auch in Form von Ehrenämtern oder ähnlichem. Für die betreffenden Probanden stellten diese Aufgaben häufig einen echten Lebensinhalt dar; sie gingen in ihnen geradezu auf, wobei nicht selten ihre Familie etwas in den Hintergrund trat.

Anpassungsbereitschaft wurde angenommen, wenn der Proband bei einer bestimmten, auch in der bisherigen Lebensausrichtung deutlich werdenden Prinzipienfestigkeit die grundsätzliche Bereitschaft zeigte, begründet erscheinenden Ansprüchen und Erwartungen Dritter im Hinblick auf seine Person und sein Verhalten (mindestens zunächst) zu entsprechen. Die Anpassungsbereitschaft ist also nicht zu verwechseln mit leichter Beeinflußbarkeit, die von Widerstandslosigkeit gegenüber *allen* Einflüssen gekennzeichnet ist, sondern war stets das Ergebnis einer gewissen Toleranz, die wiederum an festen (ideellen) Grundsätzen ausgerichtet war.

Anhaltspunkte hierfür zeigten sich beispielsweise in der Bereitschaft des Probanden, sich an der Arbeitsstelle, im Kollegen- oder Bekanntenkreis den anderen Personen zunächst anzupassen, die Notwendigkeit etwa des Arbeitsablaufes im Betrieb zunächst eher hinzunehmen und die Arbeit zu erfüllen, als sofort gegen irgendwelche seinen Vorstellungen zuwiderlaufende Anordnungen anzukämpfen. Kennzeichnend war dabei, daß die betreffenden Probanden, falls sie im Laufe der Zeit ihre eigenen Vorstellungen und Ansichten in ihren Bereich nicht einbringen konnten, sich auf längere Sicht einen anderen Bereich suchten, der ihrer Art und ihren Anforderungen an den betreffenden Bereich eher entgegenkam und in dem sie sich entsprechend ihrer recht festen Grundsätze eher verwirklichen konnten.

Die Annahme *tragender menschlicher Bindungen* setzte voraus, daß der betreffende Proband mindestens einen Menschen hatte, der für ihn als individuelle Persönlichkeit von Bedeutung war, dem er vertraute, dem er sich zugehörig und für den er sich verantwortlich fühlte. Solche Beziehungen bestanden vor allem zunächst zu den Eltern, später auch zu Freunden, zur Freundin und vor allem zur Ehefrau (und den Kindern).

Die *hohe Belastbarkeit bei großer Ausdauer* war nicht auf die unmittelbare situative Belastung beschränkt, sondern ebenso auf die Verarbeitung des eigenen Lebensschicksals bezogen, wobei die Probanden auch erhebliche Schwierigkeiten oder Schicksalsschläge (aktiv) bewältigten. Sie beriefen sich beispielsweise nicht auf etwaige Benachteiligungen, sondern nahmen ihr Leben in die Hand, meisterten die Situation oder suchten sich sozial unauffällige Ausweichmöglichkeiten (z. B. ein sie erfüllendes Hobby bei einer gewissen Unzufriedenheit mit dem gewählten Beruf).

Das Kriterium *Verantwortungsbereitschaft und Eigenverantwortung* konnte aus dem Verhalten in fast allen Lebensbereichen erschlossen werden. Kennzeichnend war, daß die betreffenden Probanden ihre jeweilige Verantwortung, etwa am Arbeitsplatz, gegenüber den Eltern, der Ehefrau, den Kindern usw., sahen und auch bereit waren, diese zu tragen und gegebenenfalls die eigenen Ansprüche zurückzustellen. Dies konnte beispielsweise sowohl in Form der Mithilfe in der elterlichen Landwirtschaft, in Form eines zusätzlichen Arbeitseinsatzes zur finanziellen Absicherung der eigenen Familie oder in Form der gemeinsamen Freizeitgestaltung mit Ehefrau und Kindern unter Verzicht auf bislang allein ausgeübte und liebgewordene Freizeittätigkeiten geschehen als auch durch die Übernahme von Vertrauensposten im Betrieb oder von ehrenamtlichen Verpflichtungen in Vereinen usw. In aller Regel sahen diese Probanden auch ihre Verantwortung für die eigene Person und das eigene Leben und suchten Probleme aus eigener Kraft zu bewältigen.

Gute Realitäts- und Selbstkontrolle wurde angenommen, wenn deutlich wurde, daß der Proband seine eigenen Möglichkeiten und Fähigkeiten (etwa hinsichtlich des beruflichen Fortkommens) einigermaßen realistisch einzuschätzen vermochte, nicht etwa Wunschträumen nachhing und auch nicht versuchte, sein Leben auf irgendwelchen irrationalen Erwartungen aufzubauen. Ein weiterer Aspekt war dabei die Fähigkeit der Probanden, auch die eigene Person im Hinblick auf langfristige Ziele entsprechend „einzuspannen", also zugunsten zwar erst längerfristig erreichbarer, jedoch (in materieller oder ideeller Hinsicht) für sie höherwertiger Ziele aktuellen Verzicht zu leisten.

Lebensplanung und Zielstrebigkeit zeigten sich in einem in allen Lebensbereichen sehr geradlinig verlaufenden Leben, bei dem in Anbetracht der sozialen Eingliederung des Probanden eine Entgleisung in irgendeiner Hinsicht nahezu unvorstellbar war. Das Verhalten und die bisherige Entwicklung dieser Probanden zeugte in den einzelnen Lebensbereichen durchweg von realistischer Vorausschau und Planung sowie von Beständigkeit und Beharrlichkeit im Verfolgen bestimmter Ziele und war auch in der Gegenwart von Vorsorge und konkreten Vorkehrungen für die Zukunft geprägt. Bei vielen dieser Probanden war darüber hinaus auch ein gewisser Ehrgeiz vor allem auf beruflichem Gebiet festzustellen; andererseits konnte das bisherige Leben aber auch eher durch eine umfassende Zufriedenheit des Probanden mit seiner Situation und eine grundsätzliche Bescheidenheit gekennzeichnet sein.

3.3.4. Zusammenfassung

Die kriminorelevanten Konstellationen stellen ein zentrales Ergebnis dieser Untersuchung dar. Sie sind in doppeltem Sinne besonders aussagekräftig. Einerseits stehen sie deshalb in unmittelbarem Zusammenhang mit Straffälligkeit, weil die kriminovalente Konstellation bei keinem V-Probanden, dagegen bei der Mehrzahl (60,5%) aller H-Probanden und (zuletzt) sogar bei 81% jener H-Probanden vorlag, die als „letzte" Tat ein Eigentums- oder Vermögensdelikt begangen hatten, während sich die kriminoresistente Konstellation bei 79,5% der V-Probanden und zudem bei 6 (3%) – untypischen – H-Probanden fand. Andererseits wurde aber auch die innere Folgerichtigkeit sichtbar, mit der es im Falle des Vorliegens einer kriminovalenten Konstellation zu einer Entwicklung kommt, die zur Begehung von Straftaten führt.

Beides deutet darauf hin, daß mit diesen kriminorelevanten Konstellationen und „sonstigen Kriterien" im Lebensquerschnitt eine entscheidende „Verdichtung" wesentlicher Erscheinungsformen aus den verschiedenen Lebensbereichen erreicht wurde, auch wenn im Blick auf mögliche weitere kriminovalente Konstellationen eine nähere Differenzierung nach Täter- und Deliktstypen vorläufig noch aussteht. Gleichwohl sind die Konstellationen nicht geeignet, gewissermaßen automatisch Zugang zum Phänomen der Kriminalität bzw. zu einem „mustergültigen Lebenswandel" zu verschaffen; denn ihre unmittelbare Anwendung im Sinne einer einfachen Subsumtion einzelner Fakten ist nach ihrer begrifflichen Eigenart ausgeschlossen. Die Einzelkriterien der Konstellationen sind nämlich als Relationsbegriffe auf die jeweiligen Lebensumstände bezogen, so daß die Feststellung des Vorliegens dieser Kriterien gerade umfassende Einzelerhebungen zum Sozialverhalten des jeweiligen Probanden voraussetzt. Ohne diese wäre es nicht möglich, etwa von einer „Vernachlässigung" sozialer Pflichten oder dem „Fehlen" von Lebensplanung zu sprechen. So können auch die Versuche, den Bedeutungsgehalt der Kriterien näher zu umreißen, nur beispielhaft sein und dürfen daher nicht als Katalog von Merkmalen im Sinne einer Operationalisierung verstanden werden.

4. Vergleiche im Längsschnitt

4.1. Vorbemerkung

Durch ihren unmittelbaren zeitlichen Zusammenhang mit der Straftat bietet die Querschnittsanalyse einen besonderen Zugang zum kriminellen Geschehen. Doch auch mit ihrer Hilfe ist der wesentlichen Frage nach der Stellung der Tat im Lebenslängsschnitt des Täters noch nicht beizukommen: Stellt etwa das „Vorliegen" (oder auch „Fehlen") bestimmter Kriterien oder ganzer Konstellationen unmittelbar vor der Tat gewissermaßen das natürliche Resultat der *gesamten* Lebensentwicklung des Probanden dar oder handelt es sich hier eher um einmalige oder vorübergehende Auffälligkeiten? Weder die statistische Analyse von Merkmalsverteilungen (Kapitel II.) noch die idealtypischen Verhaltensweisen (s. o. 2.) vermögen bei dieser Frage weiterzuhelfen, weil sie den inneren Zusammenhang des Geschehens im Zeitablauf nicht erfassen.

Zwar konnte in einzelnen Bereichen eine dynamische Betrachtungsweise die statistische Analyse ergänzen. So zeigte sich etwa im Leistungsbereich bei entsprechenden Vergleichen zwischen H- und V-Probanden mit jeweils ähnlichen Ausgangsbedingungen in gewissem Sinne eine Abfolge von Weichenstellungen von der Schule über die Berufsausbildung bis hin zum Verhalten im Beruf (s. o. Kap. II, 2.3.). Viele der H-Probanden, die zunächst mit durchschnittlichen schulischen Leistungen begonnen hatten, konnten bei den zeitlich folgenden Etappen, bezüglich derer der Leistungsbereich untersucht wurde, jeweils das Niveau der V-Probanden mit vergleichbarer Ausgangssituation nicht halten, so daß das Bild eines *kontinuierlichen* Abstiegs entstand. Die statistische Analyse läßt aber gerade die Frage nach der Kontinuität der Lebensentwicklung beim einzelnen Probanden unberücksichtigt.

Auch im Längsschnitt kam es also darauf an, idealtypische Formen herauszuschälen, in denen die unterschiedlichen Möglichkeiten der Stellung der Tat im Lebenslängsschnitt (s. u. 4.4.) zum Ausdruck kommen. Sie sollten sowohl als Erfahrungs*regel* gültig sein, als auch – über das rein zeitliche Aufeinanderfolgen von mit Straffälligkeit korrelierenden Merkmalen oder auch Syndromen hinaus – auf die Frage nach der inneren Folgerichtigkeit einer Straftat aus der Entwicklung heraus bezogen sein.

Eine erste Vorstufe dazu bildeten die noch formal bleibenden Übersichtsbogen (s. u. 4.2.); einen wichtigen inhaltlichen Schritt erlaubten aber erst die Vergleiche von „Zwillings"paaren mit vergleichbaren Ausgangslagen (s. u. 4.3.).

4.2. Die Übersichtsbogen

Die 400 Einzelfallerhebungen stellen ein nahezu unendliches Informationsmaterial dar, das unstrukturiert einer Bearbeitung gar nicht zugänglich wäre. Vor dem Hintergrund dieses Problems muß der Versuch gesehen werden, diejenigen Informationen stichwortartig und schematisch festzuhalten, die für einen ersten groben Überblick über die Entwicklung der Probanden wesentlich sind.

Durch die Anlage der zu diesem Zweck erstellten Bogen war es möglich, sich rasch ein synoptisches Bild im Querschnitt *und* im Längsschnitt zu verschaffen. Dies wurde erleichtert durch einige Besonderheiten in der graphischen Gestaltung der Bogen. Zeitintervalle, in denen sich einschneidende Veränderungen vollzogen, also etwa Heimaufenthalte, Wehrdienst, Haftaufenthalte usw., wurden in verschiedenen Farben quer durch den ganzen Bogen hindurchgezogen. Auf diese Weise wurde die rasche zeitliche Zuordnung von Fakten im Zusammenhang möglich (vgl. dazu auch die neuartige Systematisierung unter Benutzung des Notensystems von JOHANSON 1982).[1]

Obgleich diese Bogen eher technische Hilfsmittel darstellten, lieferte die Beschäftigung mit ihnen doch erste Hinweise auf eventuelle Verlaufstypen. So fiel etwa sofort ins Auge, daß bei zahlreichen H-Probanden die ersten Auffälligkeiten erst spät notiert worden waren, während bei anderen schon für die Jahre der Kindheit der ganze Bogen mit diesbezüglichen Eintragungen ausgefüllt war. Allerdings zeigte sich auch sehr bald, daß über diese Funktion der groben Orientierung hinaus die Übersichtsbogen nicht zu *typischen* Verläufen führen konnten, selbst wenn man die graphische Darstellung verfeinert hätte. Denn die Eintragungen in diesen Bogen mußten zwangsläufig stets genauso „abstrakt" sein wie operationalisierte „Merkmale" der statistischen Analyse; d.h. das tatsächliche *Gewicht* im Einzelfall konnte nicht erfaßt werden. So zeigten sich bei den Bogen von V-Probanden, ähnlich wie bei der statistischen Analyse, gelegentlich manche „Auffälligkeiten" in den sozialen Bereichen, die mit denen der H-Probanden übereinstimmten, ohne daß sie in (mehrfache) Straffälligkeit mündeten. Über diese widersprüchlichen Befunde war jedenfalls mit den Mitteln der Übersichtsbogen nicht hinauszukommen. Diejenige Ebene der „Verdichtung", die durch die Formulierung von Relationsbegriffen (s. o. 3.3.1.) erlangt worden war, konnte durch eine derartige graphische Darstellung nicht erreicht werden.

4.3. „Zwillings"paare von H- und V-Probanden

4.3.1. Grundsätzliche Bedeutung

Hält man sich das Ziel, nämlich Erkenntnisse über typische Verlaufsformen zu gewinnen, und die diesbezüglich bestehenden Mängel der statistischen Analyse einerseits und der Übersichtsbogen andererseits vor Augen, so mußte das weitere Vorgehen darin bestehen, unterschiedliche Lebensentwicklungen von H- und V-Probanden zu untersuchen, die *dieselben* „Umstände" zum Ausgangspunkt hatten, soweit es eine derartige Gleichheit bei zwei oder mehreren Personen überhaupt geben kann. Auf diese Weise wurde versucht, ähnlich wie bei den kriminorelevanten Konstellationen im Querschnitt, auf diejenigen „Kriterien" der Probanden zu stoßen, durch die die unterschiedlichen Entwicklungen aus „gleichen" äußeren Umständen verständlich werden. Dabei empfahl es sich, als Ausgangsbedingungen möglichst weitgehend solche Umstände herauszugreifen, von denen mit einiger Sicherheit angenommen werden konnte, daß sie nicht selbst bereits das Resultat des Eigenverhaltens des Probanden waren. Aber auch dort, wo dies nicht der Fall war, insbesondere auch wegen der rein zeitlich schon fortgeschrittenen Entwicklung, zeigten sich zum Teil erhebliche Unterschiede in der Bewältigung von einmal – wie auch immer – entstandenen Lebenslagen. Als solche „Aus-

gangslagen" wurden beispielsweise behandelt:
– Gleiche Schicksalsgruppen und damit verbundene Schwierigkeiten
– Belastende Verhältnisse im elterlichen Bereich
– Benachteiligungen körperlicher Art
– Besondere Belastungen im Leistungsbereich
– Gefährdungen durch die Art des Freizeit- und Kontaktverhaltens.

Wie bereits erwähnt, konnte es sich dabei natürlich nicht um identische Umstände bei den jeweiligen Probanden handeln, sondern nur um möglichst gleichartige. Solche Vergleiche wurden während der ganzen Untersuchungen und Auswertungen mehr oder weniger implizit laufend angestellt. Darüber hinaus wurde aber auch versucht, systematisch zu jeder dieser „Ausgangslagen" nun aus dem Material der Einzelfallerhebungen mehrere „Zwillings"paare zu bilden (zu den Vorzügen dieses Verfahrens gegenüber dem üblichen „matching" s. o. Kap. I, 4.3.). Nachfolgend wird beispielhaft jeweils eines dieser „Zwillings"paare in groben Zügen skizziert, wobei sich die Darstellung ausschließlich auf die nach außen sichtbaren Verhaltensweisen bzw. die Äußerungen der Probanden oder Dritter beschränkt.

4.3.2. Darstellung einzelner „Zwillings"paare

4.3.2.1. Gleiche Schicksalsgruppen und damit verbundene Schwierigkeiten

Hier boten sich vor allem Vergleiche des Flüchtlings- und Vertriebenenschicksals an, von dem zahlreiche Probanden der H- und der V-Gruppe betroffen waren (s. o. Kap. II, 2.1.2.2.). Die damit zusammenhängenden Schwierigkeiten und Probleme wurden insbesondere von den H-Probanden und deren Eltern immer wieder betont. Dabei wurde vor allem auch die Tatsache der Straffälligkeit mit den besonderen Belastungen durch vorangegangene Flucht, Lageraufenthalt und Notunterkunft, mit dem dadurch bedingten häufigen Schul- bzw. Arbeitsstellenwechsel, mit Sprachschwierigkeiten, Außenseiterstellung und dem daraus folgenden schlechten Umgang in Verbindung gebracht.

H-„Zwilling" 1 (geb. 1939) wuchs zunächst in Schlesien auf. Nachdem sein Vater im Krieg gefallen war, mußte die Mutter ihren Lebensunterhalt und den ihrer beiden Kinder kümmerlich durch Näharbeiten verdienen. Da sie diesen außer Hause nachging und oft bis in die Nacht hinein arbeitete, waren die Kinder viel sich selbst überlassen. Der Proband nutzte dies in jeder Hinsicht aus, schwänzte die Schule, machte die Schularbeiten nicht und war praktisch ständig unterwegs. Bereits im Kindesalter fiel er wiederholt wegen kleinerer Diebstähle auf. Trotz der häufigen Schulversäumnisse schaffte er seinen Schulabschluß und begann anschließend eine Mechanikerlehre. Wegen der Übersiedlung der Familie nach Westdeutschland im Jahre 1956 konnte er die Lehre jedoch nicht abschließen. Die Familie kam damals völlig mittellos in A-Dorf an und wurde von Verwandten aufgenommen, die auch über die ersten Schwierigkeiten hinweghalfen. Im gleichen Dorf fand die Familie dann ein Jahr später eine 3-Zimmer-Wohnung, die sie mit Hilfe des Lastenausgleichs einigermaßen einrichten konnte.

Nach Angaben des Probanden und seiner Mutter hätten ihre größten Schwierigkeiten darin bestanden, daß sie als Flüchtlinge im Ort nicht sehr angesehen gewesen seien. Vor allem der Proband habe sehr darunter gelitten, daß er nicht Deutsch gekonnt und es auch nur sehr schwer erlernt habe. Er sei nicht nur von Gleichaltrigen, sondern auch von den Erwachsenen wegen seiner unbeholfenen Sprache ständig ausgelacht und verspottet worden; man habe ihm laufend gesagt, er solle doch erst einmal Deutsch lernen. Wenn er sich auf der Straße gezeigt habe, hätten ihm die Kinder „Flüchtling" und „Polack" nachgerufen. Er habe nirgends Anschluß finden können und sei völlig isoliert gewesen. Er habe häufig zu seiner Mutter gesagt, er gehe einfach wieder heimlich nach Polen zurück.

Wegen der Sprachschwierigkeiten habe er seinen Angaben zufolge auch seine Lehre nicht weitermachen können. Er sei deshalb als Hilfsarbeiter in eine Fabrik gegangen. Aber auch dort habe es mit den Kollegen ständig Reibereien gegeben. Er sei von ihnen verspottet, beschimpft und belästigt worden, sie hätten ihn nur den „Polacken" geheißen, und daraus hätten sich gelegentlich Schlägereien ergeben. Am meisten habe ihn jedoch an seinem Arbeitsplatz gestört, daß seine Mutter ebenfalls dort gearbeitet habe und er dadurch unter einer gewissen Kontrolle gestanden habe. Er habe sich deswegen einen anderen Arbeitsplatz gesucht.

Wie der Proband bei den Untersuchungen (1966) angab, sei er sich im Ort regelrecht ausgestoßen vorgekommen. Er habe dann nach einiger Zeit einen gleichaltrigen Berliner kennengelernt, der ebenfalls nicht sonderlich angesehen gewesen sei. Mit diesem habe er sich sehr gut verstanden, durch ihn sei er allerdings auch in seine erste Straftat verwickelt worden, denn der Berliner sei ein richtiger „Ganove" gewesen. Sie hätten einige Automaten aufgebrochen, seien aber schnell ermittelt worden. Auf der Heimfahrt von der Gerichtsverhandlung habe er sich gleich wieder mit dem Berliner getroffen. Da sie für die bevorstehenden Osterfeiertage Geld gebraucht hätten, sei sofort der nächste Einbruch geplant worden, der 1 000 DM eingebracht habe. Das Geld hätten sie über Ostern in der Wirtschaft mit anderen durchgebracht.

Auch nach der daraufhin erfolgten Verurteilung und Haftverbüßung ging es mehr oder weniger in der gleichen Weise weiter. Der Proband war in eine ganze Serie von Einbruchsdiebstählen verwickelt, die schließlich zu einer dreijährigen Freiheitsstrafe führten.

Die Schuld an seiner Lebensentwicklung sah der Proband vor allem in seiner sehr schweren Kindheit und unerfreulichen Jugend. Er sei eben immer auf sich allein gestellt gewesen, habe keinen Vater gehabt, und seine Mutter habe sich nicht um ihn kümmern können. Vor allem später habe er als Flüchtling keinen Anschluß gefunden und aufgrund seiner Sprachschwierigkeiten seine Berufsausbildung nicht beenden können. Er habe nichts gehabt, habe nichts aufbauen können, sei nur verspottet und als Außenseiter behandelt worden. Er sei überzeugt, daß er unter normalen und günstigeren Voraussetzungen eine andere Entwicklung genommen hätte und vor allem auch nicht straffällig geworden wäre.

V-„Zwilling" 1 (geb. 1939) wuchs zusammen mit 3 Schwestern bei seinen Eltern in Polen auf. Sein Vater wurde im Krieg vermißt, so daß die Mutter, die Analphabetin war, den Lebensunterhalt der Familie als Helferin in der Landwirtschaft verdienen mußte. Nachdem die Familie schon Anfang 1945 vorübergehend nach Böhmen geflohen war, kehrte sie bei Kriegsende wieder in ihre Heimat zurück, wurde 1947 aber endgültig ausgewiesen. Nach verschiedenen Lageraufenthalten fand sie schließlich Ende 1948 in Thüringen Unterkunft in einer Notwohnung. Die Mutter arbeitete praktisch Tag und Nacht in der Landwirtschaft, so daß die Kinder den ganzen Tag sich selbst überlassen waren. Dies blieb auch weiterhin so, als die Familie 1952 zu Verwandten nach Sachsen zog. Auch dort stand ihr nur eine Notunterkunft zur Verfügung, und die Mutter mußte weiterhin ganztags in der Landwirtschaft arbeiten.

Der Proband besuchte zunächst in Polen, später dann in Thüringen und Sachsen insgesamt 8 Jahre die Volksschule. Abgesehen von erheblichen Sprachschwierigkeiten fand er bei seiner Mutter in schulischen Belangen keinerlei Unterstützung, da sie die Schule für überflüssig hielt, nachdem sie selbst keine Schule besucht hatte. Zudem hatte der Proband auch gegenüber seinen Mitschülern einen schweren Stand und war als „Polack" verschrien. Trotz allem ging er regelmäßig zur Schule und schaffte einen ordentlichen Schulabschluß. Seinen eigenen Angaben zufolge habe ihn die Schule zwar nicht sonderlich interessiert, er habe sie jedoch als Pflicht angesehen und diese eben erfüllt.

Nach der Schulentlassung wollte der Proband zunächst Förster werden. Da dies allerdings aus verschiedenen Gründen nicht möglich war, begann er eine Kraftfahrzeugmechanikerlehre, die er 1958 mit Erfolg abschloß. Anschließend arbeitete er in seinem Beruf als Geselle.

1960 ging die Familie in den Westen und kam über verschiedene Durchgangslager schließlich in eine süddeutsche Kleinstadt. Hier wohnte die Familie zunächst 4 Jahre lang notdürftig in einem Wohnlager, bis sie dann eine Sozialwohnung in einer Siedlung erhielt. Der Proband arbeitete nach der Übersiedlung nur noch als Hilfsarbeiter, da seine beruflichen Kenntnisse, die er vorrangig für Zweiräder erworben hatte, an seinem neuen Arbeitsplatz als nicht ausreichend angesehen wurden.

Seinen Angaben zufolge war für ihn die Isolierung als Flüchtling das größte Problem. Er habe in den ersten Jahren im Westen praktisch keinen Kontakt mit Jüngeren und Gleichaltrigen gehabt, da die Voraussetzungen, wie gemeinsamer Schulbesuch oder Vereinszugehörigkeit, gefehlt hätten. Auch sein nach wie vor gebrochenes und hart klingendes Deutsch sei einem Kontakt zu Gleichaltrigen nicht gerade förderlich gewesen. Besonders ungünstig sei in den ersten 4 Jahren auch die Unterkunft in dem ziemlich verrufenen Wohnlager gewesen. Außerdem habe er weder durch Kleidung noch durch Geld noch sonst irgendwie imponieren können, da die Familie durch eine Erkrankung der Mutter in sehr angespannten wirtschaftlichen Verhältnissen gelebt habe und er seinen gesamten Verdienst zu Hause habe abgeben müssen.

Zum Untersuchungszeitpunkt (1967) hatte der Proband eine ihn befriedigende Tätigkeit als Angelernter in einer gewissen Vertrauensposition und einen großen Bekanntenkreis unter seinen Kollegen gefunden. Die Anfangsschwierigkeiten habe er damals einfach nicht so tragisch genommen. Ausdrücklich auf die Gefahr des Straffälligwerdens angesprochen, meinte der Proband, er könne sich nicht vorstellen, daß er durch die ganzen Probleme hätte in schlechte Gesellschaft kommen oder gar kriminell werden können. Er habe zwar schon eine ganze Reihe von Verkehrsdelikten begangen und auch einige Bußgeldbescheide erhalten, er trinke auch hin und wieder ganz gerne etwas Alkohol und lasse sich dann unter Umständen zu Streichen verführen, aber auf keinen Fall zu solchen, die ihn in den „Knast" bringen könnten. Er habe eigentlich alles, was er brauche, und sei mit seinem Leben zufrieden. Wenn man etwas erreichen wolle, müsse man eben „bei der Stange bleiben". Der Proband war fest davon überzeugt, nie kriminell zu werden. In der Familie seien „eben alle anständig", schon seiner Mutter gegenüber habe er immer Anstand bewahren müssen. Dies liege eben in der Familie. Was bei ihm letzten Endes den Ausschlag gegeben habe, daß er nicht straffällig geworden sei, könne er nicht sagen.

4.3.2.2. Belastende Verhältnisse im elterlichen Bereich

Von den zahlreichen Aspekten, unter denen sich die Bildung von „Zwillingen" aus strukturell unvollständigen oder funktional gestörten Familien anbot (s.o. Kap. II, 2.1.33.), wird hier ein „Zwillings"paar mit extrem schlechten Verhältnissen in der Elternfamilie und allgemeinen Verwahrlosungserscheinungen dargestellt.

Die Verhältnisse in der Elternfamilie von *H-„Zwilling"* 2 (geb. 1943) waren – übereinstimmenden Angaben und Feststellungen zufolge – von ständigen Auseinandersetzungen der Eltern geprägt gewesen und als „asozial" zu bezeichnen. Sein Vater war lange Jahre als Steinbrucharbeiter tätig gewesen und ab 1958 Frührentner; 1959 verunglückte er tödlich. Die Mutter war nicht berufstätig, sondern führte den Haushalt und kümmerte sich um die Erziehung der zuletzt insgesamt 6 Kinder (5 weitere Kinder starben jeweils kurz nach der Geburt bzw. in den ersten Lebensjahren). Nach Einschätzung des Jugendamtes war die Mutter mit der Erziehung der Kinder völlig überfordert. Die Kinder konnten tun und lassen, was sie wollten; bei Besuchen der Fürsorgerin wußte die Mutter häufig nicht, wo sich ihre Kinder im Augenblick aufhielten, ob sie beispielsweise in der Schule waren oder mit Kameraden spielten oder sonst irgendwo waren. Die Mutter konnte zu Hause auch keine Ordnung halten und legte auf Sauberkeit keinerlei Wert. Die Kinder liefen verschmutzt und in zerrissener Kleidung herum; die Wohnung war völlig heruntergekommen. Obgleich der Vater ordentlich verdiente, reichte das Geld nie aus; zum einen deshalb, weil es der Vater teilweise in Alkohol umsetzte, zum anderen aber auch, weil die Mutter nicht haushalten konnte. Der nach Einschätzung des Jugendamtes rücksichtslose, jedoch seiner Frau in keiner Beziehung gewachsene Vater des Probanden sprach in erheblichem Maße dem Alkohol zu und hatte zahlreiche Verhältnisse mit anderen Frauen, die er gelegentlich auch mit nach Hause brachte. Wenn er heimkam, war er meist betrunken. Es gab deshalb, aber auch wegen der Kinder oder wegen des Geldes ständig Streit und Zank, was häufig in Handgreiflichkeiten zwischen den Eltern ausartete. Unabhängig davon fand aber auch die Mutter stets irgendeinen Anlaß für Streitigkeiten; sie war wegen ihrer streitsüchtigen Art im ganzen Dorf gefürchtet.

Nach Angaben des Probanden gab es keinerlei Gemeinsamkeiten in der Familie; jeder sei seinen eigenen Weg gegangen. Genauso wenig, wie seine Eltern sich um ihn gekümmert hätten, habe er sich um sie gekümmert. Mit dem Vater habe er sich nicht verstanden und auch nicht aussprechen können, und die Mutter sei auch nicht das gewesen, was sie hätte sein sollen. Sie habe laufend herumgeschimpft, sei ständig „oben hinaus" gewesen und habe dem Probanden immer gleich alles vorgehalten, was bereits Jahre zurückgelegen habe. Die Verbindung zu ihr könne er daher in keiner Weise als gut bezeichnen.

Im Laufe der Jahre wurden die 3 älteren Geschwister des Probanden wegen zahlreicher Diebstähle, die beiden Schwestern zusätzlich wegen sexueller Auffälligkeiten, in Heimen untergebracht. Die beiden jüngeren Geschwister wuchsen dagegen zu Hause auf und zeigten keine gravierenden Auffälligkeiten. Der Proband selbst fiel schon in der Schulzeit durch häufiges Schwänzen und teilweise tage- und wochenlange Abwesenheit von der Schule auf. Seinen eigenen Angaben zufolge sei dies bei ihm eine „richtige Mode" gewesen, er sei eben vormittags viel lieber in der Umgebung „spazierengegangen". Teilweise sei er auch den ganzen Tag bis spät in die Nacht hinein „unterwegs" gewesen, sei im Wald herumgestreunt oder habe sich – vor allem in den späteren Jahren – viel in der nächstgelegenen Stadt aufgehalten. Daheim habe sich darum ebenso wenig jemand gekümmert wie um seine Hausaufgaben, die er häufig nicht gemacht habe.

Der Proband schloß dennoch die Volksschule mit der 8. Klasse ab und war nie sitzengeblieben. Das Jugendamt befaßte sich mit dem Probanden erstmals, als er im Alter von 13 Jahren ein gleichaltriges Mädchen in die Wohnung gelockt und gegen ihren Willen versucht hatte, mit ihr Geschlechtsverkehr auszuüben, und als er in der Folgezeit – immer noch strafunmündig – innerhalb kurzer Zeit 3 Diebstähle begangen hatte. Nach Ansicht des Jugendamtes fehlte der Mutter im Hinblick auf die Fehlentwicklungen ihrer Kinder jegliche Einsicht. Sie habe die Kinder laufend in Schutz genommen, die Delikte des Probanden entweder abgestritten oder die Schuld den anderen Dorfkindern gegeben und auf deren Verlogenheit verwiesen. In diesem Zusammenhang bedrohte sie schließlich wiederholt die Fürsorgerin des Jugendamtes in massiver Weise, so daß diese sich weigerte, das Haus ohne Polizeischutz noch einmal zu betreten.

Seinen eigenen Angaben zufolge hatte der Proband nach der Schulentlassung keine Lust, eine Lehre anzutreten, und war daher zunächst als Hilfsarbeiter bei einer Baufirma tätig. Da ihm die Arbeit nicht paßte, lief er nach wenigen Wochen weg. Ebenso gab er eine Arbeitsstelle als Erntehelfer nach 14 Tagen spontan auf, nachdem er zuvor als „Entschädigung" seinem Arbeitgeber einen größeren Geldbetrag entwendet hatte.

Die folgenden Jahre ab 1958 waren gekennzeichnet durch einen ständigen Wechsel zwischen Ausreißen aus dem Heim, Herumstreunen, Rückführung in das Heim, Arbeitsversuchen und erneutem Ausreißen aus dem Heim. Zwischendurch kam es zu einer Vielzahl von Diebstählen und wiederholt zu Unzuchtshandlungen mit Kindern. Auch nach der endgültigen Heimentlassung trat der Proband bis zum Untersuchungszeitpunkt (1966) wiederholt insbesondere durch Eigentumsdelikte strafrechtlich in Erscheinung und war, abgesehen von kurzen, allenfalls wenige Monate andauernden Unterbrechungen, überwiegend in Haft gewesen. Sein Kontakt zum Elternhaus war völlig abgerissen; er hatte weder zur Mutter noch zu den Geschwistern irgendeine Verbindung.

Daraufhin angesprochen, meinte er, im nachhinein müsse er sagen, daß durch die Zustände in seinem Elternhaus eigentlich seine ganze Jugendzeit kaputt gemacht worden sei, da er nie ein richtiges Familienleben kennengelernt habe. Bei einer solchen Kindheit brauche man sich über seine weitere Entwicklung nicht zu wundern. Heute sei ihm dies aber im Grunde genommen gleichgültig; dieses Kapitel sei für ihn abgeschlossen. Er sei trotzdem nicht isoliert, sondern habe sein „Zuhause" und seine Bekannten am Bahnhof und in der Altstadt, wo er sich wohl fühle und immer jemanden finde, mit dem er zusammen sein und reden könne.

Ähnliche Verhältnisse bestanden in der Elternfamilie von *V-„Zwilling" 2* (geb. 1941). Für seinen Vater war die Ehe mit der Mutter bereits die dritte Ehe, wobei er aus vorangegangenen Ehen 4 Kinder mitgebracht hatte. Die Mutter war zuvor nicht verheiratet gewesen, hatte jedoch 2 uneheliche Kinder von verschiedenen – jeweils nicht festgestellten – Vätern gehabt. Neben dem Probanden war aus der Ehe der Eltern noch ein weiterer Sohn hervorgegangen.

Die wirtschaftlichen Verhältnisse der Familie waren stets sehr schlecht, da der Vater als Gemeindearbeiter nicht allzuviel verdiente und die Mutter mit dem Geld nicht haushalten konnte. Nach Einschätzung des Jugendamtes ließ auch die Erziehung der Kinder, die überwiegend in den Händen der Mutter lag, sehr zu wünschen übrig. Die Kinder waren weitgehend sich selbst überlassen und konnten tun und lassen, was sie wollten. So mußte das Jugendamt die Eltern wiederholt ermahnen, für einen regelmäßigen Schulbesuch der Kinder und für deren Sauberkeit Sorge zu tragen. Andererseits schritt das Jugendamt aber auch mehrfach deshalb ein, weil die Kinder mit Blutergüssen an Kopf und Rumpf in die Schule gekommen waren, nachdem sie von den Eltern – nicht selten mehr oder weniger grundlos – entsprechend verprügelt worden waren. Die Eltern zeigten in diesen Fällen keinerlei Einsicht in ihr Fehlverhalten. Auch zwischen ihnen selbst waren lautstarke und tätliche Auseinandersetzungen an der Tagesordnung, insbesondere dann, wenn der Vater – wie es häufig geschah – betrunken und randalierend nach Hause kam oder wenn die Mutter aus irgendeinem nichtigen Anlaß – meist aber wegen des Geldes – Streit anfing. In späteren Jahren kam es aber vor allem auch zwischen der Mutter und den Stiefkindern zu gravierenden, teilweise handgreiflich ausgetragenen Streitigkeiten. Im Anschluß an eine solche Auseinandersetzung beging der Vater im Jahre 1955 Selbstmord durch Erhängen.

Nach dem Tod des Vaters wurden die Zustände im Elternhaus eher noch schlimmer. Die Mutter kümmerte sich auch jetzt in keiner Weise um den Haushalt und die Erziehung der Kinder; sie galt weiterhin als schwierig und außerordentlich streitsüchtig und wurde allgemein gemieden. Das Verhältnis der Kinder zu ihrer (Stief-)Mutter war durch den Tod des Vaters noch mehr belastet worden, da sie die Mutter in gewisser Weise hierfür verantwortlich machten. Die (Stief-)Kinder, die damals alle schon im Ausbildungsalter waren, gingen nunmehr zunehmend ihre eigenen Wege und verließen nach und nach aus eigenem Antrieb das Elternhaus. Schließlich wurde auch der jüngere Bruder des Probanden wegen häufigen Schuleschwänzens und Herumstreunens in ein Erziehungsheim gebracht.

Trotz dieser sehr ungünstigen äußeren Verhältnisse zeigte der Proband als Kind keinerlei Auffälligkeiten. So wurde z. B. in den regelmäßig erstellten Jugendamtsberichten über die Familie stets hervorgehoben, daß der Proband zwar ebenfalls häufig unsauber sei, jedoch regelmäßig die Schule besuche, keinerlei Schwierigkeiten mache und im Gegensatz zu seinen Geschwistern auch keinen Anlaß für ein Eingreifen des Jugendamtes biete. Nach dem Tod des Vaters wohnte der Proband weiterhin bei seiner Mutter und begann nach einem ordentlichen Volksschulabschluß eine Maurerlehre, die er mit der Gesellenprüfung beendete.

Bei den Erhebungen war der Proband besonders stolz darauf, daß er nunmehr bereits seit 10 Jahren im gleichen Betrieb arbeitete und dort seiner Ansicht nach unentbehrlich war. Er war inzwischen verheiratet und hatte 2 Kinder. Die Familie hatte die Mutter des Probanden zu sich genommen und versorgte diese. Zu den Geschwistern hatten weder er noch die Mutter eine engere Verbindung. Die Mutter war nach wie vor recht problematisch und hatte auch damals noch mit dem Probanden und dessen Ehefrau häufig und ohne jeglichen Anlaß Streit, was von den beiden jedoch nicht allzu ernst genommen wurde. Der Proband selbst konnte nicht angeben, warum er nicht – wie z. B. sein jüngerer Bruder – straffällig geworden war oder warum er nicht – wie die anderen Geschwister – von zu Hause weggegangen ist oder warum er als einziges der Kinder eine Berufsausbildung durchgehalten hatte. Er könne sich aber ein anderes Leben als sein jetziges überhaupt nicht vorstellen.

4.3.2.3. Benachteiligungen körperlicher Art

Weitere, vom betreffenden Menschen nicht direkt beeinflußbare Ausgangsbedingungen können schließlich Mißbildungen, Amputationen oder die Folgen von Unfällen darstellen, die von einigen (H-)Probanden als Anlaß für Schwierigkeiten und als Beginn für ein Abgleiten in die Kriminalität angegeben wurden (s. o. Kap. II, 3.2.).

Bei *H-„Zwilling" 3* (geb. 1941) waren nach den Erhebungen bis zu seinem 20. Lebensjahr keinerlei Auffälligkeiten festzustellen. Nach dem Besuch der Volksschule hatte er eine Lehre als Weber erfolgreich abgeschlossen und anschließend in seinem Beruf gearbeitet. Seine Freizeit hatte er weitgehend daheim oder in der Jugendgruppe verbracht, hin und wieder war er auch zusammen mit früheren Schulfreunden ins Kino gegangen. Nach der Ehescheidung seiner Eltern wohnte er seit seinem 18. Lebensjahr bei seiner Tante.

Mit 20 Jahren hatte er einen schweren, von einem seiner Freunde verschuldeten Motorradunfall, der die Amputation des linken Beines zur Folge hatte. Nach Auskunft seiner Tante habe der Proband dies zunächst gleichmütig aufgenommen. Man habe ihn nie jammern hören, und auch nach der Krankenhausentlassung, als er noch ein halbes Jahr im Krankenstand gewesen sei, habe es keinerlei Schwierigkeiten gegeben. Er habe versucht, mit den Krücken zurechtzukommen, und sei eigentlich erstaunlich munter gewesen.

Als er wieder arbeitsfähig war, konnte er seinen Beruf nicht mehr ausüben. Er wurde deshalb innerhalb seiner Firma als Bürogehilfe angelernt und ins Angestelltenverhältnis übernommen. Die Tätigkeit als solche bedeutete für ihn eigentlich einen Aufstieg. Er hatte arbeitsmäßig keine Schwierigkeiten und konnte sich mit der Versicherungsabfindung ein Auto kaufen.

Nach Auskunft seiner Tante sei er dann plötzlich eines Abends völlig verändert und regelrecht in sich zusammengebrochen heimgekommen. Er habe am Tisch gesessen und bitterlich geweint. Schließlich habe er herausgestoßen, ob es stimme, daß er ein Krüppel sei. Seine Tante habe ihm dann erklärt, daß er doch eine Prothese bekomme und dann wieder richtig gehen könne. Er habe sich jedoch nicht beruhigen lassen. Vorausgegangen sei ein Besuch bei seinem Freund. Die beiden hätten sich über die bevorstehende Musterung unterhalten, und der Proband habe gemeint, daß er bestimmt in irgendeiner Form den Wehrdienst erfüllen könne. Der andere habe ihm lachend geantwortet, er sei doch ein Krüppel, ihn würden sie bestimmt nicht nehmen. Der Proband sei daraufhin auf den Kameraden losgegangen und habe derart auf ihn eingeschlagen, daß dessen Eltern die Polizei hätten holen wollen. Das Verhältnis zu diesem Freund sei dadurch praktisch zerstört gewesen. Nach Angaben seiner Tante sei dies aber nur ein Beispiel. Der Proband habe sich nach diesem Vorfall sehr verändert und sei sehr empfindlich geworden. Er sei nur noch wenig mit früheren Schulkameraden zusammengekommen und auch nicht mehr in die Jugendgruppe gegangen. Er habe häufig geweint und sei überhaupt nicht mehr zu trösten gewesen. Während er sich früher sehr gut mit ihr verstanden habe, sei es nun plötzlich zu Reibereien gekommen. Er habe sie regelrecht zurückgestoßen und gemeint, sie sei ja nur die Tante, was sie überhaupt wolle.

Der Proband war in der folgenden Zeit auch immer weniger daheim. Er ging abends, oft schon unmittelbar nach der Arbeit, in die Wirtschaft, sprach dem Alkohol zu und hatte allmählich einen entsprechenden Bekanntenkreis. Seine Tante kämpfte sehr dagegen an, konnte sich jedoch nicht durchsetzen. Es nützte auch nichts, wenn sie ihm kein Geld gab; er ließ sich dann einfach von den anderen freihalten. In der Folgezeit kam es dann auch häufiger zu Schlägereien. Wenn sich die anderen in angetrunkenem Zustand über sein Bein lustig machten, schlug er wiederholt mit seinen Krücken blind darauf los.

Wenige Wochen nachdem der Proband wieder gesundgeschrieben war und seine Arbeit wieder aufgenommen hatte, kam es dann zusammen mit diesen Bekannten und unter Alkoholeinwirkung zur Straftat, einer gemeinschaftlichen Notzucht mit anschließender Aussetzung. Nach kurzer Untersuchungshaft wurde der Proband auf Vermittlung des Dorfpfarrers in einem kirchlichen Heim untergebracht. Dort gab es jedoch wegen seines Trinkens alsbald Schwierigkeiten, so daß er das Heim wieder verlassen mußte. Er kehrte dann wieder zurück zu seiner Tante. Dort traf er sofort wieder mit seinen alten Bekannten zusammen und sprach dem Alkohol zu. Bereits 3 Tage nach seiner Rückkehr verursachte er einen schweren Autounfall und beging anschließend Fahrerflucht.

Auch *V-„Zwilling" 3* (geb. 1942) hatte vor seinem Unfall keinerlei Auffälligkeiten gezeigt. Der Proband war im Elternhaus aufgewachsen und hatte das Gymnasium bis zur Mittleren Reife besucht. Er war eher ein Einzelgänger, wenngleich er durchaus gute Kontakte zu seinen Schulkameraden hatte. Die Freizeit verbrachte er überwiegend daheim. Er ging mit Leib und Seele in seinem Hobby, dem Modellbau, auf und war fest entschlossen, die Feinmechanikerschule zu besuchen.

Als er im Alter von 17 Jahren zusammen mit Schulkameraden mit einer Rakete experimentierte, wurde ihm durch eine Explosion die rechte Hand abgerissen, was eine Amputation des Armes zur Folge hatte.

Nach dem Unfall war er in beruflicher Hinsicht völlig ratlos. Alles, was ihn bisher interessiert hatte und was sein Lebensinhalt gewesen war, kam nunmehr als Beruf nicht mehr in Betracht. Seinen Angaben zufolge habe er durch den Unfall in einer sehr großen Konfliktsituation gestanden; sein Leben habe sich gänzlich verändert. Er habe vieles aufgeben müssen, was ihm vorher selbstverständlich gewesen sei. Er habe aber von Anfang an gewußt, daß nun alles darauf ankomme, daß er eine gute und gesicherte Stellung finde. Er habe daher alles darangesetzt, sich in beruflicher Hinsicht eine Zukunft aufzubauen. Da seine einzige Möglichkeit im Grunde genommen eine Bürotätigkeit gewesen sei, habe er sich mehr oder weniger widerwillig und notgedrungen zum gehobenen Verwaltungsdienst überreden lassen. Es konnte jedoch keine geeignete Lehrstelle in der Nähe seines Wohnortes gefunden werden, so daß er zunächst noch ein Jahr verlegenheitshalber die Handelsschule besuchte. Als er schließlich mit der Ausbildung begann, war er bereits 20 Jahre alt. Die insgesamt dreijährige Ausbildung schloß er mit Erfolg ab und wurde anschließend in das Beamtenverhältnis übernommen.

Nach Aussage seiner Eltern habe der Proband seit seinem Unfall ernster und zurückhaltender gelebt als seine Kameraden. Der Abstand zu diesen sei schließlich auch durch seinen anderen Berufsweg größer geworden. Der Proband selbst meinte, es wäre ihm damals nie eingefallen, sich in „leichtsinnige Gesellschaft" zu begeben oder sich durch den Alkohol abzulenken. Er hätte sich auch niemals durch äußere Einflüsse in dieser Hinsicht verleiten lassen.

4.3.2.4. Besondere Belastungen im Leistungsbereich

Aus der Fülle der Gesichtspunkte, unter denen im Leistungsbereich „Zwillinge" gebildet werden konnten – gerade dort waren schon bei der statistischen Analyse charakteristische „Weichenstellungen" sichtbar geworden (s. o. Kap. II, 2.3.) –, wird hier ein Paar dargestellt, bei dem das Zusammentreffen von besonderen Schwierigkeiten in der Lehre und in der Berufsschule im Vordergrund stand und zu einer vergleichbaren Reaktion führte, die jedoch sehr unterschiedlich bewältigt wurde.

H-„Zwilling" 4 (geb. 1943) hatte, seinen eigenen Angaben zufolge, nach dem Abschluß der Volksschule auf eigenen Wunsch eine Flaschnerlehre begonnen. Er konnte jedoch keinen rechten Zugang zu seinem Beruf finden. Abgesehen davon, daß sein Lehrmeister häufig betrunken war und die Lehrlinge sich selbst überließ, strengte sich der Proband auch nicht sonderlich an, hatte – wie er sagte – immer andere Sachen im Kopf und war ständig zu irgendwelchen Streichen aufgelegt. Auch die Berufsschule schwänzte er häufig und bekam daher ein schlechtes Zeugnis. Da er von seinem Vater deswegen zur Rechenschaft gezogen worden wäre, legte er das Zeugnis einfach daheim auf den Tisch und ging fort. Die ganze Sache sei ihm zu dumm gewesen, so daß er beschlossen habe, „in die Fremde" zu gehen. Er suchte einen früheren Schulfreund auf, dem kurze Zeit vorher die Lehrstelle gekündigt worden war. Dieser war sofort bereit mitzumachen. Sie fuhren zunächst per Anhalter in die nächstgelegene Großstadt, wo sie 2 Nächte blieben und in den Bahnhofsanlagen übernachteten. Dann entwendeten sie 2 Fahrräder und Campinggepäck und zogen weiter. Als sie unterwegs weder Geld noch etwas zu essen hatten, brachen sie in einen Kiosk ein. Mit den dort vorgefundenen Spirituosen, Zigaretten, Schokolade und einem kleineren Geldbetrag konnten sie sich einige Tage über Wasser halten. Nach 5 Tagen wurden sie schließlich von der Polizei aufgegriffen.

Nach seiner Rückkehr besorgten die Eltern ihrem Sohn eine neue Lehrstelle. Bei der Gerichtsverhandlung wurde die Verhängung einer Jugendstrafe zur Bewährung ausgesetzt. Der Proband traf sich aber weiterhin mit seinem ehemaligen Schulfreund und geriet schließlich in eine Gruppe von Jugendlichen, mit denen er dann einen Raubüberfall durchführte. Während des anschließenden Haftaufenthalts von 4 Jahren beendete er seine Lehre, hielt es aber auch nach der Entlassung in seinem Beruf nicht lange aus und wurde alsbald rückfällig.

Auch *V-„Zwilling" 4* (geb. 1944) war, den Angaben zufolge, mit seinem Lehrberuf als Kaufmannsgehilfe nicht sehr zufrieden. Ursprünglich hatte er Kunstmaler werden wollen, dies war jedoch von seinem Stiefvater wegen der Kosten abgelehnt worden. Sein nächster Berufswunsch, Koch zu werden, hatte der Mutter wegen der damit verbundenen auswärtigen Unterbringung nicht gepaßt. Schließlich hatte er sich für den Kaufmannsberuf entschieden. Sein Lehrherr sei ihm jedoch sehr unsympathisch gewesen und habe ihn auch ausgenützt. Als sich der Proband eines Tages dagegen gewehrt hatte, laufend Überstunden machen zu müssen, hatte es eine heftige Auseinandersetzung gegeben. Zu einem Wechsel oder Abbruch der Lehre hatte er jedoch nicht den Mut. Schließlich legte er die Gehilfenprüfung ab, die er zunächst auch als bestanden ansehen konnte. Es stellte sich dann aber heraus, daß das Oberschulamt einen Notenausgleich zwischen einer schlechten Note in Deutsch und einer guten in Geographie nicht anerkannte. Er hätte deswegen zunächst die Prüfung in Deutsch wiederholen müssen, erhielt dann aber den Bescheid, daß er die gesamte theoretische Prüfung nachmachen müsse.

Der Proband gab an, in dieser Situation weitgehend auf sich allein gestellt gewesen zu sein. Mit seinen Eltern habe er darüber nicht reden können, diese hätten sich in keiner Weise darum gekümmert. Er habe daher nach dem ablehnenden Bescheid des Oberschulamts völlig die Nerven verloren und sei ausgerissen. Mit den 270 DM, die ihm zur Verfügung gestanden hätten, habe er eine Fahrkarte nach Rom gelöst und sei von dort aus weiter nach Neapel gefahren. Anfangs habe er noch im Hotel übernachtet; als er kein Geld mehr gehabt habe, sei er per Anhalter weiter gefahren und habe im Freien geschlafen. Auf diese Weise habe er sich insgesamt fast 4 Wochen in Italien herumgetrieben. Er habe während der ganzen Zeit nie etwas gestohlen. Als er überhaupt kein Geld mehr gehabt habe und nicht einmal mehr seinen Koffer habe von der Gepäckaufbewahrung abholen können, habe er sich einfach an den Bahnhof gestellt und sich als Gepäckträger angeboten. Dafür habe er meist ein ganz gutes Trinkgeld bekommen. Er habe sich dann nicht nur etwas zu essen kaufen, sondern auch seinen Koffer wieder abholen können. Er habe am Bahnhof natürlich auch andere kennengelernt, die herumgestrolcht seien und sich das Notwendige „organisiert" hätten. Es sei ihm aber nie in den Sinn gekommen, bei ihnen mitzumachen und etwas anzustellen. Davor habe er viel zu viel Angst gehabt. Er könne zwar nicht ausschließen, daß er mit der Zeit „noch weiter abgerutscht" wäre und ihm schließlich einfach nichts anderes mehr übriggeblieben wäre, als zu stehlen. Er habe dann aber einfach genug gehabt von diesem Leben, habe Heimweh bekommen und geschaut, daß er auf dem schnellsten Wege zurückkomme. Seine einzige Unkorrektheit sei dann gewesen, daß er auf dem Konsulat in Florenz angegeben habe, sein Geld sei ihm gestohlen worden. Man habe ihm daraufhin 10 DM fürs Essen und eine Fahrkarte bis Basel ausgehändigt. Von Basel aus sei er per Anhalter bzw. zu Fuß nach Hause zurückgekehrt.

Daheim gab es keine Schwierigkeiten; seine Mutter sei froh gewesen, daß er wieder zurückgekommen sei. Er suchte sich dann eine neue Stelle und wiederholte nach einiger Zeit die Prüfung. Bei der Untersuchung (1967) arbeitete er nach wie vor in seinem Beruf und machte damals nebenher einen Zusatzkurs als Programmierer. Delikte waren bis zu diesem Zeitpunkt nicht bekannt geworden.

4.3.2.5. *Gefährdungen durch die Art des Freizeit- und Kontaktverhaltens*

Als ein Beispiel für unterschiedliche Entwicklung aus „gleichen" äußeren Umständen und Situationen im Freizeit- und Kontaktbereich soll hier die Zugehörigkeit zu einer Gruppe von Jugendlichen, die gemeinsam Delikte begehen, dargestellt werden.

H-„Zwilling" 5 (geb. 1946) hatte, den Erhebungen zufolge, nach der Schulentlassung keine Lehre abgeschlossen, war jedoch 6 Jahre in derselben Firma als Hilfsarbeiter tätig gewesen.

Kurz nach der Schulentlassung schloß er sich einer Gruppe von 16- bis 20jährigen Jugendlichen an, die sich als „Vampir-Bande" bezeichneten. Ihr Erkennungszeichen waren rote Halstücher. Diese Gruppe war an sich zunächst recht harmlos; man stand an den Ecken herum, spielte kleinere Streiche usw., ohne daß es zu gravierenden Straftaten kam. Später spaltete sich daraus eine „Extrabande" ab. Deren Mitglieder waren etwas älter; der Proband selbst war damals etwa 18

Jahre alt. Es handelte sich mehr oder weniger um eine Rockerbande. Ihre Erkennungszeichen waren Lederjacken, Sturzhelme, schwarze Halstücher und Tätowierungen am Arm. Die Hauptbeschäftigung der Gruppe bestand zunächst darin, auf Mopeds und Motorrädern durch die Straßen zu brausen, Krach zu machen und die Leute zu ärgern. Die Gruppe gab sich dann eine „Satzung" und legte ein „Clubziel" fest: In den Kneipen herumsitzen, saufen und „dicke Hunde drehen". Darunter waren Schlägereien, Sachbeschädigungen und ähnliches zu verstehen. Mit dieser Gruppe zusammen beging der Proband eine Reihe von Einbruchsdiebstählen und Sachbeschädigungen, wobei sie Stahlruten und Totschläger mitführten; er zettelte einige Schlägereien an und wurde schließlich auch noch wegen Hausfriedensbruchs angezeigt, nachdem er zusammen mit der Gruppe eine Tanzstunde mit Gewalt gestört hatte.

Durch sein Geständnis im Rahmen der polizeilichen Ermittlungen trug der Proband wesentlich zur Auflösung dieser Gruppe bei, gleichwohl hätten – nach seiner Aussage – die polizeilichen Vernehmungen und vor allem auch das anschließende Gerichtsverfahren keinerlei Eindruck auf ihn gemacht. Die Jugendstrafe wurde zur Bewährung ausgesetzt, und der Proband schloß sich alsbald einer neuen Bande an. Mit dieser zusammen beging er eine ganze Serie von Einbruchsdiebstählen, wobei unter anderem etwa 40 Autos aufgebrochen wurden.

Bei der Untersuchung (1967) darauf angesprochen, meinte er, er denke auch in Zukunft nicht daran, diesen Lebensstil zu ändern; es sei doch eine höchst interessante Freizeitgestaltung, alles andere sei doch „stinklangweilig" und „spießbürgerlich".

Auch *V-„Zwilling"* 5 (geb. 1945) hatte während seiner Lehrzeit angefangen, Halbstarkenlokale zu besuchen, wo es mit Musikautomaten usw. laut herging und immer etwas los war. Einige seiner damaligen „Kumpel" waren bereits vorbestraft und in der Zwischenzeit schon wiederholt in Haft gewesen. Außerdem war er damals als Mitglied einer Rock'n'Roll-Gruppe viel unterwegs und kam in der ganzen Umgebung herum. Bei diesen Veranstaltungen sei auch immer viel „Gesindel" zusammengekommen, und es habe oft Krach gegeben. Im Laufe der Zeit bildete sich eine richtige Halbstarkenclique heraus, deren Mitglieder zwischen 16 und 20 Jahre alt waren. Man traf sich in der „Kneipe", trank miteinander, und irgendwann hatte immer irgendeiner eine Idee, was man noch anstellen konnte. So kannten sich beispielsweise einige mit Automaten aus, und er selbst sei – seiner eigenen, späteren Einschätzung zufolge – so dumm gewesen und habe mit den anderen alles mitgemacht. Im Laufe eines halben Jahres kam schließlich eine ganze Reihe von Automatendiebstählen zusammen. Er habe sich eben immer auf die anderen verlassen und sei mit der Masse gegangen. Wenn man mitten darunter sei und 50 würden zum Schlechten ja sagen, dann könne man nicht mehr dagegen sein. Er sei eben mitgelaufen und habe sich nichts dabei gedacht. Sie seien eine Clique gewesen, und wenn diese etwas angestellt habe, dann habe er mitgemacht, weil er sich sonst ausgeschlossen vorgekommen wäre. Die Clique und die Gemeinschaft seien ihm damals über alles gegangen.

Die ganze Sache kam schließlich heraus, der Anführer der Clique erhielt ein Jahr Jugendstrafe, der Proband zwei Wochen Jugendarrest. Der Arrest habe auf ihn großen Eindruck gemacht, und er habe sich überlegt, daß er doch wohl nicht auf dem „richtigen Weg" sei. Er habe dort unter anderem Jugendliche getroffen, die sich in U-Haft befunden hätten und richtige „Kriminelle" gewesen seien. Das Ganze habe ihn schon ein bißchen schockiert, und er habe sich auch davon abschrecken lassen. Mit der Zeit sei er dann aber von sich aus vernünftiger geworden. Er glaube aber, daß es damals mit ihm auch anders hätte gehen können, wenn sein Vater nicht dagewesen wäre. Dieser habe damals sehr hinter ihm gestanden. Nach seiner Rückkehr aus dem Jugendarrest sei sein Vater abends drei- oder viermal mit ihm weggegangen und habe sich die Leute angesehen, mit denen er verkehrt habe. Er habe ausgewählt und bestimmt, mit wem er noch gehen könne und mit wem nicht, und er selbst habe sich daran gehalten bzw. halten müssen, denn wenn er es nicht getan hätte, dann hätten ihn seine Eltern zu einem Onkel aufs Land geschickt. Dort hätte er dann keinerlei Ablenkung und kein Vergnügen mehr gehabt, so daß er lieber „langsam getreten" habe. Der Proband kam zwar auch später noch mit den Mitgliedern der früheren Clique oder mit Vorbestraften zusammen, da er schon durch seine Vorliebe für Rock'n'Roll-Musik entsprechende Lokale bevorzugte. Es sei auch immer wieder zu Schlägereien gekommen, er sei aber nie mehr daran beteiligt gewesen und habe sich immer zurückgehalten. Dies könne man durchaus, man brauche nur ein wenig „eigenen Willen".

Zum Untersuchungszeitpunkt (1969) war der Proband inzwischen verheiratet und hatte, soweit feststellbar, zwischenzeitlich mit der Polizei nichts mehr zu tun gehabt.

4.3.3. Zusammenfassung

Bei allen bisherigen Vergleichen war es mehr oder weniger deutlich darauf angekommen, die (kriminologisch) wesentlichen Unterschiede zwischen beiden Untersuchungsgruppen herauszuarbeiten. Was dabei zwangsläufig wenig Ausdruck fand, ist die Tatsache, daß es sehr wohl *Übergänge* zwischen den Verhaltensweisen der H- und V-Probanden gab. Schon bei der Betrachtung des Delinquenzbereichs der V-Probanden hatte es sich gezeigt, daß sich bei den mit „klassischer" Delinquenz Vorbestraften zum Teil deutliche Auffälligkeiten fanden, vor allem im Freizeit- und Kontaktbereich. Doch blieben diese Auffälligkeiten ebenso wie bei den hier gesondert dargestellten „Zwillingen" eher episodenhaft (s. o. Kap. II, 4.7.2.). Einen gewissen Eindruck von diesen Übergängen lieferte auch die statistische Analyse, bei der in der V-Gruppe gelegentlich ebenfalls erhebliche „Belastungen" festgestellt wurden. Dies gilt namentlich für schicksalhaft vorgegebene Umstände, vor allem in der Herkunftsfamilie, denen die betreffenden Probanden aus beiden Gruppen zunächst in gleicher Weise ausgesetzt waren.

Die hier vorgelegten „Zwillings"vergleiche führen in dieser Richtung weiter. Im Unterschied zu der statistischen Analyse wurden nicht „Merkmale", sondern „Situationen" zum Vergleich herangezogen; außerdem handelte es sich durchweg um solche Situationen, bei denen man davon ausgehen kann, daß sie *entscheidende* Weichenstellungen im Leben der jeweiligen Probanden waren. Gerade im Hinblick auf das unterschiedliche Reagieren der Probanden auf solche Weichenstellungen drängte sich die Überlegung auf, ob die kausale Bedeutung äußerer Fakten, selbst wenn sie sich häufen und zu krisenhaften Situationen zuspitzen, nicht letztlich relativiert werden muß zugunsten anderer, „innerer Fakten", wie z. B. grundlegender Haltungen der Probanden im Zusammenhang mit bestimmten Relevanzbezügen und einer entsprechenden Wertorientierung (s. dazu u. 5.). Es stellte sich nämlich in den vorliegenden Fällen die Frage nach denjenigen Kriterien, die bei den H-Probanden zu einer Entwicklung in Richtung auf mehrfache Straffälligkeit führten, bei den V-Probanden dagegen nicht, obgleich auch bei diesen zumindest alles, was an Erfahrungswissen über „äußere Fakten" vorlag, eine solche Entwicklung hätte als „sinnvoll" erscheinen lassen.

Zur weiteren Klärung dieser Fragen bot sich eine differenzierte Betrachtung des Lebenslängsschnitts an, um dadurch bestimmte, mit einer gewissen Regelmäßigkeit ablaufende Prozesse der Lebensentwicklung im Verhältnis zur Delinquenz feststellen und zudem aus den sichtbaren Fakten der Lebensentwicklung Rückschlüsse auf solche „Haltungen" ziehen zu können, wie sie inhaltlich bei den kriminorelevanten Konstellationen und „sonstigen Kriterien" (s. o. 3.3.) beschrieben wurden. Hierzu bedarf es dann allerdings einer ineinandergreifenden Analyse des Lebensquer- und des Lebenslängsschnittes (s. dazu u. 6.).

4.4. Die Stellung der Tat im Lebenslängsschnitt

4.4.1. Grundsätzliche Bedeutung

Die im vorigen Abschnitt dargestellten „Zwillings"paare genügen für eine Aussage über den Lebenslängsschnitt der Probanden nicht, zum einen, weil es sich nur um einige

Einzelfälle handelte, und zum anderen, weil sich die Darstellungen jeweils lediglich auf einen – wenn auch für die Betreffenden besonders gewichtigen – Ausschnitt aus dem Lebenslängsschnitt bezogen.

Um zur jeweiligen Stellung der Tat im *gesamten Lebenslängsschnitt* eine Aussage machen zu können, mußte daher erst einmal versucht werden, Verläufe krimineller Entwicklungen nachzuzeichnen, bei denen sich das Resultat einer (mehrfachen) Straffälligkeit entweder mit innerer Folgerichtigkeit aus der Kontinuität der bisherigen Lebensentwicklung ergibt oder einen Bruch in derselben bedeutet (oder aber auch eine qualitativ beschreibbare Zwischenform darstellt). Die mit dem Kriterium der Stellung der Tat im Lebenslängsschnitt gewonnenen Verlaufsformen waren das Ziel der Bemühungen um eine „Verdichtung" des Erfahrungswissens *im Längsschnitt*, wie dies *im Querschnitt* die kriminorelevanten Konstellationen waren.

Freilich war damit keinesfalls eine geschlossene Typologie angestrebt, die das ganze Spektrum der Delinquenz erfassen könnte. Anders als bei den Querschnittskonstellationen, die extreme (ideale) Bilder einer breiten Palette der konkret untersuchten Probanden aus *beiden* Vergleichsgruppen darstellen, bringt die gegebene Auswahl der H- und V-Gruppe (s. o. Kap. I, 1.) für eine Differenzierung von Formen der Stellung der Tat im Lebenslängsschnitt gewisse Einschränkungen mit sich. Schon nach dem Auswahlkriterium der H-Gruppe, das bewußt auf Probanden mit ausgeprägter Straffälligkeit abzielte (s. o. Kap. I, 1.), war zu erwarten, daß die Mehrzahl der H-Probanden eine Lebensentwicklung aufwies, in die sich die mehrfache Begehung von Straftaten mehr oder weniger zwanglos einfügte, während sich für solche Formen, bei denen zwar Straftaten vorlagen, aber nicht in dauerhafter, verfestigter Ausprägung, nur beiläufig einige Probanden fanden, teils unter den 47 vorbestraften V-Probanden, teils unter den (atypischen) H-Probanden.

Die nachfolgende Beschreibung ist also insofern offen, als insbesondere die zwischen den beiden Grenzfällen der kontinuierlichen Hinentwicklung zur Kriminalität einerseits und dem kriminellen Übersprung andererseits liegenden Zwischenformen nicht erschöpfend dargestellt werden. Teils erlauben sie in sich eine weitere Differenzierung, teils lassen sie aber noch Raum für andere Formen. Darüber hinaus fehlen beispielsweise auch Verhaltensauffälligkeiten und Straffälligkeit aufgrund psychischer Störungen; schließlich bleibt zunächst auch die Stellung von Fahrlässigkeitsdelikten im Lebenslängsschnitt (und Querschnitt) unberücksichtigt, obgleich sich auch diese prinzipiell aufgrund kriminologischer Erfahrungskriterien nach den entsprechenden Gesichtspunkten untergliedern lassen dürften.

4.4.2. Die (kontinuierliche) Hinentwicklung zur Kriminalität – Beginn in der frühen Jugend

Bei der Darstellung dieses Verlaufstypus ergeben sich naturgemäß Überschneidungen mit der Querschnittsbetrachtung und mit der statistischen Analyse. Er ist gerade durch die jeweils frühestmöglichen und ausgeprägtesten Verhaltensweisen des „idealtypischen" H-Probanden bestimmt. Eine ausführliche Wiederholung *aller* möglicherweise relevanten Fakten erübrigt sich daher (vgl. hierzu ausführlich GÖPPINGER 1980, S. 313 ff.).

Es zeigte sich jedoch auch bei der Untersuchung des Lebenslängsschnitts, daß die Bedeutung der einzelnen Fakten sehr unterschiedlich sein kann. So finden sich einerseits Syndrome, die mit hoher Wahrscheinlichkeit eine kriminelle Entwicklung anzeigen und insofern für eine etwaige Prophylaxe ausgesprochene Alarmsignale darstellen. Andererseits gibt es einzelne Fakten, die wohl häufig *auch* bei einer kontinuierlichen Hinentwicklung vorliegen mögen, jedoch in ihrer Wirkung zu unspezifisch sind, als daß sie nicht auf vielfältige andere Weise kompensiert werden könnten. Letzteres gilt in besonderem Maße für solche Umstände, die sachlich und zeitlich *weit entfernt* von der Straftat selbst liegen. Damit ist jedoch über die Bedeutung dieser Umstände *im einzelnen* nichts ausgesagt.

Entscheidend für eine kontinuierliche Hinentwicklung zur Kriminalität sind die (komplementären) Entwicklungen im Leistungs- und Freizeitbereich. Es beginnt oft schon im Vorschulalter mit Weglaufen von zu Hause und Herumtreiben. Später kommt es dann in der Schule zu auffälligem, oft aggressivem Verhalten gegen Lehrer und Mitschüler und zu hartnäckigem Schwänzen, das in der Regel zu plan- und ziellosem Herumstreunen genutzt und häufig durch raffinierte Lügen und Täuschungsmanöver gedeckt wird. Während der Zeit der Berufsausbildung und der Berufstätigkeit selbst setzt sich die Tendenz, *sich allen Leistungs- und Ordnungsanforderungen zu entziehen*, dadurch fort, daß die Freizeit immer stärker nicht nur auf Kosten des Schlafes, sondern auch zu Lasten des Leistungsbereichs ausgeweitet wird, wobei außerhäusige, (unproduktive sowie) unstrukturierte Freizeitaktivitäten mit völlig offenen Abläufen überwiegen, die – in einer dieser Lebensphase gemäßen Form – dem früheren planlosen Herumstreunen in der Vorschul- und Schulzeit entsprechen. Bezeichnenderweise sind dies ja auch jene Fakten, die den Kern der kriminovalenten Konstellation bilden. Von diesem Zentrum aus werden auch die gravierendsten Auffälligkeiten im Aufenthalts- und Kontaktbereich ohne weiteres verständlich: Das Bestreben, sich aktiv jeglicher familiären Kontrolle schon im Kindesalter zu entziehen, das neben anderen Auffälligkeiten schließlich zu Heimaufenthalten führen kann; ein extrem frühes Verlassen des Elternhauses; häufige Wohnsitzlosigkeit; das Fehlen tragender Bindungen bei (zunächst) schicksalhaften *und* (später) selbstgewählten Kontakten, stattdessen wechselnde unverbindliche, kurzfristig aus utilitaristischen Motiven eingegangene Bekanntschaften sowie das einseitige Ausnutzen von Eltern und sonstigen Verwandten.

Die innere *Dynamik* der kontinuierlichen Hinentwicklung zur Kriminalität wird vor allem dann sichtbar, wenn man das Vorliegen der Einzelkriterien der kriminovalenten Konstellation zeitlich zurückverfolgt. Hierzu ergaben sich bei einer differenzierten Analyse der letzten Tat (s. o. Kap. II, 4.6.) aufschlußreiche Hinweise. Das typische unstrukturierte Freizeitverhalten mit offenen Abläufen kann relativ lange andauern, wenn die Freizeit nur auf Kosten des Schlafes ausgedehnt wird. Solange der Leistungsbereich wenigstens einigermaßen intakt bleibt, sind auch die Mittel vorhanden, die diese Freizeitgestaltung ermöglichen, wenngleich in der Regel schon auf Kosten sonstiger Verpflichtungen. Es liegt jedoch in der Natur der Sache, daß früher oder später, schon unter dem Druck des körperlichen Ruhebedürfnisses, die Ausweitung des Freizeitbereichs den Leistungsbereich zu tangieren beginnt. „Blaumachen", Nachlassen der Arbeitsleistung, häufiger Stellenwechsel mit Intervallen beruflicher Untätigkeit bedingen sich dann gegenseitig und wirken auf den Freizeitbereich insofern zurück, als dadurch zusätzlich verfügbare Zeit entsteht. Werden hier dann dieselben Freizeittätigkeiten – in der Regel verhältnismäßig kostspielige – weiterverfolgt, ergibt sich eine dramatische Zuspitzung der Situation. Alles drängt förmlich darauf hin, daß die für diesen Lebensstil notwendigen, aber mangels Berufstätigkeit nicht vorhandenen Mittel durch ein (Eigentums-)Delikt beschafft werden. In den genannten Freizeittätigkeiten und den für sie typischen Kontakten sind gleichzeitig auch von der konkreten Situation her die Voraussetzungen für eine Deliktsbegehung gegeben. Unmittelbar vor der Tat ist bei der kontinuierlichen Hinentwicklung zur Kriminalität ein vollständiger Zusammenbruch der Strukturierung aller sozialen Bereiche zu verzeichnen, einschließlich des Aufenthaltsbereichs.

Freilich läßt sich die innere Dynamik der Entwicklung im Sinne einer unmittelbar einsichtigen inneren Folgerichtigkeit nicht beliebig weit zurückverfolgen. Mit zunehmender Entfernung stößt man auf Situationen, bei denen (noch) mehrere Möglichkeiten der Entwicklung offenstehen und von denen zunehmend auch V-Probanden betroffen sind. Hierbei muß sich auch eine idealtypische Betrachtung der kontinuierlichen Hinentwicklung mit der Feststellung begnügen, *daß* solche Situationen vorliegen, ohne eine zwingende innere Folgerichtigkeit erkennen zu können.

Scharf zu unterscheiden ist dieser Typus von früheren, rein tautologischen Versuchen, das Verbrechen durch einen „Hang" zum Verbrechen zu erklären. Bei der kontinuierlichen Hinentwicklung zur Kriminalität handelt es sich vielmehr um zwar idealtypisch „verdichtete", im Einzelfall jedoch erfahrungswissenschaftlich feststellbare – freilich nicht voll operationalisierbare – Kriterien des *Sozial*verhaltens von Menschen in ihren sozialen Bezügen, *ohne* daß die Tatsache der Straffälligkeit selbst bei dieser Feststellung irgendeine Bedeutung hätte. Die entsprechenden Verhaltensweisen und „Haltungen" sind dementsprechend ohne jeden Bezug zu strafrechtlich relevanten Tatbeständen oder Begriffen darstellbar.

Wenngleich also die entscheidenden Kriterien für die Hinentwicklung diejenigen des Sozialverhaltens sind, so bedeutet dies aber nicht, daß *Delikte* – und darauf bezogene Sanktionen – völlig unbeachtlich wären. In der Regel (aber nicht notwendig) kommt es – vor dem ersten strafrechtlich geahndeten Delikt – schon im Kindesalter, zu einem Zeitpunkt also, in dem sich naturgemäß noch nicht alle Verhaltensweisen, die eine Hinentwicklung anzeigen, in voller Ausprägung finden, zu sozialen Auffälligkeiten, die die Grenze zu „deliktischen" Handlungen überschreiten. Diese setzen sich im Jugendalter konsequent in strafbaren Handlungen fort.

In ähnlicher Weise wie frühere Delikte vermögen auch *vorangegangene Sanktionen* die Betrachtung des Sozialverhaltens zu ergänzen, freilich nicht in dem Sinne, daß die Sanktionen eine maßgebliche Rolle für die Hinentwicklung spielen würden. Vielmehr kommt es regelmäßig erst *nach* einer ausgeprägten „kriminellen Hinentwicklung" und aufgrund wiederholter Straftaten und Sanktionen zu einer Freiheitsentziehung, sei es durch Jugendstrafe oder jugendrechtliche Heimeinweisung, sei es durch Freiheitsstrafe. Dabei bewirkt der Vollzug solcher Maßnahmen keine entscheidende Änderung, so daß der in die Freiheit Entlassene seine bisherigen sozialen Verhaltensweisen fortsetzt, die über kurz oder lang zu neuen Straftaten und Freiheitsentziehungen führen. Schließlich pendelt er zwischen seinen kriminovalenten Bezugsbereichen und den Vollzugsanstalten, die bereits Teil seiner Lebenserwartung, also gleichsam ein eigener „Sozialbereich", geworden sind, hin und her (zum Verhalten in Haft als eigenständiger Erhebungsbereich vgl. Göppinger 1983 b).

Eine solche Entwicklung kann allerdings nicht durchweg beliebig weit in die Zukunft hinein verlängert werden. Gesicherte Aussagen über die Weiterentwicklung der betroffenen Probanden während der nächsten Jahrzehnte sind derzeit noch nicht möglich; sie können erst nach Abschluß der Fortuntersuchung getroffen werden.

Beispiel für eine kontinuierliche Hinentwicklung zur Kriminalität mit Beginn in der frühen Jugend:

A. wurde 1942 in M-Stadt als zweitjüngstes von 8 Kindern seiner Mutter geboren. Zwei seiner älteren Geschwister waren außerehelich geboren worden, ein weiteres Kind hatte seine Mutter bereits mit in die Ehe gebracht. Der Vater war jahrelang als angelernter Fräser im gleichen Betrieb tätig, jedoch immer wieder längerfristig krank. Die Erziehung der Kinder und die Haushaltsführung oblagen der Mutter. Die Ehe war durchweg recht unglücklich; während es anfangs (auch im Zusammenhang mit der Trinkerei des Vaters) häufiger Auseinandersetzungen zwischen den

Eltern gab, lebten diese später nebeneinander her. Die wirtschaftlichen Verhältnisse waren stets unzureichend, andererseits achtete die Mutter auf eine gewisse Sauberkeit der Kinder und hielt auch die Wohnung in Ordnung.

Die Erziehung der Kinder war inkonsequent und reichte von Erziehungsversuchen durch Schlagen bis zu übertriebener Inschutznahme. Vor allem die Mutter sah dem Probanden sehr viel nach und entschuldigte sich damit, bei der großen Kinderschar den Überblick verloren zu haben; sie habe oft nicht gewußt, wo sich die Kinder gerade aufhalten, mit wem sie zusammen sind und was sie treiben.

Der Proband wurde 1948 eingeschult und besuchte 8 Jahre die Volksschule. Seine Leistungen waren durchweg knapp ausreichend; die zweite Klasse mußte er wiederholen, später wurde er jeweils mit viel Nachsicht gerade noch in die nächste Klasse versetzt. Die Schularbeiten erledigte er häufig nicht, und wenn, dann nachlässig, zumal sie zu Hause in keiner Weise überwacht wurden. Er schwänzte häufig – meist zusammen mit seinem jüngeren Bruder – die Schule, oft tagelang, wobei sich die beiden jeweils in der Stadt herumtrieben. Von den Eltern wurde dies meist nicht bemerkt, und auch der Lehrer „kannte" die beiden insoweit und verzichtete in den letzten Klassen auf Entschuldigungen, da ihn die beiden ohnehin nur dreist anlogen und er von den Eltern in dieser Hinsicht keine Unterstützung erfuhr. Auch in der Freizeit hielt sich der Proband meist mit seinem Bruder auf der Straße auf. Aus verschiedenen Vereinen (Leichtathletik, Kunstradfahren, Stadtkapelle) wurde der Proband nach kurzer Zeit ausgeschlossen, weil er nur Unfug machte, so daß eine konstruktive Zusammenarbeit mit ihm nicht möglich war, und er sich auch mit den Kameraden nicht verstand. Als der Proband im Sommer 1955 mehrfach zusammen mit Älteren eine geistig beschränkte, etwa 40 jährige Nachbarin aufsuchte, mit ihr wiederholt Geschlechtsverkehr ausführte und danach jeweils in ihrer Wohnung kleinere Geldbeträge entwendete, wurde deswegen und wegen des Schuleschwänzens Schutzaufsicht angeordnet, die allerdings keine grundsätzliche Besserung zur Folge hatte.

Nach der Schulentlassung zu Ostern 1956 fand der Proband auf Vermittlung seines Vaters eine Stelle als Hilfsarbeiter in einer Möbelfabrik, die er allerdings bereits nach 3 Wochen wieder aufgab. Auch an einer weiteren Arbeitsstelle erschien er nach 5 Wochen nicht mehr. Im August 1956 kam er schließlich als Hilfsarbeiter in einer Schuhfabrik unter, wo er – abgesehen von häufigem, unentschuldigtem Fernbleiben von der Arbeit (meist verbunden mit Herumstreunen und Delinquenz) – bis Mai 1958 tätig war. Während er anfänglich zu Hause noch Kostgeld abgab, verweigerte er dies mit der Zeit und verbrauchte seinen Lohn bei fast täglichen Gaststättenbesuchen für Alkohol. Abgesehen davon verbrachte er seine Freizeit überwiegend zusammen mit seinem jüngeren Bruder und einigen Gleichaltrigen im Kino oder fuhr mehr oder weniger ziellos mit Mopeds und Motorrädern in der Gegend umher. In diesem Zusammenhang kam es auch zu Straftaten: Der Proband entwendete im Sommer 1956 zusammen mit anderen wiederholt Motorräder, mit denen er – ohne im Besitz einer Fahrerlaubnis zu sein – umherfuhr und dabei wiederholt Unfälle bzw. Sachbeschädigungen an den entwendeten Fahrzeugen verursachte. In 3 Fällen wurde deswegen vom Jugendrichter jeweils Jugendarrest angeordnet.

Im Frühjahr 1957 verabredete sich der Proband mit zwei Gleichaltrigen, gemeinsam nach Hamburg zu gehen und von dort aus „nach Texas" auszuwandern. Um das hierfür notwendige Geld zu erlangen, planten sie einen Raubüberfall auf einen Krämerladen, wovon sie jedoch wegen eines zufällig vorbeikommenden Kunden Abstand nahmen. In der folgenden Nacht führten sie statt dessen 2 Einbrüche in Büroräume bei ihren Arbeitgebern durch, die allerdings nur wenig Bargeld einbrachten, so daß sie ihre Auswanderungsabsichten aufgaben. Im Sommer 1957 kam es erneut zu 2 gemeinschaftlichen Einbruchsdiebstählen in Kellerräume, im Dezember 1957 folgten weitere Diebstähle im Zusammenhang mit tagelangem Umherstreunen. Beim zweiten Versuch, gemeinschaftlich auszuwandern, beschafften sich der Proband und sein „Kumpel" im Frühjahr 1958 das erforderliche Geld, indem sie auf dem Weg nach Hamburg eine Tante besuchten und ihr 500 DM entwendeten.

Nachdem der Proband in diesem Zusammenhang an seiner Arbeitsstelle erneut mehrere Tage gefehlt hatte, wurde ihm gekündigt. In den folgenden Monaten arbeitete er insgesamt nur noch wenige Wochen, schließlich wurde im Juli 1958 Fürsorgeerziehung angeordnet und der Proband in das Fürsorgeheim O-Stadt eingewiesen. In den ersten Wochen entwich er mehrfach aus dem

Heim, um nach Hause zurückzukehren. Dabei beging er einige weitere Eigentumsdelikte, unter anderem zu Lasten von zwei Mitzöglingen, mit denen er entwichen war und deren Geld er unterschlug, anstatt Fahrkarten für sie zu kaufen. Im Laufe der Zeit ordnete er sich aber im Heim in die Gruppe ein und zeigte sich bei der Arbeit willig und geschickt. Es wurde daher versucht, ihn eine Metzgerlehre machen zu lassen, was jedoch nach wenigen Wochen an seiner Interesselosigkeit sowie daran scheiterte, daß er die Berufsschule nahezu ständig schwänzte. Er arbeitete daraufhin zunächst in der heimeigenen Landwirtschaft und wurde im Mai 1960 als landwirtschaftlicher Arbeiter auf einen Bauernhof vermittelt. Dort hatte er Familienanschluß, führte sich ordentlich und verbrachte seine Freizeit weitgehend zu Hause. Allerdings drängte nunmehr sein Vater, der inzwischen Rentner war, auf seine Rückkehr nach Hause, damit (wie der Vater sagte) „Geld hereinkommt". Der Proband wurde daher im Oktober 1960 aus der Fürsorgeerziehung entlassen und kehrte zu seinen Eltern zurück.

Er stand in der Folgezeit noch unter Bewährungsaufsicht aus einer Verurteilung zu 8 Monaten Jugendstrafe wegen der Straftaten von 1957/58. Obwohl der Proband zunächst keiner geregelten Arbeit nachging und den Tag in Gasthäusern verbrachte, verweigerten die Eltern jegliche Zusammenarbeit mit dem Bewährungshelfer. Bis Sommer 1961 war der Proband jeweils einige Wochen, teilweise auch nur einige Tage an insgesamt 9 verschiedenen Arbeitsstellen tätig und ging zwischendurch immer wieder wochenlang keinerlei Arbeit nach, wobei er sich auch um keine neue Arbeitsstelle bemühte. Als nach 2 Verurteilungen wegen einer Körperverletzung und wegen eines Straßenverkehrsdelikts der Widerruf der Strafaussetzung zur Bewährung drohte, setzte er sich mit Unterstützung seiner Eltern von zu Hause ab und zog etwa 4 Monate wohnsitzlos umher, wobei er sich teilweise als Schaustellergehilfe, teilweise mit Gelegenheitsarbeiten seinen Lebensunterhalt verdiente, gelegentlich aber auch kleinere Eigentumsdelikte beging. Unterkunft fand er in dieser Zeit entweder am jeweiligen Arbeitsplatz oder in Scheunen, am Bahnhof usw. Im Herbst 1961 wurde er bei einer Polizeikontrolle gefaßt und verbüßte bis Juni 1962 die 8 monatige Jugendstrafe.

Auch nach der Haftentlassung kehrte er wieder zu seinen Eltern zurück. Nach verschiedenen kurzfristigen Arbeitsverhältnissen war er 1963/64 fast ein Jahr an derselben Stelle als Lagerarbeiter tätig. Diese Stelle verlor er, weil er im Betrieb Waren unterschlagen und verkauft hatte. Ansonsten arbeitete er bis zur letzten Inhaftierung (1966) an 8 verschiedenen Stellen als Hilfsarbeiter, Maurergehilfe, Kohlenträger, Beifahrer usw. Auch während dieser Beschäftigungsverhältnisse blieb der Proband immer wieder (meist nach durchzechter Nacht) unentschuldigt der Arbeit fern oder feierte tagelang krank. Zwischen den einzelnen Arbeitsverhältnissen lagen stets einige Wochen, in denen er keiner Arbeit nachging; zeitweilig lebte er von der Sozialhilfe oder wurde von seinen Eltern unterstützt. Mitte 1965 machte er sich vorübergehend als „Tiefbauunternehmer" selbständig, indem er verschiedentlich zusammen mit einem Bekannten Grabarbeiten und Plattenlegearbeiten durchführte. Da er die Aufträge jedoch überwiegend nicht ordnungsgemäß erfüllte, kürzten die Kunden die Vergütung entsprechend; außerdem bekam der Proband wegen nicht abgeführter Steuern Schwierigkeiten mit dem Finanzamt, die ihn veranlaßten, den Betrieb aufzugeben. Bis zu seiner Inhaftierung ging er dann keiner geregelten Arbeit mehr nach.

Abgesehen von Schadensersatzverpflichtungen aus mehreren Verkehrsunfällen, denen er allerdings nur teilweise nachkam, und der sehr unregelmäßigen Kostgeldabgabe, verbrauchte er sein Geld überwiegend für Gaststättenbesuche. Dabei hielt er häufig seine Zechgenossen und die dort anwesenden Frauen frei und hatte auch erhebliche Ausgaben für weite Taxifahrten in die nächste größere Stadt, verbunden mit Barbesuchen usw. In seiner Freizeit war er ständig unterwegs, meist in (wie er es nannte) „Remmidemmi-Lokalen", wo etwas los war, wo man Mädchen treffen konnte und wo er auch teilweise als Feuerschlucker auftrat. Nach Aussage seiner Mutter kam es immer wieder vor, daß der Proband dreimal am Tag betrunken nach Hause kam, sich jeweils einige Stunden schlafen legte und dann wieder in die Wirtschaft ging. Mit seinem Geld kam er nie aus und konnte (seiner eigenen Einschätzung nach) auch nicht damit umgehen. Er hatte laufend Schulden aus verschiedenen Autokäufen und aus der wiederholten Anschaffung von Fernsehgeräten, die er alsbald im Rausch wieder zertrümmert hatte. Meist wurde der Wochenlohn am Wochenende verbraucht; als er einmal 600 DM Lohnsteuerrückerstattung erhielt, gab er den gesamten Betrag noch am gleichen Abend in Gaststätten aus. Des weiteren hatte er zuletzt auch Schulden aus Unterhaltsverpflichtungen gegenüber zwei unehelichen Kindern von zwei verschiedenen Frauen, mit denen er vorübergehend in der elterlichen Wohnung zusammengelebt hatte. Das Verhältnis zu seinen Eltern war sehr wechselhaft: Während er sie einerseits gelegentlich unterstützte, riefen die Eltern wiederholt die Polizei zu Hilfe, wenn der Proband sie in betrunkenem Zustand bedrohte. Im Juli 1965 kam es dabei zu einer handgreiflichen Auseinandersetzung zwischen dem Probanden und seinem Vater, bei dem letzterer durch das Fenster flüchtete und sich dabei den Fuß brach. Als der Proband deswegen 4 Wochen Gefängnis zu verbüßen hatte, demolierte er dort seine Zelle. Im übrigen wies das Strafregister für die Zeit nach Verbüßung der 8 monatigen Jugendstrafe (1962) bis zur letzten Inhaftierung (Frühjahr 1966) insgesamt 17 Verurteilungen auf: Neben Delikten im Zusammenhang mit dem Straßenverkehr (Fahren ohne Führerschein bzw. in betrunkenem Zustand, Gebrauchsanmaßung und Unfallflucht) vor allem Straftaten im Zusammenhang mit vorangegangenem Alkoholkonsum (unter anderem Beleidigung, Bedrohung und Körperverletzung von Zechgenossen, aber auch Nötigung und Widerstand gegen Polizeibeamte) und zuletzt verschiedene Einbruchsdiebstähle sowie gemeinschaftliche Scheckbetrügereien zu Lasten seines damaligen Arbeitgebers. Nachdem der Proband zuvor wiederholt zu Geldstrafen bzw. kurzfristigen Gefängnisstrafen verurteilt worden war, verbüßte er wegen der zuletzt begangenen Delikte zum Untersuchungszeitpunkt eine Gefängnisstrafe von 1 Jahr und 3 Monaten.

4.4.3. Die (kontinuierliche) Hinentwicklung zur Kriminalität – Beginn im Heranwachsenden- bzw. Erwachsenenalter

Obgleich mit dem Begriff der kontinuierlichen Hinentwicklung zur Kriminalität eher die gesamte Lebensentwicklung gemeint ist, hat dieser Begriff auch für eine Verlaufsform seinen Sinn, bei der erst im beginnenden Erwachsenenalter Auffälligkeiten im Sozialverhalten und im Gefolge davon auch eine sich verfestigende Kriminalität auftreten. Schon bei der statistischen Analyse waren zum Teil erhebliche Unterschiede zwischen Früh- und Spätdelinquenten (H_1- und H_2-Probanden) aufgefallen, stärkere vor allem bei der Herkunftsfamilie, immer schwächere dagegen in Bereichen, die mit fortschreitendem Alter der Probanden relevant werden (s. zusammenfassend o. Kap. II, 5.). Daß es eine nicht unerhebliche Anzahl von H-Probanden gibt, die vom äußeren *Erscheinungsbild* ihres Sozialverhaltens her lange Zeit ähnlich unauffällig waren wie die Mehrzahl der V-Probanden, spricht jedoch nicht gegen die Kontinuität einer Entwicklung, die schließlich doch bei mehrfacher Straffälligkeit endet.

In den *Einzelfalluntersuchungen* gibt es hinreichend Anhaltspunkte dafür, daß die betreffenden Probanden unauffällig blieben, solange sie noch in ein bestehendes starkes Ordnungsgefüge, in der Regel das der Herkunftsfamilie, eingebunden waren, und daß auch noch längere Zeit durch günstige äußere Umstände im Leistungs-, Freizeit- und Kontaktbereich eine soziale Einbettung der Probanden aufrechterhalten blieb. In dem Maße, in dem durch den normalen Ablauf von Lebensphasen *vorgegebene* soziale Einbindungen durch *selbstgewählte* Kontakte, Freizeitmöglichkeiten und Arbeitsstellen (bzw. deren Wechsel) ersetzt werden konnten, schafften sich diese Probanden jedoch bezüglich der Leistungs- und Ordnungsanforderungen ebenfalls jenen Freiraum, der auch für die kontinuierliche Hinentwicklung mit Beginn in der frühen Jugend kennzeichnend ist.

Insofern handelt es sich – trotz des relativ späten Beginns nach außen sichtbarer Auffälligkeiten – um eine in sich verständliche Entwicklung, lediglich mit einer altersmäßig anderen Gewichtung zwischen vorgegebenen Umständen und eigenem, aktivem Durchsetzen des Lebenszuschnitts durch den Probanden. Im Querschnitt unmittelbar vor der Tat sind diese Unterschiede jedoch weitgehend eingeebnet. Hier findet sich dieselbe innere Folgerichtigkeit der Entwicklung, die sich vor allem mit dem Zusammenbruch des Leistungsbereichs drastisch zuspitzt.

Aus der weiteren Beobachtung der Probanden im Anschluß an die vorliegende Untersuchung gibt es im übrigen Anzeichen dafür, daß Probanden, bei denen die kontinuierliche Hinentwicklung zur Kriminalität erst spät eingesetzt hatte, zunächst jedenfalls den damit verbundenen Lebensstil in ausgeprägter Form fortführten. Für genauere Angaben muß jedoch die noch andauernde Fortuntersuchung abgewartet werden.

Beispiel für eine kontinuierliche Hinentwicklung zur Kriminalität mit Beginn im Heranwachsenden- bzw. Erwachsenenalter:

B. wurde 1941 in A-Stadt als nichteheliches Kind geboren. Sein Vater war damals zur Wehrmacht eingezogen, seine Mutter berufstätig. Aus diesem Grund und nicht zuletzt auch wegen der Kriegsereignisse wuchs der Proband in den ersten Jahren bei einer Pflegemutter in C-Stadt auf. Diese hatte eine kleine Landwirtschaft, so daß der Proband auch in der Kriegs- und Nachkriegszeit nie Not leiden mußte. Er besuchte zunächst den Kindergarten und wurde 1947 eingeschult. In den ersten Klassen war er nur ein mittelmäßiger Schüler, da er kein sonderlich großes Interesse an der Schule hatte und, anstatt Hausaufgaben zu machen, lieber in der Landwirtschaft seiner Pflegemutter mithalf. 1948 nahmen ihn seine Eltern, die inzwischen eine geräumige Wohnung in D-Stadt, einer süddeutschen Großstadt, gefunden hatten, zu sich. Die wirtschaftlichen Verhältnisse im Elternhaus waren geordnet. Seine Mutter arbeitete ab diesem Zeitpunkt nicht mehr und konnte sich ganz dem Probanden widmen. Dieser hatte zu seinen Eltern ein sehr gutes Verhältnis; ernstliche Erziehungsschwierigkeiten gab es nicht. Ab dem Umzug zu seinen Eltern besuchte er die Schule in D-Stadt. Er war mit größerem Interesse als zuvor bei der Sache und schloß die Volksschule mit einem guten Zeugnis ab. Seine Freizeit war in der Kindheit und Schulzeit, abgesehen von der früheren Mithilfe in der Landwirtschaft, im wesentlichen vom Zusammensein mit anderen Kindern, gemeinsamem Fußballspielen und ähnlichem bestimmt. Ab 1950 nahm er außerdem regelmäßig an den Gruppenabenden der Jungschar teil, machte Wanderungen mit und war im übrigen auch ein begeisterter, aktiver Fußballspieler: Gegen Ende der Schulzeit trat er einem Sportverein bei, trainierte einmal wöchentlich und nahm samstags am Spiel teil. Außerdem war er noch eine Zeitlang in einem Boxsportverein, wo er jedoch Streit bekam und deshalb aus dem Verein austrat.

Nach dem Schulabschluß begann er eine Kellnerlehre, die ihm – seinen Angaben zufolge – großen Spaß gemacht habe. Er hatte in der Regel von 9 bis 14 Uhr und von 18 bis 21 Uhr Dienst, und zwar auch am Wochenende. Nachmittags und an seinen freien Tagen schlenderte er meist in der Stadt umher und ging im Sommer ins Schwimmbad. Abends traf er sich, wie er angab, regelmäßig mit Arbeitskollegen, mit denen er durch verschiedene Gaststätten bummelte. Schon durch diese berufsbedingte Änderung des Tagesablaufs ließ seine Fußballbegeisterung deutlich nach, aber auch seine sonstigen Interessen veränderten sich stark. Seinen Angaben zufolge hatte er ab seinem 17. Lebensjahr praktisch keine Tanzveranstaltung mehr ausgelassen und außerdem mit der Zeit fast sämtliche Lokale in D-Stadt kennengelernt.

Während seiner Ausbildung war er jedes Jahr für 8 Wochen in einer Hotelfachschule auf Lehrgängen. Dort ging es sehr streng zu; es gab jedoch für B. dort ebensowenig Probleme wie an seiner Lehrstelle. Gegen Ende seiner Lehrzeit bekam er dann aber mit einem Arbeitskollegen und schließlich auch mit seinem Lehrherrn wegen des Trinkgeldes Streit, so daß er fast die Lehrstelle verloren hätte. Er schloß die Lehre dann aber doch im April 1958 mit sehr gutem Erfolg ab.

Wegen des angespannten Verhältnisses kündigte er sofort nach der Prüfung bei seinem Lehrherrn und trat eine neue Stelle in einem renommierten Hotel in D-Stadt an. Da er auch andere Hotels kennenlernen wollte, gab er diese Stelle zum Jahresende 1958 wieder auf, konnte dann aber nicht sofort eine neue Stelle bekommen und half daher mit Unterbrechungen jeweils mehrere Wochen in 4 verschiedenen Saisonbetrieben aus. Mit Hilfe seiner Eltern fand er dann zum 1. April 1959 eine Saisonarbeitsstelle als Commis de Rang in E-Stadt. Nach Saisonende kehrte er im Oktober 1959 zu seinen Eltern zurück, arbeitete wiederum in verschiedenen Lokalen in D-Stadt als

Aushilfskellner und fand schließlich über eine Fachzeitschrift ab Mitte Dezember 1959 eine neue Stelle in F-Stadt.

Auch dort war er nur wenige Monate und wechselte dann wegen zu geringer Bezahlung in ein anderes Hotel in G-Stadt. An seinen Arbeitsstellen wurde er durchweg gut beurteilt und verdiente meist auch sehr gut; wie er selbst sagte, brauchte er jedoch seine Abwechslung. Mitte August 1960 gab er daher auch die Arbeit in G-Stadt auf. Er hatte damals etwa 2000 DM gespart und wollte „einmal richtig ausspannen". Zu diesem Zweck fuhr er mit einem Kollegen nach Hamburg, wo sie sich einige vergnügte Tage machten und das Geld bei Barbesuchen und mit Prostituierten durchbrachten. Ende August 1960 kam der Proband mehr oder weniger „abgebrannt" bei seinen Eltern in D-Stadt an. Dort gab es zunächst wegen seines Verhaltens heftigen Streit; die Eltern unterstützten ihn dann aber doch wieder. Durch Vermittlung seines Vaters gelang es ihm in einem anderen, ebenfalls recht renommierten Hotel in D-Stadt als Demi-Chef unterzukommen. Bereits nach 6 Wochen kündigte er aber auch dort spontan, nachdem er wegen unentschuldigten Fernbleibens von der Arbeit gerügt worden war.

Bei seinen verschiedenen auswärtigen Arbeitsstellen als Kellner hatte er in der Regel sein eigenes Zimmer im betreffenden Hotel, teilweise hatte er sich aber auch ein Appartement gemietet. In seiner Freizeit war er jedoch nie daheim, sondern ständig zusammen mit Bekannten oder auch allein unterwegs in Gaststätten und bei Tanzveranstaltungen. Er habe, wie er sagte, „jede Menge" Mädchen kennengelernt und sei mit den meisten auch recht schnell intim geworden. In D-Stadt sei er vor allem in der (von „einschlägigen" Bars und Etablissements geprägten) Altstadt „wie ein bunter Hund" bekannt gewesen und sei dort aufgetreten, als käme es ihm auf ein paar tausend Mark nicht an. Seit seiner Rückkehr aus Hamburg war er praktisch jeden Abend in der Altstadt, traf dort seine „Kumpel" und Bekannten und vergnügte sich. Zwischendurch fuhren sie auch immer wieder einmal nach Frankfurt, um sich dort zu amüsieren. Da das Ganze recht kostspielig gewesen sei, habe man sich – B.'s Angaben zufolge – natürlich auch immer wieder darüber unterhalten, wie man günstig zu Geld kommen könnte. Dabei seien auch Straftaten ausgeheckt und von den anderen auch teilweise ausgeführt worden. Als er selbst dann ebenfalls keine Arbeit mehr gehabt habe, sei es auch für ihn „irgendwie akut" geworden. Zeitweilig habe er sich überlegt, ob er als Vertreter „Geld machen" könnte; dies habe dann jedoch auch nicht geklappt. Eines Abends saß er mit zwei „Kumpeln" und der Ehefrau eines dieser „Kumpel" in der X-Bar in D-Stadt zusammen. Da alle drei in akuter Geldnot waren, beschlossen sie, einiges „in die Wege zu leiten". Anfang November 1960 versuchten sie zuerst vergeblich, nachts in die Apotheke, in der die Ehefrau seines „Kumpels" arbeitete, einzubrechen, um an Geld zu kommen. Nach diesem Mißerfolg trafen sie sich auch an den folgenden Abenden in der X-Bar und schmiedeten weitere Pläne. Sie beschlossen schließlich, einen Überfall auf einen Kassenboten in H-Stadt auszuführen, eine Gelegenheit, auf die einer seiner „Kumpel" aufgrund einer früheren Tätigkeit in dem betreffenden Betrieb aufmerksam machte. Am darauffolgenden Freitag erkundeten sie zunächst in H-Stadt die Örtlichkeiten und beobachteten den Kassenboten. Am nächsten Freitag fuhren sie zu viert im Mietwagen erneut nach H-Stadt, mußten aber von der Tat Abstand nehmen, nachdem der Kassenbote in Begleitung eines weiteren Mannes war. Daraufhin fuhren sie am gleichen Nachmittag nach Frankfurt weiter, um dort eine Prostituierte, die der Proband von früheren Besuchen her kannte, zu berauben. Damit diese auf jeden Fall genügend Geld bei sich hatte, wollten sie den Überfall erst in den späten Nachtstunden und in ihrer Wohnung durchführen. Sie verbrachten deshalb den Abend zunächst in verschiedenen Bars. Als der Proband anschließend die betreffende Frau plangemäß nach Mitternacht in der Absicht ansprach, mit ihr in die Wohnung zu gehen, hatte er nicht mehr genügend Geld bei sich, so daß auch dieses Unternehmen vorläufig aufgegeben werden mußte. Am darauffolgenden Montag machten sie sich erneut auf den Weg nach Frankfurt. Sie waren inzwischen „völlig pleite"; sein „Kumpel" mußte das notwendige Benzin mit ungedeckten Schecks bezahlen, der Proband selbst hatte das Geld für die Prostituierte unter einem Vorwand bei seinen Eltern leihen müssen. Die Tat lief nunmehr zunächst planmäßig ab: Während der Proband mit der Prostituierten in ihre Wohnung ging, warteten die drei anderen unten im Wagen. Beim Weggehen aus der Wohnung versuchte der Proband, die Prostituierte mit Äther zu betäuben, diese schrie jedoch, so daß ihr Zuhälter aufmerksam wurde und es zu einer kurzen Schlägerei kam. Der Proband konnte gerade noch entwischen und holte seine wartenden

„Kumpel". Alle drei gingen noch einmal in die Wohnung, wo sie dann in aller Eile etwas Bargeld und Schmuck zusammenrafften. Da die Prostituierte zwischenzeitlich die Polizei gerufen hatte, wurden sie noch in Frankfurt festgenommen.

Der Proband wurde zu einer Gefängnisstrafe von 3 Jahren und 6 Monaten verurteilt, von denen er 2 Jahre und 6 Monate verbüßte. Nach der Haftentlassung im Mai 1963 kehrte er für einige Tage zu seinen Eltern nach D-Stadt zurück. Da diese ihn zur Aufnahme einer Arbeitstätigkeit drängten, ging er von zu Hause weg und fand bei einer Bekannten, die er kurz zuvor kennengelernt hatte, Unterschlupf. Seinen Angaben zufolge mußte er sich „vom Knast erholen" und machte zunächst 6 Wochen „Urlaub" in der Form, daß er sich wieder überwiegend in Altstadtlokalen aufhielt. Nachdem ihn auch der Bewährungshelfer zur Arbeitsaufnahme drängte, nahm er verschiedentlich in Bars von D-Stadt – teilweise auch nur der Form halber – Aushilfstätigkeiten als Barmixer an. Meist paßte ihm aber nach kurzer Zeit irgend etwas nicht mehr, so daß er kündigte. Durch eine andere Bekannte erfuhr er dann von einer Arbeitstätigkeit in einem Hotel in I-Stadt. Ohne Wissen seines Bewährungshelfers ging er daraufhin zusammen mit seiner neuen Bekannten nach I-Stadt und wurde in dem dortigen Hotel eingestellt. Nachdem das Verhältnis mit seiner neuen Bekannten alsbald in die Brüche gegangen war, zerstritt er sich auch noch mit seinem Vorgesetzten, kündigte daraufhin und war nach 5 Wochen wieder zurück in D-Stadt. Dort lebte er wieder von einigen Aushilfsstellen als Kellner und Barkeeper und ging schließlich im Sommer 1964 nach K-Stadt, da er wieder einmal „etwas anderes sehen wollte".

In K-Stadt war er etwa ein halbes Jahr in einem angesehenen Restaurant als Barkeeper in einer ausgesprochenen Vertrauensstellung tätig. Nach einer Schlägerei mit Kollegen wurde ihm jedoch fristlos gekündigt; wegen der dabei begangenen Körperverletzung wurde er zu einem Monat Gefängnis verurteilt. Später stellte sich dann außerdem heraus, daß er im Laufe seiner Tätigkeit etwa 3 000 DM unterschlagen hatte. Um eine Anzeige zu verhindern, mußte er sich zur Rückerstattung verpflichten. Nach dem Verlust dieser Arbeitsstelle und nach der Verbüßung der einmonatigen Gefängnisstrafe arbeitete er nur noch einmal kurzfristig als Vertreter, ging ansonsten aber keiner geregelten Arbeit mehr nach. Statt dessen lebte er von seiner damaligen „Verlobten", einer 20jährigen Bardame, die im August 1965 von ihm ein Kind bekam. Da sie beide in erheblichen finanziellen Schwierigkeiten waren, arbeitete seine Verlobte nach ihrer Schwangerschaft nicht mehr als Bedienung, sondern ging der Prostitution nach. Seinen eigenen Angaben und auch den polizeilichen Ermittlungen zufolge, habe der Proband außer ihr auch immer noch einige andere Prostituierte „laufen" gehabt, von denen er Geld bekommen habe. Er habe damals sehr viel Freizeit gehabt. Er habe sich in der Regel mit seinen Mädchen getroffen und sei mit ihnen ins Kino oder in ein Café gegangen. Beinahe täglich sei er zwei- oder auch dreimal im Kino gewesen. Er habe sich fast alle Filme angesehen, manche auch mehrmals; wenn er im Kino gesessen habe, habe er oft gar nicht gewußt, was gerade gespielt werde. Er habe auch meist irgendein Mädchen bei sich gehabt, da sich hier immer auch (wie er sagte) „sehr schön die Beziehungen zu den Damen vorantreiben" ließen (gemeint war damit, daß er die betreffenden Frauen zunächst als „Freundin" und dann für die Prostitution zu gewinnen versuchte). Er habe da so seine Taktik gehabt. Abends habe er in den Bars gesessen und sich mit den vielen Bekannten, die er gehabt habe, unterhalten. Er habe seine bestimmten Lokale gehabt, in denen er anzutreffen gewesen sei. Häufig habe er am Abend seine Runden gedreht und immer irgendwelche Bekannten getroffen. Zwischendurch habe er natürlich auch nach seinen Mädchen sehen müssen. Diese „Beschäftigung" sei sehr einträglich gewesen. Er habe das gesamte Geld der Mädchen verwaltet, da diese, wenn es nach ihnen gegangen wäre, das Geld immer gleich ausgegeben hätten. Durch seine Aufenthalte in Bars und Lokalen habe er natürlich auch sehr viel Geld für sich selbst benötigt.

Ab Januar 1966 war B. wegen Zuhälterei knapp ein halbes Jahr in U-Haft; er mußte in der Hauptverhandlung jedoch mangels Beweises freigesprochen werden. Bereits zwei Tage nach seiner Haftentlassung zwang er eine 21jährige Buffet-Dame, die er in einem übel beleumundeten Lokal in K-Stadt kennengelernt hatte, der Gewerbsunzucht nachzugehen. Wegen einer in diesem Zusammenhang an ihr begangenen Vergewaltigung und einer schweren Körperverletzung wurde B. erneut dem Haftrichter vorgeführt. Auch diese Sache mußte jedoch eingestellt werden, da das Opfer später seine Aussagen zurücknahm. Nach den Angaben des Probanden war ihm jedoch in K-Stadt zwischenzeitlich „der Boden zu heiß" geworden. Auch in Anbetracht des drohenden

Widerrufs der Strafrestaussetzung zur Bewährung habe er es daher vorgezogen, nach Zürich zu gehen und dort vorübergehend „unterzutauchen". Im Herbst 1966 wurde der Proband auf der Rückreise beim Grenzübertritt verhaftet und verbüßte anschließend den Strafrest von einem Jahr.

4.4.4. Der kriminelle Übersprung

Nimmt man den Idealtypus der kontinuierlichen Hinentwicklung zur Kriminalität als denjenigen Grenzfall, bei dem die (mehrfache) Straffälligkeit sich „verständlich" aus dem bisherigen Leben ergibt, so stellt der kriminelle Übersprung den Grenzfall am anderen Ende des Kontinuums (s. o. 4.4.1.) dar. Die Straftat bzw. die Tatsache des Verstoßes gegen eine Strafrechtsnorm ist hier ein Ereignis, das einen *Bruch* in der Lebensentwicklung darstellt, sie kommt gewissermaßen „aus heiterem Himmel". Freilich ist auch hier mit Nachdruck auf die Besonderheiten der idealtypischen Begriffsbildung (s. o. 1.3.) hinzuweisen. Denn es ist im konkreten Einzelfall wohl kaum auszuschließen, daß nicht doch irgendwelche Anzeichen im gesamten früheren Verhalten des Täters vorhanden waren, die es verbieten würden, von einem rein „zufälligen" Zustandekommen der Straftat zu sprechen.

Als (idealem) Grenzfall ist beim „kriminellen Übersprung" zunächst jedoch davon auszugehen, daß in der sozialen Entwicklung keine Anzeichen oder Tendenzen zu finden sind, die mit Straffälligkeit in Verbindung gebracht werden könnten. Es besteht also regelmäßig soziale Unauffälligkeit, wenn nicht sogar völlige soziale Integration. Durch die Tat bzw. deren Folgen kommt es zu einem Einbruch in die soziale Lebenskontinuität des Täters. Abgesehen von dem einmaligen Delikt ist und bleibt der Täter beim kriminellen Übersprung jedoch in Zukunft sozial unauffällig, es sei denn, er wird durch die dem Delikt folgenden strafrechtlichen Sanktionen aus der sozialen Integration herausgerissen.

Beispiel für einen kriminellen Übersprung:

C. (geb. 1946) verbrachte seine Kindheit zunächst zusammen mit seiner Mutter und seinem 5 Jahre älteren Bruder, der ebenfalls unehelich geboren worden war, im Haushalt seiner Großeltern in W-Stadt. Da seine Mutter als Küchenhilfe berufstätig war, wurde er im wesentlichen von seinen Großeltern erzogen, zu denen ein ausgesprochen herzliches Verhältnis bestand. 1955 heiratete die Mutter einen Kraftfahrer, wohnte aber zunächst zusammen mit ihrem Ehemann noch bei den Großeltern. Zwei Jahre später zogen die Eltern und die Kinder in eine am anderen Ende von W-Stadt liegende Mietwohnung. Obwohl die Mutter nicht mehr berufstätig war und sich voll den Kindern widmen konnte, fiel diesen die Trennung von den Großeltern ausgesprochen schwer. Nachdem es zwischen den Eltern wegen des übermäßigen Alkoholkonsums des Stiefvaters häufiger zu Streitigkeiten kam, litt auch das zunächst recht gute Verhältnis der Kinder zu ihrem Stiefvater darunter. Vor allem der Proband zog sich zunehmend von den Eltern zurück und kapselte sich in gewisser Weise ab. Irgendwelche Erziehungsprobleme bestanden aber zu keinem Zeitpunkt; der Proband wurde nie geschlagen und durchweg als ausgesprochen braves Kind angesehen.

Auch in der Schule gab es keine Schwierigkeiten: Der Proband war ein durchschnittlicher Schüler (auch der durch den Umzug erforderliche Schulwechsel brachte keine Probleme mit sich), schwänzte während der gesamten Schulzeit allenfalls zwei- oder dreimal und schloß die Volksschule mit einem guten Zeugnis ab. Seine Freizeit verbrachte er überwiegend zusammen mit Schulkameraden und Nachbarskindern. Da er sich nach dem Umzug und nicht zuletzt wegen der Streitereien der Eltern daheim nicht mehr wohl fühlte, hielt er sich nachmittags mit Wissen seiner Mutter meist bei den Großeltern auf. Ab seinem 10. Lebensjahr nahm er außerdem regelmäßig an Trainingsstunden in einem Fußballverein teil. Ab seinem 12. Lebensjahr verdiente er sich durch Mithilfe in einem Lebensmittelgeschäft, in dem er abends etwa eine Stunde die Regale auffüllte, ein zusätzliches Taschengeld, das er für sich behalten durfte. Für seine privaten Ausgaben war er daher von zu Hause weitgehend unabhängig. Da diese Tätigkeit jedoch mit dem Training im Fußballverein nicht in Einklang zu bringen war, gab er dieses auf.

Nach Abschluß der Volksschule wußte er nicht so recht, was er anfangen sollte, und entschloß sich daher, zunächst noch eine weiterführende Wirtschaftsschule zu besuchen. Auch hier war er ein relativ guter Schüler, nur Stenographie machte ihm gewisse Schwierigkeiten. Bereits seit den letzten Klassen der Volksschule half er regelmäßig am Wochenende und in den Ferien in einem Altersheim aus. Eine Zeitlang hatte er daneben seine Tätigkeit in dem Lebensmittelgeschäft noch beibehalten, konzentrierte sich später aber ganz auf das Altersheim. Nach zweijährigem Besuch der Wirtschaftsschule bot sich dann überraschend für ihn die Möglichkeit, als Praktikant und anschließend in fester Anstellung in dem Heim arbeiten und auch wohnen zu können, eine Gelegenheit, die er sofort wahrnahm. Seine Tätigkeit machte ihm große Freude, und er ging voll in ihr auf, zumal er sich sowohl mit den Heiminsassen als auch mit der Heimleitung und den Kollegen sehr gut verstand. Selbst seine Freizeit verbrachte er fast ausschließlich im Heim und zusammen mit den Insassen. Im Laufe der Jahre wurde er gewissermaßen die rechte Hand des Heimleiters. Der Proband hatte in dieser Zeit zwar auch einige Mädchenbekanntschaften, die allerdings für ihn keine größere Bedeutung besaßen; sein wesentlicher Lebensinhalt war das Heim.

Da ihm seine Unterkunft im Heim auf längere Sicht nicht zusagte, bemühte er sich um eine kleine Wohnung im gleichen Ort und fand schließlich durch Vermittlung des Heimleiters eine Zwei-Zimmer-Wohnung im Hause des Ehepaares O. Zwischen dem Probanden und dem etwa 20 Jahre älteren Ehepaar entwickelte sich eine gutnachbarschaftliche Beziehung, wobei der Proband gelegentlich dem Ehemann bei der Renovierung des Hauses zur Hand ging. Durch den Ehemann kam der Proband auch in den örtlichen Schützenverein, wo er regelmäßig einmal wöchentlich Pistolenschießen übte.

Wie sich im Laufe der Zeit herausstellte, hatte das Ehepaar O. häufiger Streit, insbesondere dann, wenn der Ehemann nachts betrunken nach Hause kam. Bei diesen Gelegenheiten hatte O. seine Ehefrau bereits wiederholt verprügelt, sie beschimpft und ihr unter anderem den (unberechtigten) Vorwurf gemacht, die Wohnung an C. nur vermietet zu haben, um einen jugendlichen Liebhaber zu gewinnen. Der Proband war stets bemüht, sich aus diesen Streitigkeiten herauszuhalten, zumal er sich mit O., wenn dieser nüchtern war, gut verstand.

Eines Nachts, als der Proband bereits zu Bett gegangen war, hörte er, wie O. betrunken an die Haustür pochte und von seiner Frau lautstark Einlaß begehrte. Da diese nicht reagierte, kam O. an das Fenster der im Erdgeschoß liegenden Wohnung des Probanden, schlug mit der Faust dagegen, beschimpfte C. und forderte ihn auf, sofort die Haustür zu öffnen, er werde jetzt endgültig durchgreifen, zuerst komme seine Frau dran und dann C. Der Proband bekam, seinen Angaben zufolge, furchtbare Angst, ging an die Tür, schloß diese auf und wurde im gleichen Augenblick von dem körperlich weit überlegenen O. zur Seite gestoßen. O. stürmte nach oben zu seiner Ehefrau, auf die er sofort einschlug. Als diese daraufhin zu schreien anfing, griff der Proband zum Telefon, rief die Polizei an und sagte, sie solle sofort kommen, Herr O. schlage seine Frau tot. Da die Frau immer noch schrie und O. weiterhin tobte und auf sie einschlug, holte C., ohne das Eintreffen der Polizei abzuwarten, seine Pistole aus dem Schrank, ging ins Treppenhaus und rief nach oben: „Du Schuft, laß sofort die Frau in Ruhe!". Als O. dies hörte, ließ er abrupt von seiner Frau ab und kam polternd die Treppe herunter. Der Proband riß daraufhin die Pistole hoch, brachte sie in Anschlag und schoß (wie er sagte) „immer wieder, immer wieder – bis das Magazin leer war". O. sank in sich zusammen, rutschte noch über einige Stufen und blieb schließlich lebensgefährlich verletzt auf halber Treppe liegen. Der Proband warf die Pistole von sich, stürzte in Zimmer, nahm den Telefonhörer, den er zuvor nicht aufgelegt hatte, und rief hinein, er habe O. erschossen. Anschließend brach er heulend zusammen und wurde kurz darauf von der Polizei festgenommen. Er wurde wegen eines minder schweren Falles des versuchten Totschlags zu 3 Jahren Gefängnis verurteilt.

4.4.5. Kriminalität im Rahmen der Persönlichkeitsreifung

Stellt man sich die kontinuierliche Hinentwicklung zur Kriminalität einerseits und den kriminellen Übersprung andererseits als idealtypische Grenzfälle eines Kontinuums vor, das die „Erwartbarkeit" der Straffälligkeit ausdrückt, wobei im einen Fall völlige Kontinuität der Lebensentwicklung bis hin zur Kriminalität vorliegt, im anderen Fall die Straftat einen vollständigen, plötzlich eintretenden Bruch einer bisher geordneten Lebensentwicklung bedeutet, so nimmt „Kriminalität im Rahmen der Persönlichkeitsreifung" eine näher zu qualifizierende Zwischenstellung ein. Die Bedingungen oder Faktoren, um die es hier geht, sind weder als kontinuierlich wirksam noch als plötzlicher, einmaliger Einbruch, vielmehr als *vorübergehend* anzusehen. Dieses „vorübergehend" ist nicht in dem formalen Sinn einer quantitativ ausdrückbaren (oder schätzbaren) zeitlichen Dauer zu verstehen, sondern es ist bezogen auf einen Abschnitt in der Entwicklung eines Menschen, der grundsätzlich von erheblichen Schwierigkeiten begleitet sein kann, die sich jedoch relativ gut als „entwicklungsspezifisch" abgrenzen lassen. Bei den betreffenden Probanden finden sich die massivsten Auffälligkeiten im *Freizeitbereich*, der in dieser Entwicklungsphase bisweilen eine überragende Relevanz gewinnt. Den Auffälligkeiten in diesem Bereich, insbesondere im Zusammenhang mit entsprechenden Kontakten und Alkohol- oder auch Drogenkonsum, entspringen auch jene Situationen, aus denen heraus die Begehung von Straftaten selbst dann möglich wird, wenn sie nicht den „Haltungen" des jeweiligen Probanden entsprechen.

Teilweise schon durch den Schock der Tat als solcher, teilweise unter dem Eindruck von Sanktionen und sonstigen sozialen Auswirkungen der Tat, teilweise infolge einer Festigung des eigenen Wertgefüges oder auch mit dem Abschluß biologischer Reifungsprozesse der Probanden verschwinden (oft schlagartig) die sozialen Auffälligkeiten und Straftaten. Im Gegensatz zur kontinuierlichen Hinentwicklung kommt es bei der Kriminalität im Rahmen der Persönlichkeitsreifung im allgemeinen auch nicht zur Ausbildung einer kriminovalenten Konstellation, weil in der Regel den Anforderungen des Leistungsbereichs mindestens in minimaler Form noch nachgekommen wird. Ebenso ist der Aufenthaltsbereich gewöhnlich unauffällig, ohne daß dies einer mehr oder weniger von außen erzwungenen sozialen Einordnung zuzuschreiben wäre.

Es besteht also nicht, wie bei der (frühen) sozialen Unauffälligkeit in den Fällen der (späteren) Hinentwicklung zur Kriminalität, eine gewisse Diskrepanz zwischen früherer Einbindung in einen geordneten Familienbereich und späterem sozial auffälligem Lebenszuschnitt (s. o. 4.4.3.). So knüpft auch die spätere soziale (Re-)Integration dieser Probanden mit entsprechenden lebensphasischen Veränderungen wieder an einen früheren Lebenszuschnitt an.

Beispiel für Kriminalität im Rahmen der Persönlichkeitsreifung:
D. (geb. 1946 in R-Stadt) kam aus einem geordneten und gutsituierten Elternhaus. Sein Vater war Ingenieur und arbeitete sich nach dem Krieg zum Leiter eines größeren Betriebes in Mecklenburg hoch. 1953 flüchtete die Familie in die Bundesrepublik Deutschland und kam nach S-Stadt, wo der Vater eine Anstellung bei einer großen Elektrofirma fand. Die Mutter arbeitete in den folgenden Jahren ganztägig in einem Büro. Der Proband stand tagsüber unter der Obhut seiner 6 Jahre älteren Schwester, mit der er sich sehr gut verstand, die ihn aber auch unter Kontrolle hatte. Die Eltern legten Wert auf eine gute Erziehung ihrer Kinder und waren bemüht, zu Hause eine gute Atmosphäre zu schaffen. Obwohl der Vater sehr streng war, hatten die Kinder zu ihm ebenso wie zur Mutter ein vertrauensvolles Verhältnis.

Der Proband war noch in Mecklenburg eingeschult worden. Durch die Flucht hatte er zunächst in der Schule gewisse Schwierigkeiten, die er jedoch in den folgenden Jahren bewältigte. Danach zeigte er durchweg ausgesprochen gute Leistungen und konnte ein gutes Abschlußzeugnis erreichen. Anschließend besuchte er noch eine Berufsfindungsschule, aus der er zu Ostern 1962 ebenfalls mit einem guten Zeugnis entlassen wurde.

Er war manuell sehr geschickt und hatte den Wunsch, Radiomechaniker zu werden. Da er jedoch nur Volksschulbildung hatte, konnte ihm seinerzeit über das Arbeitsamt keine Lehrstelle vermittelt werden. Deshalb ging er selbst von Geschäft zu Geschäft und bot sich als Lehrling an und wurde schließlich von der Firma Z. in S-Stadt zunächst zur Probe, anschließend dann als Lehrling eingestellt. Er war mit Begeisterung bei der Sache und durfte aufgrund seiner Vorkenntnisse schon bald manche Arbeiten selbständig ausführen.

Diese Vorkenntnisse hatte er sich durch sein Hobby erworben. Er hatte großes Interesse an technischen Dingen, las sehr viel darüber und hatte sich sein Dachzimmer als Werkstatt eingerichtet, in der er sich in jeder freien Minute aufhielt. Im übrigen war seine Freizeit ausgefüllt mit Lesen (vor allem Edgar Wallace-Romane) und Musikhören, einem weiteren ausgesprochenen Hobby von ihm. Seine Schallplattensammlung mit Jazzplatten und vor allem mit Aufnahmen von Elvis Presley und anderer Rock'n'Roll-Musik war sein größter Stolz. Seit seinem 15. Lebensjahr interessierte er sich im übrigen auch für den Motorsport und hatte von seinem Vater ein Moped geschenkt bekommen, mit dem er häufig umherfuhr. Bereits zuvor hatte er im Frühjahr 1961 eine jugendrichterliche Weisung erhalten und 12 Stunden gemeinnützige Arbeit erbringen müssen, weil er ohne Fahrerlaubnis mit dem Moped eines Freundes umhergefahren war.

Nach Lehrbeginn und vor allem nach der Heirat seiner Schwester im Jahre 1962 stand der Proband jedoch nicht mehr unter so strenger Aufsicht und ging abends häufiger zusammen mit anderen Lehrlingen und früheren Schulkameraden weg, vor allem ins Kino. Im Laufe der Zeit geriet er dadurch in einen Kreis von gleichaltrigen Jungen und Mädchen, die sich in einem Wochenendhaus, das den Eltern eines dieser Jungen gehörte, häufiger trafen und zunächst nur Rock'n'Roll-Platten anhörten und dazu tanzten. Es stießen dann auch ältere dazu, darunter einige, die bereits wegen Eigentumsdelikten vorbestraft waren. So ergab es sich dann immer wieder, daß einzelne Gruppen zusammen Diebstähle begingen und die Beute (vor allem Zigaretten und Spirituosen) mitbrachten und verschenkten. Im Oktober 1962 nahm auch der Proband zusammen mit zwei anderen an einem solchen Streifzug teil: Zunächst suchten sie ein Vereinsheim auf, brachen dort den Fensterladen auf und stiegen ein. Während die beiden anderen das Haus nach Stehlenswertem durchsuchten, stand der Proband untätig herum und traute sich nicht so recht mitzumachen. Da sie außer ein paar Brezeln, Würfelzucker und einem Spirituskocher nichts fanden, zogen sie unverrichteter Dinge wieder ab. Knapp eine Woche später brach der Proband, wiederum auf Initiative eines anderen, in ein Gartenhäuschen ein, wo sie 2 Flaschen Schnaps fanden, die sie fast völlig austranken. Als seinen Tatgenossen daraufhin große Müdigkeit überkam, dieser sich schlafen legte und nicht wachzurütteln war, meinte der Proband, der nicht so viel getrunken hatte, ihn nicht zurücklassen und sich allein in Sicherheit bringen zu dürfen. Er harrte daher bei ihm aus und wurde schließlich zusammen mit seinem nach wie vor schlafenden Tatgenossen von der Polizei überrascht und festgenommen.

Für die Eltern bedeuteten die Verfehlungen ihres Sohnes einen großen Schock. Auch der Proband selbst zeigte sich sehr reumütig und leistete den Anordnungen seiner Eltern widerspruchslos Folge. Eine Konsequenz war beispielsweise, daß der Proband nunmehr wieder regelmäßig abends pünktlich um 19 Uhr zu Hause sein mußte. Vom Jugendrichter wurde der Proband für seine Vergehen mit 4 Arbeitsleistungen zu je 6 Stunden belegt.

Bis zum Untersuchungszeitpunkt (1969) war der Proband strafrechtlich nur noch einmal in Erscheinung getreten, als er im Alter von 19 Jahren von der Polizei mit einem „frisierten" Moped angetroffen worden war. Nach den Straftaten von 1962 hatte er sich von der Gruppe völlig abgewendet und war später Mitglied in einem Motorsportclub geworden, wo er vor allem die Wochenenden verbrachte, während er ansonsten abends meist zu Hause war und Musik hörte bzw. mit seiner Freundin zusammen war. Seine Lehre hatte er abgeschlossen und danach weiterhin in seinem Beruf gearbeitet.

4.4.6. Kriminalität bei sonstiger sozialer Unauffälligkeit

War schon bei dem Typus des kriminellen Übersprungs die Zahl der in der vorliegenden Untersuchung einschlägigen Fälle gering – was bei den vorgegebenen Auswahlkriterien der H-Probanden (s. o. Kap. I, 2.2.) nicht verwundert –, so gilt dies nicht weniger für die Kriminalität bei sonstiger sozialer Unauffälligkeit. Sie trifft, ähnlich wie der „kriminelle Übersprung", überwiegend auf solche Probanden zu, bei denen es zu Straftaten kommt, ohne daß die hier erarbeiteten, für die H-Probanden spezifischen Kriterien in ihren vollen Ausprägungen greifen würden. Die soziale Unauffälligkeit, auf die man stößt, gibt also für sich allein betrachtet ebensowenig ein vollständiges Bild des betreffenden Täters in seinen sozialen Bezügen, wie das beim „kriminellen Übersprung" der Fall ist. Dennoch läßt sich zum „kriminellen Übersprung" eine deutliche Grenze ziehen. Während es sich dort regelmäßig um eine einmalige, außergewöhnliche Grenzsituation handelt und die Tat einen völlig unerwarteten Einbruch in die Lebenskontinuität bedeutet (s. o. 4.4.2.3.), gehört hier das (gelegentliche) Sich-Bewegen in einem gewissen Grenzbereich zur Straffälligkeit durchaus zur üblichen Lebensführung des Täters. So gibt es auch in der Wertorientierung (s. u. 5.) deutliche Unterschiede zu nichtdelinquenten Probanden.

Im Vordergrund steht meist das Bestreben, aus einer Gegebenheit mehr zu machen, als es bei reellem Agieren möglich wäre. Man findet hier zahlreiche Unregelmäßigkeiten im Zusammenhang mit der Berufsausübung, z. B. höhere, dem Aufwand nicht entsprechende Stundenberechnung oder ständiges Überladen eines Lkw oder Berechnung alter ausgetauschter Teile als neue oder auch gewagte Transaktionen, die bereits in den Bereich der Wirtschaftskriminalität hineinführen können. Auch die weit verbreitete Kleinkriminalität (etwa Ladendiebstähle) oder Zoll- und Steuerdelikte zählen hierzu. Insgesamt handelt es sich also im wesentlichen um eine – in ihren Erscheinungsformen heterogene – Gruppe von Delikten, die der Kleinkriminalität, der Profitkriminalität, der Wirtschafts- und Umweltkriminalität sowie der Korruption im öffentlichen Leben zuzurechnen sind (Göppinger 1980, S. 321 und 661 ff.).

Insofern steht das Delikt durchaus in einem „zweckrational" einsichtigen Zusammenhang mit der Lebensentwicklung bzw. Lebensführung. Die Möglichkeit einer Gesetzesübertretung wird zumindest in Kauf genommen, und die aus ihrer Begehung zu erwartenden Vorteile sind unmittelbar intendiert.

Beispiel für Kriminalität bei sonstiger sozialer Unauffälligkeit:
E. (geb. 1939) wuchs zunächst zusammen mit seinem 2 Jahre älteren Bruder im Elternhaus auf. Nach der Scheidung der Eltern nahm die Mutter wieder eine Arbeitsstelle an und konnte sich nicht mehr in ausreichendem Maße um die Kinder kümmern. Der Proband kam daher im Alter von 12 Jahren zu seinen Großeltern, während sein Bruder bei einem Onkel untergebracht wurde. Die Großeltern hatten ein gutgehendes, größeres Textilgeschäft, in dem der Proband regelmäßig helfen mußte und sich recht geschickt anstellte. Er bekam dafür 10 DM Taschengeld pro Woche, mit dem er auskam. Der Proband war ein ausgesprochen braves Kind, auf das die Großeltern sehr stolz waren und um das sie von Verwandten und Bekannten geradezu beneidet wurden. Nach Ansicht seiner Großmutter ließ E. sich in seiner Kindheit und Jugend von ihr sehr zum Guten beeinflussen. Ebenso wie die Großeltern war auch der Proband religiös und besuchte regelmäßig die Kirche.
Noch während seines Aufenthaltes bei der Mutter war der Proband nach 4 jährigem Besuch der Volksschule auf das Gymnasium übergewechselt. Dort war er jedoch nur ein mittelmäßiger Schüler und blieb auch einmal sitzen. Da er das Klassenziel der 9. Klasse ebenfalls nicht erreichte, verließ er das Gymnasium. Auch einen daran anschließenden Lehrversuch als Einzelhandelskaufmann gab er nach etwa 3 Monaten wieder auf, da ihn diese Tätigkeit nicht interessierte. Auf Anraten seines Großvaters ging er statt dessen noch ein Jahr in die Handelsschule, wo er den Ab-

schluß mit einem ordentlichen Zeugnis schaffte. Da er sich entschlossen hatte, Dolmetscher zu werden, besuchte er daraufhin eine Zeitlang eine private Sprachenschule mit Internat, wobei die Großeltern für die Schulgebühren und seinen Lebensunterhalt aufkamen. Nach knapp einem Jahr verließ er auch diese Schule ohne Abschluß und war anschließend als Volontär in einem Verlag tätig.

Der Proband wohnte in dieser Zeit nach wie vor bei den Großeltern. Seine Freizeit verbrachte er hauptsächlich zu Hause mit Fernsehen, Radiohören und vor allem Lesen. Dabei interessierte er sich besonders für Kriminalromane und Parapsychologie, aber auch für philosophische Werke. Im übrigen kümmerte er sich unter anderem um die Buchhaltung des großelterlichen Geschäfts, die er nach Auskunft seiner Großeltern immer sehr korrekt erledigte. Die Übernahme des Geschäfts, die angesichts des Alters der Großeltern anstand, lehnte er jedoch konsequent ab.

Anfang 1960 ließ er sich von einem Bekannten von seiner Tätigkeit im Verlag abwerben und war in der Folgezeit als freier Mitarbeiter in einem Büro für Immobilienvermittlung tätig. In Anbetracht der Gewinnspanne des Inhabers war er nach einiger Zeit mit seinem Gehalt nicht mehr zufrieden und machte sich im Frühjahr 1962 selbständig. In der Absicht, sich als Grundstücks- und Finanzierungsmakler zu betätigen, mietete er einen Büroraum und firmierte zunächst als „Industrieberatung E.". Da er über kein nennenswertes Barvermögen verfügte, versuchte er zunächst, seine Großeltern zu veranlassen, auf ihr Grundstück eine Hypothek aufzunehmen. Dies scheiterte jedoch daran, daß das Grundstück bereits erheblich belastet war. Er trat daher an eine wohlhabende ältere Dame, Frau Z., heran, die er während seiner Tätigkeit als Immobilienmakler kennengelernt hatte. Durch sein gewandtes, höfliches Auftreten und seine vorgebliche Geschäftstüchtigkeit gelang es ihm, diese davon zu überzeugen, daß sie durch eine Investition in seine Firma eine vergleichsweise hohe Rendite erzielen könnte. Sie gewährte ihm daher ein Darlehen in Höhe von 30 000 DM. E. befaßte sich in der Folgezeit mit der Vermittlung von Grundstücken, indem er auf Zeitungsannoncen von verkaufswilligen Grundstückseigentümern antwortete und die Grundstücke teilweise selbst aufkaufte und mit Gewinn weiterveräußerte, teilweise aber auch die Verkäufer davon überzeugte, daß sie für den Verkauf ihres Grundstücks seine Vermittlungstätigkeit benötigten. Das für die Transaktionen erforderliche Kapital konnte er immer wieder durch Darlehen und Investitionen in seine Firma von Frau Z. erlangen. Da diese lediglich eine lukrative Kapitalanlage benötigte und für ihren Lebensunterhalt auf die Auskehr der Rendite nicht angewiesen war, erhielt sie von E. in jedem Quartal eine überzeugend wirkende Abrechnung, aus der ihr derzeitiges Vermögen und ihre (sehr hohe) Rendite, die (angeblich) reinvestiert worden war, hervorgingen.

Nachdem das Geschäft florierte, trat 1963 ein 5 Jahre älterer Vetter von E., der bisher als Versicherungskaufmann im Außendienst tätig gewesen war, in die Firma ein. Diese wurde nunmehr in eine „E. & V. BauGmbH" umfirmiert, wobei das für die Eintragung erforderliche Stammkapital ebenfalls von Frau Z. beschafft wurde. Mit der GmbH wurden neue Büroräume bezogen, und es wurde eine Sekretärin eingestellt. Auch die GmbH befaßte sich ausschließlich mit Grundstücks- und Finanzierungsvermittlungen; Bauprojekte wurden nicht durchgeführt. Mit Frau Z. wurde weiterhin ein sehr freundlicher Umgang gepflegt; die alte Dame wurde am Wochenende immer wieder eingeladen und spazierengefahren, wobei E. ihr „seine" diversen Bauprojekte zeigte, die die GmbH angeblich gerade ausführte.

Durch die Einkünfte aus dem Unternehmen konnten sich E. und sein Vetter einen relativ hohen Lebensstandard leisten. Sie verfügten zeitweilig über mehrere Autos, verkehrten in teuren Restaurants und Tanzlokalen und waren Mitglied im Tennis- und Golfclub. Nachdem E. bereits zuvor einige Freundinnen gehabt hatte, heiratete er 1965 die Tochter eines Diplomingenieurs und bezog zusammen mit seiner Ehefrau nunmehr eine eigene große Wohnung.

Als Frau Z. im Herbst 1965 zum erstenmal die Auszahlung eines Teils ihrer Rendite verlangte, stellte sich heraus, daß sie jahrelang übervorteilt worden war. Sie hatte insgesamt knapp eine halbe Million DM hingegeben und besaß letztlich als einzige „Sicherheit", die sie ebenfalls erst nach längerem Drängen erhalten hatte, ein notarielles Testament von E., demzufolge er sich als ledig bezeichnete und für den Fall seines Todes Frau Z. als Alleinerbin eingesetzt hatte. Bei den daraufhin eingeleiteten polizeilichen Ermittlungen stellte sich heraus, daß E. und V. neben zahlreichen korrekt abgewickelten Geschäften immer wieder, insbesondere wenn es sich um unerfahrene Geschäftspartner gehandelt hatte, durch betrügerische Manipulationen erhebliche Vermögensvorteile erlangt hatten, die sich nach Schätzung der Kriminalpolizei auf eine weitere halbe Million DM beliefen. Während es V. gelang, sich mit einem Teil der Beute, vermutlich knapp 100 000 DM in bar, dem Zugriff der Polizei durch Flucht ins Ausland zu entziehen, wurde E. wegen mehrfachen Betrugs, Untreue und Urkundenfälschung zu 2 Jahren und 6 Monaten Gefängnisstrafe verurteilt.

4.4.7. Zusammenfassung

Die oben beschriebenen Formen stellen keine vollständige Typologie dar. Unter dem Gesichtspunkt der Stellung der Tat im Lebenslängsschnitt ließen sich zunächst zwei (idealtypische) Grenzfälle unterscheiden: Bei der „kontinuierlichen Hinentwicklung zur Kriminalität" führen die zunehmenden sozialen Auffälligkeiten schließlich zu einer kriminovalenten Konstellation und mit einer unmittelbar einsichtigen inneren Folgerichtigkeit zum Delikt. Das Gegenstück bildet der „kriminelle Übersprung", bei dem die Straftat einen (völlig) unerwarteten Einbruch in die bisher gänzlich unauffällige Lebenskontinuität des Täters darstellt. Zwischen diesen „reinen" Grenzfällen können einige Zwischenformen umrissen werden. Bei der „kontinuierlichen Hinentwicklung mit Beginn im Heranwachsenden- bzw. Erwachsenenalter" bleiben die äußerlich sichtbaren sozialen Auffälligkeiten zunächst aus, solange der Proband noch unter dem Einfluß eines starken sozialen Ordnungsgefüges steht bzw. günstige äußere Umstände in den einzelnen Lebensbereichen bestehen, prägen sich dann aber in einem solchen Maße aus, daß sich im Querschnitt unmittelbar vor der Tat keine Unterschiede mehr zu Probanden mit früher Hinentwicklung finden.

Bei der „Kriminalität im Rahmen der Persönlichkeitsreifung" betreffen die sozialen Auffälligkeiten weder alle Lebensbereiche (im Querschnitt), noch halten sie (im Längsschnitt) beständig an; üblicherweise kommt es daher auch nach Abklingen dieser Lebensphase wieder zur vollen sozialen (Re-)Integration.

Schließlich bezeichnet die „Kriminalität bei sonstiger sozialer Unauffälligkeit" eine Form, bei der – ähnlich wie beim „kriminellen Übersprung" – die hier erarbeiteten, für die H-Probanden spezifischen Kriterien sozialer Auffälligkeit nicht greifen. Während jedoch beim „kriminellen Übersprung" die aus einer einmaligen, außergewöhnlichen Grenzsituation resultierende Tat einen völlig unerwarteten Einbruch in die Lebenskontinuität bedeutet, gehört bei der „Kriminalität bei sonstiger sozialer Unauffälligkeit" das (gelegentliche) Sich-Bewegen in einem gewissen Grenzbereich zur Straffälligkeit durchaus zur üblichen Lebensführung des Täters.

Es bleibt festzuhalten, daß die Differenzierung der verschiedenen Formen der Stellung der Tat im Lebenslängsschnitt lediglich anhand der Kriterien des *Sozial*verhaltens erfolgt, ohne daß die Tatsache und Art der Delinquenz selbst bei dieser Feststellung irgendeine Bedeutung hätte. Dem widerspricht nicht, daß eine kriminologische Betrachtung der (jetzigen und vorangegangenen) Delikte, nicht nur bezüglich ihrer Stellung im Lebenslängsschnitt, sondern auch hinsichtlich der Art der Deliktsbegehung und deren Entwicklung, die zunächst anhand des Sozialverhaltens getroffene *Beurteilung eines Einzelfalls* sinnvoll ergänzen kann (s. o. Kap. II, 4.5.; vgl. GÖPPINGER 1980, S. 687ff.; 1983b). Jedoch gibt die Tatsache auch wiederholter Straffälligkeit allein keinen ausreichenden Hinweis auf eine „Hinentwicklung"; um diese etwa von einer „kriminellen Periode" im Rahmen der Persönlichkeitsreifung abgrenzen zu können, bedarf es ausschließlich der Kriterien des Sozialverhaltens.

Abschließend ist darauf hinzuweisen, daß für die „Anwendung" der hier herausgearbeiteten Formen der Stellung der Tat im Lebenslängsschnitt dasselbe gilt wie für die Kriterien des Lebensquerschnitts. Die konkreten Verhältnisse entsprechen zumeist nicht genau einer der beschriebenen Formen, vielmehr kann nur anhand einer (mehr oder weniger) großen Annäherung an eine bestimmte Form die Zuordnung des Einzelfalls erfolgen. In seltenen Fällen muß eine Zuordnung überhaupt offen bleiben; daneben sind durchaus auch Übergänge zwischen den einzelnen Formen denkbar.

So kommt es bisweilen vor, daß die sozialen (und strafrechtlichen) Auffälligkeiten eines Probanden, die ihrem Charakter nach zunächst als „Kriminalität im Rahmen der Persönlichkeitsreifung" erscheinen, z. B. durch den starken Einfluß von im „Milieu" verhafteten Personen in eine Entwicklung einmünden, deren Verlauf einer (späten) „Hinentwicklung zur Kriminalität" gleicht. Andererseits tritt auch gelegentlich im Heranwachsenden- oder sehr frühen Erwachsenenalter eine kurze Phase der Straffälligkeit auf, bei der analog zur Kriminalität im Rahmen der Persönlichkeitsreifung keine durchgehenden sozialen Auffälligkeiten sichtbar werden, die nach kurzer Zeit abklingt und geradezu wie eine zeitverschobene Kriminalität während der Reifezeit wirkt.

5. Relevanzbezüge und Wertorientierung

Das Erfahrungswissen über den Lebenslängsschnitt und den Lebensquerschnitt von (mehrfach) Straffälligen beruht weitgehend auf einer umfassenden Erhebung über das *sozial* relevante Verhalten der Probanden in den verschiedenen Lebensbereichen. Dabei zeigte sich schon auf der Ebene der statistischen Analyse, mehr jedoch bei der Bildung idealtypischer Begriffe, daß das Auseinanderklaffen der H- und V-spezifischen Merkmale und Kriterien, aber auch die kriminorelevanten Konstellationen und die verschiedenen Formen der Stellung der Tat im Lebenslängsschnitt aus dem Blickwinkel des (äußeren) Sozialverhaltens allein nicht einsichtig werden. Einen gewissen Zugang zu diesen Differenzen zwischen der H- und der V-Gruppe erhält man jedoch, wenn man sich nicht mit dem Vorliegen von bloßen Fakten, Umständen oder Merkmalen begnügt, sondern über das äußere Verhalten der Probanden hinaus die dahinterstehenden bzw. zugrundeliegenden „Haltungen" (s. o. Kap. II, 3.4.4.) mitberücksichtigt, durch die bestimmte Situationen erst entstehen bzw. aufgrund derer die Probanden auf bestimmte Lebenslagen unterschiedlich reagieren.

Häufig wird vergessen, daß im Verhalten eines Menschen stets auch Persönlichkeitszüge zum Ausdruck kommen, da es kein soziales Verhalten gibt, hinter dem nicht die individuelle Persönlichkeit und deren spezifische Haltungen stehen. Über diese Haltungen erschließen sich andererseits zwanglos Zusammenhänge mit der individuellen Persönlichkeit des Probanden; damit bekommen scheinbar rein äußere Tatsachen schon für sich eine andere Bedeutung, und es wird bei einer Gesamtbetrachtung ihr Stellenwert im Lebensgesamt eines Menschen deutlich (s. dazu beispielsweise o. 4.3.2.).

Die hier vorgelegten Ergebnisse über derartige Haltungen und Persönlichkeitszüge sind nicht durch die üblichen testdiagnostischen Untersuchungen zustande gekommen, da diese nicht hinreichend zwischen der H- und V-Gruppe trennen konnten (s. o. Kap. II, 3.4.3.3.). Das überrascht übrigens nicht, wenn man bedenkt, daß psychische Eigenschaften zunächst wertneutral und damit für (fast) jede Entscheidung in dieser oder jener Richtung des Sozialverhaltens offen sind (zum Problem der Wertentscheidung vgl. GÖPPINGER 1983a). So ließen sich jene spezifischen Haltungen, die die H- und V-Probanden im Verhältnis zu ihren Lebensumständen charakterisierten, nicht in der Untersuchungssituation selbst unmittelbar psycho(patho)logisch erfassen, sondern nur aus der Betrachtung immer wiederkehrender Verhaltensweisen im Lebenslängsschnitt erschließen (s. o. Kap. II, 3.4.4.).

Wie bei den Einzelkriterien der kriminorelevanten Konstellationen und den „sonstigen Kriterien" dargestellt (s. o. 3.3.3.), drückt sich zwar bei ihnen eine Bezogenheit auf die Lebensumstände aus, wie etwa in dem Begriff „inadäquates Anspruchsniveau" ohne weiteres deutlich wird, dennoch sind sie insgesamt eher formaler Natur. Die Leistungsfähigkeit dieser Kriterien besteht gerade darin, die Vergleichbarkeit *jeweils* mangelnder, *jeweils* paradoxer, *jeweils* inadäquater Haltungen herzustellen. Trotz ihrer Bezogenheit auf die Lebensumstände abstrahieren diese Kriterien (notwendigerweise) also bis zu einem gewissen Grad von der inhaltlichen Ausgestaltung des Lebens. So sind etwa mit dem Begriff „mangelnde Realitätskontrolle" durchaus unterschiedliche Formen individueller Realität erfaßbar, die jeweils mangelhaft kontrolliert werden.

Mit der Untersuchung der **Relevanzbezüge** wurde versucht, über die konkreten Inhalte des Lebens stärker in den persönlichkeitsspezifischen Bereich vorzudringen. Man versprach sich darüber Aufschluß, ob es auch in den Dingen, Bedürfnissen, Lebensinhalten, auf die sich die Intentionen der Probanden jeweils am stärksten richteten, Unterschiede zwischen H- und V-Probanden gab. Dabei sind mit Relevanzbezügen „diejenigen personellen, sachlichen und örtlichen Beziehungen gemeint, die für einen bestimmten Menschen im alltäglichen Leben besonders bedeutsam sind, die er am meisten pflegt, die er als letztes vernachlässigt und die er sich unter allen Umständen zu erhalten oder zu verschaffen versucht" (GÖPPINGER 1980, S. 325). Letztlich erschließen sich mit ihnen gewissermaßen „Grundintentionen einer Persönlichkeit"; sie dürften zumindest teilweise „Ausdruck eines tief in der (biopsychischen) Persönlichkeit liegenden Wirkungsgeschehens sein, das zu bestimmten Verhaltensweisen führt. Im allgemeinen haben sie eine ausgeprägte persönliche Note; bisweilen kennzeichnen sie geradezu eine Persönlichkeit. Entsprechend gibt es zahlreiche inhaltliche Varianten, und auch die Art der einzelnen Relevanzbezüge bei einer Person sowie ihr Verhältnis zueinander sind recht verschieden. Das gleiche gilt für die Intensität ihrer Wirksamkeit. Der Bogen spannt sich hierbei von einem relativ losen Verhältnis über ein reges Interesse bis zum Drang oder sogar zum erlebten Sog, der von dem Gegenstand eines Relevanzbezuges ausgehen kann und am ehesten mit dem Ausgeliefertsein bei der Süchtigkeit vergleichbar ist" (GÖPPINGER 1980, S. 325).

Es stellte sich allerdings bald heraus, daß zwar im Rahmen intensiver Einzelfalluntersuchungen sehr wohl Aussagen über das nach dieser Definition „*Relevante*" und, nicht weniger wichtig, das „*Nichtrelevante*" getroffen werden konnten. Teilweise waren hier schon die Tageslaufanalysen (s. o. 3.2.) aufschlußreich, und sei es nur insofern, als die Zeiteinteilung ein äußerer Maßstab für Präferenzen sein kann. Jedoch gelang es nicht, zu allgemeinen *und* gleichzeitig konkreten Aussagen zu kommen. Weil die Relevanzbezüge offen sind für eine breite Palette von Formen, in denen sie sich verwirklichen bzw. äußern können, zeigte sich hier dasselbe, was sich schon im Sozialbereich für konkrete Fakten und Merkmale ergeben hatte: Es war nahezu unmöglich, *spezifische* H- und V-Relevanzbezüge herauszuarbeiten. Insofern sind die Relevanzbezüge als solche gesehen zunächst *noch kriminologisch unspezifisch.*

Freilich kann man bei Kenntnis der *sonstigen* Lebensumstände *im Rahmen einer Einzelfalluntersuchung* sehr wohl sehen, daß ein bestimmter Relevanzbezug (etwa: Alkohol oder Fahrleidenschaft oder „Milieu") erheblich zur „Gefährdung" eines Probanden beiträgt. In dieser Hinsicht ist die Erfassung der Relevanzbezüge für die Bedürfnisse der Prophylaxe, Prognose und möglicher Maßnahmen von großer Bedeutung. Aber Erfahrungsregeln von vergleichbarer Allgemeinheit wie bei den kriminorelevanten Konstellationen und „sonstige Kriterien" (s. o. 3.3.) wird man – zumindest vorläufig – vergeblich suchen.

Versucht man dennoch einige Aspekte wiederzugeben, so ist als besonders auffallend hervorzuheben, daß z. B. viele H-Probanden sich zum „Milieu" hingezogen fühlten, zu der unruhigen Atmosphäre von „Kneipen" und Bars mit den entsprechenden Aktivitäten und Kontakten. Während die Arbeit allenfalls als Mittel zum Geldverdienen in Frage kam, hatte eine nach bestimmten Ordnungskategorien ausgerichtete Lebensgestaltung dagegen keinerlei Relevanz. Umgekehrt waren Beruf (Tätigkeit *und* Stelle) und die Familie für die V-Probanden in besonderem Maße relevant. Freilich konnte man diese eher allgemeinen Angaben nach den Ergebnissen zum Sozialbereich ohnehin erwarten (zu weiteren Beispielen vgl. GÖPPINGER 1983 b).

Als noch größer erwiesen sich die Schwierigkeiten, zu den Werten vorzudringen, von denen sich die Probanden leiten ließen und die in ihr Verhalten mit eingingen. Denn grundsätzlich könnte man einen Menschen in seinen sozialen Bezügen weit vollständiger als auf die bisherige Weise erfassen, wenn man Zugang zu seinem *Wertgefüge* erlangen könnte. Dieses „bildet das Fundament oder zumindest den bestimmenden Hintergrund für die selbstverständlichen täglichen Entscheidungen und Verhaltensweisen eines Menschen, ohne daß es in der Regel als solches bewußt wird. So ist die Persönlichkeit einerseits in das Wertgefüge eingebettet, andererseits umgreift sie es. Dabei werden jedoch für die einzelnen Personen die jeweils gleichen, im Laufe der Lebensentwicklung zugänglichen Werte und Normen keineswegs in gleicher Weise relevant" (GÖPPINGER 1980, S. 326).

Allerdings ist das Wertgefüge aus methodischen Gründen empirisch nicht zu erforschen. Man kann allenfalls einen gewissen Zugang zu der **Wertorientierung** eines Menschen gewinnen, was jedoch noch weit mehr Schwierigkeiten macht als die Erfassung der Relevanzbezüge. Diese sind anschaulicher und leichter aus einer Gesamtbetrachtung des Lebenslängsschnitts und -querschnitts eines Menschen herauszukristallisieren, während die Wertorientierung eher von abstrakten Prinzipien getragen ist, die in den verschiedensten alltäglichen (wie auch in besonderen) Situationen für das Handeln des betreffenden Menschen bestimmend werden können.

Dabei ist jedoch das Verhältnis von Relevanzbezügen und Wertorientierung nicht so zu sehen, als konkretisierte sich die Wertorientierung eines Menschen in seinen Relevanzbezügen. Vielmehr sind es oft genug die Relevanzbezüge (oder ein bestimmter Relevanzbezug) eines Menschen, die verhindern, daß sich sein Handeln in einer inneren Übereinstimmung mit seiner Wertorientierung vollzieht. Insofern haben die Relevanzbezüge durchaus selbständige Bedeutung.

Aus demselben Grund ist es unzulässig, aus der spezifischen Gestaltung des Sozialverhaltens nun *direkt* auf eine entsprechende Wertorientierung zu schließen. Vielmehr muß man, gerade wenn man die Wertorientierung als selbständige Größe in die Betrachtung mit aufnehmen will, auch damit rechnen, daß sie von dem *abweicht*, was sich im Verhalten konkretisiert. Freilich sind damit dem erfahrungswissenschaftlichen Zugriff sehr enge Grenzen gesetzt. Einige Feststellungen verdienen dennoch Beachtung:

So war es bisweilen aufschlußreich, bis zu welchem Ausmaß H-Probanden Unkorrektheiten, Täuschungen oder mangelnde Kameradschaft und Solidarität bei ihren „Kumpeln" als selbstverständlich hinnahmen, ohne daß dadurch die Beziehungen irgendwelche Einbußen erlitten. V-Probanden brachen bei vergleichbaren Vorkommnissen dagegen den Kontakt ab. Eindrucksvoll waren andererseits immer wiederkehrende Sätze bei V-Probanden wie „das hätte ich meiner Familie nie antun können", „so etwas wäre niemals für mich in Frage gekommen", „das gab es einfach nicht", womit sie – und zwar gerade auch diejenigen mit ungünstigen Voraussetzungen – zum Ausdruck bringen wollten, daß Straffälligkeit bei ihrer Wertorientierung einfach eine Unmöglichkeit war, ganz und gar unabhängig von noch so schlechten Umständen.

Doch handelte es sich dabei nur um Versuche, zur Wertorientierung der Probanden vorzudringen, da diese zu einem großen Teil unausgesprochen und unreflektiert bleibt und im täglichen Leben meist nicht (aktuell) bewußt ist. Als *allgemeiner* Eindruck kann lediglich festgehalten werden, daß der teilweise ausgeprägten „positiven" (auf ein sozial integriertes Leben ausgerichteten) Wertorientierung der V-Probanden *nicht* gleichsam spiegelbildlich eine „negative" Wertorientierung gleicher Intensität bei den H-Probanden gegenüberstand. Was überhaupt Gegenstand einer mehr oder weniger ausdrücklichen Wertorientierung war, differierte in beiden Gruppen. Es gab nicht zu denselben „Werten" bei der einen Gruppe ausdrücklich zustimmende, bei der anderen dagegen ausdrücklich ablehnende Vorstellungen, sie lagen vielmehr (wechselseitig) zum Teil einfach außerhalb ihrer Vorstellungen. Andererseits erfolgte bei den H-Probanden weit weniger als bei den V-Probanden eine *Durchformung des Handelns anhand bestimmter (ihnen gegenwärtiger) leitender Prinzipien,* die dem Lebenszuschnitt seine Stetigkeit verleiht; vielmehr blieb es weitgehend bei an unmittelbaren Antrieben und kurzfristigen utilitaristischen Motiven orientierten persönlichen und sachlichen Beziehungen, die in dem sprunghaften und wechselhaften Leben der Probanden ihren Ausdruck fanden.

Wie bei den Relevanzbezügen ließen sich auch bei der Wertorientierung (bisher) keine allgemeinen Erfahrungsregeln, die den Kriterien des Längs- und Querschnittes vergleichbar wären, herausbilden. Da sie sehr stark persönlichkeitsbezogen ist, erhält sie ein eigenständiges Gewicht neben den Längsschnitts- und Querschnittskriterien bei der individuellen Betrachtung des Täters in seinen sozialen Bezügen.

Gerade im Hinblick auf Prophylaxe, Prognose und evtl. zu treffende Maßnahmen *im Einzelfall* ist sie aber von hervorragender Bedeutung (im Rahmen einer Angewandten Kriminologie, vgl. dazu GÖPPINGER 1980, S. 327ff.; 1983b). Insbesondere das Auseinanderfallen von Relevanzbezügen und Wertorientierung ist von hohem diagnostischem Interesse und zugleich ein Ansatzpunkt für mögliche intervenierende Maßnahmen. So findet sich z. B. nicht ganz selten bei der Straffälligkeit im Rahmen der Persönlichkeitsreifung (s. o. 4.4.5.) eine erhebliche Diskrepanz zwischen dem gezeigten sozial auffälligen Verhalten bzw. den aktuellen Relevanzbezügen einerseits und der Wertorientierung andererseits, die im Grunde auf ein sozial unauffälliges oder geradezu integriertes Verhalten hinzielt (vgl. GÖPPINGER 1980, S. 327).

6. Zusammenfassung: Zur Einheit „Der Täter in seinen sozialen Bezügen"

Die in diesem Kapitel dargestellten Auswertungsschritte waren darauf ausgerichtet, die Informationsfülle, die in den Einzelfalluntersuchungen vorlag, in einer Weise zu „verdichten", die sowohl dem Aspekt der Verallgemeinerungsfähigkeit Rechnung zu tragen als auch die Wirklichkeitsnähe der Einzelfalluntersuchungen zu erhalten suchte. Alle diese Bemühungen hatten letztlich zum Ziel, eine übergreifende Gesamtbetrachtung des „Täters in seinen sozialen Bezügen" zu ermöglichen.

Von den zunächst aufgeführten verschiedenen „idealtypischen" Verhaltensweisen in den einzelnen Lebensbereichen und -abschnitten ausgehend (s. o. 2.) wurde die weitere „Verdichtung" des Erfahrungswissens in verschiedenen Richtungen vorangetrieben. Die eine Richtung führte zu einer bereichsübergreifenden Betrachtung des *Lebensquerschnitts* (s. o. 3.3.). Ergebnis dieser Bemühungen waren die kriminorelevanten Konstellationen (und die „sonstigen Kriterien"), bei deren Vorliegen ein unmittelbar einsichtiger Zusammenhang mit der folgenden (bzw. ausbleibenden) Straffälligkeit bestand und die jeweils in hohem Maße für beide Probandengruppen kennzeichnend waren.

In einer anderen Richtung ließen sich verschiedene Formen der „Stellung der Tat im *Lebenslängsschnitt*" herausarbeiten (s. o. 4.4.). Bei dem einen Grenzfall der „kontinuierlichen Hinentwicklung zur Kriminalität" zeigt sich eine Lebensentwicklung, die sich, je kürzer der zeitliche Abstand zur Straffälligkeit wird, desto deutlicher in der kriminovalenten Konstellation zuspitzt und förmlich zum Delikt „hindrängt". Das Gegenstück dazu bildet der „kriminelle Übersprung", bei dem zuvor jeglicher Hinweis auf die – unversehens „aus heiterem Himmel" erfolgende – Straftat fehlt. Dazwischen liegen die anderen Formen der Stellung der Tat im Lebenslängsschnitt mit ihren verschiedenen Graden sozialer Auffälligkeit.

Dabei sei erneut darauf hingewiesen, daß es sich – wie bei den kriminorelevanten Konstellationen – auch hier keineswegs um endgültige Kriterien handelt. Sie sind vielmehr insoweit offen, als bisher zwischen den beiden Grenzfällen nur einige Zwischenformen dargestellt wurden. Darüber hinaus blieben nicht nur eine Anzahl sonstiger Vorsatzdelikte und Straftaten bei psychischen Störungen, sondern auch sämtliche Fahrlässigkeitsdelikte (noch) unberücksichtigt.

Allerdings reichten für die übergreifende Betrachtung des Täters in seinen sozialen Bezügen die Kriterien des Querschnitts und die Formen der Stellung der Tat im Lebenslängsschnitt nicht aus. Zwar konnte der Zusammenhang zwischen diesen beiden Dimensionen schon teilweise sichtbar gemacht werden; so liegt z. B. bei der (idealtypischen) Hinentwicklung zur Kriminalität im Querschnitt vor der Straftat in aller Regel die kriminovalente Konstellation vor. Dennoch bedarf es weiterer Kriterien, die im Hinblick auf die Persönlichkeitsintentionen gleichsam eine dritte Dimension eröffnen. Diese für eine komplexe Betrachtung des Täters in seinen sozialen Bezügen bestehende Lücke wurde durch die Berücksichtigung der Relevanzbezüge und der Wertorientierung (s. o. 5.) geschlossen. Ganz allgemein erhalten die Betrachtung der Stellung der Tat im Lebenslängsschnitt und die Querschnittsbetrachtung hierdurch eine zusätzliche Fundierung. Wenn z. B. die Zuordnungen aufgrund äußerer Kriterien unsicher bzw. im Grenzbereich bleiben, wie etwa bei der Unterscheidung zwischen vorübergehenden

Auffälligkeiten in der Entwicklungs- bzw. Reifezeit und einer beginnenden Hinentwicklung zur Kriminalität, kann den Relevanzbezügen und der Wertorientierung entscheidende Bedeutung zukommen. Denn erst, wenn man hinter dem Sozialverhalten die mehr oder weniger konstanten „Haltungen" einer Persönlichkeit sieht, kann etwa jene Kontinuität der Entwicklung zur Kriminalität wirklich einsichtig werden, in der sich regelmäßig nicht nur etwaige ungünstige Umstände voll auswirken, sondern auch regelmäßig Gelegenheiten nicht genützt werden, die gewisse Weichenstellungen im Hinblick auf einen sozial unauffälligen Lebensstil bedeuten. Nur bei Berücksichtigung von tief in der Persönlichkeit verankerten Intentionen wird letztlich die durch alle Bereiche sich hindurchziehende Auflösung der Struktur der Lebensführung verständlich, die für die Mehrzahl der H-Probanden typisch ist.

Daher läßt sich nur bei einer zusammenfassenden Betrachtung von Lebenslängsschnitt und Lebensquerschnitt einerseits sowie Relevanzbezügen und Wertorientierung einer Person andererseits einigermaßen begründet dazu Stellung nehmen, ob sich das Sozialverhalten in einer völligen Übereinstimmung mit den grundlegenden Intentionen befindet oder ob möglicherweise Diskrepanzen bestehen.

Freilich handelt es sich hierbei nicht um Erfahrungsregeln von vergleichbarer Allgemeinheit wie bei der Betrachtung der Stellung der Tat im Lebenslängsschnitt und des Querschnitts. So erhalten die Relevanzbezüge und die Wertorientierung ihre Bedeutung in erster Linie beim Einsatz als ergänzendes methodisches Instrument für die *Erfassung des Einzelfalls*.

Die Schwierigkeit, hier erfahrungswissenschaftlich zu *allgemeinen* Aussagen zu gelangen, zeigt zugleich, daß die übergreifende Gesamtbetrachtung des Täters in seinen sozialen Bezügen *in allgemeiner Form* gar nicht darstellbar ist. Das Ineinandergreifen des Erfahrungswissens über diese drei Dimensionen der „*Kriminologischen Trias*" – den Lebensquerschnitt, die Stellung der Tat im Lebenslängsschnitt sowie die Relevanzbezüge und die Wertorientierung – läßt sich nur *im konkreten Einzelfall* sichtbar machen.

Gerade für die Anwendung auf den Einzelfall sind die hier erarbeiteten, spezifisch kriminologischen Kriterien in besonderer Weise geeignet. Allerdings gilt es dabei, Besonderheiten zu beachten, die sich aus der Eigenart der gebildeten Begriffe ergeben (zur Methodik im einzelnen vgl. GÖPPINGER 1983 b). Eine „Anwendung" etwa der kriminovalenten Konstellation im Sinne einer schlichten Subsumtion des Einzelfalls unter den Begriff ist nicht möglich; in den einzelnen Kriterien der Konstellation drückt sich jeweils eine Bezogenheit auf die konkreten Lebensumstände aus, deren Erfassung Erhebungen zum gesamten Lebenszuschnitt erforderlich machen, wenn das „Vorliegen" der kriminovalenten Konstellation im Einzelfall festgestellt werden soll. Dabei kann von „Vorliegen" nur in einem bestimmten Sinne die Rede sein. Sofern die gewonnenen Erfahrungsregeln idealtypisch zugespitzt sind, wie dies bei den kriminorelevanten Konstellationen und der kontinuierlichen Hinentwicklung zur Kriminalität der Fall ist, treffen sie in ihrer reinen Form allenfalls auf Extremfälle zu. Eben dieser Umstand erlaubt es, für den jeweiligen Einzelfall das Maß seiner Annäherung bzw. seiner Abweichung von der „idealen" Form zu bestimmen. Auf diese Weise werden die im Längs- und Querschnitt gebildeten idealtypischen Formen in *methodischer* Hinsicht zum Bezugssystem bei der idealtypisch-vergleichenden Einzelfallanalyse. Zusammen mit der individuellen Betrachtung der Relevanzbezüge und der Wertorientierung dienen sie damit zur komplexen kriminologischen Erfassung des einzelnen „Täters in seinen sozialen Bezügen".

IV. Ausblick

1. Zur wissenschaftlichen Bedeutung der Tübinger Jungtäter-Vergleichsuntersuchung

Vergegenwärtigt man sich die Ausgangslage dieser Untersuchung, die durch ein gravierendes Mißverhältnis von kriminalpolitischen Programmen und erfahrungswissenschaftlich gesicherter Erkenntnis gekennzeichnet war, so muß man heute feststellen, daß die vorliegende Untersuchung als *Vergleichsuntersuchung* in der Bundesrepublik Deutschland nach wie vor allein dasteht, was ihren zentralen Gegenstand betrifft: den Täter in seinen sozialen Bezügen. Auch international scheint mit dem Abschlußbericht von D.J. WEST die Epoche der großen multifaktoriellen Untersuchungen, die mit den Arbeiten von HEALY und BRONNER sowie des Ehepaares GLUECK begonnen hatte, vorläufig zu Ende zu gehen.

Wo heute überhaupt noch die Person des Straffälligen in seinen sozialen Bezügen im Mittelpunkt kriminologischer Forschungen steht – was seit geraumer Zeit infolge des bekannten Übergewichts rechts- und kriminalsoziologischer Theorien und darauf bezogener Forschungen die Ausnahme ist –, handelt es sich (zumeist) um Einzelbeiträge von den Spezialdisziplinen der Bezugswissenschaften der Kriminologie, allenfalls verbunden durch eine mehr oder weniger deutlich in Erscheinung tretende interdisziplinäre Arbeitsteilung.

Auch am Anfang der vorliegenden Untersuchung stand die interdisziplinäre Arbeitsteilung. Dies ergab sich schon aus der praktischen Notwendigkeit, Vertreter verschiedener Disziplinen zu einem Team zusammenzubringen. Bis heute sichtbar ist dies an der in Einzelbereiche aufgeteilten Darstellung der Einzelbefunde, die sich ja auch ohne Mühe in die Tradition der großen multifaktoriellen Vergleichsuntersuchungen stellen lassen. In stärkerem Maße gilt dies für die Befunde zur Person, aufgeteilt zwischen allgemeiner Medizin, Psychiatrie und Psychologie, weniger dagegen für die (sonstigen) sozialen Bereiche, die nicht ohne weiteres in die „Zuständigkeit" einer der Bezugswissenschaften fielen. Dort konnte sich auch das offene Vorgehen bei der Erhebung und der Erarbeitung – wenngleich noch einzelner – selbständiger kriminologischer Kriterien niederschlagen, wobei exemplarisch der Freizeitbereich erwähnt sei, bei dem eine völlig neue Sichtweise entwickelt wurde. Zu nennen sind hier jedoch auch die Syndrome, die aus spezifisch kriminologischer Sicht die wesentlichen Fakten der einzelnen Sozialbereiche zusammenfassen und die nahezu ausschließlich bei H-Probanden vorkamen. Deren erhebliche (kausale) Bedeutung für spätere Straffälligkeit ist vor allem bezüglich der Verbrechensprophylaxe von Belang.

Umgekehrt zeigte sich, daß die Ergebnisse zu den üblichen Fragestellungen nach Schicht und Sozialisation wohl gewisse Unterschiede zwischen den Untersuchungsgruppen zutage brachten, daß die betreffenden Umstände jedoch in ihrer Bedeutung für Kriminalität noch relativ unspezifisch waren. Auch die gängigen testpsychologisch und psychopathologisch erfaßbaren Kriterien ergaben keine durchgängige Differenzierung zwischen den beiden Gruppen.

In den Folgerungen, die aus diesen Tatsachen gezogen wurden, trennt sich das Vorgehen der Tübinger Untersuchung von dem der anderen multifaktoriellen Studien. Diese versuchten, exemplarisch etwa die des Ehepaares GLUECK oder auch die von WEST, den Zusammenhang der Einzelbefunde durch ein gleichsam additives Summieren derselben zu Prognosetafeln bzw. Schlechtpunkte-Indizes zu gewinnen. Dabei geht aber nicht nur das in der Wirklichkeit vorliegende unterschiedliche Gewicht der einzelnen Faktoren verloren (s. o. Kap. III, 1.), sondern es wird zugleich der Anschein erweckt, als ob die Erkenntnisse aus Teilbereichen sich ohne weiteres zu einem vollständigen und zutreffenden Gesamtbild addieren ließen, indem man den Gegenstand der Kriminologie aus den *fertigen* Bestandteilen der Bezugswissenschaften zusammensetzt.

Bei der vorliegenden Untersuchung versuchte man, auf einem anderen Weg zu einer übergreifenden Betrachtung zu kommen. Die entsprechenden Überlegungen und Befunde sind in Kapitel III dargestellt. Die dort angestrebte „Verdichtung" des Erfahrungswissens zu „Idealtypen" gelang nur, weil die Fragestellungen der Bezugswissenschaften verlassen wurden, um zu eigenen, nun spezifisch kriminologischen Kriterien zu gelangen.

Die Bedeutung der in Kapitel III dargestellten Erkenntnisse ist also eine doppelte. Zum einen besteht sie in der Herausarbeitung derjenigen Kriterien, die für (verfestigte) *Straffälligkeit spezifisch* sind. Darin unterscheiden sich diese Kriterien von anderen zahlreichen Feststellungen über mehr oder weniger enge Korrelationszusammenhänge zwischen Kriminalität und bestimmten Merkmalen oder äußeren Umständen. Solche „Merkmale" oder „Umstände" mögen durchaus für unterschiedliche Lebenschancen ganz allgemein von Bedeutung sein, und zwar um so gravierender, je mehr es sich um schicksalhafte Umstände in der Herkunftsfamilie oder um psychisch bzw. somatisch Vorgegebenes handelt (vgl. GÖPPINGER 1980, S. 240 f.). Es sind jedoch andere Kriterien von Ungleichheit als diejenigen, in denen sich H- und V-Probanden grundlegend unterschieden und die insofern spezifisch *krimino*relevant sind. Da es bei diesen kriminologischen Kriterien nicht um solche der Bezugswissenschaften geht, liegt ihre Bedeutung zum anderen darin, daß sie die Voraussetzung für eine *integrierte, selbständige Kriminologie mit einem eigenen, einheitlichen Gegenstand* zu schaffen vermögen.

Es besteht also ein innerer Zusammenhang zwischen der Erarbeitung der spezifisch kriminologischen Kriterien und dem *Anspruch der Kriminologie auf ihre Selbständigkeit als Wissenschaftsdisziplin.*

Allerdings darf daraus nicht geschlossen werden, daß die kriminologisch relevanten Leistungen der *Bezugswissenschaften* entbehrlich seien. Ebenso wenig werden etwa in der Medizin durch die in der Diagnose angestrebte Gesamtbetrachtung die verschiedenen Einzelbefunde aus verschiedenen Disziplinen unwesentlich. Nach wie vor bleibt für die Erfassung und gegebenenfalls Behandlung *bestimmter* Tätergruppen psychiatrisches oder psychologisches Fachwissen Voraussetzung und kann darüber hinaus bei einer zukünftigen feineren Differenzierung des Gesamtgegenstandes wichtige Beiträge leisten. Ebenso gehören zum Gesamtgebiet einer erfahrungswissenschaftlichen Kriminologie Fragestellungen von gesellschaftlicher Relevanz, die dann in die Rechts- und Kriminalpolitik hineinragen. Ihr Zentrum als *selbständige* Wissenschaft hat die Kriminologie jedoch in der *ihr allein möglichen Erfassung des „Täters in seinen sozialen Bezügen".* Und erst von einem solchen Zentrum aus können andere Disziplinen tatsächlich als „Bezugs"wissenschaften fungieren.

Es waren aber nicht nur die Fragestellungen und Theorien der Bezugswissenschaften, die in der vorliegenden Untersuchung verlassen wurden, sondern zum Teil auch ihre Methoden. Der hier versuchte Zugang zum Täter in seinen sozialen Bezügen durch *unmittelbare Erfahrung* im Umgang mit dem Straffälligen scheint oftmals durch die Methoden der „empirischen Sozialforschung" geradezu verstellt zu sein. Aus dieser Tatsache ergibt sich die Forderung nach weiteren unmittelbar erfahrungswissenschaftlichen Untersuchungen an Straffälligen im Vergleich zur Normalpopulation.

Hierbei ist insbesondere auch an Mediziner gedacht, die wegen ihrer Herkunft aus einer klassischen Erfahrungswissenschaft hierfür wohl besonders geeignet sind. Allerdings muß dabei zugleich vor falschen Erwartungen und Mißverständnissen gewarnt werden. Zum einen gibt es zur Zeit auch in der Medizin Tendenzen, die der hier vertretenen Auffassung entgegenstehen, und zum andern ist die fundamentale Verschiedenheit des Gegenstands von Medizin und Kriminologie zu beachten, d. h. Kriminalität und Krankheit müssen streng geschieden werden. Von der Grundtatsache, daß es sich bei Krankheit um Seinsgegebenheiten handelt, bei Kriminalität dagegen um Verstöße gegen Sollensforderungen (vgl. GÖPPINGER 1983 a), wird jede erfahrungswissenschaftliche Untersuchung in der Kriminologie auszugehen haben, gleich welcher Disziplin der Forscher, der sie durchführt, angehören mag. Hier endet die ansonsten, was das induktive erfahrungswissenschaftliche Vorgehen und die Komplexität des Gegenstandes betrifft, so aufschlußreiche Parallele zwischen Medizin und Kriminologie. Gleichwohl scheinen im Bereich der Person des Täters die Möglichkeiten medizinischer Forschungen, die bei voller Anerkennung dieser Differenz durchgeführt werden könnten, noch bei weitem nicht ausgeschöpft zu sein. Dasselbe gilt für psychologische Forschungen nicht nur bezüglich des hier dargestellten kriminologischen Erfahrungswissens insgesamt, sondern auch hinsichtlich bestimmter Bereiche der Angewandten Kriminologie (z. B. der „internen Fakten", vgl. GÖPPINGER 1983 b).

Wie schon mehrfach betont wurde, stellen die gewonnenen kriminologischen Kriterien nicht mehr dar als das Resultat eines *ersten Vorstoßes* zu einer erfahrungswissenschaftlich fundierten Kriminologie. Nicht nur die verschiedenen Formen der Stellung der Tat im Lebenslängsschnitt, sondern auch die kriminorelevanten Konstellationen lassen Raum für die Herausschälung differenzierterer Bilder – etwa aufgefächert nach spezifischen Täter- bzw. Deliktsgruppen – und schließlich für eine differenzierte Typologie, die weder an juristischen Klassifikationen noch an bloßen Aufzählungen von mit Kriminalität korrelierenden Merkmalen ausgerichtet ist.

Eine solche weitere Differenzierung wäre bildlich dem Fortschritt der Medizin vergleichbar, die einst auch mit groben Vorstellungen von „Krankheit" begonnen hatte und nach und nach zu der Vielfalt der in der heutigen Diagnostik bekannten Krankheitsbilder kam. Darüber hinaus könnten sich völlig neue Aspekte für die Therapie insofern eröffnen, als zu den – allgemeinen – psycho(patho)logischen Grundlagen jetzt auch spezifisch kriminologische Kriterien hinzutreten.

2. Zur praktischen Bedeutung der Tübinger Jungtäter-Vergleichsuntersuchung

Vor allen Ausführungen zur praktischen Bedeutung bedarf es einiger klärender Überlegungen bezüglich des Verhältnisses von Kriminologie als Wissenschaft und ihrer Anwendung.

Zunächst ist zu betonen, wie verfehlt es wäre, in einer erfahrungswissenschaftlichen Untersuchung wie der vorliegenden eine Unterwerfung der Kriminologie unter das Strafrecht zu sehen. Der Umstand, daß ein Gegenstand durch Normsetzung entsteht, behindert seine erfahrungswissenschaftliche Behandlung in keiner Weise. Zur Verdeutlichung dessen sei darauf hingewiesen, daß in der vorliegenden Untersuchung die Erfassung des Täters in seinen sozialen Bezügen *ohne jede Berücksichtigung des normativen Unwerts* begangener Straftaten erfolgte, insbesondere auch im Delinquenzbereich (s. o. Kap. II, 4.; vgl. GÖPPINGER 1980, S. 687 ff.).

Oft wird freilich schon bestritten, daß der Straftäter bzw. die Straftat überhaupt der zentrale Gegenstand der Kriminologie sein sollen. Statt dessen werden etwa die Normgenese, die Instanzen der sozialen Kontrolle oder ähnliches ins Zentrum des wissenschaftlichen Bemühens gerückt. Es ist fraglos anzuerkennen, daß diese Gegenstand empirischer Wissenschaft sein können, doch bedarf es hierzu nicht einer *selbständigen (spezifischen) Kriminologie.* Der *zentrale* Gegenstand einer solchen kann *allein* die Erfassung des individuellen Täters in seinen sozialen Bezügen als Grundlage einer Angewandten Kriminologie sein. Jene anderen Gegenstände könnte man sich durchaus auch in einer Kriminal- oder Rechtssoziologie oder einer entsprechenden Teildisziplin einer der Bezugswissenschaften aufgehoben denken (worauf ja auch die Forderungen der Vertreter jener Disziplinen hinauslaufen). Einer solchen Zuordnung zu den Bezugswissenschaften müßten gerade jene Kriminologen zustimmen, die in der Kriminologie keine selbständige Wissenschaft (mit einem eigenständigen Gegenstand), sondern nur eine „Clearingzentrale" sehen wollen.

Auf etwas andere Weise ist die Frage normativer Implikationen im Rahmen einer *Angewandten Kriminologie* zu sehen. Wenn hierbei erfahrungswissenschaftlich-kriminologisches Wissen zum praktischen Gebrauch zur Verfügung gestellt oder der Kriminologe gar als Sachverständiger tätig wird, so geschieht dies fraglos im Dienst der Strafrechtspflege und sonstiger mit dem sozial Auffälligen befaßter Institutionen. Doch ist auch dabei unbedingt zu beachten, daß das beigebrachte Erfahrungswissen keineswegs aus sich heraus konkrete Entscheidungen hervorbringen kann. Vielmehr bleibt, damit eine rechtliche Entscheidung zustande kommt, in jedem Fall eine normative Bewertung dieses Erfahrungswissens erforderlich. Dies gilt sowohl für die Berücksichtigung kriminologischer Erkenntnisse durch die entscheidenden Instanzen, etwa das Gericht, als auch für die Bewertung aller Arten forensischer Gutachten im Rechtsfindungsvorgang, in den Erkenntnisse der Angewandten Kriminologie – in dieser Hinsicht nicht anders als z. B. solche der forensischen Psychiatrie – neben anderen Informationsquellen über das faktische Geschehen eingehen. Diese grundsätzliche Trennung zwischen Tatsachenwissen und dessen Bewertung ist auch dort zu beachten, wo das kriminologische Erfahrungswissen Anlaß bietet, z. B. die Zweckmäßigkeit bestimmter Rechtsnormen selbst neu zu überdenken. Auch in diesen Fällen bleibt die Entscheidung des Gesetzgebers gegenüber den empirischen Befunden eine Sache der selbständigen normativen Bewertung (vgl. hierzu GÖPPINGER 1980, S. 16 und S. 18 f.).

Unter Beachtung dieser Grenzziehungen öffnen die in der vorliegenden Untersuchung gewonnenen Erkenntnisse und erarbeiteten Kriterien ein weites Feld der praktischen Anwendung:

Eine zukunftsweisende Aufgabe von besonderer Dringlichkeit liegt zunächst darin, möglichen Entwicklungen zu späterer Straffälligkeit zu begegnen bzw. *vorzubeugen, bevor* sie überhaupt Gegenstand der Strafrechtspflege werden. Hier sind es vor allem die in Kapitel II dargestellten Syndrome und auch einige der herausgeschälten frühen „idealtypischen" Verhaltensweisen, die einer weiteren erfahrungswissenschaftlichen Erforschung und praktischen Erprobung wert scheinen. Ihre besondere Bedeutung für die Früherkennung erhalten diese Syndrome und „idealtypischen" Verhaltensweisen dadurch, daß sie, zum Teil lange ehe eine für die soziale Umwelt überhaupt erkennbare Richtung im Hinblick auf Straffälligkeit eingeschlagen wird, eine massive kriminelle Gefährdung anzeigen und so Raum lassen für entsprechende *prophylaktische Maßnahmen* (z. B. der Eltern oder auch staatlicher Institutionen).

Ein ebenso wichtiges Feld ist der weite *Bereich der Strafrechtspflege.* Im Gegensatz zu den Ergebnissen anderer multifaktorieller Untersuchungen, die sich vielfach in der Erstellung einer Prognosetafel niederschlugen, sind die in der Kriminologischen Trias zusammengefaßten Kriterien des Täters in seinen sozialen Bezügen keineswegs nur als Prognoseverfahren zu verstehen, das richterlichen Entscheidungen zur Grundlage dienen kann. Zum einen handelt es sich schon seiner Art nach nicht um eines der üblichen Prognoseverfahren, und zum anderen erschöpft sich die praktische Bedeutung keinesfalls darin. Die durch die Kriterien dieser Untersuchung ermöglichte Erfassung des Täters in seinen sozialen Bezügen ist eben nicht nur auf die Frage nach einem abstrakten Maß, etwa der Rückfallgefährdung, bezogen; sie enthält stets eine differenzierte Stellungnahme zu Person und Sozialverhalten, da ja schon das „Vorliegen" der kriminologischen Kriterien ohne eine solche Gesamtwürdigung gar nicht feststellbar ist (zu den Anwendungsmöglichkeiten im einzelnen vgl. GÖPPINGER 1983 b). Das bedeutet aber, daß dieses Instrumentarium weit über die eigentlichen Prognosen hinaus im Bereich der gesamten Strafrechtspflege von Bedeutung ist, soweit dort überhaupt in irgendeiner Weise auf die Individualität des Straffälligen abgestellt wird; zudem eröffnen sich dadurch neue Aspekte für die Therapie. Gerade in einem weitgehend auf Spezialprävention ausgerichteten System der Strafrechtspflege kann also eine Kriminologie, die über ein derartiges Grundwissen verfügt und dieses mit der Methode der idealtypisch-vergleichenden Einzelfallanalyse in der Praxis anzuwenden vermag, die Erfahrung zur Geltung bringen.

Literatur

Baker, D., M.A. Telfer, C.E. Richardson, G.R. Clark: Chromosome errors in men with antisocial behavior. Comparison of selected men with Klinefelter's syndrome and XYY chromosome pattern; The Journal of the American Medical Association 214, 1970, S. 869–878

Bock, M.: Kriminologie als Wirklichkeitswissenschaft; Berlin: Buncker & Humblot 1983

Bohm, E.: Psychodiagnostisches Vademecum; 2. Aufl., Bern, Stuttgart: Huber 1967

Bresser, P.H.: Grundlagen und Grenzen der Begutachtung jugendlicher Rechtsbrecher; Berlin: de Gruyter 1965

Buikhuisen, W.: Kriminologie in biosociaal perspektief; Deventer: Kluwer 1979

Centro Nazionale di Prevenzione e Difesa Sociale: Recidivismo e giovani adulti; Rom 1969

Conger, J.J., W.C. Miller: Personality, Social Class and Delinquency; New York, London, Sydney: Wiley & Sons 1966

Dolde, G.: Sozialisation und kriminelle Karriere. Eine empirische Analyse der sozio-ökonomischen und familialen Sozialisationsbedingungen männlicher Strafgefangener im Vergleich zur „Normal"-Bevölkerung; München: Minerva 1978

Exner, F.: Kriminalbiologie in ihren Grundzügen; Hamburg: Hanseatische Verlagsanstalt 1939

Ferguson, T.: The Young Delinquent in His Social Setting; London, New York, Toronto: Oxford University Press 1952

Ferracuti, F., S. Dinitz, E. Acosta de Brenes: Delinquents and Nondelinquents in the Puerto Rican Slum Culture; Columbus: Ohio State University Press 1975

Gibbons, D.C.: Society, Crime and Criminal Careers. An Introduction to Criminology; 3. Aufl., Englewood Cliffs/N.J.: Prentice Hall 1977

Glueck, S., E. Glueck: Unraveling Juvenile Delinquency; 3. Aufl., Cambridge/Mass.: Harvard University Press 1957

Glueck, S., E. Glueck: Of Delinquency and Crime. A Panorama of Years of Search and Research; Springfield/Ill.: Thomas 1974

Göppinger, H.: Der Verkehrssünder als krimineller Typus; in: Mezger, E., T. Würtenberger (Hrsg.): Kriminalbiologische Gegenwartsfragen 4; Stuttgart: Enke 1960, S. 76–85

Göppinger, H.: Neuere Ergebnisse der kriminologischen Forschung in Tübingen; in: Göppinger, H., H. Witter (Hrsg.): Kriminologische Gegenwartsfragen 9; Stuttgart: Enke 1970, S. 70–91

Göppinger, H.: Kriminologie; 4. Aufl., München: Beck 1980

Göppinger, H.: Angewandte Kriminologie und ihre Bedeutung für die Forensische Psychiatrie; in: Gross, G., R. Schüttler (Hrsg.): Empirische Forschung in der Psychiatrie; Stuttgart, New York: Schattauer 1983 (a)

Göppinger, H.: Angewandte Kriminologie; Berlin, Heidelberg, New York, Tokyo: Springer 1983 (b). Erscheint im Winter 1983/84

Haberlandt, W.F.: Cytogenetische Untersuchung einer auslesefreien Population von Kriminellen und einer vergleichbaren Kontrollserie; in: Göppinger, H., H. Witter (Hrsg.): Kriminologische Gegenwartsfragen 9; Stuttgart: Enke 1970, S. 142–154

Healy, W., A.F. Bronner: Delinquents and Criminals. Their Making and Unmaking; New York: Judge Baker Foundation Publication Nr. 3, 1926

Healy, W., A.F. Bronner: New Light on Delinquency and its Treatment; Westport, Connecticut: Yale University Press 1936

Hindelang, M.J., T. Hirschi, J.G. Weis: Measuring Delinquency, Vol. 123; Beverly Hills and London: Sage Publications 1981

Jaspers, K.: Allgemeine Psychopathologie; 5. Aufl., Berlin und Heidelberg: Springer 1948

Jörgensen, G.: Verbrechen als Schicksal. Zur Problematik der XYY-„Super"-Männer; Deutsches Ärzteblatt 66, 1969, S. 483–484

Johanson, E.: Recidivistic Criminals and Their Families: Morbidity, Morality and Abuse of Alcohol. A longitudinal Study of Earlier Youth Prison Inmates and of a Control Group and Their Families in Three Generations; Scandinavian Journal of Social Medicine 27; Stockholm: Almqvist & Wiksell 1981

Kaiser, G.: Probleme interdisziplinärer empirischer Forschung in der Kriminologie; Monatsschrift für Kriminologie und Strafrechtsreform 50, 1967, S. 352–366

Kerner, H. J.: Alkoholgenuß und Rauschmittelgebrauch bei Kriminellen. Vergleich mit sozial nicht auffälligen Personen; in: Turčin, R. u. a. (Hrsg.): Psihopatske Ličnosti, Izdanje Psihijatrijske Bolnice Vrapče, Svezak V; Zagreb 1972

Keske, M.: Der Anteil der Bestraften in der Bevölkerung. Ein Überblick über nationale und internationale Prävalenzraten; Monatsschrift für Kriminologie und Strafrechtsreform 62, 1979, S. 257–272

Keske, M.: Die Kriminalität der „Kriminellen". Eine empirische Untersuchung von Struktur und Verlauf der Kriminalität bei Strafgefangenen sowie ihrer Sanktionierung; München: Minerva 1983

Klein-Vogler, U., W. Haberlandt: Kriminalität und chromosomale Konstitution. Ergebnisse einer genetischen Untersuchung von drei Populationen Krimineller und einer Vergleichsscrie aus der Durchschnittsbevölkerung; Monatsschrift für Kriminologie und Strafrechtsreform 57, 1974, S. 329–337

Kleining, G., H. Moore: Soziale Selbsteinstufung (SSE). Ein Instrument zur Messung sozialer Schichten; Kölner Zeitschrift für Soziologie und Sozialpsychologie 20, 1968, S. 502–552

Kofler, R.: Beruf und Kriminalität. Eine empirische Untersuchung der Zusammenhänge zwischen Beruf und Straffälligkeit bei den Probanden der Tübinger Jungtäter-Vergleichsuntersuchung; München: Minerva 1980

Lempp, R.: Frühkindliche Hirnschäden. Die Bedeutung eines frühkindlichen exogenen Psychosyndroms für die Entstehung kindlicher Neurosen und milieureaktiver Verhaltensstörungen; 3. Aufl., Bern, Stuttgart, Wien: Huber 1978

Lewis, D. O., S. S. Shanok: Medical Histories of Delinquent and Nondelinquent Children. An Epidemiological Study; American Journal of Psychiatry 134, 1977, S. 1020–1025

Lienert, G. A.: Testaufbau und Testanalyse; 2. Aufl., Weinheim: Beltz 1967

Lin, S. T.: Diebstahlsdelikte von Jungtätern; Tübingen: Diss. 1972

Loomis, S. D.: EEG abnormalities as a correlate of behavior in adolescent male delinquents; American Journal of Psychiatry 121, 1967, S. 1003–1006

Maschke, W.: Das Umfeld der Straftat. Ein Beitrag zum kriminologischen Tatbild. (Erscheint als Diss.)

McCord, W., J. McCord: Origins of Crime. A New Evaluation of the Cambridge-Somerville-Youth Study; New York, London: Columbia University Press 1959

McCord, W., J. McCord: Origins of Alcoholism; Stanford: Stanford University Press 1960

Otterström, E.: Delinquency and Children from Bad Homes. A Study of their Prognosis from a Social Point of View; Stockholm: Diss. 1946

Petrilowitsch, N.: Abnorme Persönlichkeiten; 3. Aufl., Basel, New York: Karger 1966

Pongratz, L., H. O. Hübner: Lebensbewährung nach öffentlicher Erziehung; Berlin und Neuwied: Luchterhand 1959

Powers, E., H. Witmer: The Cambridge-Somerville-Youth Study. An Experiment in the Prevention of Delinquency; New York: Columbia University Press 1951

Robins, L. N.: Deviant Children Grown Up. A Sociological and Psychiatric Study of Sociopathic Personality; Baltimore: Williams & Wilkins 1966

Rosenquist, C. M., E. J. Megargee: Delinquency in Three Cultures; Austin and London: University of Texas Press 1969

Rusell, D. H., F. H. Bender: Legal implications of the XYY syndrome; Seminary of Psychiatry 2; New York: Grune & Stratton 1970, S. 40–52

Sack, F.: Probleme der Kriminalsoziologie; in: König, R. (Hrsg.): Handbuch der empirischen Sozialforschung, Bd. 2; Stuttgart: Enke 1969, S. 961–1049

Schindhelm, M.: Der Sellin-Wolfgang-Index – ein ergänzendes Maß der Strafrechtspflegestatistik; Stuttgart: Enke 1972

Schmehl, H.-H.: Jugendliche und heranwachsende Straftäter während ihrer Ausbildung. Eine Untersuchung über die Bedeutung schulischer und beruflicher Ausbildung für die Legalbewährung. Beschreibung einer Gruppe von Straffälligen und einer Vergleichsgruppe; München: Minerva 1980

Schmidt, G., V. Sigusch: Arbeiter-Sexualität. Eine empirische Untersuchung an jungen Industriearbeitern; Neuwied und Berlin: Luchterhand 1971

Schneider, K.: Klinische Psychopathologie; 12. Aufl., Stuttgart: Thieme 1980

Schöch, H.: Ist Kriminalität normal? Probleme und Ergebnisse der Dunkelfeldforschung; in: Göppinger, H., G. Kaiser (Hrsg.): Kriminologie und Strafverfahren. Kriminologische Gegenwartsfragen 12; Stuttgart: Enke 1976, S. 211–228

Schulz, H., G. Mainusch: Beitrag der klinischen Elektroencephalographie zur forensischen Begutachtung; Psychiatrie, Neurologie und medizinische Psychologie 21, 1969, S. 266–275

Statens offentliga utredningar: Unga lagöverträdare I. Undersökningsmetodik Brottsdebut och återfall; Stockholm 1971 – Unga lagöverträdare II. Familj, skola och samhälle i belysning av officiella data; Stockholm 1972 – Unga lagöverträdare III. Hem, uppfostran, skola och kamratmiljö i belysning av intervju-och uppföljningsdata (B. Olofsson); Stockholm 1973 (a) – Unga lagöverträdare IV. Kroppslig – psykisk utveckling och status i belysning av föräldraintervju och uppföljningsdata (S. Ahnsjö); Stockholm 1973 (b) – Unga lagöverträdare V. Personlighet och relationer i belysning av projektiva metoder (K. Humble, G. Settergren-Carlsson); Stockholm 1974

Stutte, H.: Neurotische Dissozialität auf dem Boden eines Thersites-Komplexes; Praxis der Kinderpsychologie und Kinderpsychiatrie 23, 1974, S. 161–166

Szewczyk, H.: Untersuchungen zur kriminellen Entwicklung Jugendlicher; in: Szewczyk, H. (Hrsg.): Kriminalität und Persönlichkeit. Psychiatrisch-psychologische und strafrechtliche Aspekte; 2. Aufl., Jena: Fischer 1974, S. 15–34

Traulsen, M.: Delinquente Kinder und ihre Legalbewährung. Eine empirische Untersuchung über Kinderdelinquenz, spätere Straffälligkeit, Herkunft, Verhalten und Erziehungsmaßnahmen; Frankfurt: Lang 1976

Vetter, K.: Elektroencephalographische Untersuchungen und ihre Bedeutung in foro; in: Göppinger, H., H. Witter (Hrsg.): Handbuch der forensischen Psychiatrie Bd. 2; Berlin, Heidelberg, New York: Springer 1972, S. 1511–1519

Weber, M.: Gesammelte Aufsätze zur Wissenschaftslehre; 4. Aufl., Tübingen: Mohr 1973

Wechsler, D.: Die Messung der Intelligenz Erwachsener; 3. Aufl., Bern, Stuttgart: Huber 1964

West, D. J.: Present Conduct and Future Delinquency. First Report of the Cambridge Study in Delinquent Development; London: Heinemann 1969

West, D. J., D. P. Farrington: Who Becomes Delinquent? Second Report of the Cambridge Study in Delinquent Development; London: Heinemann 1973

West, D. J., D. P. Farrington: The Delinquent Way of Life. Third Report of the Cambridge Study in Delinquent Development; London: Heinemann 1977

West, D. J.: Delinquency. Its Roots, Careers and Prospects; London: Heinemann 1982

Wiener, J. M., J. G. Delano, D. W. Klass: An EEG Study of Delinquent and Nondelinquent Adolescents; Archives of General Psychiatry 15, 1966, S. 144–176

Wittmann, H.-J.: Zur Bedeutung der Ehe für die Bewährung von Straffälligen; Zeitschrift für Strafvollzug und Straffälligenhilfe 29, 1980, S. 204–208

Wolfgang, M. E., R. M. Figlio, Th. Sellin: Delinquency in a Birth Cohort; Chicago and London: The University Press 1972

Wulf, B. R.: Kriminelle Karrieren von „Lebenslänglichen". Eine empirische Analyse ihrer Verlaufsformen und Strukturen anhand von 141 Straf- und Vollzugsakten; München: Minerva 1979

FORENSIA

Interdisziplinäre Zeitschrift für Psychiatrie,
Psychologie, Kriminologie und Recht

Herausgeber:
H. Göppinger, Tübingen; **G. Harrer**, Salzburg; **W. J. Revers**,
Salzburg; **G. Schewe**, Lahn; **H. Walder**, Bern

Schriftleitung:
G. Harrer, Ch. Frank

Wissenschaftlicher Beirat:
W. Böker, Bern; **P. H. Bresser**, Köln; **H. Ehrhardt**, Marburg/Lahn;
K. Gemmer, Frankfurt/Main; **J. Gerchow**, Frankfurt/Main;
R. Hartmann, Wien; **G. Jakobs**, Eichhofen; **W. Janzarik**, Heidelberg; **J. v. Karger**, Bremen; **H.-J. Kerner**, Heidelberg; **W. Keup**,
Puchheim; **F. Kunert**, München; **H. Leferenz**, Heidelberg;
R. Lempp, Tübingen; **Th. Lenckner**, Tübingen; **R. Luthe**, Homburg/
Saar; **H. Müller-Dietz**, Saarbrücken; **E. Müller-Luckmann**, Braunschweig; **G. Pfeiffer**, Karlsruhe; **H.-D. Schwind**, Bochum-Querenburg; **W. Simon**, München; **W. Spann**, München; **R. Suchenwirth**,
Ahnatal-Weimar; **H. Szewczyk**, Berlin; **O. Triffterer**, Salzburg;
H. Tröndle, Waldshut-Tiengen; **U. Undeutsch**, Köln; **R. Vossen**,
Zürich; **H. Wegener**, Kiel; **R. Wille**, Kiel; **H. Zipf**, Salzburg

**Das vorrangige Ziel dieser Zeitschrift ist ein praxisorientierter und
gleichzeitig wissenschaftlich fundierter Informations- und Erfahrungsaustausch zwischen Juristen, Kriminologen, forensisch tätigen
Medizinern und Psychologen. Angesichts der verschiedenen Denkweisen in den einzelnen Fachgebieten ist es zur Überbrückung der
Verständnisschwierigkeiten für die Gutachtertätigkeit des Sachverständigen ebenso unabdingbar, sich mit Grundlagen des Rechts,
mit Kriterien der Rechtsprechung sowie mit prozessualen Belangen
und kriminologischen Erkenntnissen auseinanderzusetzen, wie es
für die Arbeit und Überzeugungsbildung von Anwälten, Richtern,
Staatsanwälten und Verwaltungsjuristen entscheidend ist, sich mit
medizinischen, psychologischen und kriminologischen Sachverhalten sowie mit der gutachterlichen Beurteilungsproblematik vertraut zu machen.**

**Es ist ein breiter interdisziplinärer Gedankenaustausch über
aktuelle Fragen der Rechtstheorie und Rechtspraxis, über Kriminologie, Gerichtsmedizin, forensische Psychiatrie und Psychologie
vorgesehen. Mit einschlägigen Originalarbeiten sowie wichtigen
Kongreßmitteilungen und Kurzberichten soll die Zeitschrift Denkanstöße und Entscheidungshilfen für Rechtspraxis und Sachverständigentätigkeit ermöglichen.**

Springer-Verlag
Berlin
Heidelberg
New York
Tokyo